Créer un site e-commerce avec Dreamweaver CS4 et PHP/MySQL

4e édition

PEARSON

Pearson Education France a apporté le plus grand soin à la réalisation de ce livre afin de vous fournir une information complète et fiable. Cependant, Pearson Education France n'assume de responsabilités, ni pour son utilisation, ni pour les contrefaçons de brevets ou atteintes aux droits de tierces personnes qui pourraient résulter de cette utilisation.

Les exemples ou les programmes présents dans cet ouvrage sont fournis pour illustrer les descriptions théoriques. Ils ne sont en aucun cas destinés à une utilisation commerciale ou professionnelle.

Pearson Education France ne pourra en aucun cas être tenu pour responsable des préjudices ou dommages de quelque nature que ce soit pouvant résulter de l'utilisation de ces exemples ou programmes.

Tous les noms de produits ou autres marques cités dans ce livre sont des marques déposées par leurs propriétaires respectifs.

Publié par Pearson Education France
47 bis, rue des Vinaigriers
75010 PARIS
Tél. : 01 72 74 90 00

www.pearson.fr

Mise en pages : TyPAO

Collaboration éditoriale : Hervé Guyader

ISBN : 978-2-7440-2380-4

LE CAMPUS

Créer un site e-commerce avec Dreamweaver CS4 et PHP/MySQL

François Houste, Sandrine Houste et Delphine Bouton
avec la contribution de Raphaëlle Roux

PEARSON

LE CAMPUS

Table des matières

Partie III – Premiers pas en marketing, faire connaître sa boutique en ligne

1 Introduction au monde du e-commerce

Au sommaire de ce chapitre

- Comment utiliser ce livre ?
- Une boutique en ligne, mais pas n'importe comment…
- Comment procéder ?
- Les différentes étapes de la création

E-commerce. Qu'est-ce qui se cache exactement derrière ce terme ?

Le mot e-commerce désigne l'ensemble des activités visant à vendre des biens matériels ou immatériels en se servant d'un site Internet comme support principal.

On retrouve donc dans cette définition à la fois les boutiques en ligne les plus connues, telles CDiscount, Amazon, Rue du Commerce, mais également les versions en ligne des grandes anciennes physiques classiques, qu'il s'agisse de commerce spécialisé (FNAC, Petit Bateau…) ou de grande distribution (Auchan Direct, Houra pour le groupe Cora…) Se retrouve également sous cette dénomination tous les commerces "dématérialisés", vendeurs de musique numérique en ligne (l'iTunes Musique Store d'Apple, et ses équivalents VirginMega ou Fnac Digital), mais également les prestataires de services sur Internet, qu'ils vendent de simples abonnements à des services de mail ou des solutions d'hébergement web dédiées complètes…

En réalité, dès que vous effectuez une transaction monétaire par le biais d'un site Internet, même d'un site d'enchères en ligne comme eBay, vous participez à l'évolution du e-commerce en France et dans le monde.

Mais le commerce en ligne est-il réellement important aujourd'hui ? Il l'est de plus en plus. La période de Noël 2004 a entraîné plus de 13 milliards d'euros de chiffre d'affaires dans le monde. Pour l'année 2007, ce n'est pas moins de 16,3 milliards d'euros de chiffre d'affaires qui ont été réalisés en France par le biais des transactions sur le Web, soit une augmentation de 36 % par rapport à l'année précédente. Le secteur rassemble plus de 20 millions d'acheteurs et emploie plus de 800 000 personnes, rien que dans l'Hexagone. Il est devenu inconcevable pour une entreprise moderne de laisser de côté un tel marché !

Alors, peut-être voulez-vous une part de ce gigantesque gâteau ?

Comment utiliser ce livre ?

Avant de parler plus avant de l'e-commerce et de son implication sur votre entreprise, quelques remarques sur ce livre. Contrairement aux versions précédentes du Campus "Créer un site e-commerce", cette nouvelle édition vous expliquera non seulement comment construire votre boutique, mais aussi comment la promouvoir et interagir avec ses clients. Plus qu'un guide pratique, cet ouvrage est destiné à vous accompagner tout au long de la vie de votre boutique, et non plus seulement lors de la conception ou de la mise en ligne de celle-ci. Ainsi, au fil de ses pages, vous retrouverez :

- **Mise en place technique d'une boutique en ligne.** Ces 9 chapitres détaillent les étapes pratiques et claires pour créer une boutique web en ligne à l'aide d'Adobe Dreamweaver CS4 et d'un serveur PHP/MySQL. Vous découvrirez comment mettre en place un panier client, un paiement sécurisé, un catalogue complet en ligne…

  Au terme de cette première partie, vous disposerez d'une boutique en ligne opérationnelle, équipée d'un paiement sécurisé est prête à être livrée à vos clients potentiels. Cette boutique possède avant tout les éléments de base d'un portail de vente sur Internet. Libre à vous, par la suite, d'inventer d'autres accroches, d'autres méthodes de vente et d'autres mécaniques afin de l'améliorer.

- **La relation client, point central du site e-commerce.** Cette seconde partie de l'ouvrage, couvrant 4 chapitres, est avant tout destinée à vous faire prendre conscience de l'importance de la relation avec vos clients. Sur Internet, rien ne différencie réellement une boutique d'une autre. De plus, le contact physique avec les produits et les vendeurs n'existe pas. Il est donc très important de mettre en confiance vos visiteurs, de les inciter à acheter et les rassurer au moment du paiement. Cette partie abordera également les problématiques nouvelles liées au Web 2.0 et à l'ensemble de la mode du Social Commerce, ou comment utiliser vos clients et leur avis afin de générer encore plus de vente…

- **Premiers pas en marketing, faire connaître sa boutique en ligne.** Une partie essentielle de l'ouvrage, elle vous accompagnera tout au long de la vie de votre boutique. Y sont aborder les différentes méthodes pour faire connaître votre boutique sur Internet, aussi bien de manière organique grâce au référencement naturel qu'avec un budget marketing avenant à l'aide de liens sponsorisés, de programmes d'affiliation ou des comparateurs de prix. Vous y trouverez également des conseils utiles pour monétiser votre base de clients existants à l'aide de newsletter ou d'e-mailling ciblés.

Bref, cet ouvrage contient des conseils qui concernent non seulement la création, mais plus importants encore la vie de votre boutique en ligne. La mise en ligne d'un site e-commerce n'est pas un but en soi. L'important est avant tout d'assurer sa rentabilité. C'est là un travail continue qui vous demandera beaucoup d'idées et de patiences.

Ce livre se propose donc de vous accompagner sur ce long chemin.

Info

Afin de mieux vous aider à mettre en place votre commerce en ligne, vous allez bâtir à l'aide de cet ouvrage une boutique type en utilisant Adobe Dreamweaver CS4 et la technologie PHP/MySQL. Et parce qu'il faut bien vendre quelque chose, cette boutique type sera une librairie. Ce modèle, l'un des plus fréquents sur la Toile, met en jeu l'ensemble des techniques de présentation et de vente des produits popularisés aujourd'hui sur Internet. Il se peut toutefois que les produits que vous envisagez de vendre demandent des fonctionnalités supplémentaires, comme un choix de taille ou de couleur. Le Campus "Créer un site e-commerce" vous donne l'ensemble des clés techniques pour réussir votre boutique en ligne. En adaptant certaines sections et surtout en prêtant attention aux phases de conception du site et de sa base de données, vous pourrez adapter le modèle présenté ici à n'importe quel bien.

Retrouvez l'ensemble des fichiers exemple de ce livre sur le site web de Pearson, **www.pearson.fr**, à la page dédiée à cet ouvrage. Vous pouvez voir un aperçu de boutique finalisée à l'adresse : **http://www.creer-un-site-ecommerce.com/demo/**.

Une boutique en ligne, mais pas n'importe comment...

Développer sa propre boutique en ligne est tentant. Et cette image de territoire vierge que possède encore Internet de nos jours permet d'imaginer de nombreux scénarios. Mais attention ! Se lancer dans ce projet, équivaut à ouvrir un pas-de-porte mondial. Les règles qui régissent le commerce électronique sont plus ou moins celles du commerce physique. Alors se lancer en ligne oui, mais hors de question de le faire n'importe comment !

Bien penser la stratégie de sa boutique

Vous êtes déjà un commerçant et possédez votre propre boutique ?

Dans ce cas, pensez à votre boutique en ligne comme à une extension de votre commerce réel. Grâce à Internet, vous pourrez toucher des clients qui ne sont pas dans votre sphère géographique classique. Votre clientèle ne se limite plus à votre ville ou votre département, mais elle s'étend désormais au monde entier ! Tentant, mais ce nouveau pas-de-porte impose des responsabilités vis-à-vis de cette nouvelle clientèle. Cette connexion avec la terre entière vous impose de maîtriser la VAD, la Vente à Distance.

Vous devrez assurer les expéditions de vos produits, et respecter les délais de livraison indiqués sur votre site. La réputation d'une boutique sur Internet tient, comme dans la vie réelle, à la qualité de son service auprès des clients. C'est non seulement votre catalogue, mais surtout la rapidité de vos services et de vos réponses qui seront jugés par les Internautes. Si vos produits sont spécifiques, voire uniques, vous pourrez facilement exploiter cette niche et gagner une clientèle ciblée sur Internet. Soyez visibles, n'hésitez pas à mettre en avant leurs qualités et l'historique de votre commerce. Ce sont des points que les Internautes apprécieront.

Vous ne possédez pas de commerce et souhaitez vous lancer dans l'aventure ?

Une boutique en ligne peut être une première étape peu onéreuse pour lancer votre premier business : pas de fonds de commerce à acquérir, pas de réaménagement de boutique… La conception d'un site web est, dans ce cas, un investissement minime face aux implications d'un commerce réel.. Mais cela reste un engagement auprès de vos futurs clients !

Monter un commerce en ligne, c'est également créer une entreprise ! Au regard de la législation française un commerce en ligne est un commerce avant tout. Vous devrez donc le déclarer suivant le même modèle fiscal que n'importe quelle entreprise !

Le statut juridique

La législation française simplifie grandement aujourd'hui la création d'entreprises individuelles, tels les commerces en ligne. Il n'est plus nécessaire de créer une société à part entière pour profiter de revenus commerciaux, grâce au statut juridique d'entreprise individuelle.

Ce statut permet d'éviter le montage d'un capital propre à l'entreprise. En effet, dans ce cadre, les biens privés de l'entrepreneur et les biens de la société sont confondus. Il est donc possible d'utiliser n'importe quelle ressource pour faire vivre l'entreprise, mais en contrepartie la responsabilité légale s'étend aux biens personnels (automobile, maison…) y compris ceux du couple en cas de communauté des biens. Rassurez-vous toutefois, des astuces existent pour épargner vos possessions les plus précieuses en cas de mauvais résultats de votre commerce en ligne.

Les démarches de déclaration de votre entreprise sont alors réduites au minimum : une simple demande d'immatriculation auprès de la chambre de commerce et d'industrie dont vous dépendez, en général celle de votre département, suffit. Une fois cette immatriculation effectuée, libre à vous de commencer votre activité commerciale.

En ce qui concerne la déclaration des revenus de votre commerce, ils se font sur une déclaration complémentaire à votre déclaration de revenus habituelle au titre des bénéfices industriels et commerciaux (BIC) ou bénéfices non commerciaux (BNC).

Si vous souhaitez en savoir plus sur les formalités à remplir pour créer votre entreprise, il existe en France l'Agence pour la création d'entreprise. Elle possède un site très complet (www.apce.com, voir Figure 1.1) sur lequel vous devriez trouver tous les renseignements nécessaires.

Figure 1.1
Le site de l'APCE est une véritable mine de renseignements sur la création d'entreprise.

Avec l'entrée en application de la Loi de modernisation de l'économie du 4 août 2008, le régime d'auto-entrepreneur est consacré. Depuis le 1er janvier 2009, il est désormais plus aisé de développer son affaire.

L'élément caractéristique de ce régime est la simplicité des démarches pour déclarer son activité. Il n'y a pas lieu de recourir à l'enregistrement au registre du commerce et des sociétés (RCS). Les formalités consistent ici en une simple déclaration de son activité au centre de formalités des entreprises (CFE). Celle-ci peut se faire directement et gratuitement en ligne.

Pour cela rendez-vous à la page http://www.auto-entrepreneur.cci.fr/declaration.htm et cliquez sur Demander un compte CFEnet.

Les alergiques aux écritures comptables seront soulagés ; avec le statut d'auto-entrepreneur, seule la tenue d'un livre de recettes et d'achats est demandée.

Comme dans toute activité, un suivi régulier de sa comptabilité est la condition *sine qua non* d'une bonne gestion, permettant de déterminer l'état de santé de son affaire, de budgétiser ou de réaliser des études prévisionnelles.

Les cotisations sociales, quant à elles, reposent exclusivement sur le chiffre d'affaires dégagé. Elles sont actualisables mensuellement ou trimestriellement.

Comme vous pourrez le constater dans le tableau de la Figure 1.2, les taux des charges sociales varient en fonction de la nature de l'activitée exercée.

- 12 % dans le cadre d'une activité de commerce avec un impôt sur le revenu représentant 1 % du chiffre d'affaires ;
- 21,3 % pour une activité de services auxquels s'ajoutent les 1,7 % du chiffre d'affaires au titre d'impôts sur le revenu.

Figure 1.2
Les différents taux applicables en matière de charges sociales.

Taux du micro-social et du micro-fiscal simplifié

Types d'activités	*Exemples Total*	*Taux charges sociales*	*Taux de l'impôt*
Commerciale, artisanale	Vente de biens, fourniture de logement, restaurants, boulangerie… 1 %	12,0 %	13,0 %
Prestation de services commerciale, artisanale ou libérale relevant du RSI	Intermédiaire de commerce, coiffeur, réflexologue… 21,3 %	1,7 %	23,0 %
Prestation de services libérale relevant de la CIPAV	Conseil, géologue, décorateur 18,3 %	2,2 %	20,5 %

Dans son volet fiscal, le statut d'auto-entrepreneur révèle une imposition reposant sur les recettes déclarées. L'article 151.0 du Code général des impôts dans son alinéa 1 énonce que "le versement libératoire de l'impôt sur le revenu repose sur le chiffre d'affaires".

L'acquittement peut être forfaitaire (concommittant au paiement des charges sociales).

Autre caractéristique de ce statut, l'auto-entrepreneur n'est pas redevable de la TVA. Une telle donnée a son importance pour ceux évoluant dans un univers business to business. Elle doit être prise en compte lors de l'établissement de ses prix afin de ne pas faire fuir des clients potentiels tablant sur la récupération de la TVA et pouvant considérer votre tarification trop onéreuse.

Dernier point à mentionner au titre des avantages : l'exonération de la taxe professionnelle pendant deux ans après l'année de création de votre activité.

Tout régime s'accompagne de limites. En matière de retraite, le recours au statut d'auto-entrepreneur doit être réfléchi. Son aspect déclaratif repose sur l'existence d'un chiffre d'affaires ; en son absence, vous êtes dans l'incapacité de cotiser à la retraite.

Veillez donc de près à votre protection sociale et pensez à souscrire à une assurance, d'autant plus si votre statut d'auto-entrepreneur ne se cumule pas avec celui de salarié ou d'étudiant.

Ne pensez pas pouvoir faire jouer votre assurance civile personnelle en cas de litige ou dommage causé dans le cadre de votre activité auto-entrepreunariale. Elle ne vous sera d'aucun recours.

Il est également vivement recommandé de faire les démarches nécessaires pour protéger son patrimoine. En effet, le corollaire d'un tel statut est la responsabilité illimitée engagée sur son patrimoine personnel en cas de dettes professionnelles. À ce titre vous pouvez envisager d'ouvrir un compte bancaire propre à votre activité auto-entrepreunariale. Il n'y aura ainsi aucune confusion entre les opérations professionnelles et celles personnelles.

En toute hypothèse, la simplicité du formalisme de l'auto-entrepreunariat, attractive, ne vous dispense pas d'étudier les autres régimes. Il peut être intéressant d'établir un tableau comparatif des avantages et inconvénients de chacun d'entre eux.

D'autant plus que le recours à ce statut sera bien souvent qu'une étape transitoire avant de se lancer dans la création de société. Rappelons en effet que le régime étudié comporte un seuil de 32 000 € de chiffre d'affaires pour une activité de services ou 80 000 € dans le cadre d'une activité commerciale.

Info

N'hésitez pas à suivre sur le site de la Chambre de Commerce et d'Industrie (CCI), toute l'actualité propre au statut d'auto-entrepreneur. En juin 2009, la première Université des auto-entrepreneurs a été organisée.

À cette occasion, des thématiques telles que la gestion d'activité, le choix de la fiscalité appropriée, le développement du chiffre d'affaires ou la prospection de nouveaux clients ont été abordées.

Pour de plus amples informations rendez vous sur le site **http://www.auto-entrepreneur.cci.fr**.

Déclaration à la CNIL

Pour continuer dans un cadre juridique plus général, parlons un peu de la CNIL (Commission nationale informatique et liberté : www.cnil.fr, voir Figure 1.3). En montant votre boutique en ligne, vous allez collecter des informations personnelles en provenance de vos clients, qu'il s'agisse de leurs coordonnées électroniques ou physiques, de leurs âge, nom et prénom, ou de n'importe quel autre type d'information. Le stockage d'informations personnelles, et surtout leur utilisation, est soumis à des règles très strictes en France.

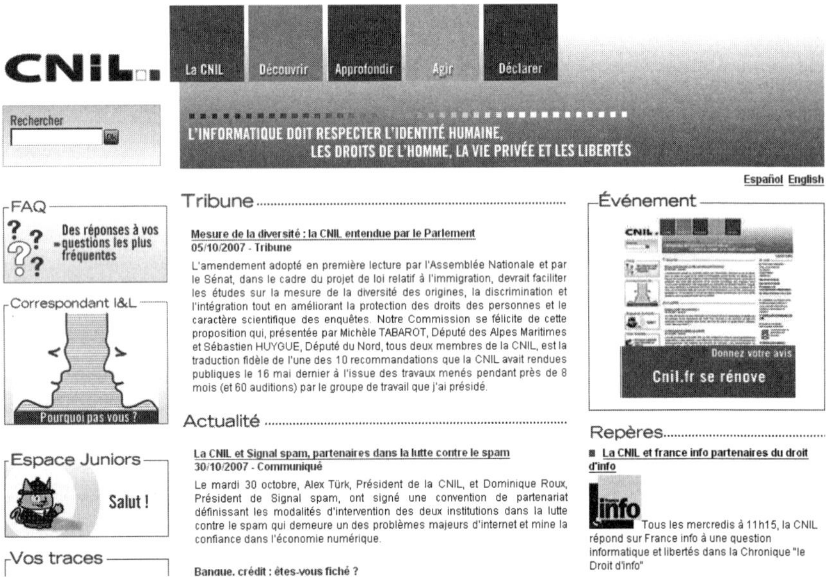

Figure 1.3
En France, la CNIL veille au bon usage des informations personnelles sur Internet.

Quelles que soient ces informations que vous collectez, vous devez informer vos clients de l'usage que vous en ferez : utilisation sur votre site uniquement, partage avec des sites partenaires éventuels… La CNIL met à disposition des webmasters des formulaires et mentions prérédigés, en accord avec la législation actuelle sur la collecte d'informations personnelles. Vous les trouverez sur une page dédiée du site de la commission : www.cnil.fr/index.php?id=1861.

Pensez également à déclarer votre boutique auprès de la CNIL afin qu'elle prenne connaissance des informations que vous conservez et de l'utilisation que vous en faites. Cette déclaration passe par un formulaire en plusieurs étapes sur le site même de la CNIL : www.cnil.fr/index.php?id=1545.

Comment procéder ?

Attention, la création d'une boutique en ligne est loin d'être un "petit projet" ! C'est un véritable investissement qu'il convient de ne pas mesurer à la légère.

Le développement de votre boutique, la conception et la création de toutes ses pages et son processus vont déjà vous prendre du temps. La gestion quotidienne de votre boutique par la suite, la gestion des commandes, l'expédition de celles-ci, les relations régulières avec vos clients… vont ensuite occuper une grande partie de votre temps. Prenez bien en compte cela avant de vous lancer dans l'aventure.

Si vous êtes toujours décidé à lancer votre propre boutique, étudiez ces questions cruciales, qu'il est bon de se poser avant de lancer n'importe quel business en ligne :

- Qu'allez-vous vendre ?
- Quelle approche du marché allez-vous avoir, qu'est-ce qui fera votre originalité ?

Étudiez bien attentivement le marché qui vous intéresse, histoire de vous faire une idée précise du nombre de clients que vous pouvez espérer. Des études paraissent assez régulièrement sur des sites comme le Journal Du Net (**www.journaldunet.com**, voir Figure 1.4), vous permettant d'appréhender les mutations du marché. Vous pouvez par la même occasion vous faire une idée des sociétés proposant une offre proche de la votre en effectuant quelques recherches dans Google ou en parcourant l'annuaire des sociétés de Journal du Net (**http://societe.journaldunet.com**).

Figure 1.4
Le Journal du Net reste une bonne source d'information sur le monde du Web.

Établissez ce qu'on appelle un Business plan : "Document de plusieurs pages qui décrit l'ensemble du projet d'une entreprise : activité, marché, technologie, marketing, ressources humaines et plus précisément les dépenses programmées et les ressources envisagées à court et moyen terme. Ce document sert principalement à convaincre les investisseurs de la viabilité d'un projet." (définition issue du Journal Du Net : **http://www.journaldunet.com/encyclopedie/definition/28/41/21/business_plan.shtml**).

Dans ce business plan, vous devrez prendre en compte l'ensemble de vos dépenses: la création de votre boutique (location d'un espace d'hébergement, temps de développement, fabrication des biens à vendre…), son activité quotidienne (stockage, frais d'expédition des biens…) sa promotion (publicité en ligne, communiqués de presse, affichage…), etc. Il résumera également les recettes espérées de façon réaliste en fonction du prix de vos produits, du nombre de visiteurs et du pourcentage de personnes susceptibles de passer à l'achat.

La rédaction de ce document peut s'avérer fastidieuse, mais elle est indispensable à la bonne tenue de votre future entreprise. C'est uniquement à l'aide de ce type de document que vous aurez une idée des délais de rentabilité que vous pouvez viser, et que vous connaîtrez vos objectifs réguliers en termes de vente pour que votre site soit un succès.

Si vous pensez à faire appel à des investisseurs, même si c'est là une étape ultérieure, un business plan sera indispensable pour les convaincre du bien-fondé de votre entreprise !

Ces questions tiennent du bon sens. Mais lancer un commerce n'est pas une opération à prendre à la légère, il est donc bon de les rappeler.

Les différentes étapes de la création

Dans cet ouvrage, vous allez découvrir les différentes étapes de la création de votre boutique en ligne, de sa conception à sa mise en ligne en passant par toutes les étapes de la construction de ses pages. Vous trouverez ainsi au fil des chapitres :

- le choix de l'hébergeur qui accueillera votre boutique ;
- la mise en place d'une interface de développement efficace ;
- la conception fonctionnelle des pages et leurs spécifications ;
- la conception et la mise en place de la base de données associée à votre boutique ;
- les méthodes de création de l'ensemble des pages de votre site, qu'il s'agisse du catalogue de produit ou des processus de commande ;
- la synchronisation de votre boutique avec une interface de paiement externe ;
- la gestion de la relation client et la mise en confiance de celui-ci afin qu'il finalise ses achats ;
- le référencement et le marketing en ligne afin de faire connaître votre nouveau commerce sur le Net.

L'architecture technique choisie dans cet ouvrage est axée autour du couple PHP/ MySQL. Ce langage de programme et ce système de base de données offrent tous deux l'avantage d'être disponibles gratuitement et de se trouver sur de nombreuses offres d'hébergeur !

Afin d'éviter un fastidieux travail de saisie de code PHP, la majorité des pages de votre boutique sera réalisée à l'aide de l'éditeur Dreamweaver CS4, proposé par Adobe. Il offre toutes les fonctionnalités nécessaires à la réalisation d'un site dynamique, sur une architecture PHP/MySQL classique.

Le design

Le design est une donnée majeure dans la construction d'un site. Est-il réussi que vos clients trouveront vos pages agréables, prendront plaisir à visiter votre site et passeront plus facilement commande. Est-il négligé ? personne ne s'attardera sur ce site peu convivial. Sa charte graphique tout comme vos logos participent à votre identité visuelle, car votre site est la vitrine de votre entreprise.

Le sujet est vaste et mérite un ouvrage à part entière. Nous nous contenterons ici de vous proposer quelques indications bibliographiques :

- *Site Web : priorité à la simplicité*, de Jakob Nielsen et Hoa Loranger, Pearson, 2007, 29,90 €.

  Dans cet ouvrage, vous trouverez de nombreux conseils pour améliorer l'ergonomie, la lisibilité et la convivialité de votre site.

- *Conception de sites Web avec les CSS*, d'Éric A. Meyer, Pearson, 2007, 24,90 €

  Cet ouvrage, conçu sous forme d'exercices pratiques, vous apprendra la manipulation des feuilles de styles en cascade (CSS), lesquelles permettent de contrôler facilement l'apparence d'un site en décrivant dans un document séparé la présentation visuelle de vos pages.

- *Interfaces web interactives* de Bill Scott et Theresa Neil, Pearson, 2010, 34 €

  Cet ouvrage présente plus de 75 design patterns pour construire des interfaces web interactives en prenant en compte les dernières avancées technologiques.

Vous trouverez également de nombreuses ressources sur Internet, en particulier sur les blogs ou sites des webdesigners.

Visitez par exemple :

- **http://webdesign.2803.com/**
- **http://www.advancedweb.fr**
- **http://all-for-design.com/**
- **http://www.css4design.com/blog/**
- **http://www.css-design.fr/**
- **http://www.cssburst.com/** (en anglais)
- **http://www.noupe.com/category/design** (en anglais)
- **http://www.smashingmagazine.com/** (en anglais)
- **http://net.tutsplus.com/** (en anglais)

et tant d'autres.

Partie I

MISE EN PLACE TECHNIQUE D'UNE BOUTIQUE

Vous voilà donc parti dans la grande aventure du commerce en ligne. Votre projet est clair et votre business-plan prévoit une boutique rentable. Vous allez dès à présent pouvoir lancer votre projet et créer l'interface technique de votre futur site web. Au cours des chapitres qui vont suivre, vous allez découvrir les bases de la création technique d'un site e-commerce. Vous y aborderez la mise en place d'un catalogue, d'une zone réservée à vos clients, d'un processus d'achat avancé et découvrirez votre première interface de gestion des paiements.

Pour tous ces points, vous allez avoir recours à deux technologies et à un outil : PHP, MySQL et Adobe Dreamweaver CS4. Pourquoi ces technologies plutôt que d'autres ? Pour de simples questions de coût et de fiabilité de votre plate-forme de développement.

PHP et MySQL, respectivement un langage de programmation et un gestionnaire de base de données, sont des technologies gratuites issues de la communauté du logiciel libre. Bien que gratuites, elles bénéficient d'un réel engouement sur le Web et sont au nombre des technologies les plus populaires. Elles offrent également l'avantage d'être très répandues parmi les plates-formes d'hébergement, vous ne devriez donc pas rencontrer de problème pour identifier un prestataire capable d'accueillir votre boutique et proposant ces technologies.

Adobe Dreamweaver CS4 est lui un logiciel de création web disponible depuis 10 ans. Il permet la création visuelle de pages et de programmes web évolués. Il bénéficie du support de la société Adobe, créatrice entre autres de Photoshop, et possède une large communauté d'utilisateurs de part le monde. C'est l'un des seuls investissements en matière de logiciel que vous aurez à faire pour réaliser votre boutique en ligne.

Vous allez maintenant entrer dans la partie la plus technique de cet ouvrage. Suivez bien attentivement les chapitres qui vont suivre, vous y trouverez méthodes et techniques pour créer un site dynamique répondant à vos attentes et à celles de vos clients.

2 Bien choisir son hébergeur

Au sommaire de ce chapitre

- Les offres dédiées
- L'hébergement généraliste

Avant de vous lancer dans la création de votre boutique par la pratique, quelques lignes d'études s'imposent encore. Afin qu'elle soit accessible à tous, votre future boutique doit être… en ligne. Cela passe par la location des services d'un hébergeur de sites web. On désigne par hébergeur tout prestataire technique chargé sur Internet de recevoir les informations et les sites de ses clients et de rendre ceux-ci accessibles au monde entier. On compte plusieurs milliers d'hébergeurs dans le monde, de l'association gratuite à la multinationale présente sur les cinq continents.

Mais tous ces hébergeurs ne conviennent pas forcément à la vision que vous avez de votre boutique. Les hébergeurs gratuits, par exemple, financés par l'affichage de publicité sur les sites qu'ils diffusent, ne vous conviendront pas. Pour garder sa crédibilité, votre boutique doit s'affranchir de toute publicité extérieure. C'est donc vers l'hébergement payant qu'il vous faut vous tourner.

Deux options s'offrent en fait à vous quant au choix de l'hébergeur de votre futur site e-commerce. Vous pouvez opter pour un hébergeur qui dispose déjà d'une offre de boutique en ligne dédiée ou vous tourner vers un hébergeur plus généraliste et implémenter par vous-même votre solution de commerce électronique. Comme vous allez le voir, ces deux solutions ont leurs avantages et leurs inconvénients.

Les offres dédiées

De plus en plus nombreux sont les prestataires de service en ligne qui proposent des solutions de commerce électronique prêtes à l'emploi. Ces solutions s'articulent en général autour d'une offre d'hébergement mutualisé (c'est-à-dire sur le même serveur que d'autres clients) et d'un outil de création de boutique en ligne plus ou moins évolué.

Ce dernier outil vous proposera le plus souvent de créer un catalogue de produits en ligne et vous facilitera l'interfaçage avec différentes méthodes de paiement. Certains prestataires peuvent même aller jusqu'à offrir la mise en avant de vos produits sur quelques-uns des réseaux de distribution en ligne les plus célèbres (voir Figure 2.1).

Figure 2.1
PowerBoutique propose une solution de boutique en ligne tout intégrée.

Ce type d'offre possède à la fois des avantages et des inconvénients. Avantages :

- Vous êtes certain de la compatibilité de votre boutique en ligne avec l'hébergement que vous avez choisi. Les deux produits étant fournis par le même prestataire.
- Vous vous dispensez d'apprendre certaines techniques de création de site web. L'outil de création de boutique en ligne par votre hébergeur possédera, logiquement, une interface intuitive et facile d'utilisation.
- Votre boutique disposera d'une solution de paiement en ligne sécurisé fournie par votre hébergeur.

Mais on peut citer les inconvénients suivants :

- Le prix peut constituer un obstacle. En effet, les solutions de boutique en ligne s'adressent plutôt à une clientèle professionnelle. Elles sont de ce fait rarement bon marché.
- Vous prenez le risque de posséder une boutique qui ne corresponde pas exactement à vos besoins. Les offres de ce type d'hébergeur sont en effet standardisées et laissent peu de place à l'initiative personnelle. Un catalogue en ligne, voilà tout ce que vous aurez…
- Votre boutique sera prisonnière de votre hébergeur. Il est en effet rare qu'un prestataire propose une solution qui soit facile à migrer chez un concurrent.

- Vous vous privez également du plaisir de découvrir comment créer vous-même votre boutique en ligne.

Aussi efficaces qu'elles puissent être, de telles offres sortent du cadre de cet ouvrage. En effet, les connaissances techniques nécessaires à la mise en place de votre boutique avec ce genre d'outil sont très spécifiques et varieront d'un hébergeur à l'autre.

Si votre choix se porte sur cette option, votre futur hébergeur possède très certainement tous les fichiers d'aide nécessaires à la compréhension de son outil de création. À vous de les consulter.

Info

Certains scripts PHP prêts à l'emploi vous permettent également de mettre en place votre boutique sans avoir recours au codage à la main. C'est le cas par exemple d'OS Commerce (**www.oscommerce.com**).

Grâce à de nombreuses options de paramétrage (produits, niveaux de taxes, options), il est possible de publier sa première boutique en ligne en bénéficiant de fonctions e-commerce avancées : gestion des promotions, affichage de listes de tops produits, création de catégories, d'une newsletter d'information, gestion de plusieurs devises et des commandes internationales si vous le souhaitez… OS Commerce permet également de proposer le paiement en ligne de vos articles, à l'aide d'un partenaire de paiement.

L'hébergement généraliste

Seconde solution, si l'appel à un outil propriétaire ne vous satisfait pas vraiment, vous pouvez opter pour un hébergement plus généraliste et construire vous-même votre boutique en ligne. Il s'agira alors de bâtir une solution complète permettant de gérer à la fois vos produits et les comptes de vos clients. Et non plus de remplir un modèle de catalogue déjà défini.

Tout ce dont vous aurez besoin pour ce genre de réalisation est un hébergeur mutualisé classique (voir Figure 2.2) qui propose l'accès à un langage de création de sites dynamiques et à une base de données. Avec ces deux éléments, plus quelques autres indépendants de ce prestataire technique, vous pouvez très bien vous offrir une boutique en ligne.

Bien entendu, avant de vous lancer dans cette solution, pesez bien le pour et le contre :

- Votre boutique en ligne répondra exactement à vos attentes, puisque c'est vous-même qui l'aurez conçue.
- Le prix est souvent sans comparaison avec une offre dédiée au e-commerce.

Figure 2.2

En France, OVH propose des offres d'hébergement mutualisé.

Oui, mais…

- Les options de paiement sécurisé et autres vérifications seront à interfacer par vos soins. Néanmoins, rassurez-vous, il existe beaucoup de services en ligne prêts à vous aider, moyennant une commission sur vos ventes.

Cette solution, si elle peut se révéler bien moins onéreuse que le recours à une solution dédiée, va en revanche vous coûter énormément de temps. La construction d'un site e-commerce complet n'est pas une mince affaire et demande une très grande implication. Heureusement, le présent ouvrage est là pour vous aider !

Avant de clôturer ce court chapitre et d'entrer dans le vif du sujet, un petit mot sur la configuration logicielle nécessaire à votre future boutique.

Tout d'abord, l'hébergeur de votre choix doit proposer le support intégral du langage PHP et au moins une base de données MySQL. Ces deux points sont indispensables, puisque c'est sur cette architecture logicielle que va reposer la boutique que vous allez construire dans les pages qui suivent.

En ce qui concerne l'espace disque et la bande passante, ces deux options peuvent être réduites. Une boutique en ligne prend généralement peu d'espace chez un hébergeur, l'interface graphique de la boutique et les images des produits à la vente étant les principales sources d'encombrement du serveur. Côté bande passante, tout dépend de la fréquentation espérée. Une page de boutique bien conçue ne devrait pas peser plus de 100 ko.

La consommation totale de votre boutique en ligne ne devrait pas dépasser le gigaoctet par mois.

Pensez toutefois à réévaluer ce chiffre si le succès est au rendez-vous.

Reste à connaître les services annexes dont vous souhaitez disposer : nom de domaine ? streaming pour des extraits sonores ou vidéo ? Autant d'éléments qui détermineront encore votre choix… Le mieux est de comparer les hébergeurs. En voici quelques-uns, parmi les plus importants du marché français :

- 1 et 1 : **www.1et1.fr**
- Amen : **www.amen.fr**
- OVH : **www.ovh.com**

3 Mise en place d'un serveur de développement

Au sommaire de ce chapitre

- Comment fonctionne un site dynamique ?
- La technologie PHP en détail
- Installation de WampServer 2.0 sur un système Windows
- Configuration de l'environnement de développement
- Création du profil de site dans Dreamweaver CS4

Une fois votre projet de boutique en ligne défini et votre hébergeur choisi en conséquence, vous allez pouvoir penser à mettre en place un serveur de développement complet chez vous. Ce type de serveur est en effet indispensable dans le cadre du développement de sites web en langage PHP et vous fera gagner un temps précieux.

Pour mieux comprendre la nécessité de ce type de serveur, il est indispensable de savoir comment fonctionne exactement le langage PHP et comment il s'interface avec une base de données. Une fois ces définitions techniques posées, vous découvrirez comment installer votre propre environnement de développement, en l'occurrence WampServer 2.0, sur une machine équipée de Windows. Vous apprendrez également à procéder aux premiers réglages de cet environnement afin qu'il corresponde exactement à l'hébergeur que vous vous êtes choisi pour votre site web.

Comment fonctionne un site dynamique ?

Mais, avant tout, savez-vous comment fonctionne réellement un site dynamique ?

Les avantages d'un site dynamique

Contrairement aux pages personnelles, les sites commerciaux, professionnels ou institutionnels, gèrent une quantité importante de contenu (actualités, articles, fiches produits…). Imaginez le travail que représenteraient ces types de sites s'ils étaient entièrement constitués de pages HTML statiques.

Prenez l'exemple d'un site comme celui de la FNAC (voir Figure 3.1). Cela signifierait que la page descriptive de chaque livre et de chaque disque aurait fait l'objet d'un montage à part. Les milliers d'articles proposés par le cyber-marchand demanderaient alors des jours et des jours de travail pour être présentés de manière correcte aux clients potentiels.

De plus, à chaque nouvel arrivage, il faut concevoir non seulement les pages correspondantes à ces nouvelles éditions mais également toutes les pages existantes afin que, par exemple, la liste des ouvrages d'un même auteur soit à jour. Autre petit détail, la création d'un moteur de recherche ou du Caddie virtuel utilisé par les clients devient quasiment impossible ou demande tout au moins l'utilisation de tellement de JavaScript qu'il serait sans doute préférable d'en abandonner l'idée.

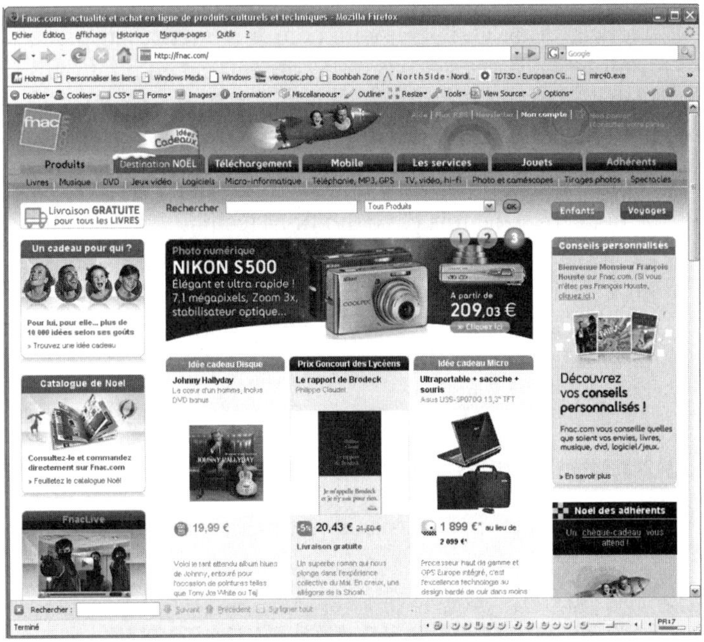

Figure 3.1

Le site de la FNAC est entièrement fondé sur la technologie ASP de Microsoft.

Comment résoudre alors ce casse-tête ? En utilisant les technologies de sites dynamiques, bien sûr ! Celles-ci ne font plus appel à de simples fichiers HTML mais utilisent de véritables langages de programmation interprétés par le serveur qui héberge les pages web. Ces langages permettent de comprendre des requêtes faites par l'utilisateur (l'affichage d'une page, une recherche précise…), de chercher les réponses à cette requête dans une base de données et d'envoyer à ce même visiteur le résultat de ces recherches sous forme de page web.

Les sites dynamiques, c'est donc cela : la combinaison d'un langage de programmation (PHP, ASP…) et d'une base de données afin de générer des pages web.

Depuis sa version MX, Dreamweaver possède toute une panoplie d'outils permettant la création de sites web dynamiques : Liaisons, Comportements de serveur, Composants, Actions… Grâce à ces outils, on peut créer son propre site dynamique dans l'une des cinq technologies proposées : ASP, ASP.net, JSP, Adobe Cold Fusion et, bien entendu, PHP !

Anatomie d'un site dynamique

Avant de vous lancer tête baissée dans la création d'un site web dynamique à l'aide de Dreamweaver, il est important de comprendre comment fonctionnent exactement les différentes technologies de création de sites dynamiques.

Pour bien comprendre, prenez comme base le comportement d'un site web statique, c'est-à-dire composé de pages HTML classiques.

Lorsque vous souhaitez afficher une page sur ce type de site, votre navigateur Internet demande simplement au serveur d'hébergement de lui envoyer le code HTML correspondant à cette page (voir Figure 3.2). Ce code HTML est du même type que celui que vous créez avec Dreamweaver, il est composé de texte, de liens, d'appels à des images… Lorsque votre navigateur rencontre la balise `<img>` correspondant à une image, il envoie à nouveau une requête au serveur afin de recevoir le fichier image correspondant.

Une fois la page et ses composants entièrement chargés et affichés, le navigateur cesse d'envoyer des requêtes aux serveurs jusqu'à votre prochain clic sur un lien. L'échange entre votre ordinateur et le serveur se limite donc à quelques requêtes et à quelques fichiers, le serveur se contentant d'envoyer les fichiers HTML, images ou multimédias réclamés.

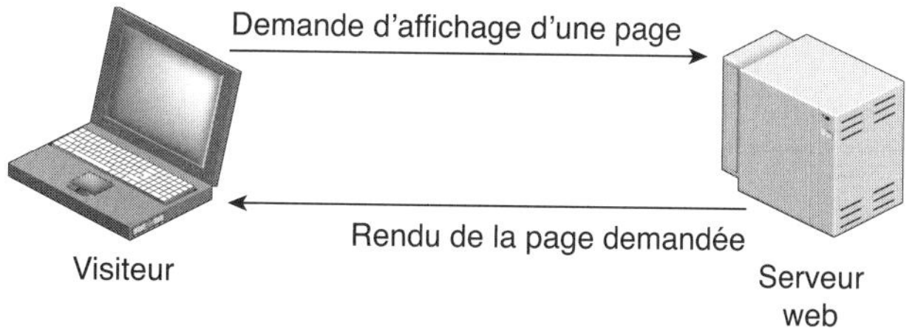

Figure 3.2
Les requêtes pour afficher les pages d'un site statique sont simples.

Quand vous naviguez sur des sites dynamiques, le fonctionnement est sensiblement différent. Lorsque vous souhaitez accéder à une page, votre navigateur envoie au serveur l'adresse de cette page (cette fois, il s'agit non plus d'un fichier HTML mais d'une page écrite en PHP), ainsi que quelques paramètres. Ces paramètres peuvent être envoyés au serveur directement *via* l'URL présente dans le navigateur (c'est le plus fréquent) ou provenir d'un formulaire et être envoyés par une méthode POST, comme dans le cas d'un moteur de recherche.

Info

Les méthodes POST et GET sont deux méthodes de communication entre un ordinateur client et un serveur Internet. Le serveur reçoit *via* le protocole HTTP des informations de l'ordinateur client. Lorsqu'on utilise la méthode GET, les informations envoyées sont ajoutées à l'URL de la page demandée au serveur. Quand on utilise la méthode POST, les informations sont invisibles pour l'utilisateur. Elles sont envoyées de manière cachée par le serveur. La méthode POST est en général associée aux formulaires, la méthode GET à la mise en place de liens dynamiques.

Une fois cette requête reçue, le serveur interprète alors le contenu de la page dynamique appelée. Cette page contient des requêtes vers une base de données dont les résultats dépendent des paramètres déjà définis. La page va donc chercher dans cette base les textes et autres éléments à inclure dans la page (voir Figure 3.3). Le serveur réunit ensuite la page dynamique et les données provenant de la base de données afin de créer une page HTML classique.

Une fois cette page réalisée, elle est envoyée au navigateur afin d'être affichée sur votre ordinateur comme une page classique. Le prochain appel à une page dynamique provoquera les mêmes requêtes et mécanismes sur le serveur.

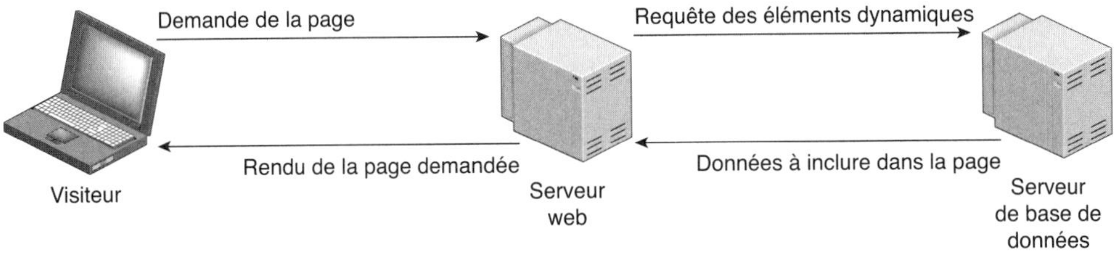

Figure 3.3

Le serveur est très sollicité lors de l'affichage des pages d'un site dynamique.

La technologie PHP en détail

PHP n'est en fait qu'un langage de création de sites dynamiques parmi d'autres. Dans la même famille de langage, on peut citer l'ASP (*Active Server Pages*), développé par

Microsoft, le JSP (*JavaServer Pages*), développé par SUN, ou encore ColdFusion, propriété de Adobe.

Présentation générale

PHP (acronyme récursif de PHP Hypertext Preprocessor) est la dernière technologie de développement de sites web dynamiques arrivée sur le Net, mais pourtant pas la moindre. Fondé sur la licence GNU et donc totalement gratuit, PHP est, avec l'ASP, le langage dynamique le plus utilisé au monde. Il s'agit comme l'ASP d'un langage de programmation à part entière, hérité des C/C++.

Très répandu dans le monde de l'hébergement Internet, PHP offre l'avantage de pouvoir fonctionner aussi bien sur une architecture Windows que sur Unix/Linux. Il vous laisse donc le choix entre un grand nombre d'hébergeurs pour l'accueil de votre site web. La création d'un environnement de développement PHP sous Windows est grandement facilitée par la vivacité du monde du logiciel libre. En effet, une foule de programmes comprenant un serveur Apache, un interpréteur PHP et un environnement de base de données type MySQL sont disponibles sur Internet.

Info *La mise en place d'un environnement de développement en PHP à l'aide de WampServer 2.0 est détaillée plus loin dans ce chapitre.*

Si vous souhaitez consulter la documentation la plus complète possible sur PHP, le site officiel est tout indiqué : **http://www.php.net** (voir Figure 3.4).

PHP dans vos pages

Mais, concrètement, à quoi ressemble du code PHP, une fois qu'il est intégré dans une page ? Prenons un exemple très simple, un code PHP uniquement destiné à afficher un texte dans une page HTML. Le code source, tel qu'il sera interprété par le serveur, ressemble à cela :

```
<html>
 <head>
  <title>Premier script PHP</title>
 </head>
 <body>
  <? print(Date("l F d,Y")); ?>
 </body>
</html>
```

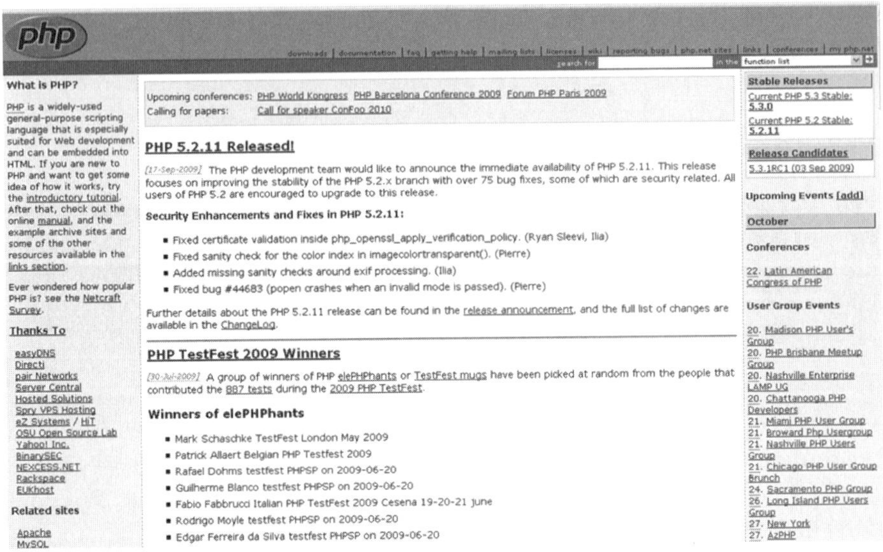

Figure 3.4

Le portail de PHP : **http://www.php.net**.

Ce script PHP très simple se contente d'afficher la date actuelle sur la page, et rien d'autre. Comme vous pouvez le constater, le code PHP, modélisé entre les balises `< ?  ?>` ou `< ? php ?>`, s'intègre parfaitement à l'intérieur des balises HTML classiques. Il vous est donc inutile de coder en PHP l'affichage entier d'une page, contentez-vous d'utiliser ce langage de programmation pour définir les éléments dynamiques de vos pages (dates, textes issus d'une base de données…), et conservez les bonnes vieilles techniques du HTML pour le reste de la page !

Info

Même si la connaissance du HTML n'est pas indispensable pour mener à bien votre projet de boutique en ligne, il peut se révéler très utile pour vous de connaître les bases de ce langage. Vous trouverez une définition de la norme HTML officielle sur le site du W3C (World Wide Web Consortium, organisme chargé de définir les standards utilisés sur le Net) à la page suivante : **http://www.w3.org/MarkUp/**.

Bien entendu, une majorité des commandes PHP que vous allez utiliser dans la suite de cet ouvrage va être directement rédigée par Dreamweaver. Il est toutefois possible que, pour certaines tâches bien précises, il soit plus rapide d'utiliser un programme entièrement réalisé à la main qu'utiliser des codes prédéfinis par Dreamweaver. Dans ce cas, vous trouverez dans ce livre le code en question et la manière dont il convient de l'insérer dans la page à l'aide de Dreamweaver.

Si vous souhaitez malgré tout en savoir plus sur le langage PHP, sa syntaxe et ses possibilités avancées, sachez que de très bons sites francophones existent pour expliquer ce langage. Tels PHPFrance (**http://www.phpfrance.com**, voir Figure 3.5) ou PHPIndex (**http://www.phpindex.com**).

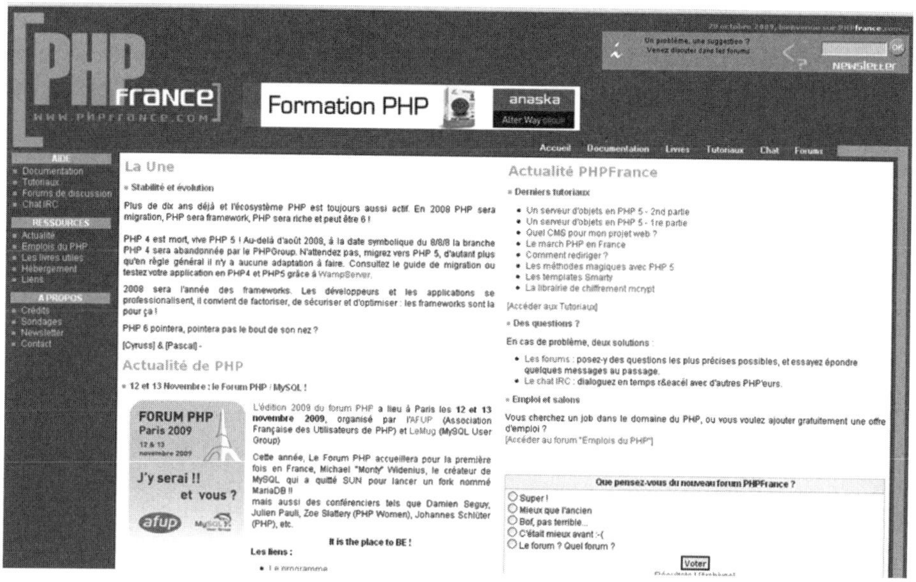

Figure 3.5

www.phpfrance.com, une bonne initiation au langage PHP.

> **Info** Gardez en tête que, dans une page web, le code PHP est toujours encadré de balises <? et ?> ou `< ?php et ?>`.

La version 5.0 de PHP est disponible depuis la fin de l'année 2004. Elle est désormais adoptée comme un standard par la majorité des créateurs de site. Parmi les nouveautés, on en retiendra trois particulièrement importantes, même si leur impact sera limité dans la création de votre boutique en ligne :

- **Implémentation de SQLite.** SQLite est un système de gestion de base de données embarqué directement dans PHP. Il permet pour des applications simples de se défaire de la contrainte d'un serveur de base de données à part entière. Avec cette évolution, on notera d'ailleurs que le support de MySQL est désactivé dans la configuration par défaut de PHP 5.

- **Implémantation de SimpleXML.** Le format XML devenant omniprésent sur le Web et dans les systèmes de gestion de contenu, PHP 5 intègre désormais un module de traitement et d'analyse des données au format XML très puissant.
- **Nouveau modèle POO.** Le modèle Orienté Objet, l'architecture même du langage PHP, a été fortement remanié afin d'être plus rapide et plus efficace. Bien entendu, l'architecture de PHP 4.0 est toujours interprétée par cette nouvelle version et la majorité des scripts développés dans les versions précédentes reste valable pour PHP 5.

Avec Adobe Dreamweaver CS4 vous n'aurez pratiquement pas à toucher au code PHP de votre site. Mais gardez l'ensemble de ces références en tête, elles vous seront utiles si vous souhaitez ajouter des fonctionnalités avancées à votre site e-commerce par la suite. Dreamweaver est limité pour la programmation et ne vous empêchera pas de temps à autre de coder.

Les bases de données MySQL

Aussi puissant que soit PHP, il ne peut pas tout faire sur un site web ! Pour afficher un prix, un titre ou un nom d'auteur sur une page, il faut bien que l'information correspondante soit stockée quelque part. Et ce quelque part, dans votre site, va être une base de données de type MySQL.

Pour les non-initiés, voici une définition sommaire d'une base de données : elle permet de stocker des informations de manière ordonnée et structurée. Une base est ainsi composée de plusieurs tables, elles-mêmes composées de colonnes et d'enregistrements, une colonne correspondant à un type d'information et un enregistrement, à une entité précise. Ainsi, dans le cadre de notre librairie en ligne, on peut imaginer qu'une table contiendra l'ensemble des livres disponibles dans la boutique. Chaque enregistrement correspondrait à un livre en particulier, chaque colonne, à une information précise sur ce livre, comme son titre, le nom de son auteur ou encore son prix (voir Figure 3.6).

L'information ainsi stockée devient très facilement récupérable : pour connaître l'auteur d'un livre, il suffit de connaître le titre de ce dernier et de savoir que c'est le nom de l'auteur que l'on recherche. En croisant ces deux critères, l'information devient évidente.

Bien entendu, cette description est très schématique et, dans la pratique, une base de données est bien plus complexe qu'un simple tableau. Il est en effet possible de réaliser des liaisons entre plusieurs tables, d'optimiser les recherches, etc. Vous en découvrirez bien plus sur les bases de données dans le chapitre suivant, où il sera question de créer la base de données complète nécessaire à la création de votre boutique. Les notions plus avancées d'index ou de clés primaires seront abordées à ce moment.

Dans cet ouvrage, vous allez utiliser une base de données de type MySQL. Il s'agit du type de base de données le plus souvent associé au langage PHP (voir Figure 3.7).

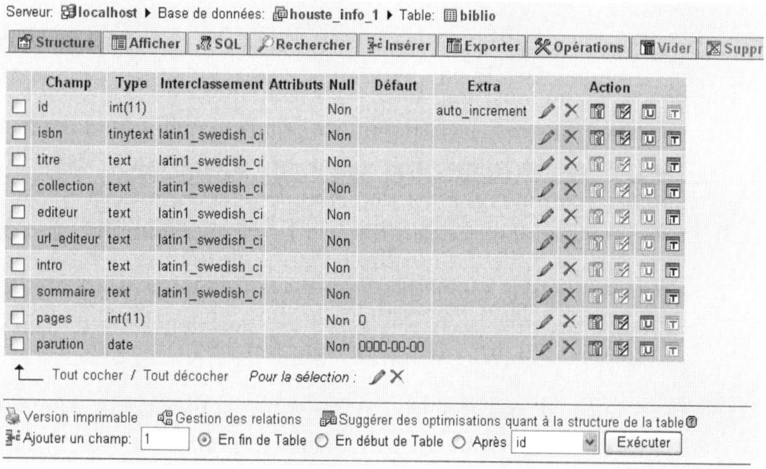

Figure 3.6

Une base de données avec une structure très simple.

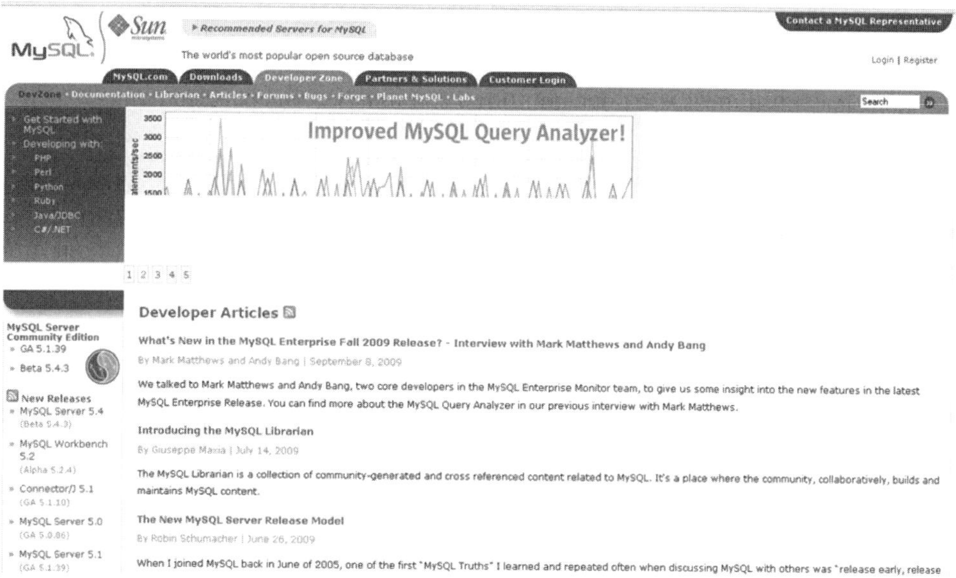

Figure 3.7

MySQL, le système de base de données le plus souvent associé à PHP.

Il offre en outre l'avantage d'être disponible chez la plupart des hébergeurs professionnels et d'être administrable directement par une interface web, grâce à des programmes comme phpMyAdmin (http://www.phpmyadmin.net) ou eSKueL (http://www.phptools4u.com/scripts/eskuel/). Vous trouverez plus de renseignements sur ce système de base de données sur son site officiel : http///www.mysql.com.

Dernière brique, un serveur Apache

PHP et MySQL ne pourraient pas fonctionner s'il n'y avait derrière eux un serveur web. Un serveur, c'est-à-dire un programme exécuté en permanence sur un ordinateur et chargé uniquement de répondre aux requêtes reçues depuis les ordinateurs extérieurs. La nature de la réponse formulée dépendra en fait du type de serveur mis en place.

Dans le cas d'un serveur web, son rôle est bien défini : envoyer *via* le protocole http des fichiers (pages web, images, sons…) demandés par différents clients par leur navigateur. Pour votre site, sa tâche va se compliquer. Il devra également générer automatiquement des pages HTML compréhensibles par les navigateurs des internautes à l'aide de scripts PHP et de données issues d'une base MySQL.

Le serveur utilisé est de type Apache. Il s'agit d'un système de serveur libre et open-source développé par The Apache Software Foundation (http://www.apache.org, voir Figure 3.8).

Figure 3.8

The Apache Software Foundation gère l'ensemble des projets de développement du serveur web Apache.

Avec Microsoft IIS, il est le serveur web le plus utilisé. Sa gratuité, le dynamisme de sa communauté, son coût réduit en fait l'un des systèmes de choix pour les petits et moyens projets, pour les systèmes d'hébergement mutualisés destinés aux petites entreprises, et pour l'hébergement et le développement de votre boutique en ligne.

Vous allez découvrir comment mettre en place un serveur de développement sur votre ordinateur. Le but de ce serveur n'est pas de fournir des informations à des ordinateurs extérieurs. Il simule le fonctionnement d'un véritable serveur afin que vous puissiez développer votre boutique en ligne dans les meilleures conditions possibles.

Installation de WampServer 2.0 sur un système Windows

Pour développer en toute sérénité un site utilisant la technologie PHP, il vous faut mettre en place un serveur de développement sur votre ordinateur. En effet, comme vous venez de le voir, PHP est un langage interprété qui a besoin d'un serveur spécifique afin de pouvoir s'exécuter. Hors de question donc de visualiser vos pages à l'aide d'un simple navigateur Internet, comme vous le feriez avec des pages HTML classiques.

La solution pourrait alors être d'utiliser votre futur service d'hébergement, qui, lui, supporte le langage PHP. C'est bien entendu possible, mais cela peut vite se révéler fastidieux ! En effet, même si l'utilisation de Dreamweaver pour la création de vos scripts réduit fortement les risques d'erreur dans ceux-ci, il vous faudra tout de même tester régulièrement vos pages afin d'être sûr d'obtenir le résultat escompté. Ce qui veut dire, avant chaque vérification, transférer vos pages chez votre hébergeur. La manipulation risque de devenir vite pénible… Imaginez que vous souhaitiez juste régler l'alignement d'une image ou d'un texte : vous devriez procéder à une connexion avant chaque visualisation !

Non, la solution la plus efficace est de mettre en place chez vous, sur votre ordinateur de développement, un serveur capable d'interpréter le langage PHP, de stocker votre base de données et donc d'exécuter l'ensemble des programmes nécessaires à votre site web. Un serveur de développement Apache/PHP/MySQL complet.

Présentation et téléchargement

La mise en place d'un serveur Apache compatible PHP et MySQL sur une machine de type Windows ne pose désormais plus de problème. Il existe sur Internet des packages complets qui comprennent à la fois un serveur Apache, un interpréteur PHP et un serveur de base de données MySQL. Ils sont très simples à installer sur n'importe quelle version de Windows. Pour mettre en place votre serveur de développement, vous allez utiliser l'un de ces packages.

Parmi les plus connus et les plus faciles d'emploi, on peut citer EasyPHP, disponible sur http://www.easyphp.org, ou WampServer 2.0 (voir Figure 3.9), disponible quant à lui sur http://www.wampserver.com. C'est ce dernier que vous allez utiliser ici.

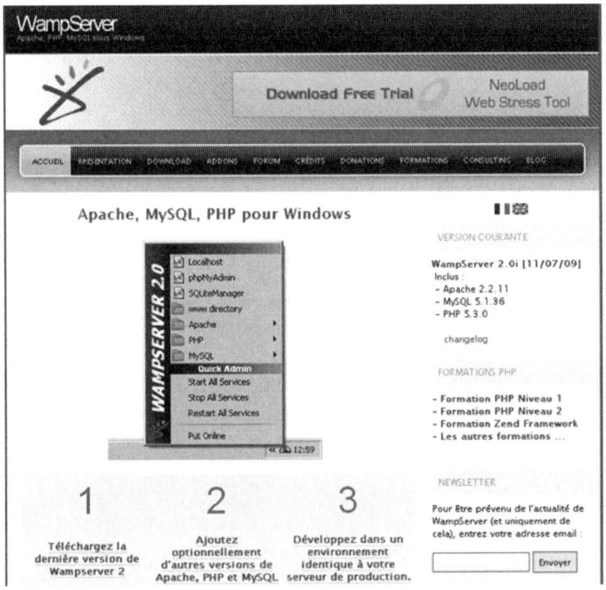

Figure 3.9
WampServer 2.0 est un serveur Apache clé en main.

Téléchargez donc WampServer 2.0 sur son site officiel, dans sa version Windows, et préparez-vous à l'installer.

Info : Si vous disposez d'un Mac, vous n'avez pas besoin d'installer Apache. Le serveur web est livré avec le système OS X. Il vous suffira de l'activer en vous rendant dans la section Partage des Préférences système. Là, vous pourrez lancer Apache en activant tout simplement le Partage Web personnel.

Installation de WampServer 2.0

Une fois WampServer 2.0 téléchargé, son installation sur votre ordinateur ne prendra que quelques minutes :

1. Double-cliquez sur le programme **WampServer2.0a.exe** que vous venez de télécharger. L'installation du serveur débute aussitôt.

Info

L'ensemble des étapes qui suivent est réalisé avec la version 2.0a de WampServer. À l'heure où vous lirez ce livre et mettrez ces différentes étapes en application, une nouvelle version du logiciel sera peut-être disponible. Ces fonctionnalités auront probablement sensiblement évoluées, mais les principales fonctionnalités utilisées ici resteront les mêmes.

Attention, WampServer 2.0 ne peut en aucun cas servir de mise à jour aux versions précédentes de Wamp5. Si vous possédiez déjà un serveur de type Wamp sur votre ordinateur, prenez soin d'en sauvegarder les données (en copiant le dossier www de celui-ci et en exportant sa base de données à l'aide de MySQL) et de le désinstaller avant de procéder à l'installation de WampServer 2.0.

2. Cliquez sur le bouton Next après les recommandations d'installation présentes sur le premier écran, puis acceptez les conditions d'utilisation du logiciel (I accept the agreement).
3. Sélectionnez le dossier d'installation de WampServer 2.0. Par défaut, celui-ci est c:\wamp, mais libre à vous d'en choisir un autre (voir Figure 3.10).

Figure 3.10

Où allez-vous installer WampServer 2.0 ?

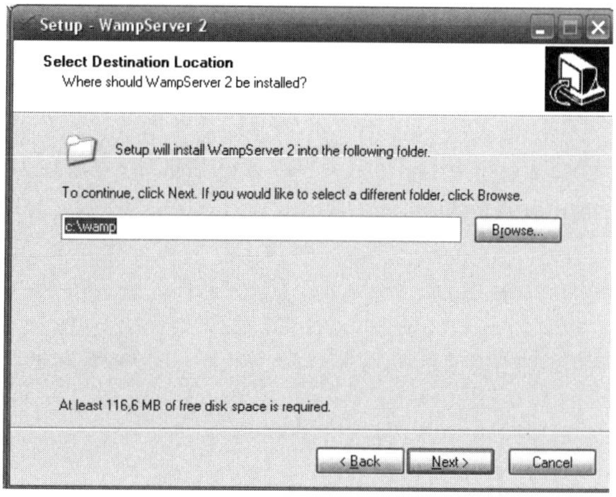

4. Choisissez ensuite si l'icône de lancement de Wamp doit apparaître dans la barre de lancement rapide et sur le bureau de Windows. Cochez vos options. Un clic sur le bouton Next et le résumé des options d'installation s'affiche alors. Cliquez une fois encore sur le bouton Newt pour que l'installation démarre effectivement.
5. Il reste quelques détails de configuration. WampServer vous propose tout d'abord de définir le navigateur par défaut qui sera lancé lors de vos accès à l'interface du serveur. Il s'agit en général du navigateur que vous avez déjà sélectionné en tant que préférence dans Windows. WampServer vous demande ensuite les coordonnées de votre serveur mail ainsi que l'adresse de l'expéditeur de vos messages

(voir Figure 3.11), au cas où vous intégreriez des fonctionnalités mail dans vos développements. Précisez alors les coordonnées habituelles de votre boîte mail.

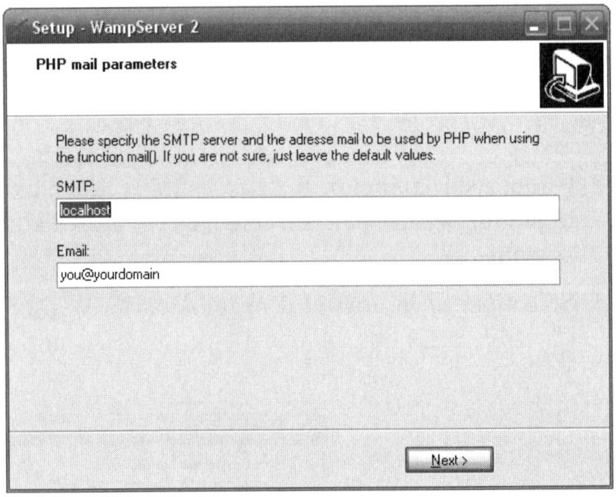

Figure 3.11
WampServer a besoin de vos coordonnées mail pour finaliser sa configuration.

6. Une fois l'installation terminée, WampServer 2.0 démarre automatiquement. Il est immédiatement accessible *via* les icônes de la barre des tâches de Windows.

Attention

WampServer 2.0 est architecturé autour d'un serveur PHP 5.0. Il se peut que vous rencontriez quelques problèmes en utilisant des scripts PHP 4 sur votre serveur de développement. Pensez toujours à vérifier les versions compatibles de vos scripts avant de les insérer sur votre site.

Mise en marche des serveurs

Lorsqu'il est en cours d'exécution, WampServer est présent dans la barre des tâches de Windows, sous la forme d'une petite icône en bas à droite (voir Figure 3.12).

Figure 3.12
Votre serveur est en cours d'exécution.

C'est depuis cette icône que vous pouvez accéder à l'ensemble des commandes du serveur. D'un simple clic gauche, vous déroulez un menu de commandes assez complet (voir Figure 3.13).

Figure 3.13
Les différentes commandes de votre serveur WampServer.

> **Info**
> WampServer 2.0 est sécurisé dans sa configuration par défaut. Les accès à votre serveur de développement ne sont autorisés qu'à partir de la machine où ce serveur est en cours d'exécution. Cette limitation est symbolisée par un petit cadenas sur l'icône d'exécution de WampServer dans la barre des tâches de Windows. Si vous souhaitez donner accès au serveur sur l'ensemble de votre réseau local, vous devrez sélectionner la commande Put online dans le menu principal de WampServer. Le cadenas disparaît alors de l'icône et le serveur devient accessible sur les autres ordinateurs de votre réseau, simplement en saisissant l'adresse IP de l'ordinateur de développement dans un navigateur Internet.

Vous pouvez ainsi effectuer les principales opérations nécessaires à la maintenance de votre serveur Apache :

- **Pour le redémarrer.** Par exemple en cas de changement de sa configuration, utilisez la commande Apache/Service/Restart Service.
- **Pour redémarrer le service MySQL.** Utilisez la commande MySQL/Service/Restart Service. De la même façon, vous pouvez interrompre ces services à l'aide des commandes Apache/Service/Stop Service et MySQL/Service/Stop Service.
- **Pour accéder à la configuration HTTP.** Utilisez la commande Apache/httpd.conf. Le fichier de configuration du serveur s'ouvre alors dans le Bloc-Notes de Windows. D'autres fichiers de configuration sont accessibles de la même façon dans le sous-menu Config files.
- **Pour accéder à la page d'accueil.** Sélectionnez la commande Localhost.
- **Pour accéder à l'outil de gestion de votre base de données.** Sélectionnez phpMyAdmin.

Info

D'autres commandes sont bien entendu disponibles, mais celles-ci ne vous seront guère utiles dans la gestion quotidienne de votre service de développement. Pour en savoir plus, un petit tour sur l'aide en ligne de WampServer 2.0 est le bienvenu. Cette aide est disponible d'un clic droit sur l'icône du serveur en sélectionnant la commande Help File. Libre à vous également de demander un peu d'aide sur la FAQ officielle du site (**http://www.wampserver.com/faq.php**) ou sur le forum officiel du serveur : **http://www.wampserver.com/phorum/list.php?f=1** (voir Figure 3.14).

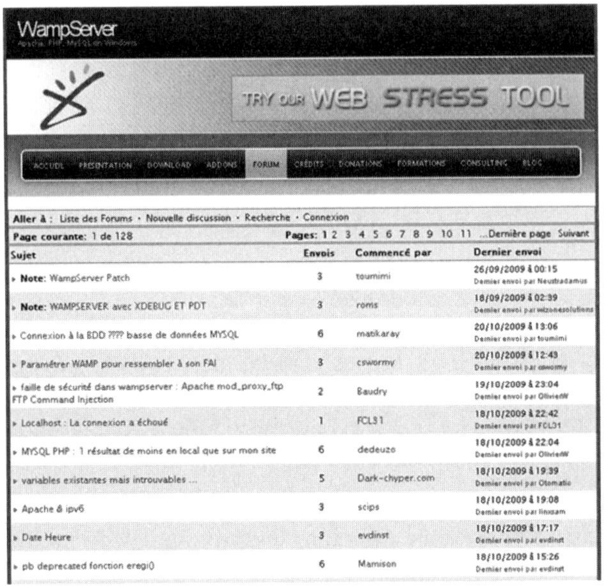

Figure 3.14

Les forums de Wamp répondront à bien des questions.

Configuration de l'environnement de développement

WampServer 2.0 est installé sur votre ordinateur, mais cela ne veut pas dire que l'installation de votre serveur de développement soit terminée. Il vous faut encore configurer correctement celui-ci. En effet, pour que vous ayez le moins de problèmes possible lors de la mise en ligne de votre boutique, il faut que votre serveur de développement ressemble au maximum à votre hébergement final. Nom des bases de données, identifiant et mot de passe de l'administrateur… tous ces paramètres doivent être personnalisés afin de correspondre à votre futur hébergement. Ainsi, une fois votre site diffusé dans sa version finale, aucun changement ne sera nécessaire pour le rendre opérationnel.

Nommage de la base de données

Commencez donc par vous assurer du nommage de votre base de données.

Cliquez sur l'icône d'activation de WampServer 2.0, présente dans la barre des tâches de Windows, et sélectionnez la commande phpMyAdmin. Il s'agit du gestionnaire de base de données installé par défaut avec WampServer 2.0. Ce logiciel va vous permettre, à tout moment, de travailler sur votre base de données et d'y définir de nouveaux utilisateurs, bases, tables… phpMyAdmin s'ouvre alors dans votre navigateur par défaut (voir Figure 3.15).

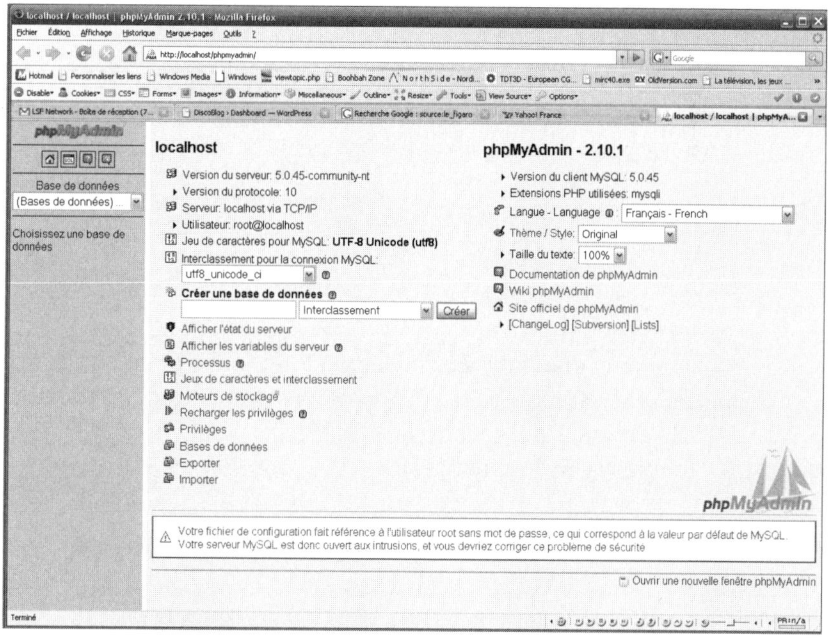

Figure 3.15
phpMyAdmin, l'interface de gestion des bases MySQL la plus répandue.

Par défaut, votre serveur Wamp ne contient que deux bases de données : mysql et information_schema qui sont utilisées pour la gestion de votre serveur de base de données.

Info

Évitez le plus possible de toucher aux bases mysql et information_schema. Elles sont utiles au bon fonctionnement du serveur, et la moindre altération de leurs données peut provoquer une panne de celui-ci. phpMyAdmin possède une interface permettant de modifier chacun des paramètres de votre serveur de base de données. Préférez donc l'utilisation de cette interface aux manipulations directes des bases de configuration !

Vous allez créer une nouvelle base MySQL sur votre serveur de développement. La manipulation est simple :

1. Sur la page d'accueil de phpMyAdmin, saisissez le nom de votre nouvelle base de données dans le champ Créer une base de données, présent au centre de l'écran. Ce nom doit correspondre au nom de la base défini chez votre hébergeur.
2. Une fois le nom saisi, cliquez simplement sur le bouton Créer (voir Figure 3.16) pour que la base soit effectivement créée.

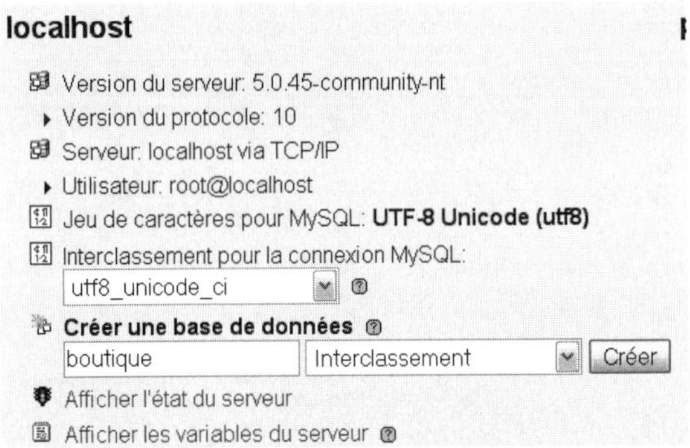

Figure 3.16

Créez votre nouvelle base de données.

3. La nouvelle base de données est alors disponible dans la navigation principale de phpMyAdmin. Vous pouvez la consulter à l'aide du menu déroulant disponible dans la colonne de gauche de l'interface. Votre nouvelle base apparaît au milieu des autres (voir Figure 3.17).

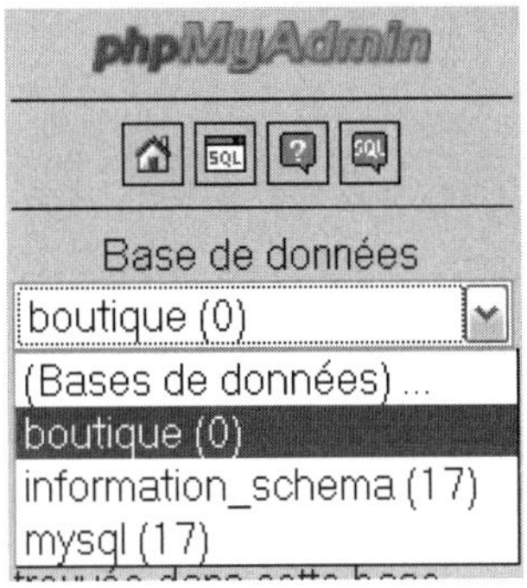

Figure 3.17

Votre nouvelle base de données a été créée avec succès.

Définition des utilisateurs

Une fois votre nouvelle base de données définie, il vous faut créer un utilisateur dédié à cette base. La création de cet utilisateur répond à un but simple : pour accéder à la base de données présente chez votre hébergeur, vous disposez d'un identifiant de connexion et d'un mot de passe bien précis. Il vous faut posséder exactement les mêmes identifiant et mot de passe sur votre serveur de développement. Et ce afin de faciliter la mise en ligne de votre boutique, une fois son développement terminé.

Pour créer votre nouvel utilisateur, revenez à la page d'accueil de phpMyAdmin à l'aide de l'icône Accueil (en forme de maison), située en haut de la colonne gauche du logiciel. Puis :

1. Sur la page d'accueil de phpMyAdmin, cliquez sur le lien Privilèges, se trouvant dans le menu central le plus à gauche, le septième lien. La liste de tous les utilisateurs déjà définis apparaît alors (voir Figure 3.18).

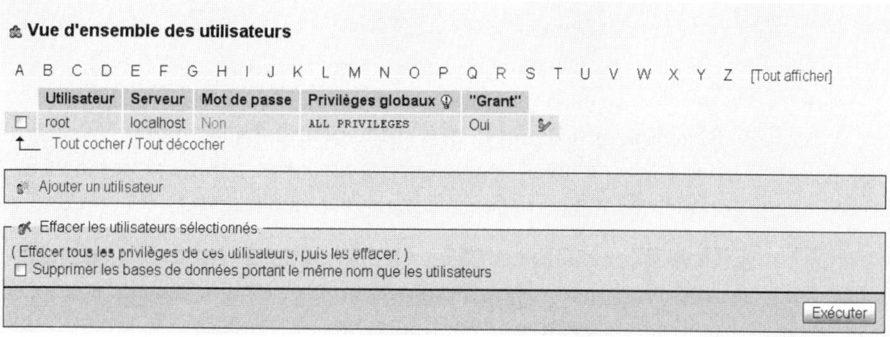

Figure 3.18
Voici les utilisateurs SQL existant déjà.

2. Cliquez sur le lien Ajouter un utilisateur, présent en dessous de la liste des utilisateurs existant. Une nouvelle page se charge alors qui contient le formulaire de création des utilisateurs MySQL.

3. Dans ce formulaire, sélectionnez Local dans la liste déroulante Serveur. L'utilisateur que vous allez créer va en effet accéder au serveur MySQL depuis l'ordinateur qui héberge celui-ci (voir Figure 3.19).

Info

La plupart des hébergeurs PHP/MySQL ne permettent l'accès à la base de données liée à l'espace d'hébergement qu'en local. C'est-à-dire à partir de cet espace d'hébergement lui-même. C'est pourquoi votre serveur de développement est configuré de cette façon également.

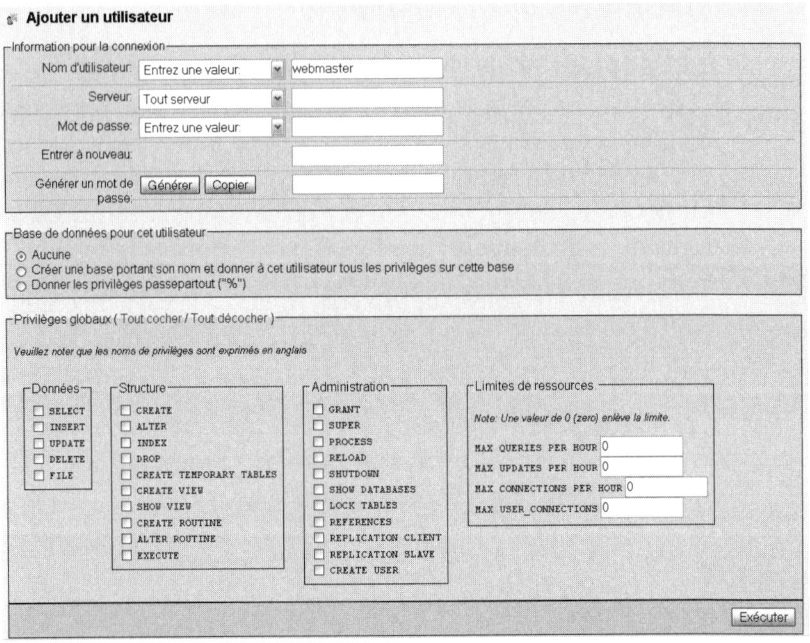

Figure 3.19

Le formulaire de création des utilisateurs MySQL.

4. Saisissez ensuite un nom d'utilisateur dans le champ Nom d'utilisateur et le mot de passe associé dans le champ Mot de passe. Ces deux paramètres doivent correspondre exactement à ceux fournis par votre hébergeur !

5. Confirmez ce mot de passe dans le champ Entrer à nouveau. Conservez ces informations, vous en aurez besoin lors de la configuration de vos accès à la base de données dans Dreamweaver. Ne cliquez pas sur Générer.

6. Dans le bloc d'option Base de données pour cet utilisateur, cochez la case Donner les privilèges passe-partout ("%") afin que ce nouvel utilisateur puisse accéder à l'ensemble des bases de données de votre serveur de développement. Même si ces droits ne sont pas totalement identiques sur votre hébergement final, vous gagnerez en souplesse d'utilisation en choisissant cette option.

7. Cochez ensuite l'ensemble des cases correspondant à la définition des privilèges de l'utilisateur. Vous donnerez ainsi à votre nouvel utilisateur l'autorisation d'effectuer n'importe quelle opération sur votre base de données.

Astuce

Utilisez le lien Tout cocher présent en haut de la liste pour gagner un peu de temps.

8. Une fois l'ensemble de ces paramètres défini, cliquez sur le bouton Exécuter, présent en bas du premier formulaire.

Le nouvel utilisateur est alors créé avec succès. Afin qu'il soit actif, il vous faut remettre à jour les droits du serveur MySQL. Pour cela, cliquez sur l'onglet Privilèges sur la page de confirmation de création de l'utilisateur puis sélectionnez le lien Recharger les privilèges, tout en bas de la page, pour mettre à jour votre serveur (voir Figure 3.20).

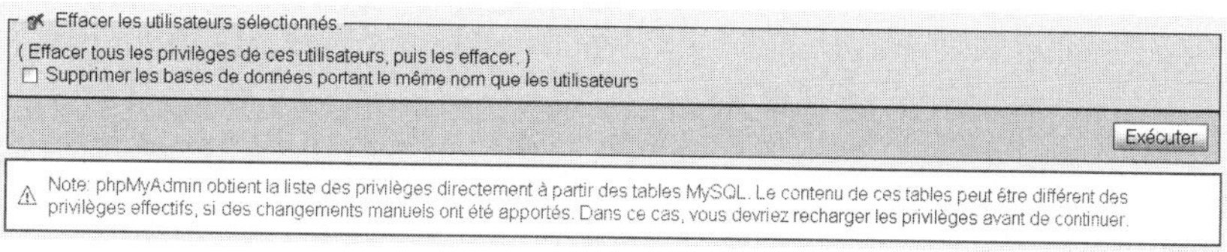

Figure 3.20
Pensez à recharger les privilèges de votre serveur afin que votre nouvel utilisateur soit valide !

Une fois base de données et utilisateur définis, votre serveur de développement devrait désormais être identique à celui disponible chez votre hébergeur.

Création du répertoire de développement

Dernière étape : la création du répertoire de développement. Vous allez créer, dans le dossier racine de votre serveur, un nouveau dossier qui contiendra l'ensemble des pages et fichiers utilisés par votre site web. Pour cela, rendez-vous simplement, à l'aide de l'explorateur de Windows, dans le dossier racine de votre serveur (**c:\wamp\www** dans la configuration par défaut de WampServer 2.0) et créez-y un dossier reprenant le nom de votre projet, par exemple **c:\wamp\www\maboutique**.

Création du profil de site dans Dreamweaver CS4

Votre serveur de développement est en place, vous voilà maintenant prêt à créer un profil de site dans Dreamweaver CS4.

Présentation rapide de Dreamweaver

Adobe Dreamweaver est le logiciel leader de la création graphique de sites web depuis quelques années. Mis au point en 1998 par la société américaine Macromedia, rachetée en 2004 par Adobe, ce programme est au départ un simple éditeur HTML Wysiwyg.

Il est utilisé pour la création graphique de sites web, et la génération automatique du code HTML à partir d'éléments visuels. La création d'un site basique à l'aide de Dreamweaver ne demande pas plus de connaissances techniques que la rédaction d'une lettre dans un traitement de texte comme Microsoft Word.

Au cours des années, ses fonctionnalités de base ont fortement évolué. On trouve désormais l'ensemble des fonctions indispensables à la création d'un site web moderne. Depuis sa version 2.0, Dreamweaver permet la génération automatique de programmes JavaScripts qui ajoutent beaucoup d'interactivité. Depuis sa version MX, on peut également créer des sites web dynamiques architecturés autour de langage serveur tels PHP, ASP, JSP ou ColdFusion.

Adobe Dreamweaver CS4, sorti en 2008, est en réalité la dixième version du logiciel disponible pour le grand public. C'est à l'aide de cette version que vous allez réaliser votre boutique en ligne dans les chapitres qui vont suivre.

L'assistant Profil de sites

Dans Dreamweaver, le profil de site vous permet de regrouper plusieurs pages comme faisant partie d'un même site. Ainsi, vous développez non pas plusieurs pages séparées sans rapport entre elles mais un site complet où chacune des pages est liée à une autre de façon logique.

Cette façon de fonctionner apporte bien des avantages : plus besoin de vous inquiéter sur la façon de lier les pages entre elles, Dreamweaver peut construire lui-même l'ensemble des liens présents à l'intérieur d'un même site. Il devient de la même manière évident de "mutualiser" des procédures qui seront utiles pour chacune des pages du site, comme la connexion à la base de données ou la création d'une barre de navigation. Ces éléments peuvent être communs à tout le site et n'être ainsi développés qu'une seule fois pour toutes.

Les inconvénients et les contraintes posés par l'utilisation d'un profil de site sont en contrepartie bien maigres : obligation de travailler sur un même espace sur votre serveur de développement et de posséder tous vos fichiers (pages, mais également images, vidéos…) à cet endroit.

Pour mettre en place ce profil, Dreamweaver CS4 propose un assistant complet (appelé mode Élémentaire). Pour créer un nouveau profil de site, vous pouvez choisir l'option Créer > Site Dreamweaver dans le panneau de démarrage de Dreamweaver ou sélectionner la commande Site > Gérer les sites dans le menu principal de Dreamweaver et cliquer sur le bouton Nouveau > Site dans la boîte de dialogue qui apparaît.

La fenêtre Définition du site s'ouvre alors (voir Figure 3.21).

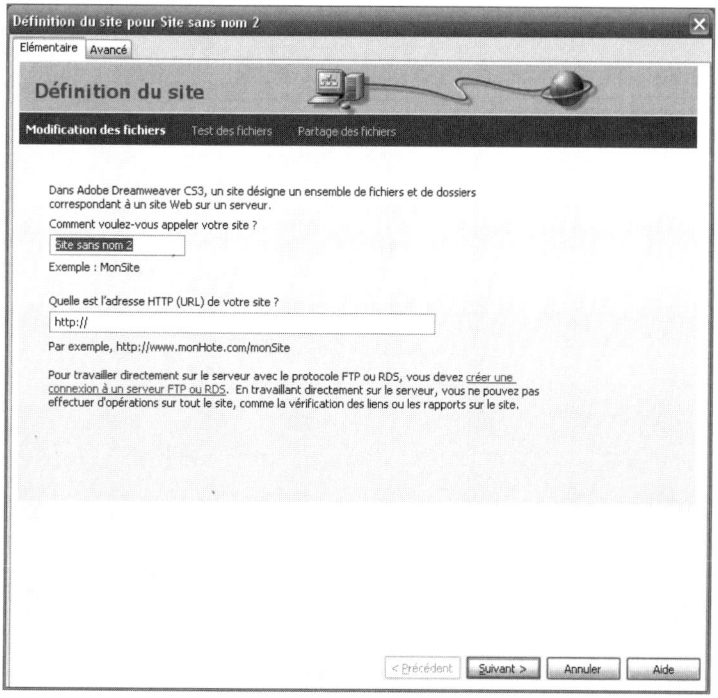

Figure 3.21
Première étape de la définition d'un site.

La première étape consiste à donner un nom au profil de site que vous souhaitez créer. Le plus simple est d'utiliser ici le nom du site en question. Renseignez pour cela le champ Comment voulez-vous appeler votre site ? avec ce nom et l'adresse que vous allez utiliser pour l'hébergement de votre boutique en ligne, puis cliquez sur le bouton Suivant.

Localisation du serveur de développement

Les prochaines étapes de la création du profil concernent exclusivement la création de sites dynamiques. Elles consistent à préciser le type de technologie de création de sites dynamiques que vous allez utiliser, ainsi qu'à localiser les serveurs de développement et l'emplacement d'enregistrement des fichiers.

1. Cochez la case Oui, je veux utiliser une technologie de serveur afin d'informer Dreamweaver que vous souhaitez mettre en place un site dynamique. Puis sélectionnez

PHP MySQL dans la liste déroulante Quelle technologie de serveur ? qui apparaît alors (voir Figure 3.22). Cliquez sur le bouton Suivant pour continuer la définition de votre profil de site.

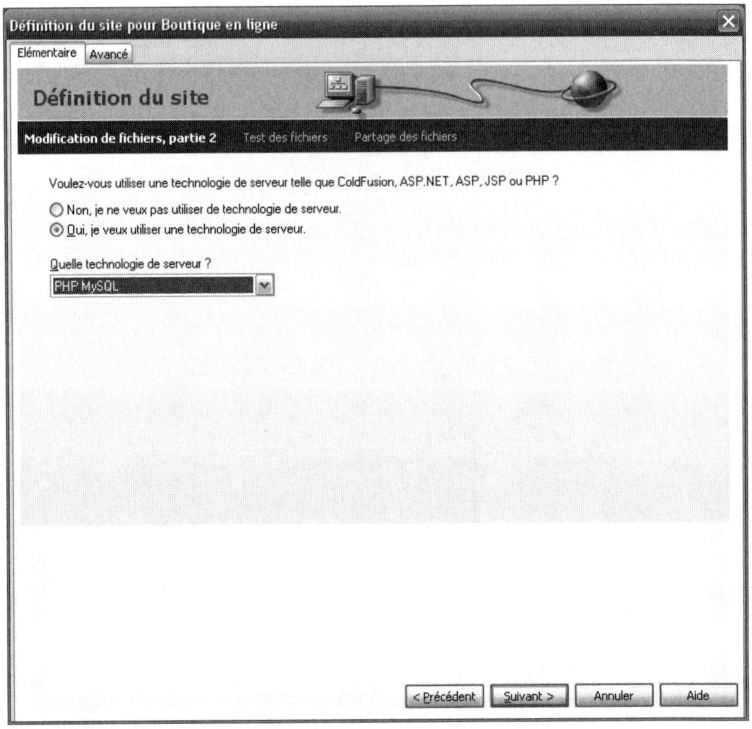

Figure 3.22

Toutes les technologies disponibles dans Dreamweaver sont là !

2. Localisez à présent le serveur de développement. Cochez la case Modifier et tester localement (mon serveur d'évaluation est situé sur cet ordinateur) (voir Figure 3.23). De cette façon, la création et la prévisualisation de vos pages se feront au même endroit. Aucun transfert ne sera nécessaire avant de vous assurer que vos pages sont correctement conçues.

3. Précisez ensuite le chemin de votre espace de développement sur votre disque dur dans le champ Où voulez-vous stocker les fichiers sur votre ordinateur ? Il s'agit du dossier www situé dans le dossier d'installation de WampServer 2.0 sur votre ordinateur.

   Vous pouvez vous aider du bouton Parcourir, présent sur la droite du champ texte, pour localiser précisément le dossier de développement sur votre poste de travail. Une fois cela fait, cliquez sur le bouton Suivant.

Figure 3.23

Où se trouve votre serveur de développement ?

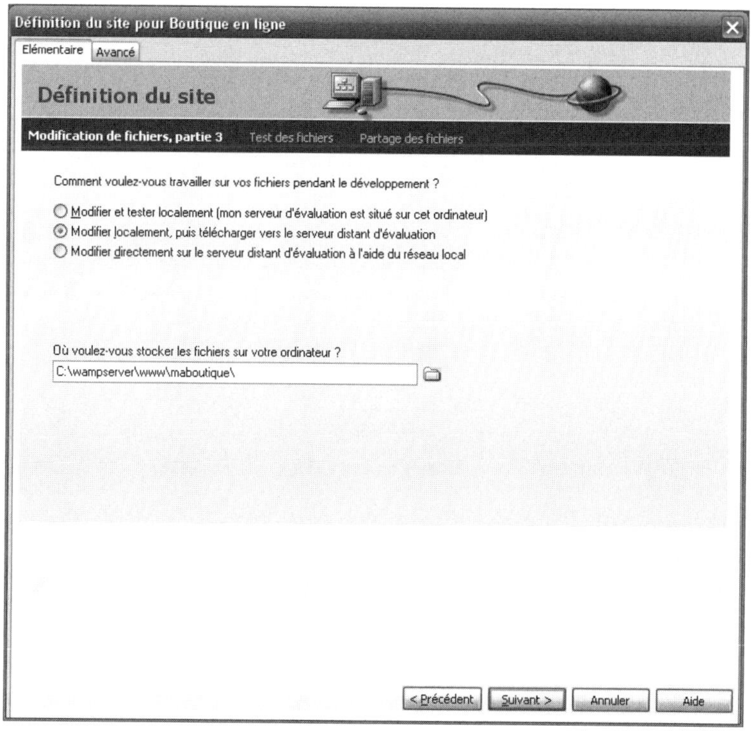

Info

Deux autres options sont disponibles quant à la localisation du serveur de test.

Modifier localement, puis télécharger vers le serveur distant d'évaluation signifie que vous souhaitez créer vos pages sur votre machine de travail mais que le test de ces pages se fera sur un serveur distant (votre hébergeur, par exemple). Cette solution n'est utilisable que si vous disposez d'un serveur de développement sur votre ordinateur et que votre base de données ne soit disponible qu'une fois en ligne.

Modifier directement sur le serveur distant d'évaluation à l'aide du réseau local signifie que vos fichiers de travail, ainsi que votre serveur de développement, sont localisés sur un autre ordinateur accessible depuis votre réseau local. Vos pages seront donc créées directement sur cette machine distante, et les tests des contenus dynamiques s'effectueront eux aussi depuis cet ordinateur.

4. Saisissez maintenant dans le champ Quelle URL voulez-vous utiliser pour naviguer jusqu'à la racine de votre site ? l'adresse d'accès à votre serveur de développement (voir Figure 3.24). Avec WampServer 2.0, cette adresse commence par **http://localhost/**, suivi du nom du dossier de développement que vous venez de créer (par exemple **http://localhost/maboutique/** sans oublier le / final). Si le serveur de test

est distant, il s'agira alors de l'adresse de ce serveur distant, suivie éventuellement de quelques dossiers.

Figure 3.24

Définissez à présent la façon d'accéder à votre serveur de développement.

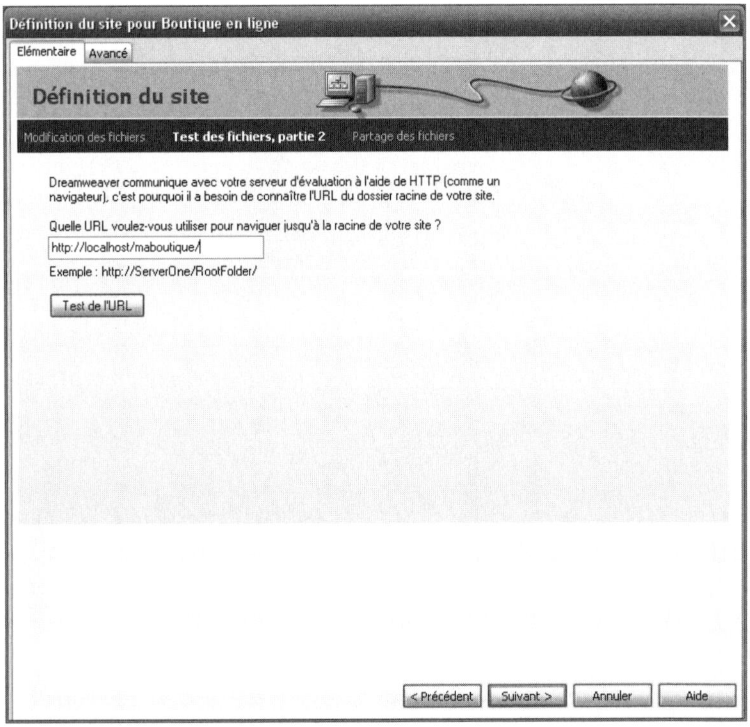

Vous pouvez utiliser le bouton Test de l'URL, après vous être assuré que votre serveur est bien en cours d'exécution, afin de vérifier que l'adresse saisie soit accessible. Si c'est le cas, une boîte de dialogue portant le message Le test du préfixe d'URL a réussi apparaîtra (voir Figure 3.25). Dans le cas contraire, le message affiché est : Dreamweaver ne peut utiliser le préfixe saisi pour afficher les données dynamiques… Ceci peut signifier que vous avez effectué une erreur lors de la saisie de l'adresse ou que votre serveur de développement n'est pas en cours d'exécution. Si votre serveur n'est pas en cours d'exécution, cela signifie que Wamp n'est pas lancé ou que les serveurs sont éteints. Pour ce dernier cas, il vous suffit de cliquer sur l'icône de Wamp puis sur Restart All Services

Astuce

Le plus simple pour s'assurer de cette adresse reste de la saisir dans un navigateur Internet après s'être assuré que le serveur est en cours d'exécution.

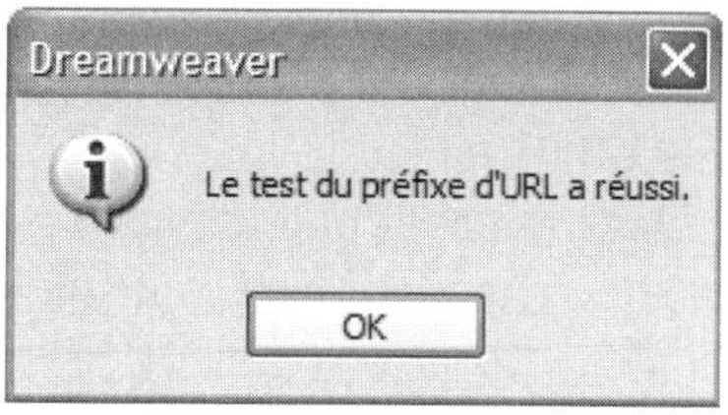

Figure 3.25
Votre serveur de développement existe réellement.

Connexion au serveur distant

Les dernières étapes de la création du profil de site concernent la connexion à votre service d'hébergement. Ces différents paramètres permettront à Dreamweaver de se connecter à votre serveur distant afin de publier, le moment venu, vos fichiers chez votre hébergeur ; et, ainsi, rendre disponible votre boutique à tous !

1. Choisissez le mode d'accès au site distant (voir Figure 3.26). Dreamweaver permet la connexion à un site en utilisant les technologies RDS, WebCAV ou SourceSave.

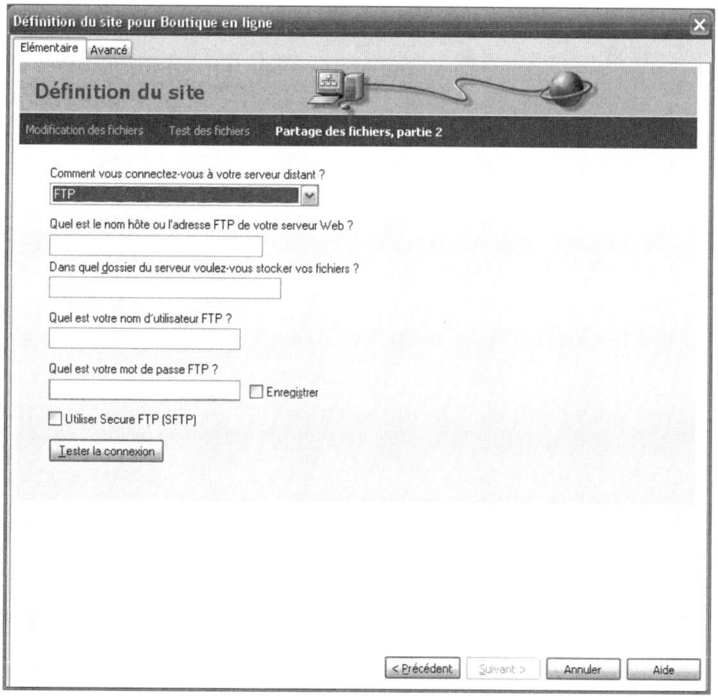

Figure 3.26
Les paramètres d'une connexion FTP.

Mais les solutions les plus fréquemment utilisées sont la connexion *via* FTP et *via* le réseau local. Dans le premier cas, vous devrez fournir l'adresse du serveur FTP, votre nom d'utilisateur et votre mot de passe ainsi que le chemin d'enregistrement du site. Dans le cas d'une connexion *via* le réseau local, Dreamweaver demande simplement le chemin d'accès du site *via* ce réseau.

Astuce

En cas de connexion FTP, Dreamweaver vous donne la possibilité de tester les paramètres de connexion fournis à l'aide du bouton Tester la connexion. Vous gagnerez du temps et ne commencerez pas à travailler avec un site distant inaccessible.

2. Précisez ensuite si vous voulez utiliser les possibilités d'extraction et d'archivage de Dreamweaver. Ces fonctionnalités sont très utiles en cas de travail à plusieurs sur un même site Internet.

Info

Les fonctions d'archivage et d'extraction, ainsi que l'ensemble des fonctionnalités de travail en collaboration, ne seront pas détaillées dans cet ouvrage. Gardez simplement en tête qu'elles permettent de marquer un fichier précis quand celui-ci est en cours de modification par l'un de vos collaborateurs. Ce marquage évite les interférences dans le travail collaboratif.

3. Dreamweaver vous résume ensuite l'ensemble des paramètres déterminés pour le site en cours (voir Figure 3.27). Si l'un d'eux est faux, utilisez le bouton Précédent jusqu'à l'étape correspondante pour le modifier. Si tout est bon, cliquez sur le bouton Terminer. Le site est alors créé.

Info

La création du site peut prendre quelques instants si plusieurs fichiers sont déjà présents dans votre répertoire local. Dreamweaver crée en effet une mémoire cache contenant toute l'arborescence du site afin d'optimiser l'affichage des cartes du site par la suite.

Une fois le profil de site complet créé dans Dreamweaver, votre serveur de développement est opérationnel. Il est maintenant temps de vous intéresser d'un peu plus près à votre base de données.

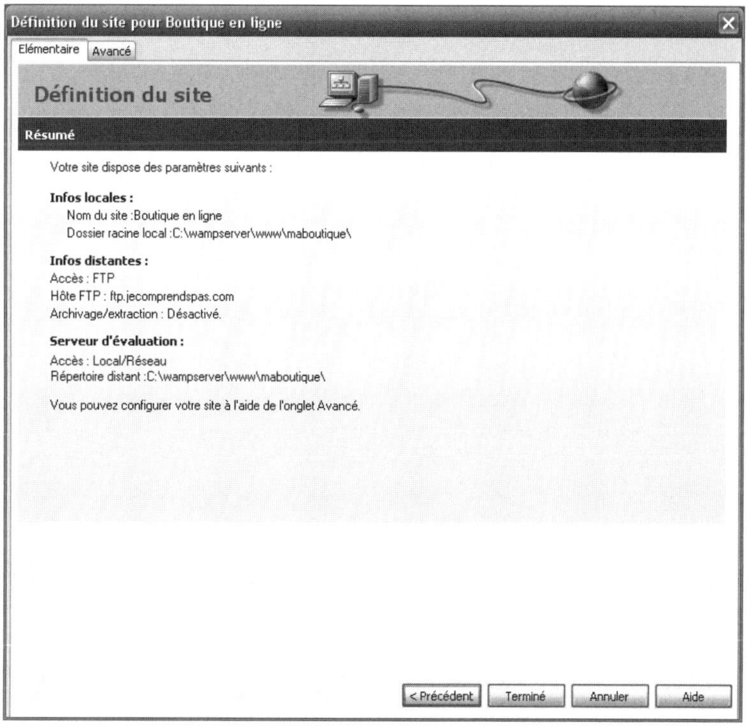

Figure 3.27
Ces paramètres sont-ils corrects ?

4 Spécifications et création de la base de données

Au sommaire de ce chapitre

- Spécification des pages d'un site web
- Réalisation des maquettes
- Définition de la structure de la base de données
- Création des tables dans phpMyAdmin
- Remplissage des tables MySQL
- Connexion à la base de données dans Dreamweaver CS4

Votre serveur de développement est désormais en place ? Fidèle en tout point au service d'hébergement qui abritera votre futur site de commerce en ligne ? Parfait ! C'est donc le bon moment pour laisser totalement tomber votre clavier et votre ordinateur et de vous armer d'un bon stylo et d'une feuille de papier. La prochaine étape de votre travail va vous demander plus de réflexion que de technique. Il s'agit de *spécifier* l'ensemble des pages de votre site web.

Cette étape de spécification consiste à détailler, le plus possible, l'allure et le comportement général de votre site web. Quelles sont les pages qui composent ce dernier ? Quelles sont les informations affichées sur chacune de ces pages ? Comment ces pages sont-elles liées ? Ce sont quelques-unes des questions auxquelles vous allez devoir répondre afin de pouvoir commencer de manière sereine le développement de votre site web. En effet, de ces spécifications va dépendre l'ensemble de la structure de votre site et de la base de données qui va l'alimenter.

Un exemple simple. Sur la page qui présente chacun de vos produits, vous allez afficher le titre du livre présenté, ainsi que son résumé, son prix, sa date de parution… et d'autres informations sur l'ouvrage en question. Il semble naturel que toutes ces informations, relatives à un livre précis, soient trouvables avec le moins de travail possible et donc rassemblées en un seul et même endroit. Toutes ces informations seront donc logiquement enregistrées dans une même table de votre base de données. Elles seront ainsi récupérables en une seule requête.

Comme vous le voyez dans ce cas, la structure de votre base de données dépend directement des informations que vous souhaitez afficher sur les pages de votre site ; et donc de spécifications précises. Gardez en tête que, si vous oubliez un détail dans ces spécifications, il se peut que votre base de données soit entièrement à reconstruire ! Ainsi, du même coup, toutes les pages que vous auriez pu réaliser et qui interrogent cette base. Cela peut représenter beaucoup de temps perdu…

Dans ce chapitre, vous allez donc découvrir les spécifications précises de votre boutique en ligne. Celles-ci ne sont pas figées. Libre à vous d'y apporter vos modifications… Mais n'oubliez pas que ces modifications auront un impact sur la structure future de votre site web et de sa base de données !

Pour renouer avec la technique, vous découvrirez ensuite comment structurer et créer la base de données qui découle de ces spécifications et, enfin, comment compléter votre profil de site Dreamweaver en interfaçant celui-ci avec votre base de données.

Spécification des pages d'un site web

Mais comment procéder à ce délicat travail de spécification ?

Dans le monde du Web, il n'existe pas de méthode figée pour effectuer cette tâche, l'important étant que celle-ci soit scindée en étapes claires. On en distinguera deux principales :

- **Définition de l'arborescence du site.** Première étape cruciale qui sert à définir la liste complète des pages qui seront présentes sur votre site et la façon dont celles-ci seront liées entre elles. Une fois cette étape réalisée, vous devez déjà savoir comment vos futurs clients évolueront sur le site et également combien de pages vous allez devoir créer.

- **Conception des pages.** Découlant directement de l'arborescence, cette étape va consister à détailler l'ensemble des éléments présents sur les pages. On y précise également la façon dont ces éléments sont affichés : s'agit-il de textes issus d'une base de données ou de textes fixes ? Tous les comportements dynamiques présents sur la page doivent aussi être spécifiés : l'action de chaque bouton, de chaque lien… C'est sans doute le travail le plus long de vos spécifications.

Arborescence du site

Le site d'e-commerce que vous allez construire va posséder une structure relativement simple. Cela ne l'empêchera pas de présenter aux visiteurs des fonctionnalités avancées. Pour simplifier le travail lié à l'arborescence du site, on peut diviser celui-ci en trois parties :

- Les pages de catalogue présentant l'ensemble des livres disponibles dans la boutique.
- Les pages d'achat permettant au client de créer un compte sur le site et d'y passer une commande.
- Enfin, l'espace client, permettant à celui-ci de revenir une fois une commande effectuée et de vérifier l'état de la livraison. On rangera également dans cette catégorie les pages permettant au client de modifier ses coordonnées.

Info

Libre à vous d'ajouter aux spécifications présentées ci-après de nouvelles pages ou fonctionnalités. Les pages web décrites dans les sections suivantes constituent uniquement l'armature de base d'une boutique en ligne. On peut y adjoindre beaucoup d'éléments supplémentaires !

Gardez simplement à l'esprit que la moindre modification ou le moindre ajout à ce profil peut entraîner d'importantes modifications dans le modèle de base de données que vous allez définir par la suite. Assurez-vous bien que celui-ci est toujours en cohérence avec le site web que vous souhaitez créer !

Catalogue

La section Catalogue de votre site n'est pas la plus difficile à définir, mais c'est l'une des plus importantes, puisqu'elle doit convaincre vos visiteurs de devenir des clients. Son organisation est plutôt simple :

Depuis la page d'accueil de votre boutique, qui présente plusieurs produits et catégories, vos futurs clients vont pouvoir accéder à diverses pages ou sections :

- La fiche directe d'un produit, si celui-ci est mis en évidence sur la page d'accueil de votre site.
- Un mini-annuaire présentant des catégories de produits simples, et ce sur deux niveaux seulement. Dans le cadre de notre librairie en ligne, le premier niveau pourrait être Bureautique, Création web, Graphisme… et le second, Word, Excel, Dreamweaver, Photoshop.
- Une page de résultat de recherche affichant les différents ouvrages trouvés suite à une recherche effectuée sur la page d'accueil du site.

Une fois ces premiers liens précisés, il convient de définir également les liens qui partent de ces trois pages.

- Depuis la fiche produit, on pourra accéder à plusieurs autres pages : revenir à la page d'accueil, afficher l'ensemble des ouvrages écrits par le même auteur, afficher l'ensemble des ouvrages traitant du même thème (ce qui revient à afficher de nouveau l'annuaire sur une section précise) ou effectuer une nouvelle recherche.
- Depuis le mini-annuaire, on pourra accéder à la fiche détaillée d'un ouvrage. Mais également revenir à la page d'accueil ou rechercher un nouveau produit.
- Depuis la page de résultat de la recherche, les options seront à peu près les mêmes : fiche détaillée d'un livre, page d'accueil ou nouvelle recherche.
- Enfin, depuis la liste des ouvrages d'un auteur en particulier, on pourra afficher les ouvrages en question, revenir à la page d'accueil ou une fois encore effectuer une recherche.

Cette navigation, une fois schématisée, donne le résultat visible à la Figure 4.1.

Figure 4.1
La structure de la section Catalogue.

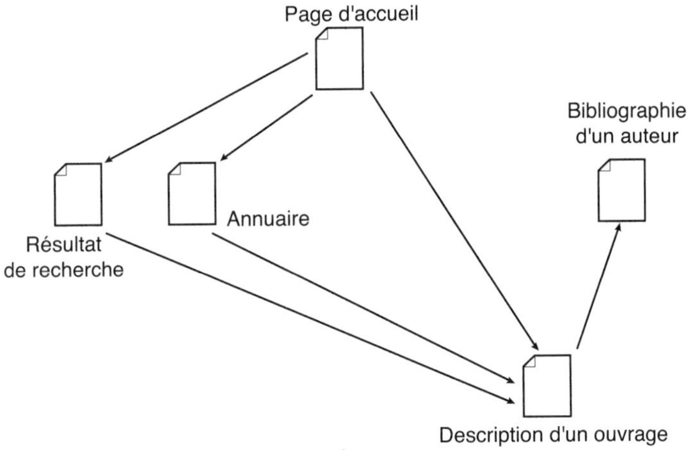

Comme vous pouvez le constater, il est alors possible d'accéder aux différents ouvrages proposés par la librairie en ligne par une multitude de chemins différents : sujet, auteur, accroches éditoriales directes. Le principal restant que le visiteur trouve toujours l'ouvrage pour lequel il est venu.

D'autres pages s'ajoutent à celles listées ici : l'aide en ligne de votre boutique et les différentes informations légales nécessaires à l'ouverture d'un commerce en ligne, par exemple. Ces pages sont le plus souvent gérées de manière fixe, écrites en HTML simple et ne nécessitent pas de conception dynamique avancée. Cela ne signifie pas qu'elles doivent être absentes des spécifications. Elles sont simplement laissées de côté dans ce chapitre et seront abordées de manière plus approfondie au Chapitre 11.

Info

Pour importante qu'elle soit, la page d'accueil de votre site e-commerce ne sera pas abordée en profondeur dans cet ouvrage. Nous nous attacherons surtout à détailler les mécanismes qui permettent de créer l'ensemble des accès aux produits, depuis la recherche jusqu'aux liens contextuels.

Il existe en effet une multitude de façons de créer une page d'accueil pour un site de commerce en ligne : présenter uniquement les catégories d'articles disponibles, mettre en avant divers articles de manière aléatoire ou en fonction de l'actualité, voire concevoir une page d'accueil personnalisée suivant le profil du client qui s'y connecte. Un ouvrage entier serait nécessaire pour parcourir l'ensemble de ces possibilités. Inspirez-vous des autres boutiques, parmi les plus connues, pour concevoir la page d'accueil de votre boutique. Et utilisez les conseils techniques de cet ouvrage afin de générer des contenus dynamiques

Pages d'achat

Une fois la partie catalogue conçue, l'étape suivante est de penser le processus d'achat de celle-ci. La logique de ce processus est simple (voir Figure 4.2).

Figure 4.2

Le processus de commande de vos livres.

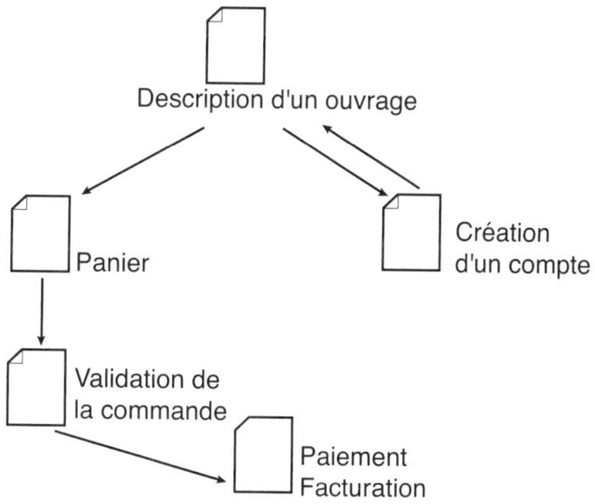

Depuis la page de description détaillée d'un ouvrage, vos visiteurs vont pouvoir devenir des clients et procéder à l'achat d'un des livres proposés. Deux options s'offrent alors aux visiteurs :

- S'ils feuillettent votre catalogue d'ouvrage en tant que simples visiteurs, ils devront alors s'identifier (s'ils sont déjà clients chez vous) ou créer un compte client. Pour cela, un formulaire de connexion leur sera proposé, ainsi qu'un lien vers la page de création des comptes client.

- Si les visiteurs sont déjà connectés à votre boutique, c'est-à-dire qu'ils ont déjà utilisé un formulaire de connexion pour remplir leur panier, un lien Acheter sera directement présent sur la page de description des ouvrages, permettant l'ajout direct du livre au panier. D'autres contrôles sont également effectués au même moment, afin de s'assurer que les clients n'ajoutent pas par inadvertance un même article plusieurs fois à leur panier. L'ensemble de ce processus est détaillé plus loin.

Une fois ces étapes franchies, le client arrivera sur une page de validation de son panier (contenant l'ensemble des articles sélectionnés) et passera ensuite au paiement de sa commande.

Le processus d'achat est aussi simple que cela.

Info

Dans notre exemple de boutique, l'ensemble des procédures de facturation est sous-traité à un service externe, de type PayPal ou CyberMut. En effet, la mise en place d'une plate-forme de paiement sécurisée demande des méthodes et des moyens techniques et financiers qui dépassent largement les limites de cet ouvrage. Le volume de revenu généré par une boutique personnelle ne justifie que rarement ce genre d'investissement.

Espace client

L'espace client de votre boutique en ligne est des plus simples. Il ne comprendra que trois pages (voir Figure 4.3) :

- Une page d'accueil souhaitant par exemple la bienvenue au client sur l'espace qui lui est propre. Cette page sera accessible depuis toutes les pages de la boutique, après un formulaire d'identification identique à celui utilisé lors de l'achat d'un ouvrage sur la boutique.
- Une page de modification des données personnelles permettant au client de changer d'adresse e-mail, d'adresse physique ou de numéro de téléphone entre deux commandes.
- Une page de suivi des commandes retraçant l'historique des commandes effectuées par une seule et même personne, quel que soit le statut de ces commandes.

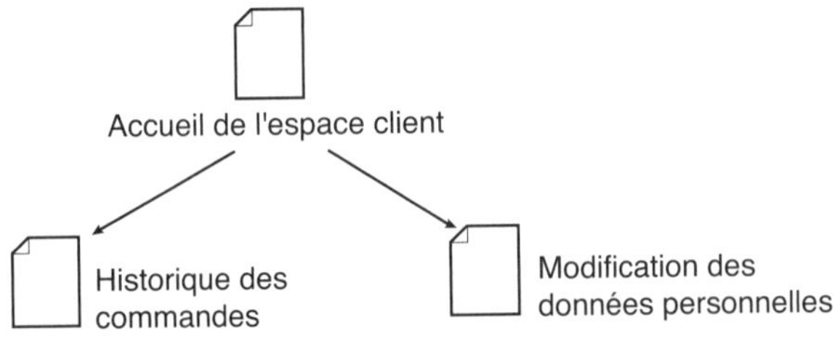

Figure 4.3
L'espace client de votre boutique tient en trois pages !

Ces trois pages sont liées entre elles de manière simple : la page d'accueil permet d'accéder à chacune des pages suivantes, celles-ci possédant un lien de retour à l'accueil de l'espace client.

Outils d'administration

Les quelques pages décrites dans l'arborescence ci-dessus suffiront à faire vivre votre boutique : vos clients pourront sans problème trouver un ouvrage, le commander et savoir à tout moment si cette commande a bien été expédiée. La base d'un site de commerce en ligne !

Reste que vous, en tant que Webmaster de cette boutique, aurez sans doute besoin de quelques informations complémentaires. Quelles sont les commandes à expédier en urgence ? Combien de clients ont passé une commande aujourd'hui ? Quel est le total de votre chiffre d'affaires du jour ? Pour répondre à ces questions, vous aurez à concevoir une interface d'administration très complète, regroupant toutes ces informations.

Les interfaces d'administration et de reporting sont souvent les grandes oubliées des spécifications de sites web. Elles sont pourtant indispensables à la bonne marche d'un site web. Dans le cadre de votre boutique, quelques pages très simples peuvent suffire :

- la liste des commandes passées dans la journée ;
- la liste des commandes non encore expédiées ;
- un formulaire de changement de statut des commandes, afin d'informer le client de son expédition ;
- un formulaire d'ajout, de modification et de suppression d'ouvrages ;
- un formulaire d'ajout de catégories et de sous-catégories à l'annuaire.

Ces cinq pages sont une base pour l'interface d'administration de votre boutique.

Info

Sécurité avant tout ! Les pages d'administration ne doivent en aucun cas être liées au reste de votre boutique. Elles doivent en revanche être protégées dans leur accès par un mot de passe. Vous serez, dans tous les cas, le seul à accéder à ces pages !

Spécification des pages

Un petit dessin vaut souvent bien mieux qu'un grand discours.

Dans les pages qui suivent, vous allez retrouver les spécifications précises de chacune des pages de votre boutique en ligne. Ces spécifications seront présentées sous la forme d'une maquette rapide de la page sur laquelle chacun des éléments sera commenté et détaillé. Vous pourrez ainsi connaître le comportement et le mode d'affichage de chacun des éléments de vos pages.

En plus de ces schémas, vous trouverez pour chacune des pages son adresse précise dans l'arborescence. Cette adresse sera rédigée de façon absolue, en référence à l'adresse de la page d'accueil. Par exemple, si votre boutique est accessible par l'URL *http://www.maboutique.com*, la page spécifiée /espace_client sera physiquement accessible par l'adresse *http://www.maboutique.com/espace_client*.

Info

N'oubliez pas que les spécifications de vos pages web doivent définir toutes les informations utiles à la création de celles-ci. C'est-à-dire les éléments dynamiques, les textes, les images, mais également les éléments invisibles telles les balises <meta> et <title>, qui serviront plus tard au référencement de votre boutique.

Dans les pages qui suivent, ces balises de référencement sont détaillées pour chacune des pages du site. On gardera en mémoire que les données écrites en italique doivent être générées de façon dynamique lors de l'affichage de la page en question. Par exemple, *titre de l'ouvrage* sera remplacé par le titre réel de l'ouvrage détaillé sur la page en question. Dans le même ordre d'idée, le terme maboutique.com sera à remplacer par le nom réel de votre boutique en ligne.

Catalogue

Les pages de catalogue de votre site sont au nombre de quatre. Sur chacune de celles-ci, un formulaire de connexion au site est présent.

Info

Comme précisé plus haut, la page d'accueil de votre boutique en ligne ne va pas être spécifiée dans les pages qui suivent. Différents conseils pour la création de celle-ci seront présents dans les chapitres suivants, au fur et à mesure de la réalisation de votre boutique en ligne à l'aide de Dreamweaver CS4.

DESCRIPTION D'UN ARTICLE

Vous l'avez sans doute déjà compris, la page de description d'un article est véritablement la page centrale de votre boutique. C'est celle-ci qui doit convaincre votre futur client d'acheter l'article en question. Elle doit donc contenir le maximum d'informations sur l'ouvrage qu'elle détaille (voir Figure 4.4) : titre, auteur, prix, sommaire détaillé et résumé de l'œuvre sont un minimum.

- URL : /detail.php.
- `<title>` : *Auteur - Titre* : achetez-le sur maboutique.com.
- `<meta keywords>` : *Titre, Auteur, Rubrique Annuaire 1, Rubrique Annuaire 2.*
- `<meta desc>` : 200 premiers signes du *Résumé.*

Ces quatres points sont les méta, des informations invisibles aux clients mais qui permettent une gestion des mots clés recherchés par les sites de référencement tel Google. Pour chaque page, ces méta sont à expliciter, nous verrons comment le faire au Chapitre 15.

L'URL est le lien vers lequel les détails du livre en question seront publiés.

`<title>` est la méta qui permet de changer le nom de la page sur laquelle se trouve notre client. Par exemple, ici, le client se trouvant sur le livre *Les Misérables* de Victor Hugo, lira en haut de sa page " Victor Hugo – Les Misérables : achetez-le sur maboutique.com ".

`<meta keywords>` regroupe les informations importantes du livre (auteur, titre) et les rubriques liées à cet ouvrage (*Rubrique Annuaire 1, Rubrique Annuaire 2…*) qui permettront de proposer des liens vers d'autres ouvrages similaires ou appartenant à la même rubrique. Ces rubriques seront à définir ultérieurement. De plus, toujours pour une question de référencement, veillez à ce que ces champs soient très complets.

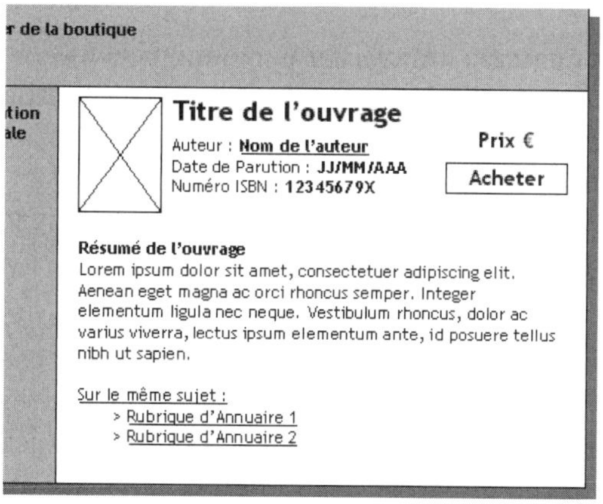

Figure 4.4

La page de description d'un article contient le maximum de données sur celui-ci.

ANNUAIRE

L'annuaire se scinde en deux pages, résumant tous les thèmes disponibles dans votre boutique en ligne (voir Figure 4.5) : la première page affiche un premier niveau d'arborescence (grands thèmes comme Bureautique, Internet…), la seconde détaille les catégories présentes sur un thème particulier (Access, Word… dans la catégorie Bureautique).

- URL : /annu.php.
- `<title>` : Tous les livres informatiques sont sur maboutique.com.
- `<meta keywords>` : Librairie, Librairie en ligne, Livres informatiques, Ouvrages informatiques.
- `<meta desc>` : Tous les livres informatiques sont sur maboutique.com.

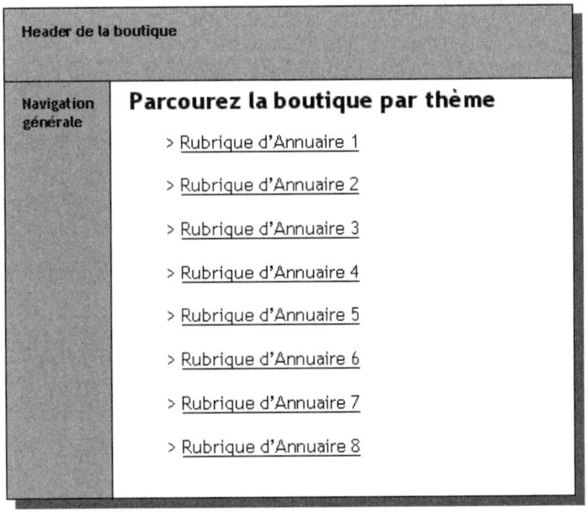

Figure 4.5
La page principale de l'annuaire se contente de lister les catégories disponibles sur le site.

Une fois une catégorie sélectionnée par votre visiteur, une page de résultat apparaît, listant les dix premiers ouvrages traitant du sujet sélectionné, affichés par date de parution (voir Figure 4.6). Si plus de dix ouvrages sont disponibles, une barre de navigation permet d'accéder aux dix résultats suivants sur la même page.

- URL : /listannu.php.
- `<title>` : Trouvez tous les livres sur *Rubrique Annuaire* sur maboutique.com.
- `<meta keywords>` : *Rubrique Annuaire,* Librairie, Librairie en ligne, Livres informatiques, Ouvrages informatiques.
- `<meta desc>` : Trouvez tous les livres sur *Rubrique Annuaire* sur maboutique.com.

Figure 4.6

Le détail d'une catégorie d'annuaire est en fait la liste des ouvrages disponibles.

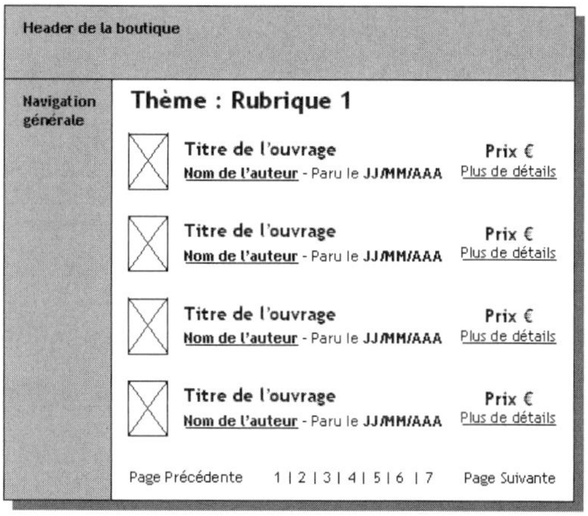

FICHE AUTEUR

La liste des ouvrages par auteur s'apparente à la page de détail d'une catégorie d'annuaire. Elle liste simplement les dix premiers ouvrages, par date de parution, écrits par un même auteur (voir Figure 4.7). De la même façon, si plus de dix livres sont disponibles, une navigation spéciale permettra de visualiser les dix ouvrages suivants.

- URL : /auteur.php.
- `<title>` : Trouvez tous les livres de *Auteur* sur maboutique.com.
- `<meta keywords>` : *Auteur*, Librairie, Librairie en ligne, Livres informatiques, Ouvrages informatiques.
- `<meta desc>` : Trouvez tous les livres de *Auteur* sur maboutique.com.

Figure 4.7

La fiche auteur se compose en fait d'une liste d'ouvrages.

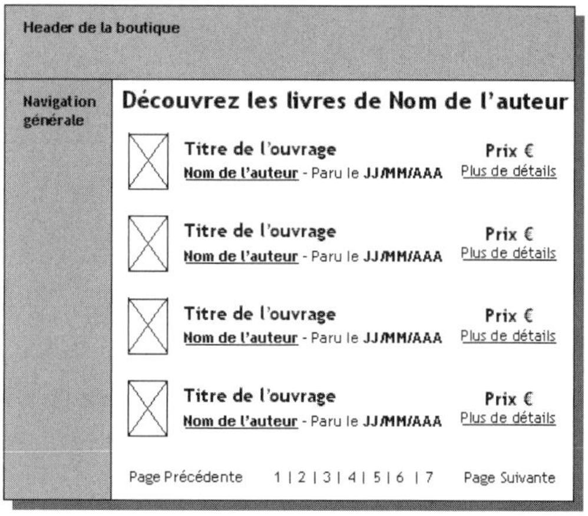

RÉSULTAT D'UNE RECHERCHE

Dernière page de la section catalogue, la page de résultat de recherche liste les dix ouvrages selon la date de parution, dont le titre ou le résumé contient les `mots clés` recherchés. Elle affiche également les deux catégories d'annuaire qui collent à la recherche effectuée. Sa structure est donc très simple, identique aux pages auteur et annuaire décrites précédemment (voir Figure 4.8).

- URL : /recherche.php.
- `<title>` : Trouvez tous les livres sur *`Mot clé`* sur maboutique.com.
- `<meta keywords>` : *Mot clé,* Librairie, Librairie en ligne, Livres informatiques, Ouvrages informatiques.
- `<meta desc>` : Trouvez tous les livres sur *Mot clé* sur maboutique.com.

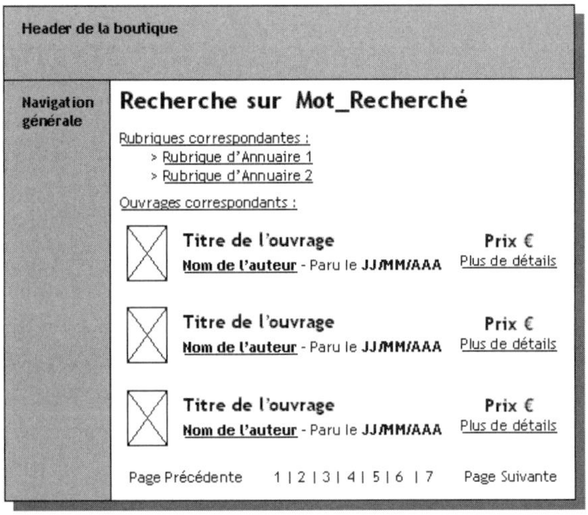

Figure 4.8
Les résultats d'une recherche sur votre boutique.

> **Info** Pour chacune des pages que vous comptez ajouter, la réalisation d'une maquette détaillée, comme celles présentées ci-dessus, est indispensable. C'est le cas également pour l'aide ou les sections légales. Ces spécifications détaillées seront présentées au Chapitre 11.

Inscription et commande

Les spécifications deviennent cruciales lorsqu'on touche à des pages où le client peut effectuer une interaction : connexion, création d'un compte, commande. Ici, les pages doivent être encore plus détaillées que dans la section catalogue. Elles doivent lister, en plus des informations classiques, l'ensemble des cas d'erreur que le client peut rencontrer : connexion impossible, données non valides lors de l'inscription. Ce travail de fourmi est indispensable et doit être impérativement effectué avant le début de réalisation des pages.

Pour l'ensemble des pages suivantes, les informations de référencement (titre, `mots clés` et description) ne seront pas détaillées. En effet, ces sections étant réservées aux utilisateurs connectés, les moteurs de recherche ne pourront pas accéder à ces pages. Leur référencement est donc bien souvent inutile.

CONNEXION AU SITE

La page de connexion au site permet à votre visiteur de se connecter afin de passer une commande, mais également d'accéder, par un simple lien, à la page de création de compte (voir Figure 4.9).

- URL : /signup.php.

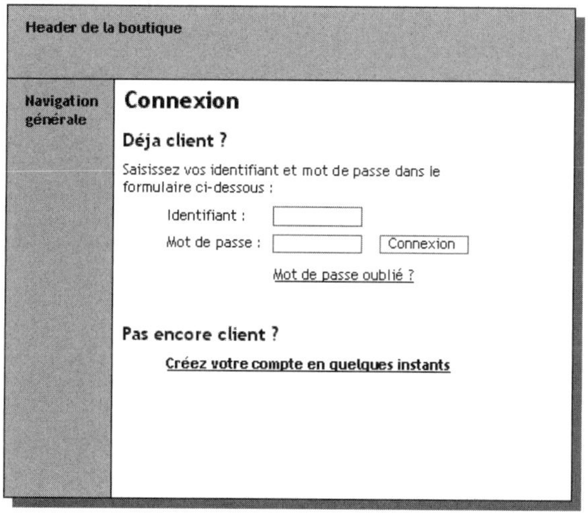

Figure 4.9
L'identification sur votre boutique tient en deux champs de formulaire.

Un seul message d'erreur sera nécessaire sur cette page : celui qui illustre l'échec de l'identification sur le site :

```
La connexion a échoué. Veuillez vérifier votre identifiant ainsi que votre mot
de passe.
```

Le formulaire de connexion à votre boutique n'est pas seulement disponible depuis une page spécifique de votre site, il sera également inséré sur l'ensemble des pages de catalogue. Ainsi, vos visiteurs pourront se connecter depuis n'importe quelle page afin d'effectuer un achat plus rapidement.

CRÉATION D'UN COMPTE

La page de création de compte se présente sous la forme d'un grand formulaire listant toutes les données indispensables à la création du compte sur votre boutique (voir Figure 4.10) : e-mail, mot de passe, nom et prénom, adresse physique…

- URL : /create.php.

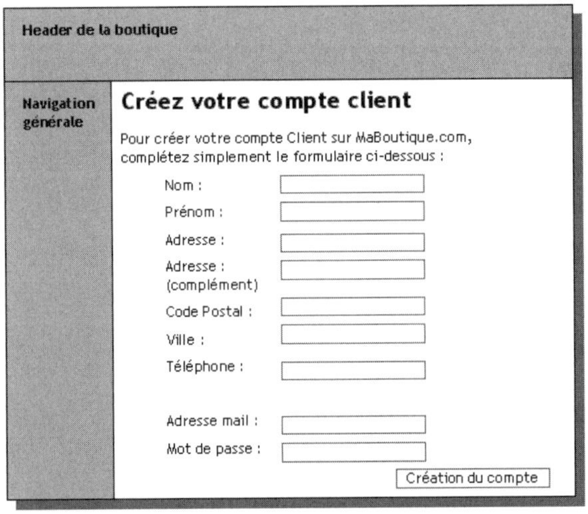

Figure 4.10

Toutes ces informations sont nécessaires à la création d'un compte sur votre boutique.

Sur ce formulaire, beaucoup d'erreurs peuvent se rencontrer : adresse e-mail dans un format non valide, champs obligatoires non renseignés… Vous allez devoir trouver un message d'erreur précis dans chacun de ces cas et prévoir son mode d'affichage à l'écran.

PANIER DU CLIENT

Le panier du client va contenir l'ensemble des articles en cours de commande, c'est-à-dire tous ceux qui n'ont pas encore été validés par le client. Cette page de panier permet au client de modifier la quantité d'objets commandés, de modifier son panier en y supprimant des ouvrages et surtout de valider sa commande.

La page du panier contient également une section de conseil d'achat : elle affichera en fonction de la composition du panier une liste d'autres articles recommandés, choisis en fonction des paniers déjà validés par les clients précédents (voir Figure 4.11).

- URL : /panier.php.

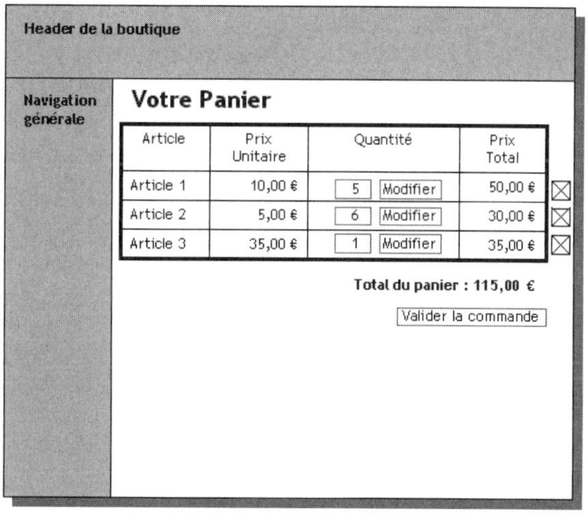

Figure 4.11

Le panier du client s'affiche simplement sous la forme d'un tableau.

Espace client

Dernière section de votre boutique dont vous devez concevoir les pages : l'espace client. Cette section ne contient que trois pages très simples à réaliser.

PAGE D'ACCUEIL

La page d'accueil de l'espace client s'affiche dès que le visiteur se connecte à votre boutique. Elle se compose de deux liens (voir Figure 4.12), l'un dirigé vers la modification des données personnelles du client, l'autre, vers le suivi des commandes effectuées.

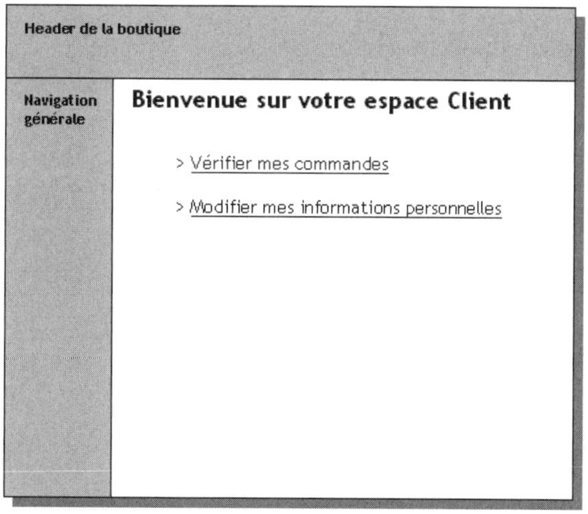

Figure 4.12

Deux liens composent la page d'accueil de l'espace client.

DONNÉES PERSONNELLES

Le formulaire de modification des données personnelles s'apparente à celui utilisé pour la création du compte client. Il présente les mêmes champs, mais ceux-ci sont préremplis par les données correspondant au client connecté. Le client a ainsi la possibilité de modifier à tout moment ses données personnelles. Lors de ces éventuelles modifications, les contrôles de validité sont les mêmes que ceux effectués lors de la création du compte (voir Figure 4.13). Les mêmes messages d'erreur sont donc utilisés.

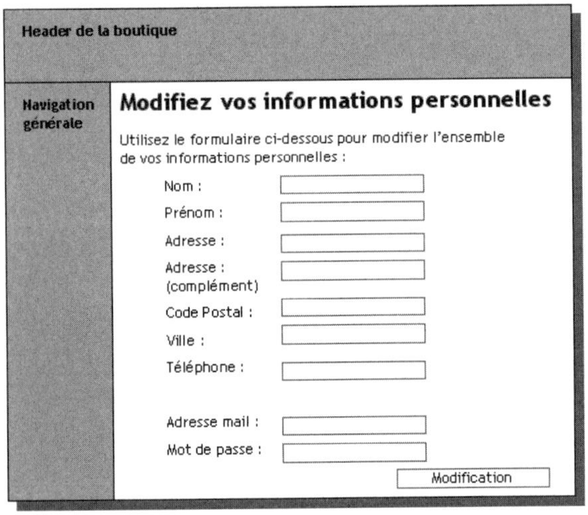

Figure 4.13

Le formulaire de modification des données personnelles est semblable à celui utilisé pour la création des comptes.

RÉSUMÉ DES COMMANDES

Le résumé des commandes, enfin, se présente sous la forme d'un tableau très simple détaillant la liste de toutes les commandes passées par le client (voir Figure 4.14), le contenu de celles-ci et leur statut (expédiée ou non).

Un clic sur l'une de ces commandes permet d'en afficher le détail : articles commandés, prix à l'époque, statut et date de la commande.

Info

N'oubliez pas de concevoir également, sur le même modèle, les outils d'administration. S'ils sont moins cruciaux – ils ne seront en effet utilisés que par vous-même –, il vous faut tout de même prévoir l'ensemble de leurs fonctionnalités.

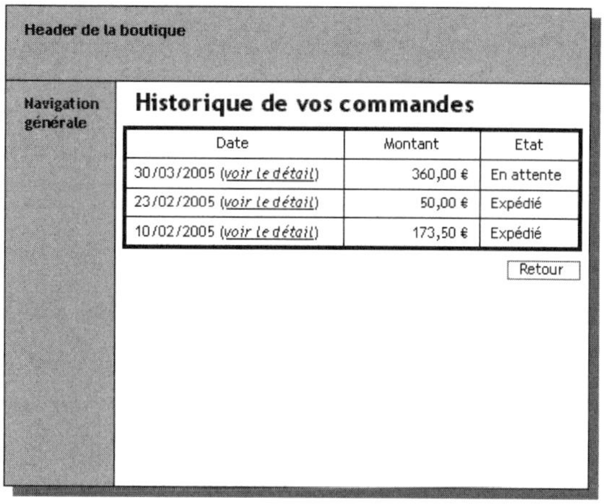

Figure 4.14
Toutes les commandes passées par un même client.

Réalisation des maquettes

Une fois ces spécifications précises réalisées, lancez-vous sur ordinateur ! À l'aide de Photoshop, Fireworks ou de n'importe quel autre logiciel de création graphique, essayez de reproduire ces schémas sur écran, en y adaptant la charte graphique de votre choix (voir Figure 4.15). C'est maintenant que les contraintes techniques vont apparaître.

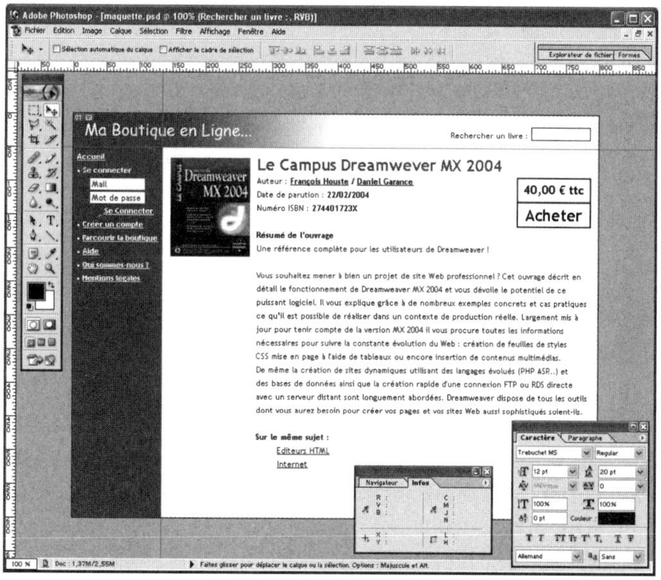

Figure 4.15
Une première maquette avant même de lancer un éditeur HTML.

Par exemple, n'oubliez pas que la majorité des internautes utilise encore une résolution de 1024 × 768 pixels voire plus grande pour regarder le réseau. Limitez donc vos pages à 750 pixels de large. De la même façon, essayez de découper votre maquette en zones rectangulaires précises. Si vous n'arrivez pas à tracer des cadres autour de vos zones de texte ou de votre navigation, il vous faudra encore faire quelques compromis au niveau des alignements. La mise en forme en HTML en sera facilitée.

Définition de la structure de la base de données

Le travail de réflexion n'est pas fini. La réalisation des maquettes graphiques de votre boutique n'était qu'un petit intermède avant une plus grosse partie de conception. Maintenant que vous connaissez l'agencement des données sur les pages de votre boutique, vous allez devoir en déduire la structure complète d'une base de données.

La base de données reliée à votre site dynamique constitue son cœur. Tout le contenu du site est stocké dans les tables de votre base, organisé de façon logique. Une base de données est constituée de tables qui sont assimilables à des tableaux regroupant les informations relatives à une entité particulière. Par exemple, on peut imaginer que la base de données de la FNAC comprend une table des livres dans laquelle sont stockés la référence du livre, le titre, l'éditeur, la collection, l'auteur, le prix, le nombre de pages… Ces données sont les colonnes ou champs de la table, tandis que chaque ligne correspond à un livre (voir Figure 4.16).

Figure 4.16
Les données d'une base se décomposent en colonnes et en lignes.

←T→	id	nom	prenom
	1	Hugo	Victor
	2	(de) Balzac	Honoré
	3	La Fontaine	Jean
	4	Zola	Emile
	5	Molière	Jean-Baptiste
	6	Racine	Jean

Les différentes tables sont reliées entre elles par des liens logiques qui font qu'une base de données forme un ensemble cohérent. Une table des éditeurs peut par exemple regrouper les données d'un éditeur. Elle est alors reliée à celle des livres par l'intermédiaire de la référence à l'éditeur qui est faite dans la table des livres. On appelle ces liens logiques entre plusieurs tables des clés étrangères. Elles permettent de lier un livre et son auteur tout en allant chercher les informations de l'auteur dans la table **shop_auteur.** Nous verrons ceci plus en détail au Chapitre 5.

Communication entre le site et la base de données

Le site dynamique et la base de données communiquent au moyen de requêtes qui sont des demandes d'information ou des demandes d'action envoyées du site vers la base de données. Le langage de communication utilisé est le SQL (*Structured Query Language*), qui comprend peu d'instructions et qui est intuitif.

À chaque chargement d'une page d'un site dynamique, celui-ci envoie vers la base de données une requête SQL de sélection qui permet de récupérer les données à afficher.

La mise à jour de la base de données se fait de la même façon. À la validation d'un formulaire, par exemple, une requête de mise à jour envoie les nouvelles données vers la base de données.

Conseils génériques à la conception de la base de données

Avant de vous lancer dans la réalisation de votre base de données, armez-vous d'un papier et d'un crayon, et prenez le temps de la concevoir, en gardant à l'esprit ces quelques conseils :

- Évitez la redondance d'information d'une table à l'autre. Si une donnée figure dans plusieurs tables à la fois, vous multipliez les accès inutilement chaque fois que vous devez la mettre à jour.
- Les tables et les liens entre celles-ci doivent être simples et naturels, pour ne pas obtenir une base de données trop complexe. Ne multipliez pas à l'infini vos tables, et rappelez-vous que plus une base de données est complexe, plus elle est difficile à maintenir et à utiliser.
- Munissez chaque table d'une clé primaire, le plus souvent un simple numéro, permettant d'identifier de façon unique chaque ligne de la table. Ces numéros qui identifient chaque élément de la base de données sont faciles à passer en paramètre d'une page à une autre. Ils sont généralement appelés id.

Pensez également que chaque requête envoyée vers la base de données est coûteuse en temps de réponse. Pensez donc à optimiser les accès à la base, c'est-à-dire à ne pas trop envoyer de requêtes au serveur, minimiser ce nombre de requête.

Un index sur une colonne d'une table est un moyen d'optimiser les performances des requêtes portant sur cette donnée. L'indexation d'une colonne d'une table accélère les requêtes de sélection mais ralentit les requêtes de mise à jour, car la base de données doit mettre à jour son index à chaque création ou suppression d'enregistrement dans la table. N'ajoutez donc des index que sur les colonnes les plus sollicitées par vos requêtes.

Base de données de la boutique en ligne

En prenant en compte tous les éléments définis ci-dessus, spécifications et conseils théoriques, vous devriez être capable de créer un modèle de données optimisé pour votre boutique en ligne.

Il n'existe bien entendu pas de modèle absolu et unique… Dans les pages suivantes, vous trouverez un modèle de base optimisé pour le type de boutique que nous avons défini. Libre à vous, toutefois, d'essayer de concevoir un autre modèle si celui-ci vous semble plus évident.

Dans les tableaux suivants, sont précisés les noms de champs à utiliser pour votre base de données, ainsi que les types de format utilisés, avec éventuellement des attributs spéciaux.

Table Livres

La table **shop_livres** va contenir l'ensemble des informations relatives à un ouvrage en particulier (voir Tableau 4.1). La table contiendra 10 champs détaillés :

Tableau 4.1 : Structure de la table shop_livres

Champs	Type	Valeurs	Attributs	Extra	Clé primaire	Clé index	Clé unique	Commentaire
id	int	10	unsigned	auto_increment	x			Identifiant unique de l'ouvrage
isbn	varchar	10					x	Numéro ISBN de l'ouvrage, utilisé comme numéro de référence
categorie	int	11	unsigned			x		Identifiant de la première rubrique d'annuaire correspondant à l'ouvrage
sous_categorie	int	11	unsigned			x		Identifiant de la seconde rubrique d'annuaire correspondant à l'ouvrage

Tableau 4.1 : Structure de la table shop_livres *(suite)*

Champs	Type	Valeurs	Attributs	Extra	Clé primaire	Clé index	Clé unique	Commentaire
titre	text							Titre de l'ouvrage
prix_ht	float							Prix hors taxe de l'ouvrage
prix_ttc	float							Prix toutes taxes comprises de l'ouvrage
parution	datetime							Date de parution de l'ouvrage
resume	text							Résumé de l'ouvrage
auteur	int	11	unsigned		x			Identifiant de l'auteur de l'ouvrage

Info

Attention, par défaut les champs de type Date des bases de données MySQL sont stockés au format américain (AAAA-MM-JJ). Vous devrez passer par des scripts de conversions en PHP pour afficher ces données au format européen.

Table Auteurs

La table **shop_auteurs** contient les informations relatives à un auteur en particulier (voir Tableau 4.2). Elle permettra de gérer plus facilement l'affichage de la bibliographie complète d'un auteur dans les pages de catalogue de votre boutique.

Tableau 4.2 : Structure de la table shop_auteurs

Champs	Type	Valeurs	Attributs	Extra	Clé primaire	Clé index	Clé unique	Commentaire
id	int	10	unsigned	auto_increment	x			Identifiant unique de l'auteur
nom	varchar	64						Nom de l'auteur
prenom	varchar	64						Prénom de l'auteur

Tables *Categories* et *Sous-categories*

L'annuaire thématique des ouvrages est stocké dans deux tables différentes : **shop_categories** (voir Tableau 4.3) et **shop_sous_categories** (voir Tableau 4.4). La première contient le premier niveau de l'annuaire, la seconde, le deuxième niveau. Chacune des sous-catégories est liée à la catégorie principale par un identifiant *parent*.

Tableau 4.3 : Structure de la table shop_categories

Champs	Type	Valeurs	Attributs	Extra	Clé primaire	Clé index	Clé unique	Commentaire
`id`	`int`	10	`unsigned`	`auto_increment`	x			Identifiant unique de la catégorie d'annuaire
`libelle`	`varchar`	64						Intitulé de la catégorie d'annuaire

Tableau 4.4 : Structure de la table shop_sous_categories

Champs	Type	Valeurs	Attributs	Extra	Clé primaire	Clé index	Clé unique	Commentaire
`id`	`int`	10	`unsigned`	`auto_increment`	x			Identifiant unique de la sous-catégorie d'annuaire
`libelle`	`varchar`							Intitulé de la sous-catégorie d'annuaire
`parent`	`int`	11	`unsigned`			x		Identifiant de la catégorie d'annuaire parente

Table Clients

La table **shop_client** va servir à stocker l'ensemble des données relatives à un client particulier de votre boutique (voir Tableau 4.5).

Tableau 4.5 : Structure de la table shop_client

Champs	Type	Valeurs	Attributs	Extra	Clé primaire	Clé index	Clé unique	Commentaire
id	int	10	unsigned	auto_increment	x			Identifiant unique du client
mail	varchar	64					x	Adresse e-mail du client, utilisée comme identifiant unique sur le site
nom	varchar	64						Nom du client
prenom	varchar	64						Prénom du client
telephone	varchar	10						Numéro de téléphone du client
mdp	varchar	32						Mot de passe du client, information cryptée avant son stockage en base de données
ad_ligne1	varchar	64						Première ligne de l'adresse physique du client
ad_ligne2	varchar	64						Seconde ligne de l'adresse physique du client
ad_cp	varchar	5						Code postal de l'adresse physique du client
ad_ville	varchar	64						Ville de l'adresse physique du client

Table Panier

La table **shop_panier** sert à stocker, de manière temporaire, l'ensemble des articles en cours de commande par un client précis (voir Tableau 4.6). Elle est liée à la table **shop_client** par l'identifiant de celui-ci et à la table **shop_livres** par le numéro ISBN de l'ouvrage.

Tableau 4.6 : Structure de la table shop_panier

Champs	Type	Valeurs	Attributs	Extra	Clé primaire	Clé index	Clé unique	Commentaire
id	int	10	unsigned	auto_increment	x			Identifiant unique de la ligne de panier
client	varchar	64				x		Adresse e-mail du client remplissant le panier actuel
article	int	10	unsigned					Identifiant de l'article ajouté au panier
quantite	int	10	unsigned					Nombre d'articles du même genre ajouté au panier

Table Commande et Ligne de commande

Une fois une commande effectivement validée, l'ensemble des articles de la table **shop_panier** est transféré dans la table **shop_ligne_commande** (voir Tableau 4.8), qui contient tous les articles commandés par un client en particulier. Un nouvel enregistrement est également créé dans la table **shop_commande** (voir Tableau 4.7), qui contient toutes les données génériques relatives à une commande : client, date, état de l'expédition… Les enregistrements correspondants sont alors supprimés de la table **shop_panier** afin d'éviter une seconde commande malheureuse du même client, sur la même liste d'articles.

Tableau 4.7 : Structure de la table shop_commande

Champs	Type	Valeurs	Attributs	Extra	Clé primaire	Clé index	Clé unique	Commentaire
id	int	10	unsigned	auto_increment	x			Identifiant unique de la commande
client	varchar	64				x		Adresse e-mail du client remplissant le panier actuel

Tableau 4.7 : Structure de la table shop_commande *(suite)*

Champs	Type	Valeurs	Attributs	Extra	Clé primaire	Clé index	Clé unique	Commentaire
date	date							Date de commande
total_ht	float							Total hors taxe de la commande
total_ttc	float							Total toutes taxes comprises de la commande
expedition	char	1						État d'expédition de la commande

Tableau 4.8 : Structure de la table shop_ligne_commande

Champs	Type	Valeurs	Attributs	Extra	Clé primaire	Clé index	Clé unique	Commentaire
id	int	10	unsigned	auto_increment	x			Identifiant unique de la ligne de commande
commande	int	10	unsigned			x		Identifiant de la commande contenant la ligne de commande
article	int	10	unsigned			x		Numéro ISBN de l'article commandé
prix_ht	float							Prix HT de l'article commandé au moment de la commande
prix_ttc	float							Prix TTC de l'article commandé au moment de la commande
total_ht	float							Total HT

Tableau 4.8 : Structure de la table shop_ligne_commande *(suite)*

Champs	Type	Valeurs	Attributs	Extra	Clé primaire	Clé index	Clé unique	Commentaire
total_ttc	float							Total TTC à payer pour l'article commandé
quantite	int	11						Nombre d'exemplaires de l'article commandé

La table **shop_propositions** du Tableau 4.9 est facultative. Elle fournit à vos clients des propositions d'ouvrages achetés par d'autres lecteurs et qui seraient susceptibles de les intéresser. Elle pourra être affichée sur la même page que les articles correspondant aux achats des autres clients ou simplement sur la page panier de vos clients.

Tableau 4.9 : Structure de la table shop_propositions

Champs	Type	Valeurs	Attributs	Extra	Clé primaire	Clé index	Clé unique	Commentaire
article1	int	10			x			
article2	int	10				x		
quantite	int	10						

Info

La structure de base de données décrite ci-dessus n'est qu'un exemple, d'autres structures sont possibles. Toutefois, c'est elle qui sera employée dans les exemples des prochains chapitres.

Création des tables dans phpMyAdmin

La base de données conçue, c'est réellement le plus gros travail qui est réalisé. La création physique de cette dernière dans l'interface de phpMyAdmin n'est qu'une partie de plaisir.

Rendez-vous donc dans l'interface de phpMyAdmin : cliquez sur l'icône d'activation de Wamp5, présente dans la barre des tâches de Windows, et sélectionnez la commande phpMyAdmin. phpMyAdmin s'ouvre alors dans votre navigateur par défaut (voir Figure 4.17).

Dans la liste des bases de données disponibles sur votre serveur, dans la colonne gauche de phpMyAdmin, sélectionnez la base que vous avez créée dans le chapitre précédent et qui correspond à l'image du futur service d'hébergement de votre boutique en ligne.

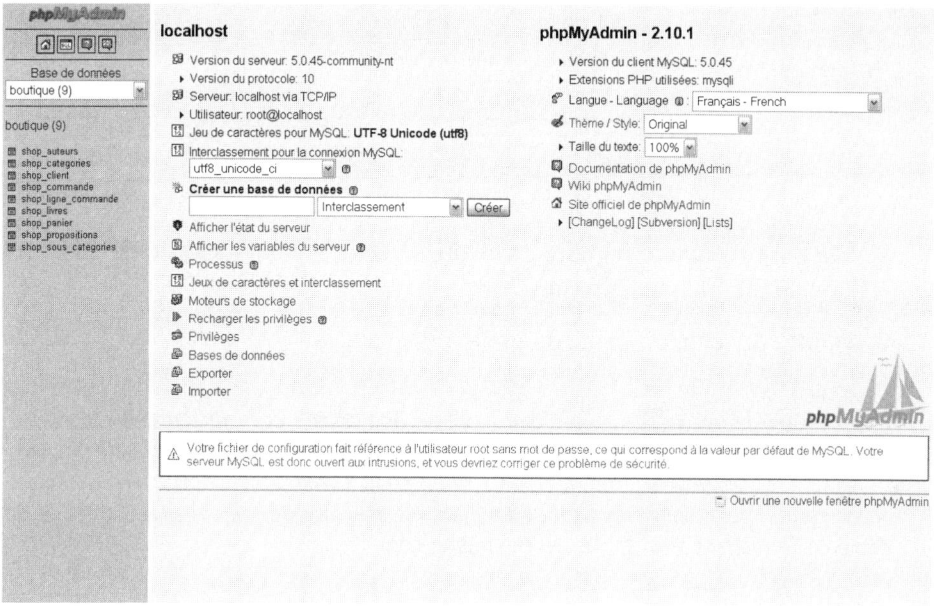

Figure 4.17

PhpMyAdmin, l'interface de gestion des bases MySQL la plus répandue.

La liste des tables disponibles sur cette base apparaît alors. De fait, cette liste doit être vide (voir Figure 4.18).

Figure 4.18

Aucune table n'existe actuellement dans votre base de données.

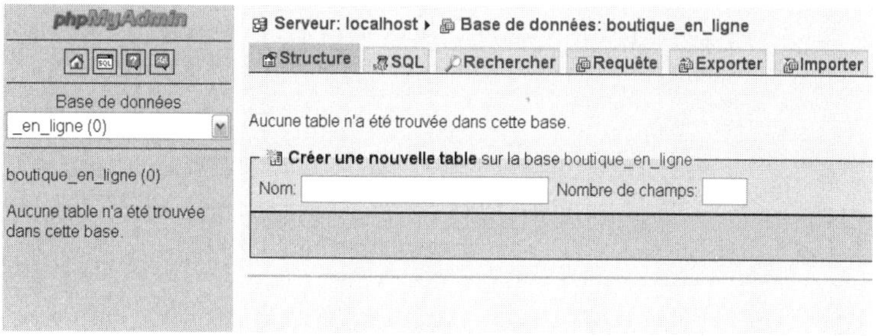

Il va falloir créer chacune des tables décrites plus haut :

1. Saisissez le nom de votre nouvelle table du champ Nom de la section Créer une nouvelle table sur la base… de la page (voir Figure 4.19).

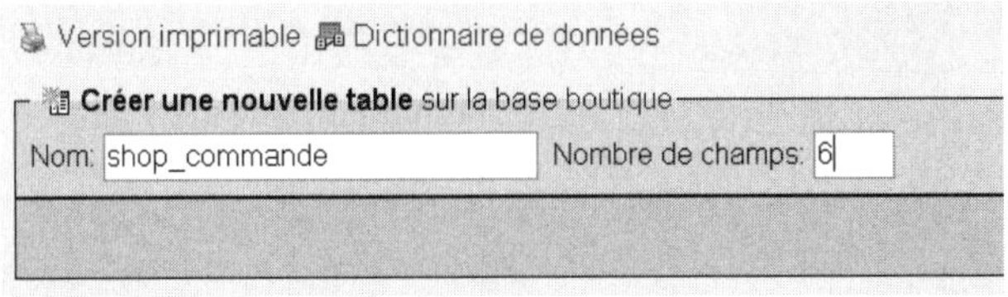

Figure 4.19
Précisez ici le nom de la table à créer, ainsi que le nombre de champs qui la composent.

2. Saisissez ensuite le nombre de champs que doit contenir cette table dans le champ Nombre de Champs qui suit.

3. Validez ces choix à l'aide du bouton Exécuter.

Astuce

Pensez à préfixer vos tables, c'est-à-dire à utiliser une chaîne de caractères commune au début du nom de chaque table servant à une même application. Par exemple, dans le cadre de votre boutique, vos tables SQL peuvent se nommer *shop_livres*, *shop_commande*, *shop_client*... Si vous souhaitez mettre en ligne plusieurs sites sur le même serveur de base de données, vous n'aurez ainsi pas de problème en utilisant deux tables avec le même nom.

Arrive ensuite l'écran de définition des différents champs de votre table (voir Figure 4.20). Chaque ligne du tableau doit être remplie selon le tableau des champs définis précédemment.

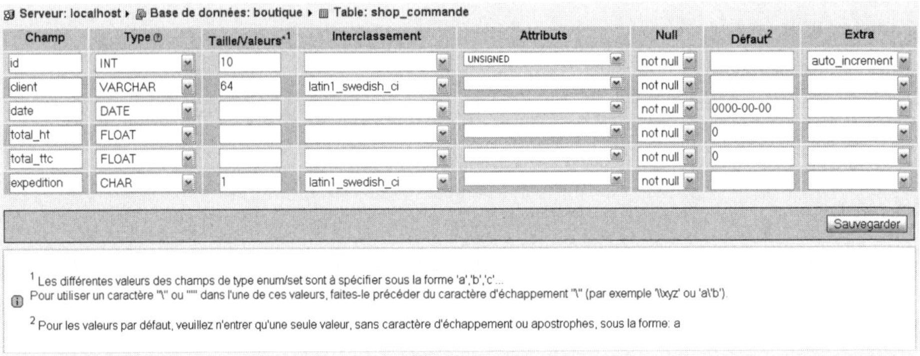

Figure 4.20
La définition réelle de la table s'effectue ici.

1. Saisissez dans la colonne Champ le nom de chacune des données à stocker.

2. Dans le champ Type, définissez le type de données à utiliser pour chacun de vos champs. Pour les données de types chaînes de caractères, on utilise alors en général

le type *TEXT ;* pour les données numériques, le type *INT* (entiers) ou *FLOAT* (valeurs décimales).

Info

Le système de base de données MySQL possède un grand nombre de types de données. Si vous voulez en savoir plus sur ceux-ci, consultez l'aide en ligne du site officiel de MySQL : **http://dev.mysql.com/doc/mysql/en/column-types.html**.

3. Dans les champs Attributs, sélectionnez *UNSIGNED* pour vos données de type numérique. Cet attribut vous permet de spécifier que les nombres utilisés dans ce champ ne peuvent pas être négatifs. Dans le même esprit, réglez le paramètre Null sur *not null* si vous souhaitez que certains de vos champs soient impérativement remplis. MySQL interdira alors de laisser ces champs vides lors de la création d'un nouvel enregistrement.

   Pensez également à paramétrer l'identifiant unique de votre table sur *auto_increment* dans le champ Extra. Ce réglage permettra de définir automatiquement une nouvelle valeur, supérieure d'une unité à celle précédemment utilisée, pour le champ index de votre table. Vous aurez ainsi la certitude que votre index unique est réellement unique.

4. Enfin, passez à la définition des index et des clés uniques de votre table. Vous disposez pour cela de trois cases à cocher situées à la suite du champ Extra. On y trouve, dans l'ordre, la clé primaire, l'index et l'identifiant unique. Cochez les cases correspondant à ces trois champs en fonction de la définition des tables effectuées plus haut dans ce chapitre (voir Figure 4.21).

Figure 4.21
La définition des index et autres clés dans phpMyAdmin.

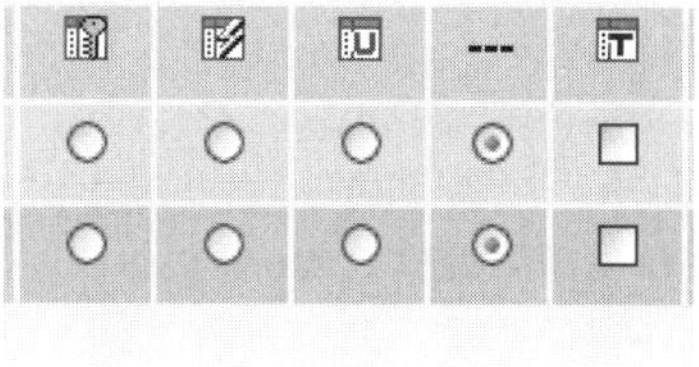

Info

Les trois données Clé primaire, Index et Identifiant unique ont chacune une fonction bien particulière : la clé primaire est la donnée autour de laquelle s'organise toute l'architecture de votre table de données. C'est à elle qu'il sera fait référence dès qu'une opération (recherche, mise à jour, effacement) sera effectuée sur la table.

Les champs marqués comme index servent à optimiser les recherches dans la table. L'identifiant unique spécifie quant à lui qu'un seul enregistrement dans votre table peut contenir une valeur spécifique dans ce champ. Cela peut se révéler très pratique si vous ne souhaitez pas qu'une requête puisse retourner plusieurs résultats.

5. Cliquez enfin sur le bouton Sauvegarder pour valider l'ensemble des paramètres de création que vous venez de définir. Une fois l'écran de confirmation affiché (voir Figure 4.22), votre table de données est effectivement créée.

Figure 4.22
Votre nouvelle table est créée.

Vous allez maintenant pouvoir procéder de la même façon pour l'ensemble des tables de données nécessaires à la bonne tenue de votre projet. Cette étape de la création de votre site est un peu laborieuse, mais elle est indispensable. Prenez donc soin de la réaliser correctement.

Astuce

Quelques lignes de code valent parfois mieux qu'une longue explication. Voici donc l'ensemble des commandes MySQL utilisées pour créer la base de données qu'utilisera votre boutique en ligne. Attention toutefois, les instructions ci-après sont valables pour une version 4.1.8 et supérieure de MySQL. Si la version que vous utilisez est antérieure, certaines commandes et certains attributs peuvent être incompatibles.

Pour utiliser ces codes, recopier-les dans un bloc-notes que vous sauvegarderez avec l'extention .sql. Puis dans phpMyAdmin de Wamp, créer une nouvelle base de données (appele-la "boutique" par exemple) puis cliquer sur importer et choisissez votre fichier .sql. PhpMyAdmin s'occupe du reste. Votre base de données est prête à être utilisée.

```
-- phpMyAdmin SQL Dump
-- version 2.11.6
-- http://www.phpmyadmin.net
--
-- Serveur: localhost
-- Généré le : Ven 04 Septembre 2009 à 18h21
-- Version du serveur: 5.0.51
-- Version de PHP: 5.2.6
```

```
SET SQL_MODE="NO_AUTO_VALUE_ON_ZERO";

--
-- Base de données: `boutique`
--

-- --------------------------------------------------------

--
-- Structure de la table `shop_auteurs`
--

CREATE TABLE `shop_auteurs` (
  `id` int(10) unsigned NOT NULL auto_increment,
  `nom` varchar(64) NOT NULL,
  `prenom` varchar(64) NOT NULL,
  PRIMARY KEY  (`id`)
) ENGINE=MyISAM  DEFAULT CHARSET=latin1 AUTO_INCREMENT=1 ;

-- --------------------------------------------------------

--
-- Structure de la table `shop_categories`
--

CREATE TABLE `shop_categories` (
  `id` int(10) unsigned NOT NULL auto_increment,
  `libelle` varchar(64) NOT NULL,
  PRIMARY KEY  (`id`)
) ENGINE=MyISAM  DEFAULT CHARSET=latin1 AUTO_INCREMENT=1 ;

-- --------------------------------------------------------

--
-- Structure de la table `shop_client`
--

CREATE TABLE `shop_client` (
  `id` int(10) unsigned NOT NULL auto_increment,
  `mail` varchar(64) NOT NULL,
  `nom` varchar(64) NOT NULL,
  `prenom` varchar(64) NOT NULL,
  `telephone` varchar(10) NOT NULL,
  `mdp` varchar(32) NOT NULL default,
  `ad_ligne1` varchar(64) NOT NULL,
  `ad_ligne2` varchar(64) NOT NULL,
  `ad_cp` varchar(5) NOT NULL,
  `ad_ville` varchar(64) NOT NULL,
  PRIMARY KEY  (`id`),
  UNIQUE KEY `mail` (`mail`)
) ENGINE=MyISAM  DEFAULT CHARSET=latin1 AUTO_INCREMENT=1 ;
```

```
-- --------------------------------------------------------

--
-- Structure de la table `shop_commande`
--

CREATE TABLE `shop_commande` (
  `id` int(10) unsigned NOT NULL auto_increment,
  `client` varchar(64) NOT NULL,
  `date` date NOT NULL,
  `total_ht` float NOT NULL,
  `total_ttc` float NOT NULL,
  `expedition` char(1) NOT NULL,
  PRIMARY KEY  (`id`),
  KEY `client` (`client`)
) ENGINE=MyISAM  DEFAULT CHARSET=latin1 AUTO_INCREMENT=1 ;

-- --------------------------------------------------------

--
-- Structure de la table `shop_ligne_commande`
--

CREATE TABLE `shop_ligne_commande` (
  `id` int(10) unsigned NOT NULL auto_increment,
  `commande` int(10) unsigned NOT NULL,
  `article` int(10) unsigned NOT NULL,
  `prix_ht` float NOT NULL,
  `prix_ttc` float NOT NULL,
  `quantite` int(11) NOT NULL,
  `total_ht` float NOT NULL,
  `total_ttc` float NOT NULL,
  PRIMARY KEY  (`id`),
  KEY `article` (`article`),
  KEY `commande` (`commande`)
) ENGINE=MyISAM  DEFAULT CHARSET=latin1 AUTO_INCREMENT=1 ;

-- --------------------------------------------------------

--
-- Structure de la table `shop_livres`
--

CREATE TABLE `shop_livres` (
  `id` int(10) unsigned NOT NULL auto_increment,
  `isbn` varchar(10) NOT NULL,
  `categorie` int(11) unsigned NOT NULL,
  `sous_categorie` int(11) unsigned NOT NULL,
  `titre` text NOT NULL,
  `prix_ht` float NOT NULL,
  `prix_ttc` float NOT NULL,
  `parution` date NOT NULL,
```

```
  `resume` text NOT NULL,
  `auteur` int(11) unsigned NOT NULL,
  PRIMARY KEY  (`id`),
UNIQUE KEY `isbn` (`isbn`),
  KEY `categorie` (`categorie`),
KEY `sous_categorie` (`sous_categorie`),

  KEY `auteur` (`auteur`)
) ENGINE=MyISAM  DEFAULT CHARSET=latin1 AUTO_INCREMENT=1 ;

-- --------------------------------------------------------

--
-- Structure de la table `shop_panier`
--

CREATE TABLE `shop_panier` (
  `id` int(10) unsigned NOT NULL auto_increment,
  `client` varchar(64) NOT NULL,
  `article` int(10) unsigned NOT NULL
  `quantite` int(10) unsigned NOT NULL,
  PRIMARY KEY  (`id`),
  KEY `client` (`client`,`article`)
) ENGINE=MyISAM  DEFAULT CHARSET=latin1 AUTO_INCREMENT=1 ;

-- --------------------------------------------------------

--
-- Structure de la table `shop_propositions`
--

CREATE TABLE `shop_propositions` (
  `article1` int(10) unsigned NOT NULL,
  `article2` int(10) unsigned NOT NULL,
  `quantite` int(10) unsigned NOT NULL,
  KEY `article1` (`article1`,`article2`)
) ENGINE=MyISAM DEFAULT CHARSET=latin1;

-- --------------------------------------------------------

--
-- Structure de la table `shop_sous_categories`
--

CREATE TABLE `shop_sous_categories` (
  `id` int(10) unsigned NOT NULL auto_increment,
  `libelle` varchar(64) NOT NULL,
  `parent` int(11) unsigned NOT NULL,
  PRIMARY KEY  (`id`),
  KEY `parent` (`parent`)
) ENGINE=MyISAM  DEFAULT CHARSET=latin1 AUTO_INCREMENT=1 ;
```

Remplissage des tables MySQL

Une fois l'ensemble de vos tables créé, il vous faut encore remplir ces tables avec quelques données.

Pour cela, rendez-vous sur la page d'accueil de votre base de données (voir Figure 4.23), celle-ci indique qu'il existe désormais plusieurs tables dans votre base.

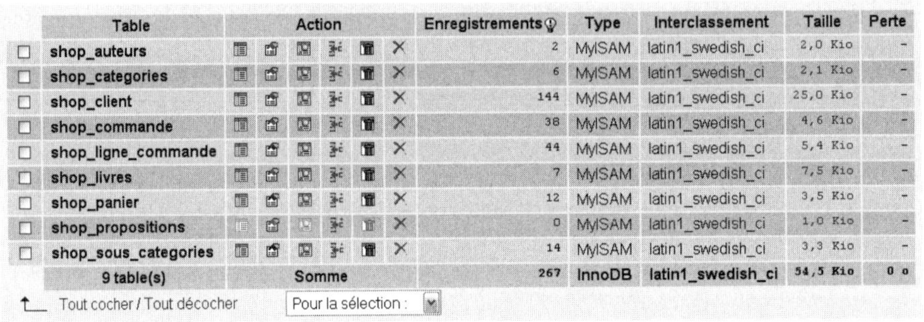

Table	Action	Enregistrements	Type	Interclassement	Taille	Perte
shop_auteurs		2	MyISAM	latin1_swedish_ci	2,0 Kio	-
shop_categories		6	MyISAM	latin1_swedish_ci	2,1 Kio	-
shop_client		144	MyISAM	latin1_swedish_ci	25,0 Kio	-
shop_commande		38	MyISAM	latin1_swedish_ci	4,6 Kio	-
shop_ligne_commande		44	MyISAM	latin1_swedish_ci	5,4 Kio	-
shop_livres		7	MyISAM	latin1_swedish_ci	7,5 Kio	-
shop_panier		12	MyISAM	latin1_swedish_ci	3,5 Kio	-
shop_propositions		0	MyISAM	latin1_swedish_ci	1,0 Kio	-
shop_sous_categories		14	MyISAM	latin1_swedish_ci	3,3 Kio	-
9 table(s)	Somme	267	InnoDB	latin1_swedish_ci	54,5 Kio	0 o

Tout cocher / Tout décocher Pour la sélection :

Figure 4.23

Ce tableau résume l'ensemble des tables existantes dans votre base de données.

Cliquez sur le lien Insérer des données pour accéder au formulaire de saisie. Il se présente sous la simple forme d'une page, reprenant chacun des champs de votre table et présentant face à lui un formulaire de saisie HTML (voir Figure 4.24).

> **Info** Inutile de remplir les champs correspondant aux données auto-incrémentées (le champ `id`). Ceux-ci sont automatiquement renseignés par le système MySQL.

Figure 4.24

Complétez ce formulaire pour ajouter un nouvel enregistrement à votre table.

Vous pouvez simplement créer un article en entrant textes et valeurs numériques dans chaque champ de la table. Validez ensuite votre article en appuyant sur Insérer. Procédez ainsi pour tous vos articles. Complétez de cette façon l'ensemble des tables de votre base de données liées au catalogue (**shop_livres** et **shop_auteurs**, ainsi que les deux bases servant à l'annuaire : **shop_categories** et **shop_sous_categories**) de la façon la plus cohérente possible. Par exemple, les identifiants utilisés pour un auteur dans la table Livres doivent réellement correspondre à un enregistrement de la table Auteurs.

Pour voir vos articles, cliquez sur Afficher le contenu à partir de la page principale. Une fois qu'ils sont affichés, un tableau les répertorie. Grâce au lien Modifier, à droite des colonnes de chaque article, vous pouvez modifier tel ou tel article en revenant au formulaire de saisie.

Info

Votre base de données est désormais opérationnelle sur votre serveur de développement. Mais qu'en est-il de l'hébergeur final de votre site web ? Deux options s'offrent à vous : reprendre une par une les étapes de création de la base de données décrites dans les dernières pages, ou exporter la base créée sur le serveur de développement et la réimporter ensuite chez votre hébergeur. Si vous choisissez cette dernière solution, voici les étapes à suivre.

Rendez-vous tout d'abord sous l'onglet Exportation, présent dans la page de résumé de votre base de données, sur votre serveur de développement. Dans cette page, assurez-vous que les cases STRUCTURE et DATA sont bien cochées puis cliquez sur le bouton Go. Vous obtiendrez alors, dans un nouveau champ de formulaire, la suite des requêtes SQL nécessaire à la création de votre base de données telle qu'elle existe sur votre serveur de développement (voir Figure 4.25).

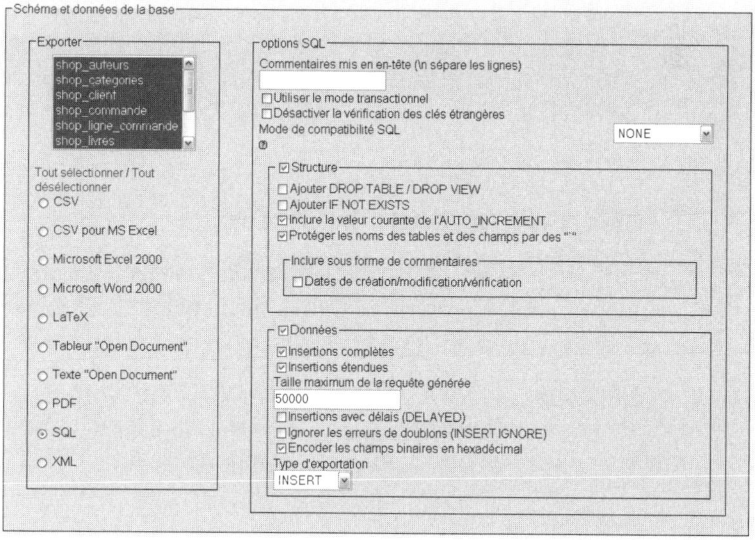

Figure 4.25

Le formulaire d'exportation d'une base de données dans phpMyAdmin.

Pour utiliser ces commandes chez votre hébergeur, vous n'aurez qu'à vous connecter à son interface de gestion web, à y choisir l'onglet Query et à copier les requêtes obtenues dans le champ SQL-query on database... Une fois le bouton Submit Query enfoncé, votre base de données est alors créée à l'identique.

Connexion à la base de données dans Dreamweaver CS4

Retour à Dreamweaver pour la dernière étape de la gestion de votre base de données. Il va s'agir de créer une connexion entre votre futur site dans Dreamweaver et votre base de données sur le serveur de développement.

Une connexion n'est rien d'autre qu'un canal de communication entre vos pages dans Dreamweaver et votre base de données. Pour chaque site dynamique, il vous faudra ainsi indiquer à Dreamweaver la façon dont vos pages devront s'adresser à votre base de données, afin que celles-ci puissent extraire de cette base les différentes données à afficher.

La méthode à utiliser pour créer une connexion dépend à la fois du langage dynamique utilisé dans votre site et du type de base de données utilisé. Mais, une fois la connexion créée, la façon d'en exploiter les données dans vos pages sera toujours la même. Voyez ici comment créer une connexion depuis votre site PHP vers votre base MySQL.

Tout d'abord, créer une nouvelle page dans votre profil de site Dreamweaver. En effet, l'éditeur est incapable de mettre en place une connexion si aucune page n'est actuellement ouverte dans son interface. Vous allez donc créer votre première page blanche.

Création d'une page blanche

Le profil de votre site web a déjà été créé. Les éléments centraux à votre plate-forme de développement Dreamweaver sont donc en place. Il ne vous reste qu'à créer votre toute première page pour entrer dans le vif du sujet.

Au démarrage de Dreamweaver, justement, un écran s'ouvre qui vous propose soit d'éditer l'une des dernières pages créées avec le logiciel, soit de créer une page blanche utilisant l'une des technologies supportées par l'éditeur de Macromedia (voir

Figure 4.26). Sur cette fenêtre, sélectionnez la création d'une nouvelle page utilisant la technologie PHP, Créer > PHP.

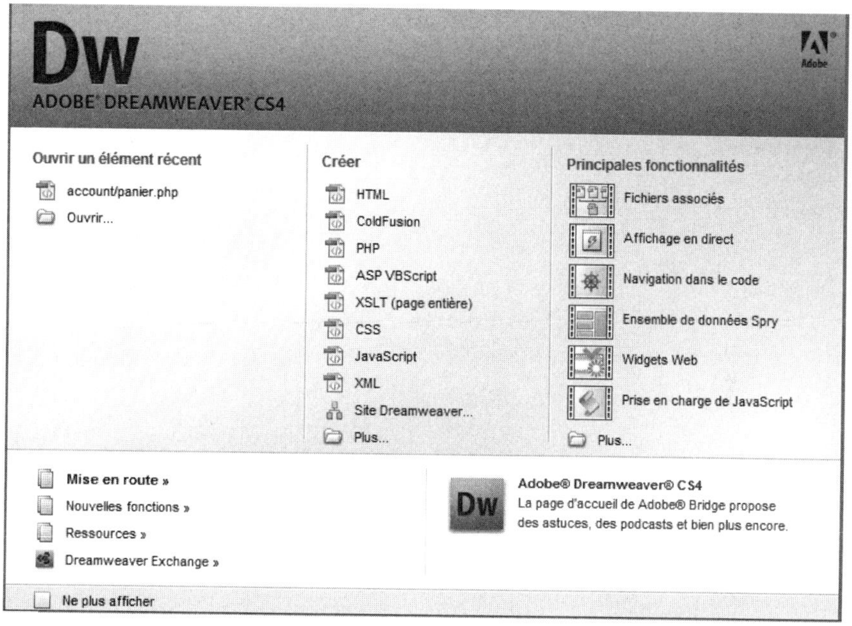

Figure 4.26
Choisissez une nouvelle page de type PHP.

Une nouvelle page blanche s'ouvre alors dans votre éditeur web. Vous allez pouvoir débuter l'édition réelle de cette page.

Info

Pour les autres pages de votre site, vous pourrez utiliser la commande Fichier > Nouveau pour créer les pages suivantes.

Le panneau Bases de données

Les connexions, quel que soit leur type, sont toujours gérées en un seul endroit : le panneau Bases de données. Pour afficher ce panneau, utilisez la commande Fenêtre > Bases de données ou appuyez simultanément sur les touches Ctrl+Maj+F10 de votre clavier.

Le panneau Bases de données est disponible dans le groupe de panneaux Application (voir Figure 4.27).

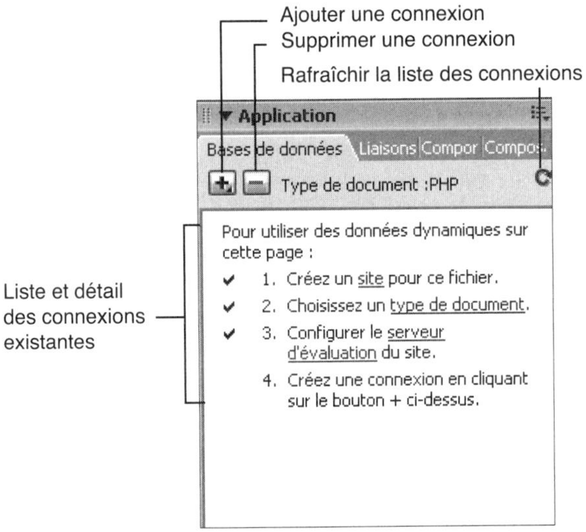

Figure 4.27

C'est le panneau Bases de données qui permet la définition des connexions.

Ce panneau n'a qu'une seule fonctionnalité : créer et supprimer des connexions entre vos sites web et les bases de données.

> **Info** Le groupe Application contient l'ensemble des panneaux nécessaires à la mise en place de sites dynamiques dans Dreamweaver CS4. Ces panneaux sont : Bases de données, Liaisons, Comportements de serveur et Composants.

Création d'une connexion pour un site PHP

La mise en place d'une connexion avec une base MySQL dans le cadre du développement d'un site PHP est l'une des manipulations les plus simples qui soient.

Rendez-vous dans le panneau Bases de données puis :

1. Cliquez sur le bouton (+) en haut de la petite fenêtre et sélectionnez la commande Connexion MySQL dans le menu qui apparaît alors (voir Figure 4.28).
2. La fenêtre Connexion MySQL s'ouvre alors (voir Figure 4.29). Celle-ci contient un formulaire dont chaque champ correspond à une information de connexion à la base de données. Remplissez tout d'abord le champ Nom de connexion avec le nom que vous souhaitez utiliser pour cette connexion tout au long du développement de votre site.

Figure 4.28

Seule la connexion à une base MySQL est possible pour un site PHP.

Choisissez de préférence un nom représentatif du type de connexion créé, comme le nom de la base de données utilisée.

Figure 4.29

La définition complète de votre connexion se déroule ici.

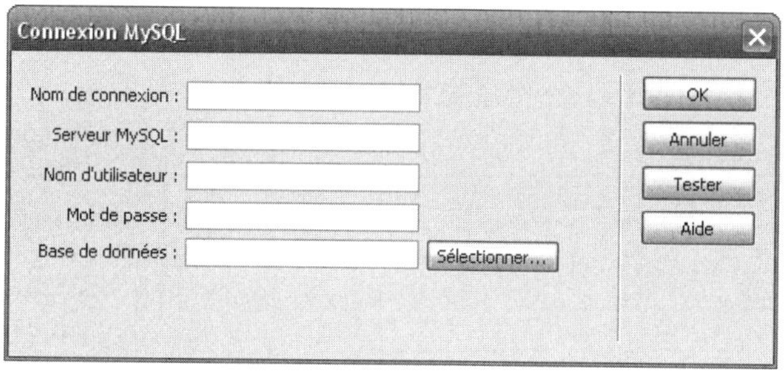

3. Saisissez dans le champ Serveur MySQL l'adresse du serveur de base de données auquel votre site doit se connecter. Si c'est votre propre machine qui sert de serveur de développement, saisissez simplement localhost.

4. Saisissez dans les champs Nom de l'utilisateur et Mot de passe l'identifiant et le mot de passe que vous avez définis plus tôt, lors de la création de votre base de données MySQL.

5. Remplissez à présent le champ Base de données avec le nom de la base de données que vous souhaitez utiliser avec votre site. Libre à vous d'utiliser le bouton Sélectionner… pour localiser la base de données souhaitée dans la liste des bases disponibles sur votre serveur (voir Figure 4.30).

6. Une fois tous les champs de la boîte Connexion MySQL renseignés, cliquez sur le bouton Tester afin de vous assurer que la connexion avec votre base fonctionne correctement. Si c'est le cas, une boîte de dialogue comprenant le message Connexion établie s'affiche (voir Figure 4.31).

7. Enfin, cliquez sur le bouton OK pour valider la connexion ainsi définie.

Une fois la connexion validée, celle-ci apparaît alors sous le nom que vous lui avez choisi dans le panneau Bases de données (voir Figure 4.32).

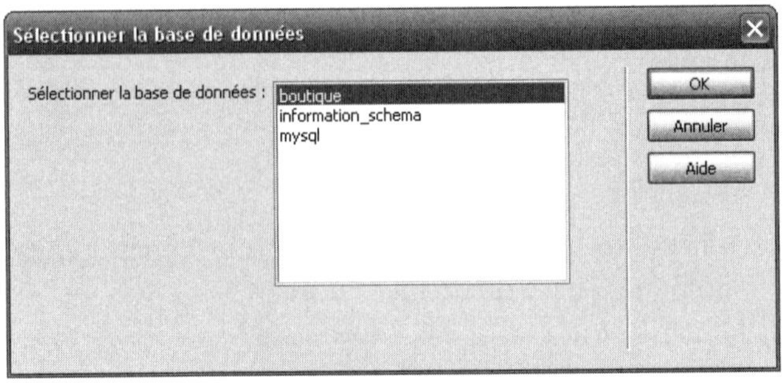

Figure 4.30
Voici l'ensemble des bases de données accessibles sur votre serveur de développement.

Figure 4.31
Tous les paramètres de connexion semblent corrects.

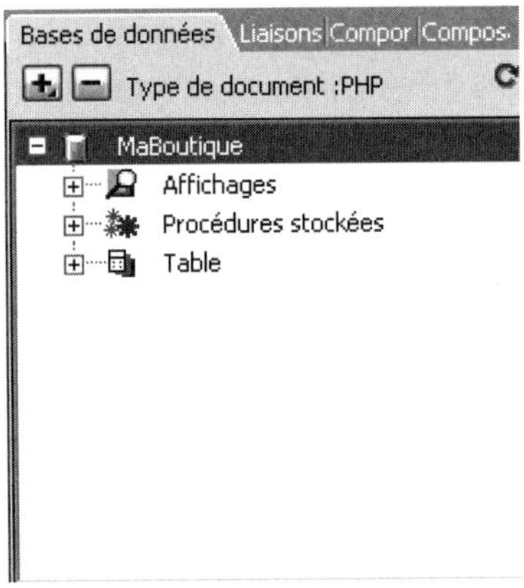

Figure 4.32
Votre nouvelle connexion est définie et opérationnelle.

Fichier de connexion

Lorsqu'une connexion est créée pour un site, un fichier de connexion apparaît dans l'arborescence de celui-ci (voir Figure 4.33).

À la racine du dossier de travail de votre site, vous trouverez ainsi un dossier Connexions. Celui-ci contient autant de fichiers que le nombre de connexions que vous avez créées pour votre site.

Figure 4.33

Un fichier de connexion est créé dans l'arborescence de votre site.

Chacun des fichiers porte le nom de la connexion qui lui correspond, l'extension correspondant à la technologie utilisée pour créer celle-ci (.php dans notre cas…).

5 Création d'un catalogue en ligne

Au sommaire de ce chapitre

- Fonctionnement théorique
- Définition de jeux d'enregistrements
- Insertion de contenu dynamique
- Aperçu des données
- Finalisation de la page de description
- Mise en place de la page Auteur
- Détail de l'annuaire
- Note sur les comportements de serveur

Si votre intérêt principal est l'utilisation de Dreamweaver pour la construction d'un site dynamique, vous touchez désormais au cœur du sujet. Dans ce chapitre, et dans tous ceux qui vont suivre, vous allez découvrir comment utiliser l'éditeur HTML d'Adobe pour mettre rapidement en place des contenus dynamiques. Première étape : l'ensemble des pages de catalogue de votre boutique en ligne. Viendront ensuite, dans d'autres chapitres, le moteur de recherche, l'accueil des clients, la gestion du panier et tous les autres éléments indispensables à la bonne tenue de votre site.

Mais concentrons-nous tout d'abord sur les pages de catalogue. Même si ce chapitre ne présente que des fonctionnalités simples, il est cependant important de l'étudier avec attention. En effet, Dreamweaver CS4 utilise des processus établis pour gérer le contenu d'une base de données et permettre son affichage dans des pages web. Ces processus se décomposent en étapes simples : création d'une nouvelle page, mise en place d'un ou de plusieurs jeux d'enregistrements plus ou moins complexes, utilisation des données issues de ces jeux dans la page. Pour simples que soient ces étapes, elles demandent tout de même une certaine rigueur et un peu de méthode. Ce sont ces méthodes que vous allez découvrir, les unes après les autres, dans ce chapitre.

L'exemple principal de ce chapitre est la page de description détaillée d'un ouvrage. Pour les pages suivantes, nous nous contenterons de décrire succinctement le contenu du jeu d'enregistrements à créer et de détailler uniquement les nouvelles manipulations nécessaires à la création de la page.

Commençons donc par créer la page centrale de votre boutique en ligne : la description détaillée d'un article (voir Figure 5.1).

Figure 5.1

La page de description d'un ouvrage, version finale !

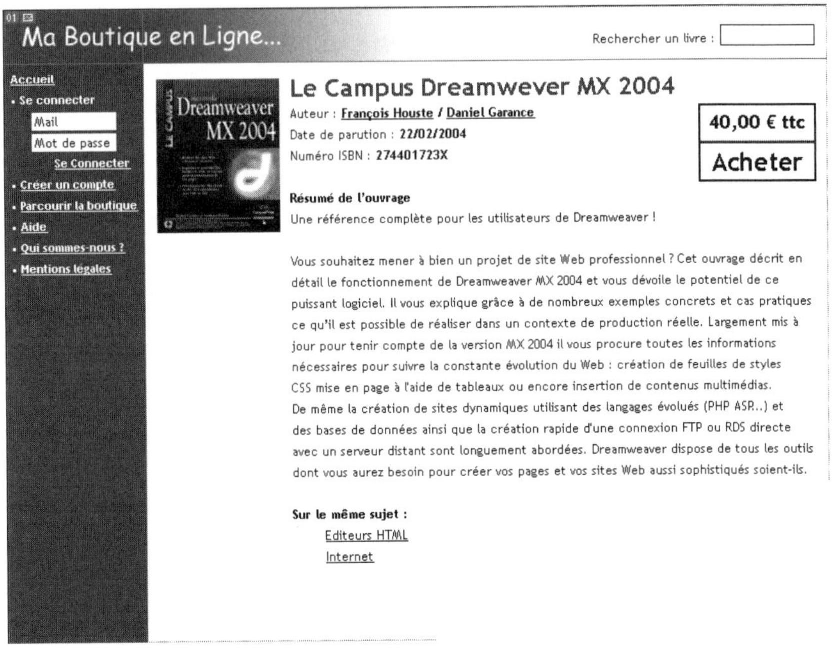

Fonctionnement théorique

Avant de vous lancer dans la création réelle de votre page, un peu de théorie est encore nécessaire. Promis, ce ne sera pas long !

Il s'agit ici de comprendre l'utilisation des paramètres d'URL dans un site de type PHP. Pour afficher la description de n'importe quel ouvrage de votre boutique, vous n'allez utiliser qu'une seule page réelle, comme vous avez déjà pu le comprendre d'après l'explication de la technologie PHP/MySQL. Mais comment faire savoir à votre page quel est exactement l'ouvrage à afficher, parmi tous ceux présents dans la base de données ?

Un paramètre doit être défini pour spécifier le livre en question. En PHP, mais également dans les autres technologies de création de sites web dynamiques, ce genre de paramètre est passé dans l'URL même de la page à afficher. Par exemple, pour afficher l'ouvrage dont l'identifiant unique est 12, il suffira d'appeler la page de description détaillée de la façon suivante :

```
http://www.maboutique.com/livre.php?id=12
```

De cette façon, l'identifiant unique de l'ouvrage à afficher sera disponible dans la page web à tout moment, sous la dénomination de `id`. Il est alors facile de construire l'ensemble des jeux d'enregistrements utilisés sur la page en utilisant ce paramètre. Vous allez le voir tout de suite !

Définition de jeux d'enregistrements

La définition de jeux d'enregistrements est au cœur de la gestion des données dynamiques dans Dreamweaver CS4. C'est à partir de ces jeux d'enregistrements que les données dynamiques sont accessibles dans le logiciel et donc utilisables sur une page web. Il s'agit en effet de définir quelles informations doivent être extraites de votre base de données pour être insérées dans votre page.

Mais, avant de se lancer dans la création du premier jeu d'enregistrements, un petit tour du panneau Liaisons s'impose (voir Figure 5.2).

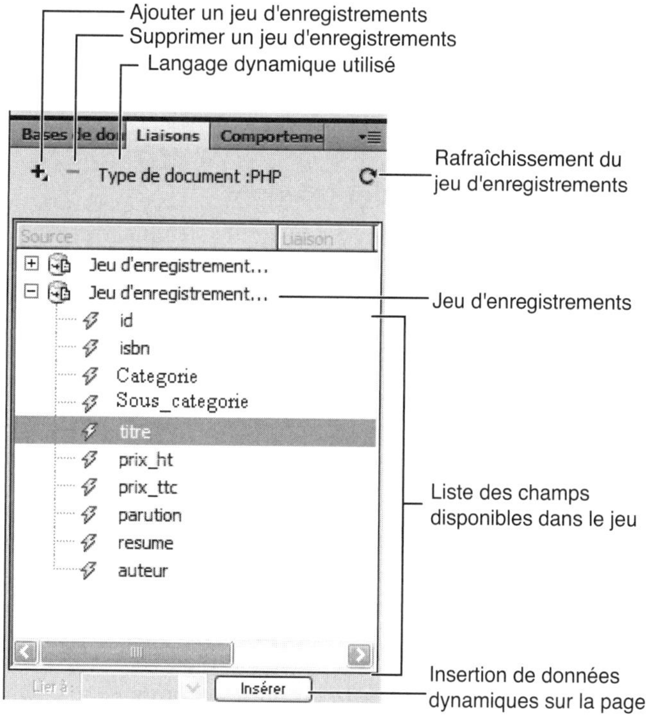

Figure 5.2

Le panneau Liaisons sert à la définition des jeux d'enregistrements.

Le panneau Liaisons

Ce panneau sert à gérer l'ensemble des données disponibles dans votre base. C'est à partir de celui-ci que vous allez créer, modifier ou supprimer vos jeux d'enregistrements. C'est également depuis celui-ci que vous allez, le plus souvent, insérer des données dynamiques dans vos pages.

Le panneau Liaisons est affiché dans le groupe de panneaux Application. Il est accessible depuis la commande Fenêtre > Liaisons dans le menu principal de Dreamweaver ou tout simplement à l'aide des touches Ctrl+F10 de votre clavier.

Création d'un jeu d'enregistrements simple

La mise en place d'un jeu d'enregistrements peut à la fois être très facile et très complexe, suivant les paramètres que vous devez utiliser pour réduire la quantité de champs et d'enregistrements à utiliser.

Attention

De la bonne conception de vos jeux d'enregistrements dépendra souvent la performance de votre site web. Songez bien que plus vous importez de données lors de cette étape, plus le nombre d'appels à votre base de données sera important, plus les pages seront longues à créer sur le serveur. Limitez donc les données à utiliser au minimum.

Choix des tables et des colonnes

Pour créer un jeu d'enregistrements, il faut tout d'abord que votre serveur de développement soit activé et que la connexion entre votre site et la base de données soit créée.

Dans Dreamweaver, gardez en mémoire qu'un jeu d'enregistrements est toujours associé à une page précise. Avant de vous lancer dans la création du jeu d'enregistrements, prenez le temps de créer un nouveau document PHP vierge à l'aide de Dreamweaver et nommez celui-ci **livre_details.php**. Pour sauver une page, faites Fichier > Enregistrer sous ou le raccourci clavier Ctrl+S. Une fois ces prérequis remplis, la création en elle-même n'est pas compliquée :

1. Si ce n'est déjà fait, affichez le panneau Liaisons à l'aide de la commande Fenêtre > Liaisons.
2. Cliquez sur le bouton Ajouter un jeu d'enregistrements (+), présent en haut à gauche du panneau, et sélectionnez la commande Jeu d'enregistrements (Requête) dans le menu correspondant.

Info

Les autres commandes disponibles depuis le panneau Liaisons seront détaillées au fur et à mesure de leur utilisation dans les chapitres suivants.

3. La boîte de dialogue Jeu d'enregistrements apparaît aussitôt (voir Figure 5.3). C'est dans celle-ci que se fait la définition effective du jeu d'enregistrements.

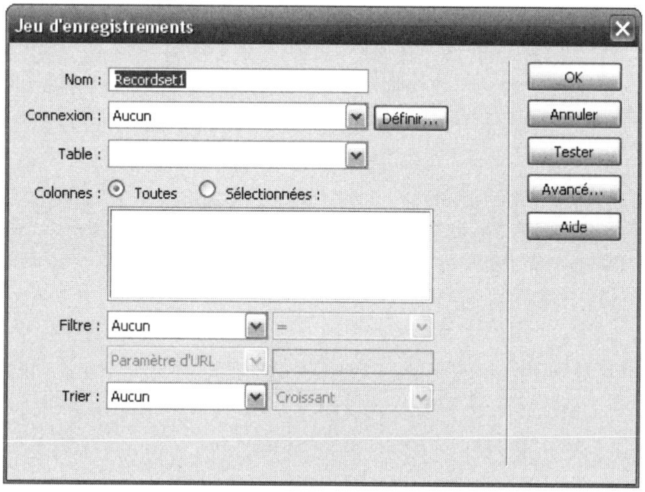

Figure 5.3

Tous les paramètres nécessaires à la création d'un jeu d'enregistrements sont là.

Info

La création d'un jeu d'enregistrements est également possible *via* le bouton Jeu d'enregistrements de la fine barre d'outils au-dessus du nom du fichier en cours dans Données (sixième bouton).

4. Saisissez dans le champ Nom le nom que vous souhaitez donner à votre jeu d'enregistrements. C'est à l'aide de ce nom qu'il sera accessible plus tard dans le panneau Liaisons. Veillez à ce que ce nom représente bien le contenu du jeu d'enregistrements. Pour la page de description détaillée, choisissez par exemple **article**.

Astuce

Si vous êtes appelé à utiliser des jeux d'enregistrements identiques sur plusieurs pages, veillez à leur donner le même nom. Vous y gagnerez en cohérence et en rapidité de développement.

5. Dans la liste déroulante Connexion, sélectionnez la connexion à partir de laquelle Dreamweaver devra créer le jeu d'enregistrements. Cette liste reprend l'ensemble des connexions créées pour le profil de site en cours. Sélectionnez donc la connexion au serveur de développement que vous avez créée à la fin du chapitre précédent.

Info

Si la connexion en question n'existe pas encore, vous pouvez cliquer sur le bouton Définir pour créer celle-ci dès maintenant. Une boîte de dialogue de gestion des connexions s'ouvre alors. Cliquez sur le bouton Définir pour ouvrir le panneau de création de la connexion, différent suivant la technologie utilisée. La création de la connexion est détaillée dans le chapitre précédent.

6. Sélectionnez ensuite, dans la liste déroulante Table, la table dans laquelle se trouvent les enregistrements que vous souhaitez utiliser. Cette liste déroulante affiche par défaut le nom de toutes les tables disponibles à partir de la connexion précédemment choisie. Pour trouver les informations nécessaires à la création de la page de description détaillée, vous devez vous servir de la table **shop_livres**.

Astuce

Si vous souhaitez utiliser des données issues de deux tables différentes dans une même page, il vous faudra créer un jeu d'enregistrements pour chacune d'elles. Si les données issues de plusieurs tables doivent répondre à des critères de sélection communs, il vous faudra faire appel au mode de création Avancé des jeux d'enregistrements, détaillé plus loin dans ce chapitre.

7. Une fois la table choisie, la zone Colonnes de la fenêtre Jeu d'enregistrements se met à jour pour présenter la liste des champs disponibles dans la table en question. Il vous faut alors sélectionner les colonnes que vous allez utiliser sur votre page. Deux possibilités s'offrent à vous :
   - Si vous souhaitez utiliser la totalité des colonnes de la table, cochez simplement la case Colonnes : Toutes, présente juste au-dessus de la liste des champs disponibles.
   - Si vous souhaitez n'utiliser qu'une partie des champs présents dans la table, cochez la case Colonnes : Sélectionnées. La liste des champs disponibles devient active. Sélectionnez alors les champs voulus en cliquant sur le nom de ceux-ci tout en maintenant la touche Ctrl du clavier enfoncée (voir Figure 5.4).

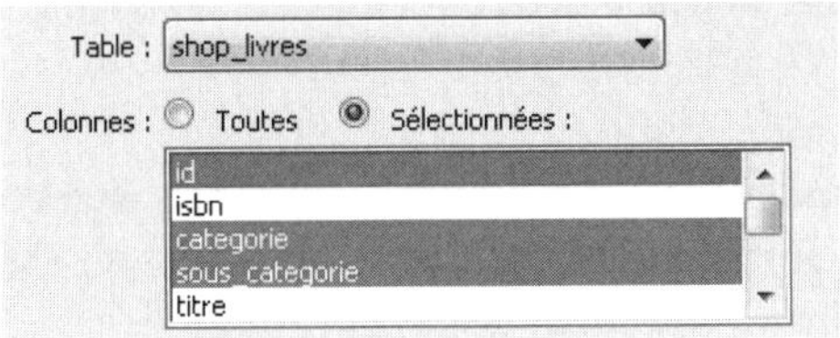

Figure 5.4
Il est possible de n'utiliser que quelques champs d'une table dans un jeu d'enregistrements.

Dans le cas de votre page de description, tous les champs de la table **shop_livres** sont nécessaires. Cochez donc la case Colonnes : Toutes afin que toutes ces données soient disponibles dans votre jeu d'enregistrements.

Astuce

Faites attention à vos choix lors de la sélection des colonnes. Si votre base de données contient beaucoup d'informations et que vous souhaitiez tout de même en utiliser toutes les colonnes, vous ralentirez énormément votre site.

Avec ces quelques paramètres, vous avez d'ores et déjà défini un jeu d'enregistrements basique. Il vous suffirait de cliquer sur le bouton OK de la fenêtre Jeu d'enregistrements pour en achever la création. Le jeu d'enregistrements en question apparaîtrait alors dans le panneau Liaisons sous la forme de la liste des colonnes disponibles dans celui-ci (voir Figure 5.5).

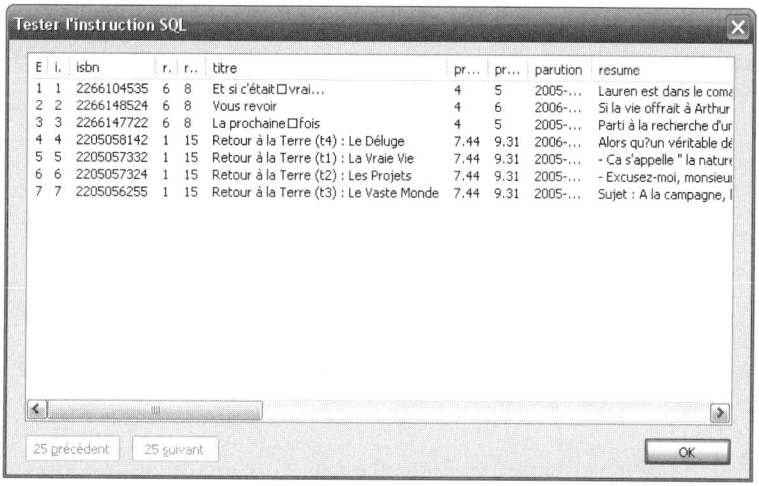

Figure 5.5
Votre premier jeu d'enregistrements est opérationnel.

Toutefois, tel qu'il est défini ici, votre jeu d'enregistrements n'est pas exploitable pour la création de votre page de description détaillée. Comme expliqué au début de ce chapitre, l'affichage de la page doit être soumis à un paramètre : l'identifiant unique de l'enregistrement correspondant à l'ouvrage à afficher. Ce paramètre doit être pris en compte lors de la création de votre jeu d'enregistrements. Vous allez donc devoir faire appel à un filtre.

Mise en place d'un filtre

Un filtre se fonde sur la correspondance entre une valeur arbitraire et les valeurs de certaines colonnes de la table. Cela permet, comme ici, de sélectionner un ouvrage unique dans une table répertoriant plusieurs centaines de livres. La définition d'un filtre peut aider à augmenter la vitesse d'exécution d'un site dynamique. Sur une base de

2 500 enregistrements, un simple filtre permet parfois de n'en conserver qu'une dizaine, voire qu'un seul. Alors, n'hésitez pas à les utiliser - !

La mise en place d'un filtre sur un jeu d'enregistrements se déroule dans la même boîte de dialogue que la création du jeu d'enregistrements :

1. Dans la première liste déroulante de la partie Filtre, sélectionnez le champ de la table qui doit servir de base à votre filtre (voir Figure 5.6). Pour notre page, il s'agit du champ id.

Figure 5.6
Sélectionnez d'abord la colonne sur laquelle portera le filtre.

Astuce
Il n'est pas indispensable qu'un champ soit sélectionné dans votre jeu d'enregistrements pour être utilisé comme critère de filtre.

2. Sélectionnez ensuite, dans la liste déroulante située sur la droite de la liste des champs, l'opérateur que vous souhaitez utiliser pour définir votre filtre (voir Figure 5.7). Plusieurs opérateurs sont disponibles :
   - des opérateurs arithmétiques : Égal (=), Différent (<>), Supérieur (>), Supérieur ou égal (>=), Inférieur (<) et Inférieur ou égal (<=) ;
   - des opérateurs de comparaison de chaînes : Commence par, Fini par et Contient.

   C'est l'opérateur Égal (=) qui va nous servir ici à définir la correspondance entre l'identifiant passé en URL et l'ouvrage à sélectionner dans la base de données.

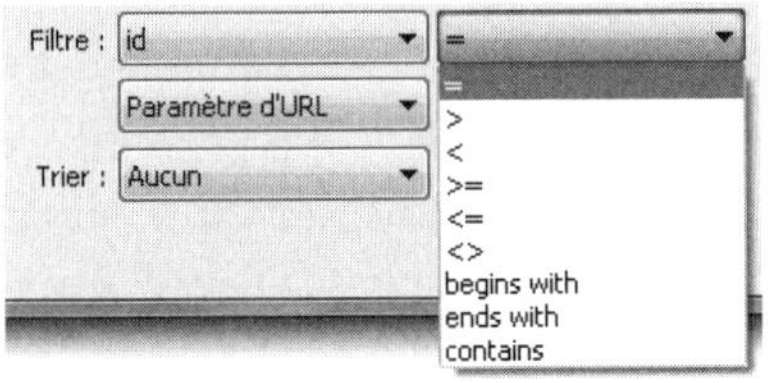

Figure 5.7
Sélectionnez ensuite l'opérateur utilisé dans votre filtre.

3. Dans la troisième liste déroulante de la zone Filtre, située en dessous du champ utilisé, sélectionnez le type de données avec lequel ce champ doit être comparé (voir Figure 5.8). Dreamweaver propose ici tous les types de données qui peuvent être utilisés pour la programmation de sites dynamiques.

Figure 5.8

Dans ce cas précis, votre filtre se fondera sur une valeur bien définie.

Si vous n'êtes pas familier avec la programmation de sites web dynamiques, le tableau suivant décrit chacun des types de données disponibles lors de la mise en place d'un filtre (voir Tableau 5.1).

Tableau 5.1 : Types de données disponibles pour la mise en place d'un filtre

Types de données	Description
Paramètre d'URL	Le filtre est créé en fonction de la valeur d'une variable disponible dans l'URL de la page (par exemple sous la forme `mapage.php?variable=1`).
Variable de formulaire	La valeur de comparaison du filtre est définie par la valeur d'un champ de formulaire classique envoyé depuis la page précédente du site.
Cookie	La valeur de comparaison est stockée dans un cookie sur l'ordinateur du visiteur de votre site.
Variable de session	La valeur de comparaison est une variable de session, c'est-à-dire une variable définie suivant l'identité de la personne connectée à votre site. Une variable de session existe tant que la session est ouverte, c'est-à-dire tant qu'un utilisateur défini est connecté sur les pages de votre site. Pour en savoir plus sur les sessions, consultez la documentation disponible sur le site officiel de PHP. Vous utiliserez ce type de variable lors de la création de l'espace client plus loin dans cet ouvrage.
Variable de serveur	La valeur de comparaison dépend d'une variable disponible sur le serveur qui héberge votre site. Il peut s'agir du type de serveur mais également d'informations issues du visiteur comme le navigateur ou le système d'exploitation utilisé par celui-ci.
Valeur entrée	La valeur de comparaison est non pas une variable mais une valeur fixe définie une fois pour toutes lors de la création du filtre.

Dans le cadre de la création de la page de description des ouvrages, vous allez utiliser un paramètre d'URL contenant l'identifiant unique de l'ouvrage à afficher. Sélectionnez donc ce type de données dans la liste déroulante.

4. Une fois le type de valeur de comparaison défini, saisissez dans le dernier champ texte de la zone Filtre le nom de la variable ou la valeur à utiliser pour le filtre. Assurez-vous que cette variable existe réellement et que sa valeur est compatible avec le type de champ défini plus haut.

   Il va s'agir ici du paramètre d'URL id. C'est donc ce nom que vous devez saisir dans le dernier champ de la création de filtres.

Aucun tri n'est nécessaire ici, laisser la liste déroulante Trier sur aucun.

Test des jeux d'enregistrements

À tout moment de sa création, vous pouvez tester votre nouveau jeu d'enregistrements. Pour cela, cliquez simplement sur le bouton Tester, présent sur la droite de la boîte de dialogue Jeu d'enregistrements. Dans le cadre d'un jeu d'enregistrements sans filtre, la fenêtre Tester l'instruction SQL s'ouvre alors et affiche simplement la totalité des données (champs et enregistrements) qui seront accessibles depuis votre jeu d'enregistrements (voir Figure 5.9).

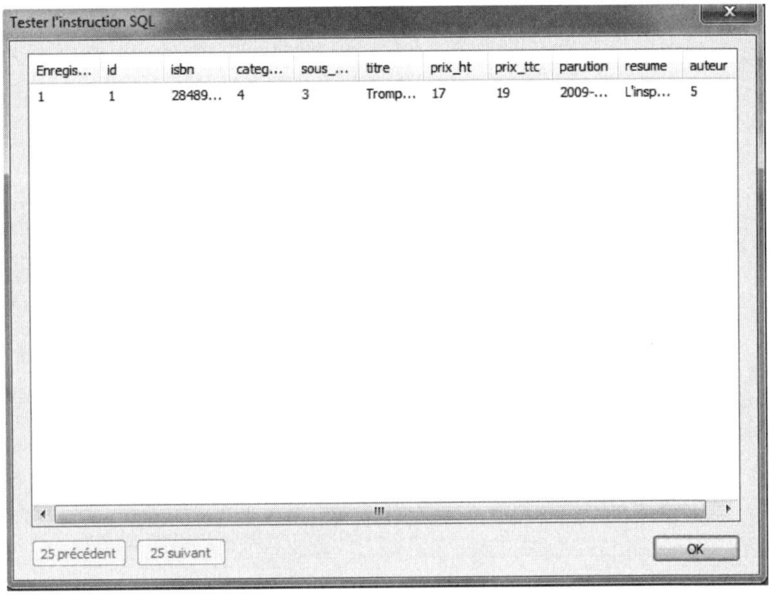

Figure 5.9
Voici les données qui seront accessibles à l'aide de votre jeu d'enregistrements.

Astuce Si les données extraites grâce à votre jeu d'enregistrements contiennent plus de 25 enregistrements, utilisez les boutons 25 Suivant et 25 Précédent afin de voyager dans la liste des enregistrements disponibles et de voir la totalité de ceux-ci.

Si les données du test vous conviennent, cliquez simplement sur le bouton OK pour fermer la fenêtre de test et revenir à la fenêtre création du jeu.

Si votre jeu d'enregistrements fait l'objet d'un filtre fondé sur un paramètre d'URL ou sur un autre type de variable (Cookie, Session, Formulaire...), une étape supplémentaire est nécessaire au test du jeu. La demande de test débute par l'affichage de la fenêtre Fournissez une valeur de test, c'est-à-dire, dans notre cas, l'identifiant unique de l'un des ouvrages disponibles dans votre base de données (voir Figure 5.10). Cette fenêtre vous demande de saisir une valeur pour la variable de comparaison.

Figure 5.10

Quelle valeur doit avoir votre variable de comparaison ?

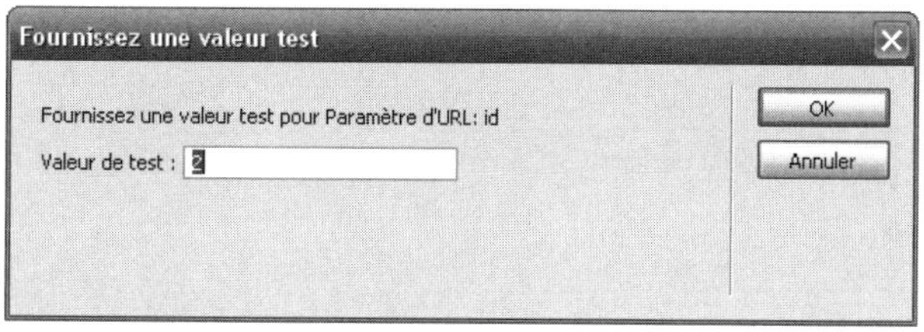

Une fois cette valeur saisie dans le champ Valeur de test, cliquez sur le bouton OK pour valider celle-ci. La fenêtre de test s'ouvre alors, affichant comme à son habitude les enregistrements correspondants au filtre et à la valeur définis (voir Figure 5.11).

Figure 5.11

Les enregistrements correspondant à votre filtre.

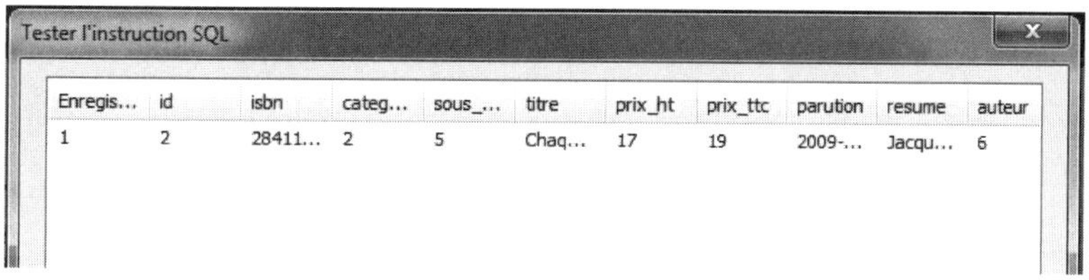

Il ne vous reste alors qu'à fermer la fenêtre de test et à cliquer sur le bouton OK de la fenêtre Jeu d'enregistrements pour valider le jeu d'enregistrements. Celui-ci apparaît alors dans le panneau Liaisons (voir Figure 5.12).

Voilà, vous venez de définir un jeu d'enregistrements simple, fondé sur un filtre. Gardez à l'esprit que la création de jeux d'enregistrements est à la base de n'importe quelle page dynamique conçue à l'aide de Dreamweaver. Il existe bien entendu des moyens plus complexes pour créer des jeux d'enregistrements. Vous les découvrirez plus loin dans ce chapitre.

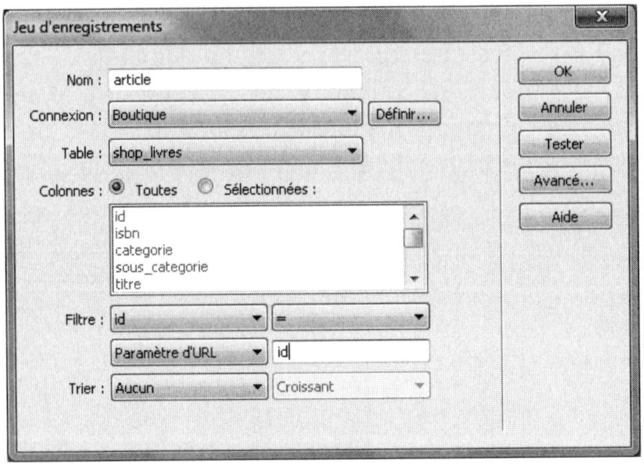

Figure 5.12
L'enregistrement est défini avec le filtre.

Insertion de contenu dynamique

La création d'un jeu d'enregistrements n'est qu'une étape dans la création de votre page de catalogue. Pour l'instant, celle-ci est d'ailleurs toujours vide. Vous allez donc y remédier en insérant une à une les informations relatives à un ouvrage de votre boutique. Pour cela, vous allez découvrir les méthodes d'affichage de données dynamiques dans Dreamweaver.

Données dynamiques

L'insertion d'une seule donnée d'un jeu d'enregistrements est l'une des opérations les plus simples lors de la création de sites dynamiques avec Dreamweaver.

Pour insérer simplement une donnée isolée sous la forme qu'elle possède dans votre base de données, procédez comme suit :

1. Assurez-vous avant tout de posséder une page blanche et qu'un jeu d'enregistrements lui est bien associé.
2. Placez le point d'insertion dans la fenêtre principale (fenêtre blanche sans code) de Dreamweaver, à l'endroit où vous souhaitez que la donnée dynamique soit affichée. Par exemple, pour le titre de l'ouvrage, placez simplement le point d'insertion tout en haut de la page.

3. Sélectionnez dans le panneau Liaisons la donnée à insérer sur la page (voir Figure 5.13). Pour la sélectionner, déployez simplement le contenu du jeu d'enregistrements que vous venez de créer à l'aide du bouton (+), présent sur la gauche de celui-ci. Tous les champs de votre table de données disponibles dans ce jeu d'enregistrements apparaissent alors dans le panneau Liaisons. Il vous suffit de cliquer sur la donnée que vous souhaitez utiliser, par exemple Titre.

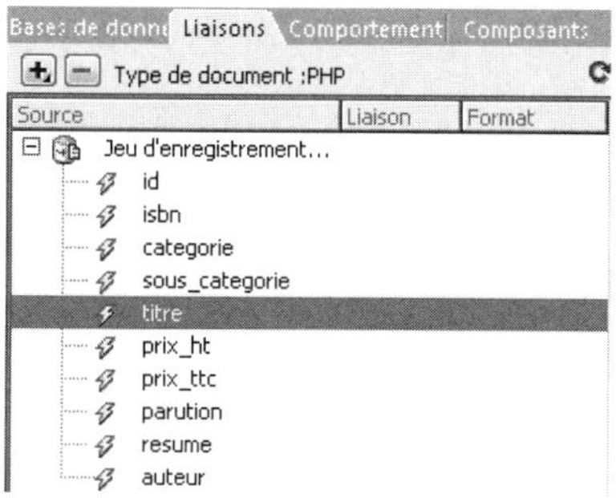

Figure 5.13
Sélectionnez la donnée à afficher sur votre page.

4. Cliquez simplement sur le bouton Insérer, présent en bas à droite du panneau Liaisons.

Le document est alors mis à jour. Au point d'insertion se trouve maintenant le nom de la donnée à afficher, entouré d'accolades et d'un halo bleuté (voir Figure 5.14).

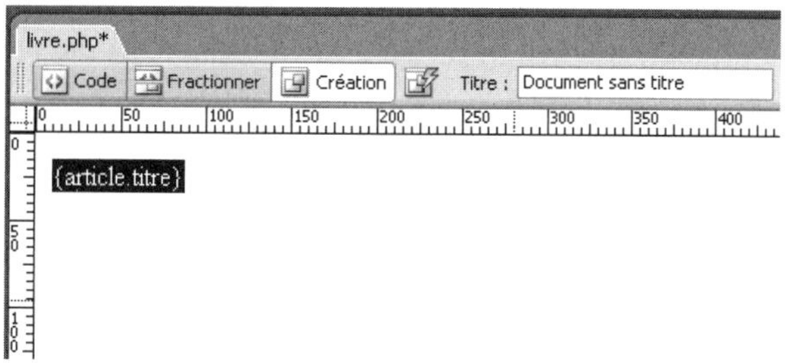

Figure 5.14
La donnée dynamique est bien insérée dans la page.

Il ne vous reste qu'à effectuer toutes les opérations de mise en forme et de mise en page nécessaires à la présentation de ce contenu.

Astuce

Vous pouvez également sélectionner la donnée à afficher dans le panneau Liaisons et la faire glisser jusqu'à son emplacement final dans la fenêtre principale de Dreamweaver. Le résultat est le même qu'à l'aide du bouton Insérer.

De manière très simple, vous venez d'afficher sur votre page web le titre d'un ouvrage issu d'une base de données et choisi en fonction d'un paramètre passé dans l'URL de votre page. Félicitations, vous venez réellement de créer votre toute première page dynamique !

Vous pouvez maintenant compléter la fiche détaillée de l'ouvrage à l'aide des autres informations disponibles dans le jeu d'enregistrements (Prix, Numéro ISBN, Date de parution, Résumé…). En revanche, le nom de l'auteur et les catégories d'annuaire correspondant à l'ouvrage feront l'objet de requêtes spéciales, plus loin dans ce chapitre.

Mais, avant d'arriver à ce point, peut-être souhaitez-vous également afficher sur votre page la couverture du livre qui y est détaillé ? Vous allez pour cela découvrir l'utilisation des données dynamiques à l'intérieur des objets de Dreamweaver !

Définition dynamique d'une image

Vous vous en doutez, les données disponibles par l'intermédiaire d'un jeu d'enregistrements ne sont pas uniquement utilisables pour l'affichage sur une page web. Elles peuvent être utilisées pour bien d'autres usages, comme le passage de paramètres dans un lien ou le choix dynamique d'une image à afficher.

Justement, vous allez maintenant procéder à l'affichage de la couverture de votre ouvrage sur sa page de description. Avant de procéder à la mise en place de cet affichage dans Dreamweaver, une mise au point est nécessaire : assurez-vous de disposer, sur votre serveur de développement et dans un dossier prévu à cet usage, de l'ensemble des couvertures des ouvrages disponibles dans votre boutique. Chacune de ces images devra être nommée de façon précise, en utilisant comme nom de fichier l'identifiant unique de l'enregistrement correspondant à l'ouvrage en question.

Par exemple, si le livre qui possède l'identifiant `1` dans la table **shop_livres** de votre base de données est *Le Campus Dreamweaver CS4*, le fichier correspondant à la couverture de ce livre devra se nommer `1.jpg` (ou .gif) sur votre serveur de développement. Et ainsi de suite pour l'ensemble des livres disponibles dans votre base de données.

L'insertion d'une image avec une source de données dynamique n'est pas très compliquée :

1. Placez le point d'insertion dans la fenêtre principale de Dreamweaver, à l'endroit où vous souhaitez insérer votre image.

2. Cliquez sur le bouton Images présent dans la section Commun de la barre de navigation de Dreamweaver. La fenêtre Sélectionnez la source de l'image s'ouvre alors.

3. Dans cette fenêtre, cochez la case Source de données, présente sous la barre de titre. La liste des champs disponibles dans les différents jeux d'enregistrements de la page apparaît alors (voir Figure 5.15).

Figure 5.15

Sélectionnez le champ correspondant au nom de l'image.

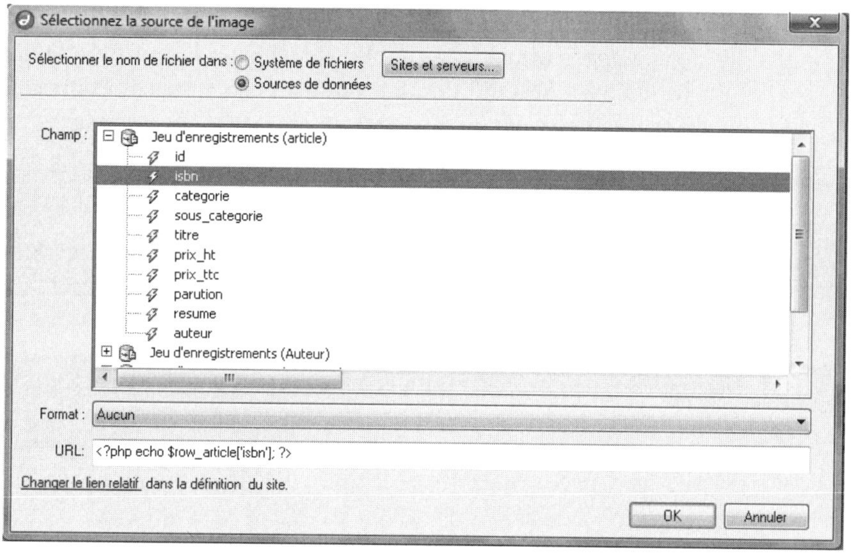

4. Sélectionnez dans cette liste le champ qui contient le nom de l'image source à insérer. Il s'agit ici du champ id.

5. Si le nom de l'image nécessite l'utilisation d'un format particulier, par exemple un passage en minuscule, sélectionnez ce format dans la liste déroulante Format, présente sous la liste des champs. Vous pouvez alors contrôler la syntaxe d'écriture du nom de l'image dans le champ URL, présent tout en bas de la fenêtre.

6. Vous pouvez également compléter la donnée dynamique sélectionnée par n'importe quelle donnée fixe. Dans notre cas, le nom du fichier image contenant la couverture de l'ouvrage est en fait *id*.jpg, la partie .jpg étant fixe. Complétez donc le champ URL avec cette extension de fichier, à la suite du code utilisé par Dreamweaver pour extraire les données dynamiques du jeu d'enregistrements.

Info Si les images se trouvent dans un sous-dossier précis de votre architecture, nommez simplement ce sous-dossier en tête du champ URL. Par exemple, pour une image stockées dans un dossier `image`, vous obtiendrez le code suivant : `images/<?php echo $row_article ['id']; ?>.jpg`.

7. Une fois toutes ces options sélectionnées, cliquez sur le bouton OK pour les valider et insérer l'image dans la page courante.
8. Une boîte de dialogue s'affiche vous permettant de nommer vos images. Le Texte secondaire est le nom de l'image qui apparaîtra si l'image est mal chargée. Ce champ est important car il permet aux aveugles de se répérer sur votre page. Si vous souhaitez avoir un large public et respecter les normes de la mise en page web, il est fortement conseillé de bien nommer ses images. Pour le faire dynamiquement et non à la main, voici le code de votre image dynamique :

```
<img src="<?php echo $row_article['id']; ?>.jpg" alt="<?php echo
$row_article['titre']; ?>" title="<?php echo $row_article['titre']; ?>" />
```

L'icône Image qui apparaît alors dans Dreamweaver est accompagnée d'un petit éclair, preuve que sa source est définie dynamiquement (voir Figure 5.16).

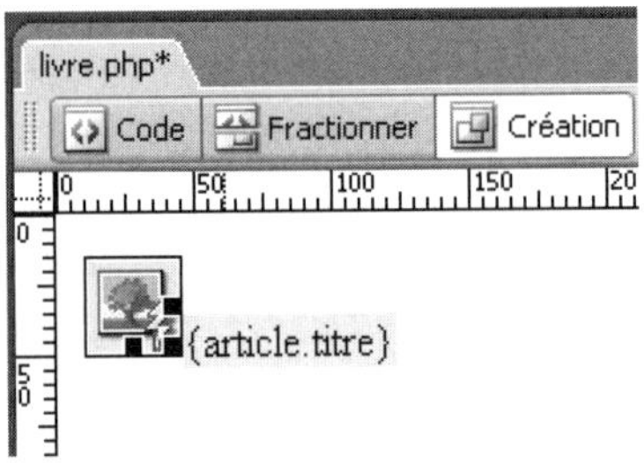

Figure 5.16
L'image dynamique est en place.

Astuce
Cette méthode peut également être utilisée pour définir dynamiquement la cible d'un lien, la source d'une animation ou de n'importe quel objet inséré dans vos pages par Dreamweaver.

Cette méthode présente toutefois un léger inconvénient.

Comme vous pouvez le constater, Dreamweaver est incapable de définir la taille de votre image, alors qu'il le fait d'ordinaire avec les images fixes lorsqu'elles sont insérées dans vos pages. Les champs L et H de Propriétés restent donc vides dans le cas d'une image définie dynamiquement (voir Figure 5.17).

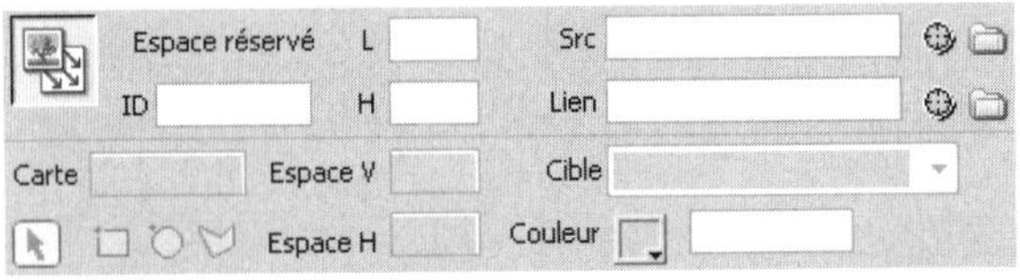

Figure 5.17
Les dimensions de l'image sont laissées vides par Dreamweaver.

Toutefois, si l'ensemble des pages de votre boutique est défini à l'aide d'un gabarit fixe, les images contenant les couvertures des ouvrages présentés doivent toutes avoir les mêmes dimensions. Vous pouvez donc saisir ces dimensions dans les champs L et H de Propriétés quand l'image dynamique est sélectionnée. Cela vous facilitera de toute façon la mise en page.

Aperçu des données

Une bonne partie du travail de création de votre page de description est faite ! Vous avez peut-être envie de découvrir dès maintenant le résultat de ces manipulations. Pour cela, deux méthodes s'offrent à vous : visualiser vos pages dans votre navigateur ou directement dans l'interface de Dreamweaver.

Une seule obligation avant de procéder à cette visualisation : sauvegardez votre travail !

Attention

Dans les deux cas, si vous souhaitez visualiser le contenu dynamique de vos pages, assurez-vous tout d'abord d'avoir un serveur de développement en cours d'exécution sur votre ordinateur.

Aperçu dans le navigateur

Pour visualiser vos pages dans votre navigateur, cliquez sur le bouton Fichier/Aperçu dans le navigateur dans la Barre de navigation, présente en haut de la fenêtre principale de Dreamweaver. Sélectionnez ensuite, dans le menu qui apparaît, le navigateur que vous souhaitez utiliser pour visualiser vos données (voir Figure 5.18).

Sinon vous pouvez cliquer sur l'icône en forme de planète, située au centre dans la fenêtre soit de code, soit de création, soit de fractionner.

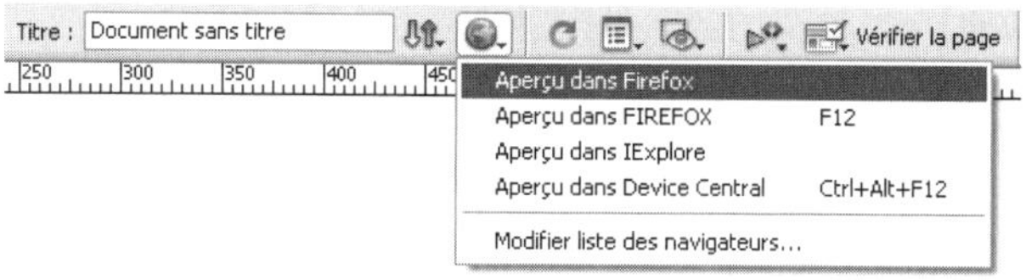

Figure 5.18
Sélectionnez le navigateur à utiliser.

Une nouvelle fenêtre de navigateur s'ouvre alors, qui affiche la page en cours de développement telle que la verront vos futurs visiteurs (voir Figure 5.19). Un détail, toutefois : pour s'afficher correctement, votre page de description d'ouvrages doit recevoir en paramètre l'identifiant unique de l'ouvrage à afficher. Complétez donc, dans la barre d'URL de votre navigateur, l'adresse de la page en question par son paramètre. En l'occurrence : `?id=1`, pour afficher le tout premier ouvrage de votre base de données.

Figure 5.19
Un aperçu des ensembles de pages dans votre navigateur favori.

Info

En PHP, le passage d'arguments *via* l'URL d'une page s'effectue de la façon suivante :

- Le premier attribut est précédé d'un ?, juste après le nom de la page à afficher. On écrit tout d'abord le nom de la variable qui le représente, puis la valeur attribuée, les deux données étant séparées par un signe =.
- Les attributs suivants sont écrits à la suite, séparés chacun par le symbole & et selon la même syntaxe `nom=valeur`.

Vous découvrirez ainsi la fiche détaillée de l'ouvrage sélectionné.

Aperçu dans Dreamweaver

Pour afficher les données de vos jeux d'enregistrements dans Dreamweaver, assurez-vous tout d'abord que la page à visualiser est bien ouverte dans votre logiciel de création web.

Cliquez ensuite sur le bouton Affichage en direct, présent en haut de la fenêtre principale. La fenêtre principale de Dreamweaver se rafraîchit alors pour afficher l'ensemble des données appelées par votre page (voir Figure 5.20).

Info

Pendant l'affichage des données dynamiques, Dreamweaver présente ces données sur un fond jaune. Il indique de cette façon que ces données sont verrouillées et non modifiables par l'utilisateur.

Comme pour l'aperçu du résultat dans votre navigateur, votre page de description a besoin d'un paramètre précis afin de savoir quel enregistrement afficher. Vous aurez alors besoin de paramétrer l'aperçu dans Dreamweaver afin de vous rendre réellement compte du fonctionnement de votre page.

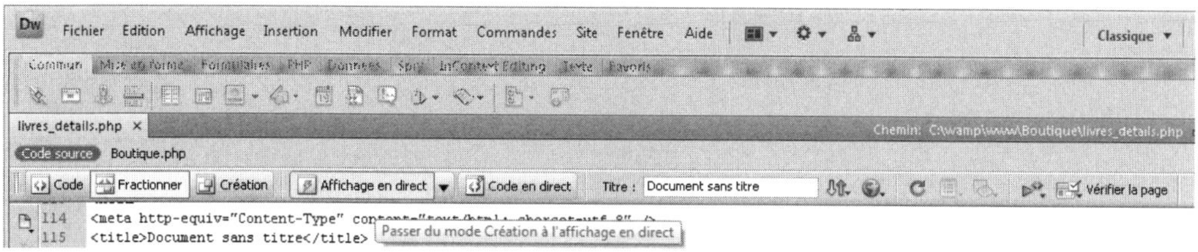

Figure 5.20

Passage du mode création à l'affichage en direct des données dynamiques dans Dreamweaver.

Astuce Si aucun paramètre n'est fourni à Dreamweaver lors de l'affichage de l'aperçu, celui-ci utilise la valeur par défaut définie lors de la création du jeu d'enregistrements.

Si le filtre de votre jeu d'enregistrements utilise un paramètre d'URL, vous pouvez l'envoyer à l'aperçu de la manière suivante :

1. Cliquez sur Affichage en direct, puis sur Paramètres de demande HTTP (voir Figure 5.21).

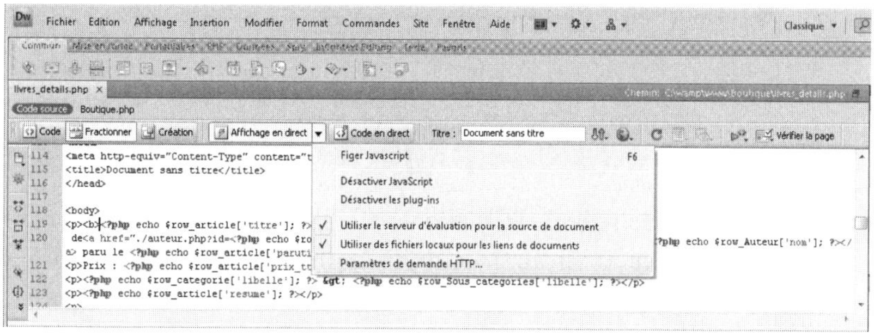

Figure 5.21

Les paramètres de votre page passent par cette barre d'outils.

2. Ajouter une demande d'URL en cliquant sur le (+). Dans le champ Nom mettez `id` et en Valeur 2 (voir Figure 5.22). Si plusieurs paramètres sont nécessaires, tapez-les

à la suite les uns des autres en les séparant par le symbole &. Validez alors le formulaire en cliquant sur OK.

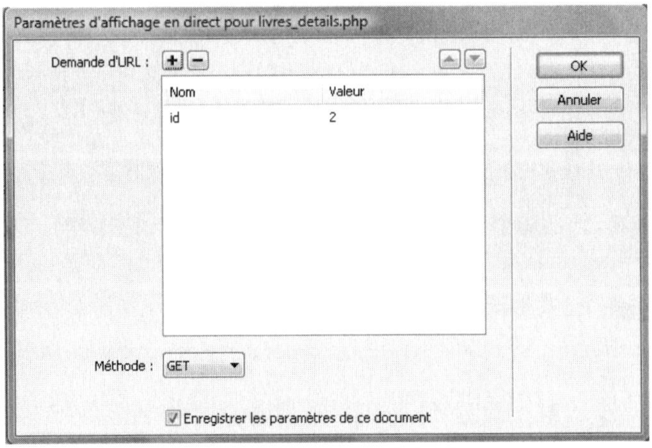

Figure 5.22
Complétez l'URL de votre page avec les paramètres nécessaires.

3. Une fois les paramètres saisis, cliquez sur le bouton Actualiser le mode création qui est représenté par une flèche bleue qui tourne sur elle-même ou tapez sur F5.

La fenêtre principale de Dreamweaver se rafraîchit alors pour afficher les données correspondant aux paramètres d'URL saisis. Si cela ne fonctionne pas bien, annuler le mode Affichage en direct puis réactiver-le. Cette fois-ci votre page s'affiche normalement.

Pour quitter le mode Aperçu et revenir à l'édition de vos pages, cliquez à nouveau sur le bouton Affichage en direct.

Finalisation de la page de description

Vous venez d'avoir un aperçu de votre première page dynamique. Content du résultat ?

Pourtant, la tâche est loin d'être terminée. Sur cette page manquent encore deux données indispensables : le nom de l'auteur du livre, ainsi que les catégories de l'annuaire dans lequel il est rangé. Pour obtenir ces informations, vous allez devoir utiliser deux nouveaux jeux d'enregistrements, cette fois plus complexes que celui défini, pour retrouver les informations de base de votre livre. Découvrez maintenant le mode de création avancé des jeux d'enregistrements.

Création avancée de jeux d'enregistrements

Les étapes détaillées jusqu'ici permettaient de créer facilement un jeu d'enregistrements simple. En effet, en utilisant ces méthodes, vous ne pouviez extraire les données que d'une seule table à la fois et n'utiliser qu'un seul critère de filtre ou de tri à la fois.

Pour afficher le nom de l'auteur d'un ouvrage de votre catalogue, vous allez devoir utiliser deux tables en même temps : la table **shop_livres**, pour trouver l'identifiant de l'auteur dont le livre est actuellement affiché, et la table **shop_auteurs**, pour retrouver les nom et prénom de cet écrivain en question. Ce type de requête n'est pas réalisable à l'aide du mode de création simple des jeux d'enregistrements. Vous allez donc devoir utiliser le mode Avancé.

Attention

L'utilisation du mode de création Avancé des jeux d'enregistrements demande de sérieuses connaissances en langage SQL (*Structured Query Language*) et sur ses variantes utilisées avec les différentes technologies de création de sites dynamiques. Pour tous les exemples utilisés dans cet ouvrage, les requêtes SQL à mettre en place dans le mode de création Avancé seront détaillées. Si, toutefois, vous souhaitez obtenir d'autres informations par le biais d'une requête SQL, reportez-vous au site officiel de MySQL pour obtenir plus d'information sur la syntaxe précise de ces requêtes : **www.mysql.com**.

Sélection de la connexion

Pour créer un jeu d'enregistrements en mode Avancé, procédez comme suit :

1. Cliquez sur le bouton Ajout d'un jeu d'enregistrements du panneau Liaisons (+). Une fois la fenêtre Jeu d'enregistrements ouverte, cliquez sur le bouton Avancée… pour basculer celle-ci en mode Avancé (voir Figure 5.23).

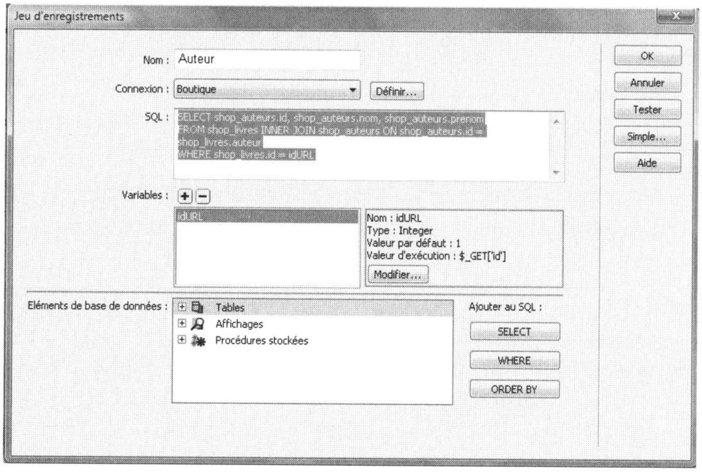

Figure 5.23
La création de jeux d'enregistrements, version avancée.

Astuce

En mode Avancé, le bouton Avancée... se nomme désormais Simple..., il permet de revenir au mode de création classique des jeux d'enregistrements.

2. Dans le champ Nom, saisissez le nom que vous souhaitez donner à votre jeu d'enregistrements. C'est par ce nom que celui-ci sera accessible dans le panneau Liaisons par la suite. Auteur semble un nom adéquat pour le jeu d'enregistrements qui nous intéresse actuellement.
3. Dans la liste déroulante Connexion, sélectionnez la connexion à partir de laquelle vous souhaitez créer le jeu d'enregistrements. Si cette connexion n'existe pas encore, vous pouvez la créer dès à présent en utilisant le bouton Définir, présent sur la droite de la liste.

Construction de la requête SQL

Il vous faut maintenant construire votre requête. Dreamweaver propose pour cela plusieurs aides à la création. Celles-ci peuvent vous faciliter la tâche dans la mesure où elles dispensent parfois de la saisie manuelle d'une requête SQL entière. Elles garantissent également la cohérence de la requête et vous permettent de ne pas oublier une table en cours de route.

Toutefois, pour la requête SQL qui nous intéresse ici, ces aides ne sont que d'un très maigre secours. Elles vont vous servir à mettre en place la base de la requête. Vous la compléterez au clavier par la suite, suivant les instructions données un peu plus loin.

Pour construire la base de votre requête de façon logique, procédez de la façon suivante :

1. Dans la zone Éléments de base de données se trouve l'ensemble des éléments disponibles dans la connexion sélectionnée. Déployez la section Tables, puis dans celle-ci la table de laquelle vous souhaitez extraire des données, **shop_auteurs**. Sélectionnez le champ que vous souhaitez intégrer au jeu d'enregistrements puis cliquez sur le bouton SELECT, présent sur la droite de la liste (voir Figure 5.24).

Figure 5.24

Choisissez les champs à intégrer dans la requête.

Le début de la requête se construit alors dans la fenêtre SQL (voir Figure 5.25).

Figure 5.25
Votre requête est en cours de construction.

Astuce

Si vous souhaitez sélectionner la totalité des champs d'une table, sélectionnez simplement le nom de la table en question dans la liste Éléments de base de données avant de cliquer sur le bouton SELECT.

2. Recommencez la première étape pour chacun des champs auxquels vous souhaitez pouvoir accéder depuis votre jeu d'enregistrements. Ces champs peuvent être issus de tables différentes.

   Pour la requête qui nous intéresse, vous allez pour l'instant vous contenter de trouver l'identifiant unique de l'ouvrage dont vous souhaitez connaître l'auteur. Sélectionnez donc le champ id de la table **shop_livres**.

3. Maintenant, il vous faut mettre en place les filtres à utiliser dans le jeu d'enregistrements. Pour cela, sélectionnez tout d'abord dans la liste Éléments de base de données le champ qui servira de base au filtre. Puis cliquez sur le bouton WHERE pour ajouter ce champ à votre requête. Ce champ est une fois de plus l'identifiant unique de l'ouvrage décrit : la donnée id de la table **shop_livres**.

4. Saisissez dans la zone SQL l'opérateur que vous souhaitez utiliser pour le filtre, à la suite du nom de champ que vous venez d'insérer.

Info

Pour connaître les opérateurs autorisés dans les requêtes SQL, reportez-vous à la documentation de la variante de SQL utilisée par la technologie avec laquelle vous développez votre site.

5. Si votre filtre est fondé sur une valeur absolue, l'équivalent de la valeur entrée dans la création simple des jeux d'enregistrements, saisissez cette valeur à la suite de l'opérateur dans la zone SQL. Si, au contraire, le filtre est fondé sur une variable, il vous faudra créer celle-ci. Pour cela :

   Cliquez sur le bouton (+), présent en dessous de la zone SQL. La fenêtre de création des variables (Ajouter un paramètre) s'ouvre alors (voir Figure 5.26).

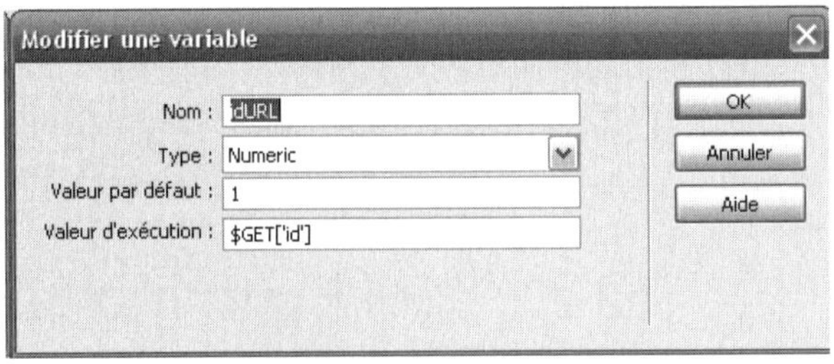

Figure 5.26

Si votre requête nécessite l'utilisation de variables, vous passerez par cette fenêtre pour les sites PHP.

6. Dans le champ Nom de cette nouvelle fenêtre, saisissez le nom de la variable que vous souhaitez créer. Par exemple idURL. Précisez ensuite dans le champ Type le type de données utilisé pour cet argument, ici Integer.
7. Dans le champ Valeur par défaut, saisissez la valeur par défaut de cette variable. C'est-à-dire la valeur à utiliser lorsque aucune valeur dynamique n'est trouvable. Dans le champ Valeur d'exécution, saisissez le nom de la variable qui doit donner sa valeur au filtre. Il s'agit ici de préciser la variable de formulaire, d'URL ou de session avec la syntaxe propre au langage que vous utilisez pour le développement de votre site.

   Dans notre cas, il s'agit de récupérer la variable `id` passée dans l'URL de la page de description. On utilisera donc la syntaxe PHP permettant la récupération des variables d'URL : `$_GET['id']`. En PHP, le mot clé `$_GET` suivi du nom de n'importe quelle variable saisi entre crochets et guillemets permet de récupérer la valeur de n'importe quelle variable d'URL. Gardez cela en mémoire, cela vous sera très utile par la suite.
8. Une fois ces trois paramètres définis, il vous suffit de cliquer sur le bouton OK pour que la variable nouvelle définie apparaisse dans le tableau Variables de la fenêtre Jeu d'enregistrements (voir Figure 5.27).

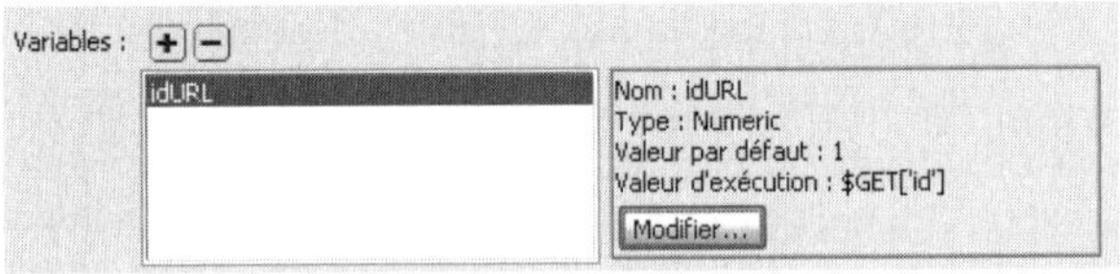

Figure 5.27

Votre variable est définie.

9. Dans la zone SQL, saisissez à la suite de l'opérateur le nom de la variable que vous venez de créer. Répétez les étapes 3 à 9 si vous souhaitez inclure d'autres filtres à votre requête.

   Mais, dans notre cas, ce seul filtre est nécessaire.

Astuce

Vous pouvez également appliquer un critère de tri à votre requête. Pour cela, sélectionnez le champ concerné dans la liste Éléments de base de données et cliquez sur le bouton ORDER BY pour ajouter ce champ comme critère de tri à votre requête (voir Figure 5.28).

Figure 5.28

Votre requête contient à la fois des critères de filtre et de tri.

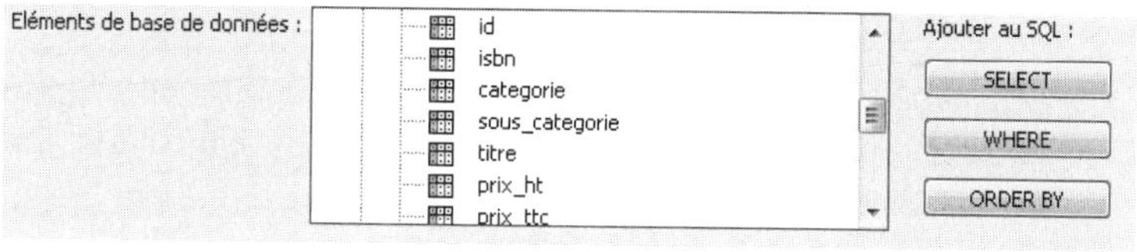

Mise en place d'une jointure

Pour l'instant, votre requête SQL se contente de retrouver l'identifiant d'ouvrage passé en paramètre d'URL dans la table **shop_livres**. Rien de très glorieux !

C'est que, pour retrouver les informations relatives à l'auteur de l'ouvrage, il va vous falloir procéder à la mise en place d'une jointure. Et ce type de construction de requête SQL n'est pas assisté par l'interface de Dreamweaver. Mais qu'est-ce qu'une jointure ?

Il s'agit de rapatrier les données de deux tables différentes, alors que le critère de filtre utilisé ne peut être appliqué qu'à une seule de ces tables. L'exemple est ici flagrant : on cherche un nom d'auteur depuis un identifiant d'ouvrage. Ces identifiants d'ouvrage ne sont pas stockés dans la table **shop_auteurs**. Vous allez donc devoir mettre en place une jointure. C'est-à-dire utiliser une donnée faisant le lien entre l'enregistrement de la table **shop_livres** et les informations de la table **shop_auteurs**. Ce lien est effectué grâce à la correspondance de données entre le champ id de la table **shop_auteurs** et le champ auteur de la table **shop_livres**.

Première modification à effectuer dans votre requête, précisez les champs de la table **shop_auteurs** que vous souhaitez utiliser. Il s'agit des champs id, nom et prénom. Saisissez donc ces noms de champs, en précisant bien la table dont ils sont extraits, dans la section `SELECT` de votre requête. Celle-ci doit alors ressembler à :

```
SELECT shop_livres.id, shop_auteurs.id, shop_auteurs.nom, shop_auteurs.prenom
FROM shop_livres WHERE shop_livres.id = idURL
```

Astuce

Le champ id de la table **shop_auteurs** sera utilisé par la suite pour lier le nom de l'auteur à la liste complète des ouvrages qu'il a écrits. Cet id sera passé en paramètre, de la même façon que l'identifiant unique de l'ouvrage écrit est passé en paramètre de la fiche détaillée.

Ainsi, les données relatives à l'auteur seront disponibles dans le jeu d'enregistrements issu de cette requête. Reste à faire la jointure entre les données de l'auteur et l'ouvrage affiché. Pour cela, on utilise la commande INNER JOIN du langage SQL. Elle se présente sous la forme suivante :

```
INNER JOIN table ON critère_de_lien
```

où `table` correspond à la table de laquelle sont extraits les nouveaux champs, et `critère_de_lien` sert à définir les champs équivalents d'une table à l'autre. Ainsi, dans le cas de nos auteurs, la section `INNER JOIN` de la requête aura la forme suivante :

```
INNER JOIN shop_auteurs ON shop_auteurs.id = shop_livres.auteur
```

Ce qui donne la requête complète suivante :

```
SELECT shop_livres.id, shop_auteurs.id, shop_auteurs.nom, shop_auteurs.prenom
FROM shop_livres INNER JOIN shop_auteurs ON shop_auteurs.id =
shop_livres.auteur WHERE shop_livres.id = idURL
```

Info

Il existe plusieurs manières d'effectuer des jointures en MySQL. La syntaxe `INNER JOIN` utilisée ici n'est que l'une d'elles. D'autres sont disponibles, documentées dans la référence officielle de MySQL.

Seule solution pour obtenir cette requête dans le mode de création Avancé de Dreamweaver : la saisir à la main. Une fois cette requête complétée, n'hésitez pas à la tester et à vérifier que le résultat obtenu est cohérent. N'oubliez pas que, lors d'un test effectué en mode Avancé avec un filtre, c'est la valeur par défaut de ce filtre qui est utilisée. Si vous oubliez ce détail, le résultat peut vous surprendre.

Votre requête est logiquement terminée. Si les résultats obtenus lors du test vous conviennent, cliquez sur le bouton OK de la fenêtre Jeu d'enregistrements pour valider le jeu d'enregistrements et ajouter celui-ci au panneau Liaisons.

Astuce

Si vous savez exactement quelle est la requête SQL que vous souhaitez exécuter afin de créer votre jeu d'enregistrements, saisissez-la simplement dans le champ SQL de la fenêtre. Pensez à tester attentivement cette requête avant d'enregistrer le jeu qui en résultera.

Affichage du nom de l'auteur

Une fois le jeu d'enregistrements défini, l'insertion du nom de l'auteur sur la page de description n'est plus qu'une formalité. Comme pour l'ensemble des champs issus de la table **shop_livres**, faites simplement glisser les informations Nom et Prénom issues de votre nouveau jeu d'enregistrements jusqu'à l'endroit de la page où vous souhaitez afficher ceux-ci (voir Figure 5.29).

Si vous trouvez des incohérences dans une page que vous visionnez dans Dreamweaver, référez-vous toujours au visionnage dans un navigateur qui reflète beaucoup mieux ce que verront vos futurs clients.

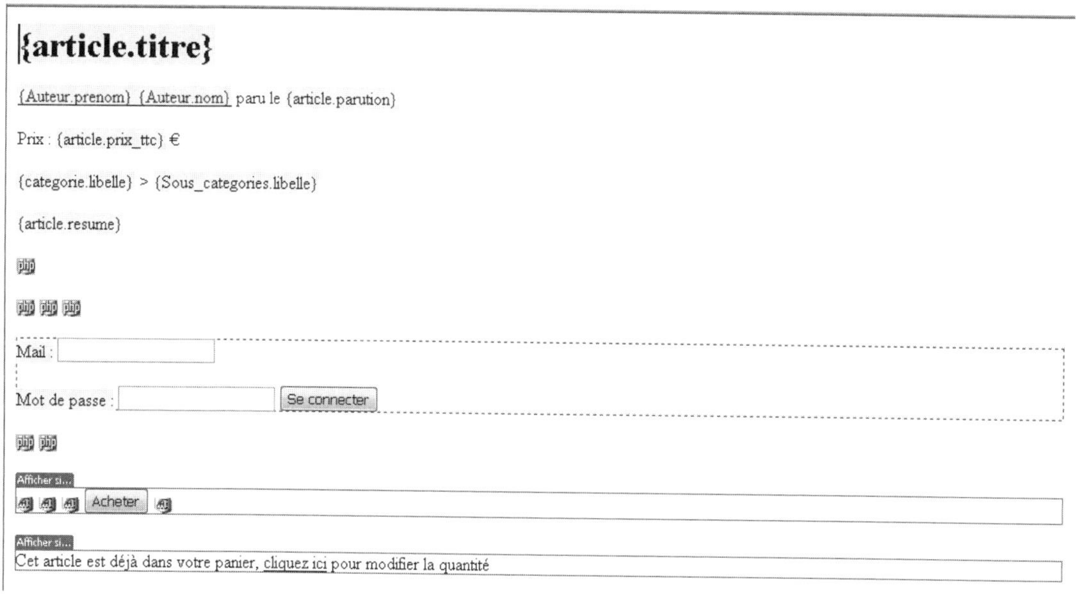

Figure 5.29

Le nom de l'auteur, intégré à la page.

Si vous vous souvenez bien des spécifications de site définies dans le chapitre précédent, le nom de l'auteur affiché sur la page de description d'un ouvrage doit permettre d'accéder à la liste de tous les livres écrits par ce même auteur. Vous allez donc devoir définir, sur ce texte, un lien dynamique vers la page auteur.php, en envoyant à celle-ci l'identifiant unique de l'auteur affiché. Rien de plus simple !

Passage de paramètres dans un lien

Pour passer un paramètre avec un lien, la manipulation est simple :

1. Sélectionnez tout d'abord le texte que vous souhaitez transformer en lien dans votre document. Il peut s'agir d'un texte fixe aussi bien que d'un texte généré dynamiquement. Dans Propriétés, qui se situe en bas de votre écran, cliquez sur le bouton Rechercher le fichier, présent à côté du champ Lien qui a la forme d'un petit dossier. La boîte de dialogue Sélectionner un fichier s'ouvre alors (voir Figure 5.30).
2. Dans cette boîte de dialogue, sélectionnez tout d'abord le fichier vers lequel doit pointer votre lien. Dans notre cas, auteur.php, même si cette page n'existe pas encore sur le site. Dans ce cas, saisissez simplement son nom.

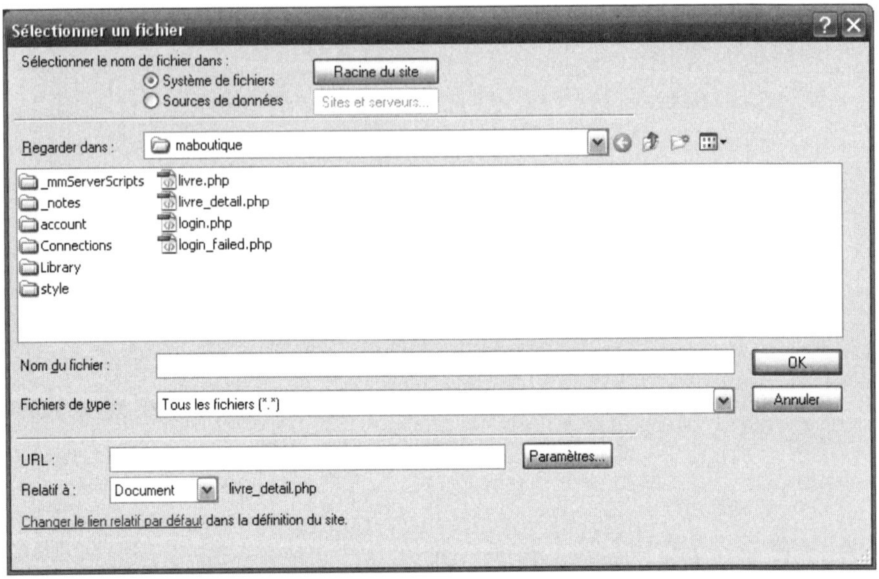

Figure 5.30
Sélectionnez le fichier vers lequel doit pointer votre lien.

3. Une fois le fichier choisi, cliquez sur le bouton Paramètres…, présent en bas à droite de la boîte de dialogue. La fenêtre de définition des paramètres s'ouvre alors (voir Figure 5.31).

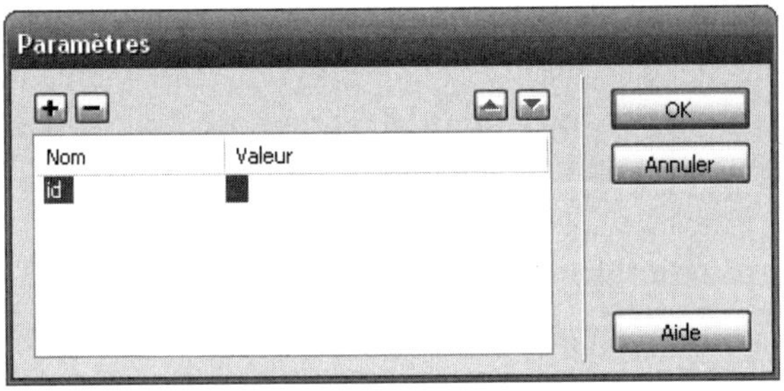

Figure 5.31
Quels paramètres allez-vous fournir à votre prochaine page ?

4. Dans la colonne Nom, saisissez le nom du paramètre à envoyer. Ce nom doit être le même que celui défini dans le filtre du jeu d'enregistrements de la page de destination. Nous appellerons ce paramètre `id`.

5. Sélectionnez le champ Valeur, cliquez sur le bouton en forme d'éclair présent dans ce champ. C'est maintenant la boîte de dialogue Données dynamiques qui s'ouvre (voir Figure 5.32).

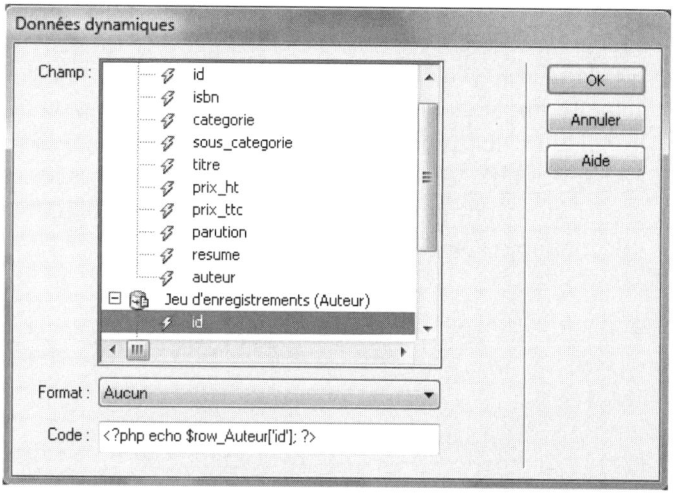

Figure 5.32
Quelle donnée allez-vous utiliser ?

6. Sélectionnez dans la liste des colonnes du jeu d'enregistrements celle dont vous souhaitez passer la valeur en paramètre : le champ id du jeu d'enregistrements Auteur. Si vous le désirez, vous pouvez également choisir un format particulier pour cette valeur dans la liste déroulante Format.

Attention

Si la valeur que vous passez en paramètre est susceptible de contenir des caractères spéciaux ou des espaces, veillez à ce que ceux-ci n'interfèrent pas avec l'adresse de la page. Choisissez donc un format de type Encode - URL Encode afin d'éviter les conflits.

7. Une fois le choix du champ effectué, cliquez sur le bouton OK pour valider celui-ci.

Astuce

Si plusieurs paramètres sont nécessaires, répétez les étapes 4 à 7 pour chacun d'eux.

8. Une fois ce paramètre défini, cliquez sur le bouton OK de la fenêtre Paramètres pour l'ajouter au lien défini. Il ne vous reste qu'à fermer la boîte de dialogue Sélectionner afin que le lien soit définitivement créé.

Vous pouvez pour l'instant tester l'affichage du nom de l'auteur sur la page. Pour cela, utilisez les techniques de test décrites plus haut. Vous verrez le nom de l'auteur s'afficher pour chacun des livres de votre catalogue.

Affichage des catégories d'annuaire

L'affichage des catégories d'annuaire auxquelles appartient l'ouvrage décrit sur la page actuelle suit la même logique que l'affichage du nom de l'auteur. Il s'agit de placer sur la page un lien précisant, par exemple, "Découvrez les autres ouvrages traitant de : Dreamweaver". Ce lien renvoie vers la liste de tous les ouvrages traitant du même sujet, c'est-à-dire dont l'un des identifiants de catégorie d'annuaire correspond à la catégorie sélectionnée (voir Figure 5.33).

Figure 5.33
Les catégories d'annuaire sont affichées sur la page.

> **Info** Nous verrons plus loin comment mettre en place ces pages reprenant tous les ouvrages rangés dans une catégorie ou tous les ouvrages d'un même auteur.

Vous l'aurez compris, pour mettre en place ces liens, vous allez devoir procéder à la création avancée de deux jeux d'enregistrements, un par catégorie à laquelle correspond l'ouvrage. Ces jeux devront, à l'aide d'une jointure, rapatrier les libellés en identifiant chacune des deux catégories auxquelles appartient l'ouvrage décrit.

Les requêtes à construire se présentent sous la forme suivante.

Jeu d'enregistrements *Categories* :

```
SELECT shop_categories.libelle, shop_livres.id, shop_categories.id
FROM shop_livres INNER JOIN shop_categories ON shop_categories.id
=shop_livres.categorie WHERE shop_livres.id=idURL
```

Jeu d'enregistrements *Sous-Categories* :

```
SELECT shop_sous_categories.libelle, shop_livres.id, shop_sous_categories.id
FROM shop_livres INNER JOIN shop_sous_categories ON
shop_sous_categories.id=shop_livres.categorie
WHERE shop_livres.id=idURL
```

idURL a pour valeur par défaut `1` et comme valeur d'exécution `$_GET['id']` comme pour les jeux d'enregistrements précédents.

Une fois ces jeux construits, il vous suffira d'afficher les données `shop_categories.libelle` et `shop.sous_categories.libelle` sur la page de description de l'ouvrage et de passer en paramètre le champ `shop_categories.id` ou `shop.sous_categories.id` à la page listannu.php.

Pour cela, suivez la même méthode que celle détaillée pour la mise en place du nom de l'auteur.

Mise en place de la page Auteur

Une fois la page de description détaillée d'un ouvrage terminée, vous avez touché à la majorité des systèmes d'affichage de données dynamiques de Dreamweaver CS4. Vous êtes désormais capable de créer un jeu d'enregistrements et d'en afficher des données sur une page. Vous pouvez également utiliser ces données pour définir dynamiquement un élément de votre page ou envoyer un paramètre à une page distante par l'intermédiaire d'un lien.

Toutes ces méthodes vont être utilisées pour créer la page présentant l'ensemble des ouvrages d'un même auteur (voir Figure 5.34). Toutes ces méthodes, plus quelques autres.

Figure 5.34
L'ensemble des ouvrages d'un même auteur.

Commencez donc par la création d'une nouvelle page blanche utilisant la technologie de site dynamique PHP. Puis créez vos jeux d'enregistrements.

Création des jeux d'enregistrements

Pour afficher la liste des ouvrages d'un même auteur, deux jeux d'enregistrements vont être nécessaires :

- Le premier, nommé Auteur, va reprendre les nom et prénom de l'auteur en question afin de les afficher en haut de la page.
- Le second, nommé Livres, va reprendre la liste des ouvrages de cet auteur, triée par date de parution.

La mise en place de ces jeux d'enregistrements est très simple.

Extraction du nom de l'auteur

Pour le jeu Auteur, vous ne devriez pas avoir besoin de beaucoup d'aide :

1. Ouvrez la fenêtre de création de jeux d'enregistrements en mode Simple (voir Figure 5.35).

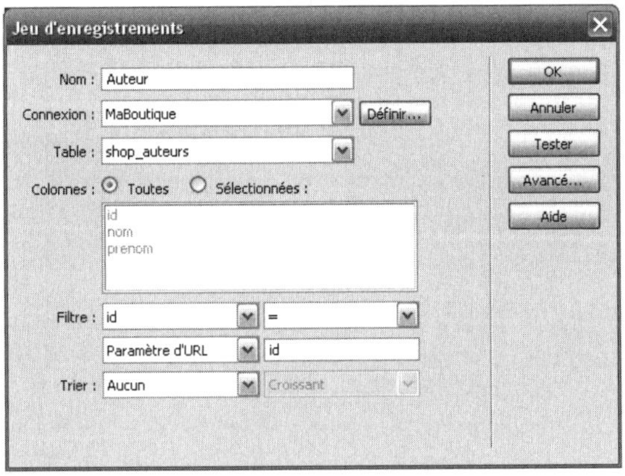

Figure 5.35
Création d'un jeu d'enregistrements en mode Simple.

2. Choisissez Auteur comme nom du jeu d'enregistrements et sélectionnez votre connexion par défaut en tant que source.
3. Sélectionnez la table **shop_auteurs** comme table source et conservez la sélection de toutes les colonnes de cette table.
4. Enfin, mettez en place un filtre sur le champ id, celui-ci devant être égal au paramètre d'URL `id`.

Votre jeu d'enregistrements Auteur est défini. Vous n'avez plus qu'à insérer ses données sur votre nouvelle page.

Liste des livres de l'auteur

La liste des ouvrages de l'auteur va, elle, demander un peu plus de travail. En effet, contrairement à tous les jeux d'enregistrements que vous avez créés jusqu'ici, celui-ci est susceptible de renvoyer plusieurs enregistrements en même temps. En effet, rien n'empêche un auteur d'écrire plusieurs livres.

Il va donc falloir décider dans quel ordre ces enregistrements doivent être affichés. C'est le but de la fonction de tri.

Mais, tout d'abord, créez la base de votre jeu d'enregistrements :

1. Ouvrez la fenêtre de création de jeux d'enregistrements en mode Simple.
2. Choisissez Livres comme nom du jeu d'enregistrements et sélectionnez votre connexion par défaut en tant que source.
3. Sélectionnez la table **shop_livres** comme table source et conservez la sélection de toutes les colonnes de cette table.
4. Enfin, mettez en place un filtre sur le champ auteur, celui-ci devant être égal au paramètre d'URL `id`.

Définition de l'ordre des enregistrements

La définition de l'ordre des enregistrements a toujours lieu dans la fenêtre Jeu d'enregistrements, à l'aide des champs de formulaire disponibles sous la zone Filtre (voir Figure 5.36).

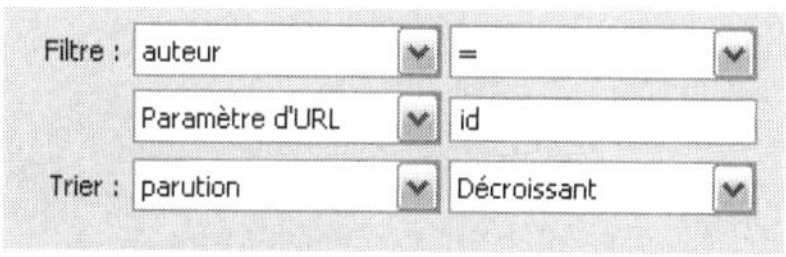

Figure 5.36
La définition de l'ordre des enregistrements a lieu dans la fenêtre de définition du jeu.

Pour appliquer un ordre à votre jeu d'enregistrements, procédez comme suit :

1. Dans la première liste déroulante de la section Trier de la fenêtre Jeu d'enregistrements, sélectionnez la colonne de votre table suivant laquelle vous souhaitez effectuer le tri. Il s'agira ici de la date de parution, le champ Parution de la table **shop_livres**.

Astuce

Il n'est pas indispensable qu'un champ soit sélectionné dans votre jeu d'enregistrements pour être utilisé comme critère de tri.

2. Sélectionnez dans la seconde liste déroulante le type d'ordre que vous souhaitez appliquer à la colonne sélectionnée : croissant ou décroissant. Nous procéderons ici de manière décroissante.

Il ne vous reste qu'à tester le jeu d'enregistrements à l'aide du bouton Tester de la fenêtre Jeu d'enregistrements afin de vous assurer que vos enregistrements apparaissent bien dans l'ordre voulu.

Si c'est le cas, validez alors le jeu d'enregistrements à l'aide du bouton OK. Celui-ci apparaît alors dans le panneau Liaisons.

Régions répétées

L'affichage de la liste des livres d'un même auteur va faire appel à une nouvelle fonctionnalité de Dreamweaver : les régions répétées. Les régions répétées permettent d'insérer plusieurs enregistrements à la suite sur une seule page. Pour bien comprendre leur fonctionnement, il est important de revenir au fonctionnement des jeux d'enregistrements.

Les jeux d'enregistrements permettent d'extraire d'une table de votre base de données une série d'enregistrements, suivant certains critères de filtre. Lorsque vous utilisez un objet de type Texte dynamique pour insérer l'un des champs d'un jeu d'enregistrements, vous n'affichez en fait que la donnée correspondant au premier enregistrement disponible dans le jeu, ce premier enregistrement dépendant bien entendu des critères de filtre et de tri appliqués au jeu. Si vous insérez une seconde fois un objet Texte dynamique comprenant le même champ, vous ne ferez que répéter l'information du premier enregistrement une seconde fois (voir Figure 5.37).

Figure 5.37

Deux textes dynamiques à la suite = deux fois la même donnée !

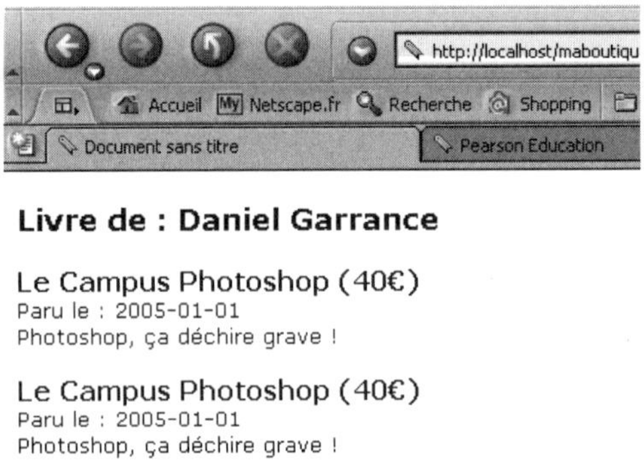

Si vous souhaitez afficher les données correspondant aux deux premiers enregistrements, il va vous falloir utiliser une région répétée. En plaçant un objet de type Texte dynamique à l'intérieur d'une région répétée paramétrée pour afficher les deux premières données, vous obtiendrez le résultat souhaité (voir Figure 5.38).

Figure 5.38

Avec une région répétée, les données des deux enregistrements sont bien affichées.

En pratique, pour insérer une région répétée sur votre page, procédez comme suit :

1. Si ce n'est déjà fait, insérez dans votre page les contenus dynamiques que vous souhaitez intégrer dans une région répétée (Titre avec son lien vers la page de description de l'ouvrage, Date de parution, Prix…, toutes ces données issues du jeu d'enregistrements Livres). Vous pouvez également vous occuper de la mise en page de ces contenus avant d'intégrer la répétition à la page.

   Pour créer un lien sur le titre qui vous envoie directement sur la page descriptive de cet ouvrage, faites comme précédement. Surlignez le titre, dans Propriétés, en bas, dans lien cliquez sur l'icône Dossier. Dans URL, mettez le fichier Destinataire, ici livre_details.php, puis cliquez sur Paramètres. Dans Nom, mettez `id` et dans Valeur, à l'aide de l'icône éclair, choisissez id du jeu d'enregistrements Livres.

2. Sélectionnez dans la fenêtre principale de Dreamweaver l'ensemble des contenus que vous souhaitez répéter, ici nous pouvons selectionner toutes les informations sur les livres écrits par un même auteur.

3. Cliquez sur le bouton Région répétée, présent dans la section Données dans le fin menu du haut, huitième bouton (voir Figure 5.39).

Figure 5.39
La définition d'une région répétée est très simple.

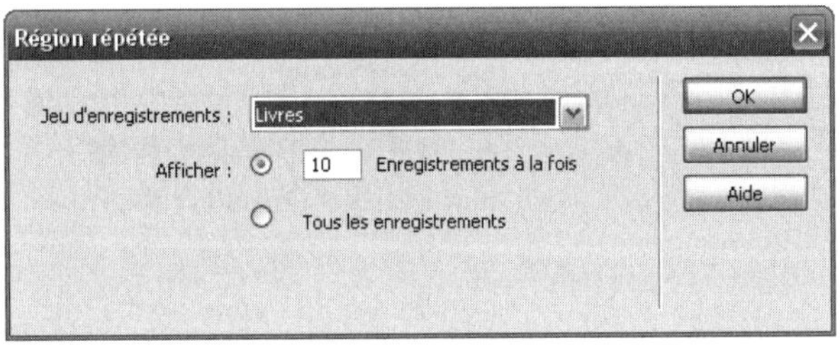

4. Dans la liste déroulante Jeu d'enregistrements, sélectionnez le jeu d'enregistrements sur lequel se fondent les contenus de la région répétée. C'est-à-dire Livres.

Attention Les données utilisées dans une région répétée ne peuvent venir que d'un seul jeu d'enregistrements à la fois !

5. Sélectionnez combien de fois la région doit être répétée sur la page. Pour cela, cochez l'option X Enregistrements à la fois et complétez la zone de texte correspondante avec le nombre d'enregistrements souhaité ; 10 dans notre cas.

   Si vous voulez afficher la totalité des enregistrements disponibles, sélectionnez simplement l'option Tous les enregistrements.

6. Cliquez sur le bouton OK pour valider la région.

La zone précédemment sélectionnée est maintenant entourée d'un liseré gris portant la mention Répéter. Il définit ainsi les limites de la région répétée que vous venez de mettre en place.

En passant en mode Affichage en direct, vous pourrez constater que la zone en question est bel et bien répétée selon les options que vous avez choisies (voir Figure 5.40).

Info Pour modifier une région répétée, il faut faire appel au comportement de serveur qui définit celle-ci. L'utilisation des comportements de serveur est détaillée un peu plus loin dans ce chapitre.

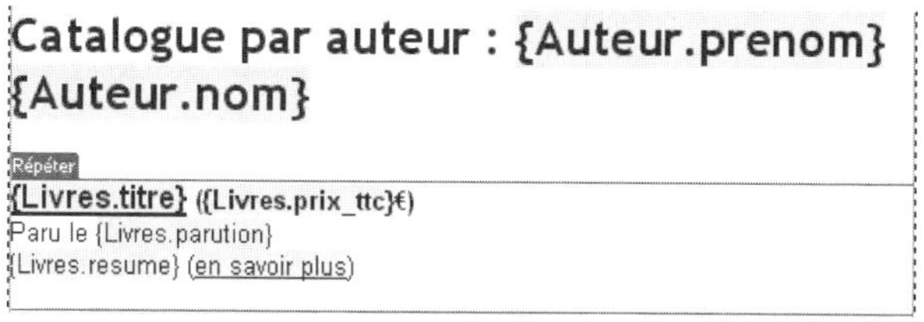

Figure 5.40
La région est bel et bien répétée.

Navigation page à page

La page que vous venez de mettre en place affiche les dix derniers ouvrages d'un auteur. Mais que se passe-t-il si l'auteur en question a écrit plus de dix livres ? Ces ouvrages plus anciens sombrent dans le néant…

Pour pallier ce problème, Dreamweaver offre différents objets de navigation page à page et de numérotation des enregistrements. La navigation page à page se compose de quatre liens (voir Figure 5.41), affichés ou non suivant la section du jeu d'enregistrements que vous êtes en train de parcourir :

- Un lien vers la première page, celle qui contient le premier enregistrement du jeu sélectionné. Ce lien n'est pas affiché quand ce premier enregistrement est affiché.
- Un lien vers la page précédente. Celui-ci n'est pas affiché lorsque vous parcourez la première page du jeu d'enregistrements.
- Un lien vers la page suivante (les X prochains enregistrements du jeu). Ce lien n'est pas affiché si aucun enregistrement ne suit ceux actuellement affichés.
- Un lien vers la dernière page, c'est-à-dire les X derniers enregistrements du jeu. Ce lien n'est pas affiché si ces derniers enregistrements sont présents sur la page.

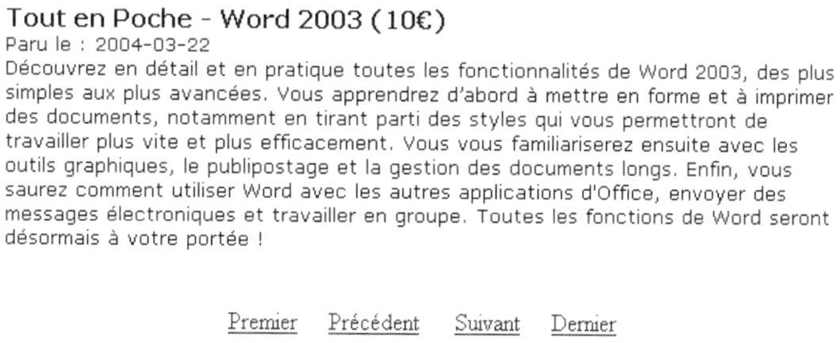

Figure 5.41
Une navigation page à page en action !

L'insertion d'une navigation page à page sur votre site provoque une modification profonde des jeux d'enregistrements qui y sont définis, ceci afin de pouvoir réaliser la séparation de ces jeux en plusieurs pages. Prenez garde à ne perdre aucune donnée lors de la mise en place de cette navigation.

Pour insérer une navigation page à page sur votre site, procédez comme suit :

1. Dans la fenêtre principale de Dreamweaver, placez le point d'insertion à l'endroit où vous souhaitez voir apparaître la barre de navigation.

2. Dans la barre d'outils Insertion > Objets de données > Pagination du jeu d'enregistrements, et sélectionnez la commande Barre de navigation du jeu d'enregistrements dans le menu qui apparaît alors (voir Figure 5.42).

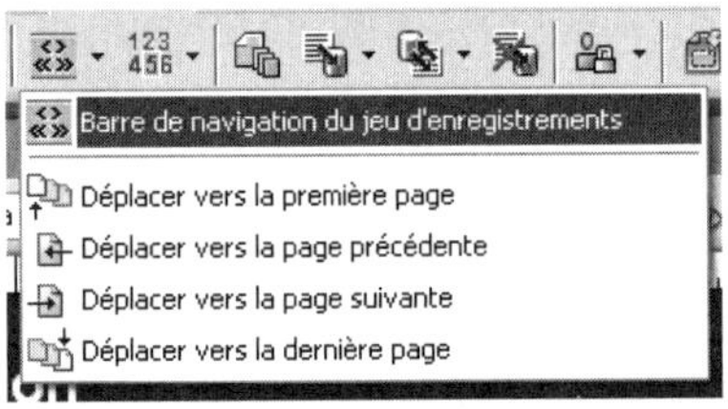

Figure 5.42
Les différentes options de création d'une navigation page à page.

3. Dans la fenêtre Barre de navigation du jeu d'enregistrements, sélectionnez le jeu d'enregistrements dont dépendra la navigation en question, dans la liste déroulante Jeu d'enregistrements. À la Figure 5.43), il s'agit de `Livres`.

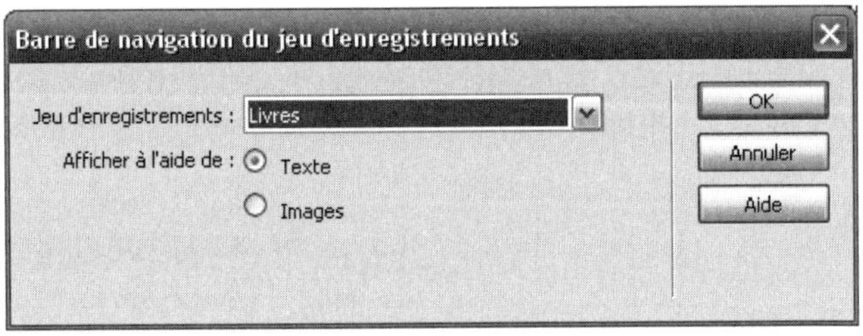

Figure 5.43
Choisissez le type de navigation page à page que vous souhaitez.

4. Sélectionnez ensuite l'apparence que vous souhaitez donner à la navigation : liens de type texte (cochez la case Texte) ou graphiques (cochez la case Images). Si vous choisissez cette seconde option, assurez-vous d'avoir bien sauvegardé vos pages avant d'insérer la barre de navigation.

5. Une fois ces options définies, cliquez sur le bouton OK pour valider l'insertion de la barre.

Celle-ci apparaît alors à l'endroit désiré (voir Figure 5.44). Passez en aperçu dans votre navigateur pour vérifier qu'elle vous emmène bien d'enregistrement en enregistrement.

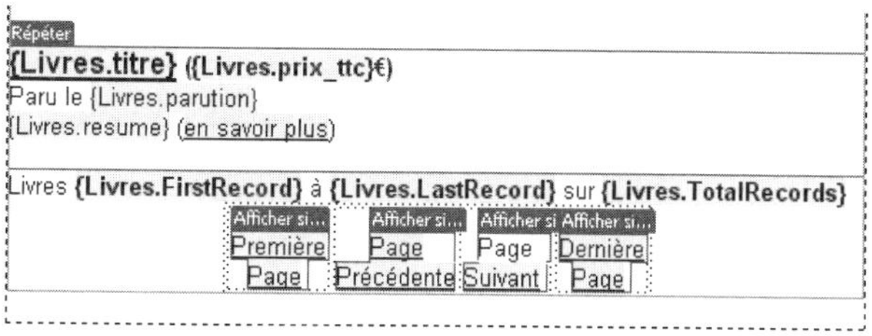

Figure 5.44
La barre de navigation page à page est en place.

Astuce La navigation page à page peut également être utilisée si aucune région répétée n'existe sur le document actuel. Elle mènera alors vers la même page mais renseignée avec l'enregistrement suivant. Cela peut se révéler très pratique pour créer une navigation entre les différentes pages d'une même rubrique.

Il est également possible d'insérer chacun des liens de la barre de navigation page à page indépendamment. Pour cela, il suffit de :

1. Sélectionner sous le bouton Pagination du jeu d'enregistrements le type de lien que vous souhaitez utiliser (Déplacer vers la première page, Déplacer vers la page précédente, Déplacer vers la page suivante, Déplacer vers la dernière page).
2. Préciser ensuite dans la boîte de dialogue qui s'ouvre le jeu d'enregistrements dont dépend ce nouveau lien (voir Figure 5.45) puis cliquer sur le bouton OK.

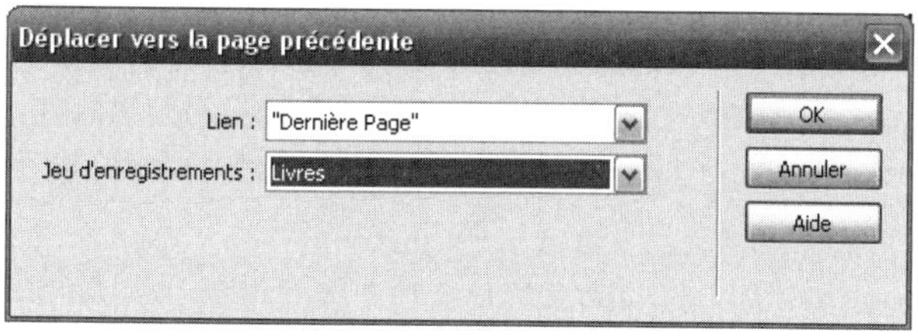

Figure 5.45
De quel jeu va dépendre le lien Page suivante.

Le lien en question est alors inséré à l'endroit voulu. Il ne vous reste qu'à le tester en aperçu dans votre navigateur.

Numérotation des enregistrements

Autre possibilité de Dreamweaver CS4, allant de pair avec la navigation page à page : l'insertion d'une numérotation des enregistrements.

Ce type d'objet permet d'afficher le nombre total d'enregistrements disponibles dans le jeu utilisé, ainsi que la position dans ce jeu des premiers et derniers enregistrements affichés sur la page actuelle (voir Figure 5.46). Ceci peut être très utile pour améliorer l'ergonomie de listes particulièrement longues et aider les visiteurs à trouver plus facilement leurs marques sur votre site.

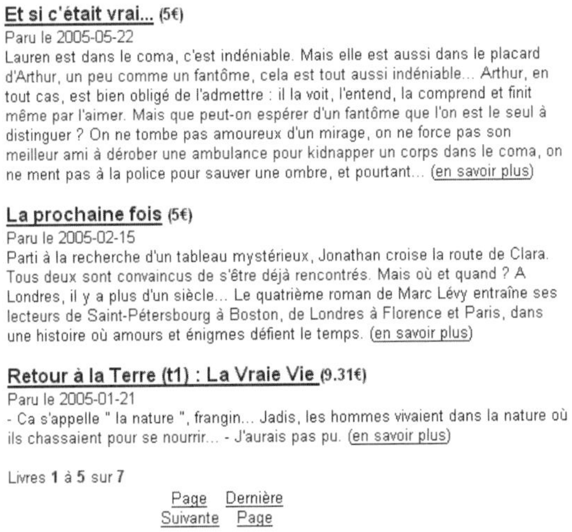

Figure 5.46

La numérotation des enregistrements aide à se repérer dans une longue liste de données.

Bien entendu, ce type d'objet n'a un sens réel que si vous utilisez des régions répétées sur votre page. Dans le cas contraire, la position des premiers et derniers enregistrements aura toujours pour valeur la position de l'enregistrement unique affiché à l'écran.

Pour mettre en place une numérotation des enregistrements, procédez de la manière suivante :

1. Dans la fenêtre principale de Dreamweaver, placez le point d'insertion à l'endroit où vous souhaitez insérer le bloc de numérotation.

2. Cliquez sur la flèche descendante accompagnant le bouton Afficher le nombre d'enregistrements et sélectionnez l'option État de navigation du jeu d'enregistrements dans le menu qui apparaît (voir Figure 5.47).

Figure 5.47

Insérez une barre de numérotation complète.

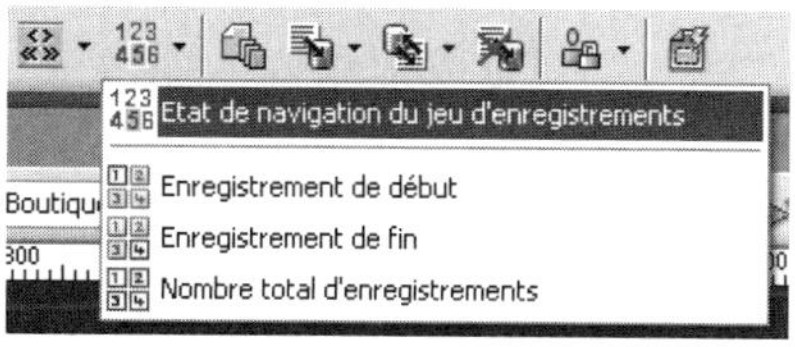

3. Dans la fenêtre État de navigation du jeu d'enregistrements (voir Figure 5.48), sélectionnez simplement le jeu d'enregistrements auquel s'applique la numérotation. Puis cliquez sur OK pour valider l'insertion.

Figure 5.48

Quel jeu d'enregistrements voulez-vous accompagner d'une barre de numérotation ?

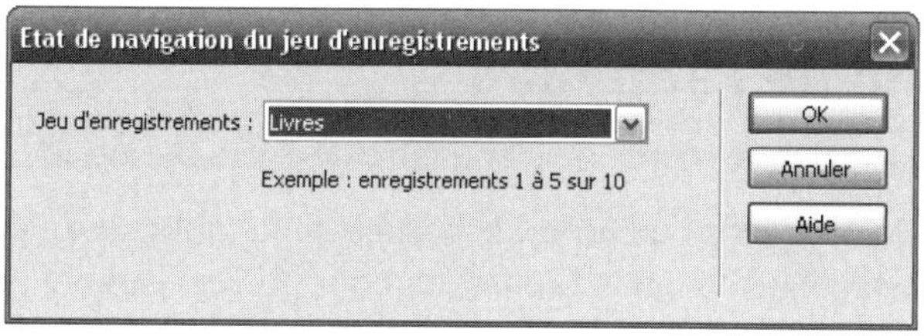

La barre de numérotation est alors insérée à l'endroit voulu. Pour la tester, passez simplement en mode Aperçu dans Dreamweaver (voir Figure 5.49).

Figure 5.49

La numérotation est opérationnelle.

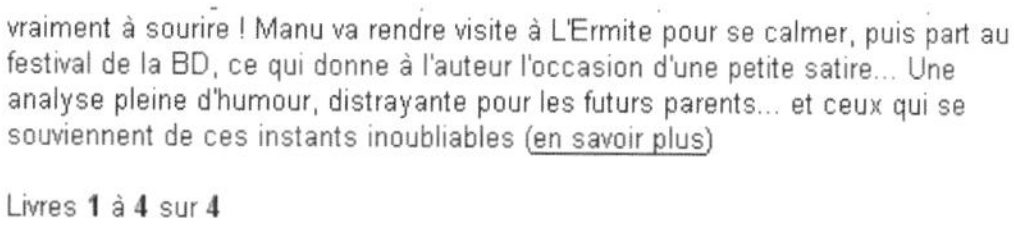

Comme pour la navigation page à page, chacun des éléments de la barre de numérotation est disponible indépendamment. Vous pouvez ainsi insérer sur votre page le nombre total d'enregistrements existant dans un jeu donné ou le numéro de celui actuellement affiché.

Pour cela :

1. Sélectionnez simplement le type d'élément à insérer (Enregistrement de début, Enregistrement de fin, Nombre total d'enregistrements) dans le menu disponible sous le bouton Afficher le nombre d'enregistrements.
2. Puis précisez dans la fenêtre qui s'ouvre le jeu d'enregistrements servant de base au comptage (voir Figure 5.50) et validez en cliquant sur le bouton OK.

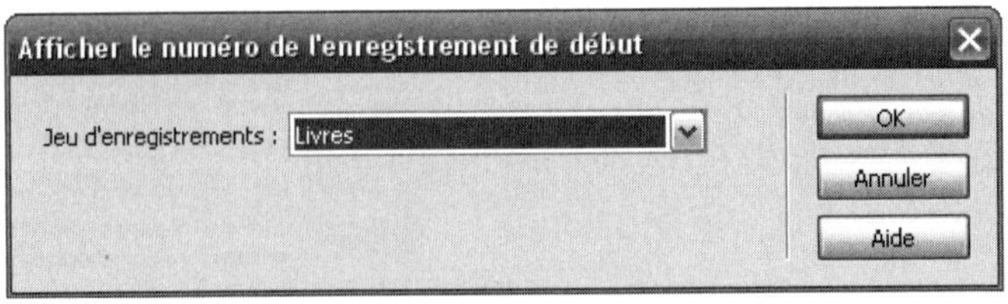

Figure 5.50
Sélectionnez le jeu adéquat.

Le champ de numérotation est alors affiché sous la forme d'un texte dynamique. Vous pouvez tester sa pertinence en passant simplement en mode Affichage en direct dans Dreamweaver.

Détail de l'annuaire

La structure même de l'annuaire de votre boutique oblige à la création de deux pages :

Les catégories de produits, issues de la table **shop_categories** sont affichées en permanence dans la navigation de la boutique et donnent accès à une première page nommée `cat.php` et listant l'ensemble des sous-catégories de cette rubrique. Ainsi, dans la catégorie Informatique, vous y retrouverez une simple liste des grands thèmes informatiques de la boutique tels Dreamweaver, Photoshop, Flash… La création de cette page ne nécessite en réalité que deux jeux d'enregistrements. Le premier est destiné à retrouver la catégorie mère sélectionnée en fonction d'un paramètre d'URL. Vous avez déjà mis en place ce type de requête plusieurs fois dans ce chapitre.

Un deuxième jeu d'enregistrements liste les sous-catégories correspondantes, issues de la table **shop_sous_categories** à l'aide d'une requête simple du type :

```
SELECT * FROM shop_sous_categories WHERE parent = idURL
```

Dans laquelle idURL représente encore une fois un identifiant disponible dans l'URL de la page.

La page de sous-catégorie est destinée à lister directement les ouvrages traitant d'un sujet précis. La mise en place de ces pages de détail de l'annuaire répond exactement à la même logique que la page rassemblant l'ensemble de l'œuvre d'un auteur.

Les manipulations pour créer la page listant les ouvrages sont donc quasiment identiques à celles utilisées pour la mise en place de la liste des livres d'un auteur (voir Figure 5.51).

Vous aurez simplement besoin de deux jeux d'enregistrements supplémentaires. Le premier est destiné à retrouver le titre de la sous-catégorie à afficher en fonction de l'URL.

Figure 5.51
Une des pages d'annuaire finales.

Le second affichera le nom de la catégorie parente afin de faciliter la navigation dans la boutique.

Si vous avez compris les chapitres précédents, vous pourez aisement réaliser ces quelques pages. De plus, cela constitue un bon entraînement si vous souhaitez ajouter d'autres pages personnelles. Si vous n'y arrivez pas, nous vous invitons à vous référer aux codes sources qui se trouvent sur le site Pearson (**http://www.pearson.fr/livre/?GCOI=27440100291780#**). Il vous suffit d'extraire l'archive boutique.zip située dans Boutique Demo et d'ouvrir le fichier qui vous intéresse avec un bloc-notes ou Dreamweaver.

Note sur les comportements de serveur

Derrière chacune des manipulations que vous avez effectuées dans ce chapitre se cachent en fait des comportements de serveur. C'est de cette façon que Dreamweaver nomme l'ensemble des scripts destinés à l'affichage et à l'utilisation de données dynamiques.

Le panneau Comportements de serveur

Le panneau Comportements de serveur (voir Figure 5.52) se trouve dans le groupe de panneaux Base de données et Liaisons. Il est accessible par la commande Comportements de serveur du menu Fenêtre de Dreamweaver (ou par le raccourci clavier Ctrl+F9).

Figure 5.52

Le panneau Comportements de serveur.

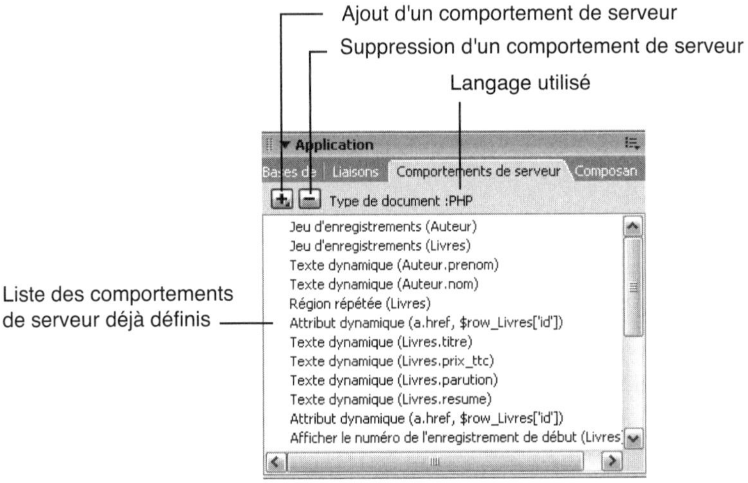

Il vous est toujours possible d'ajouter un comportement de serveur à une page en cliquant sur le bouton d'ajout présent en haut à gauche du panneau Comportements de serveur. Il vous faudra alors choisir dans le menu qui apparaît le type de comportement à insérer puis le paramétrer à l'aide de la boîte de dialogue adéquate.

Vous obtiendrez alors un résultat identique à celui que vous avez déjà obtenu en utilisant les différents outils de la section Données de la barre d'outils de Dreamweaver.

Modification d'un comportement de serveur

Le panneau Comportements de serveur peut tout de même être utile pour modifier un contenu dynamique déjà inséré sur une page, telle la fréquence de répétition d'une région répétée.

Pour modifier un comportement de serveur déjà défini :

1. Sélectionnez dans la fenêtre principale de Dreamweaver la zone correspondant au comportement en question. Il peut s'agir d'un simple texte ou de l'ensemble des contenus existants à l'intérieur d'une Région. Le comportement de serveur lié à

cette sélection apparaît alors en surbrillance dans le panneau Comportements de serveur (voir Figure 5.53).

Figure 5.53

C'est ce comportement qu'il faut modifier.

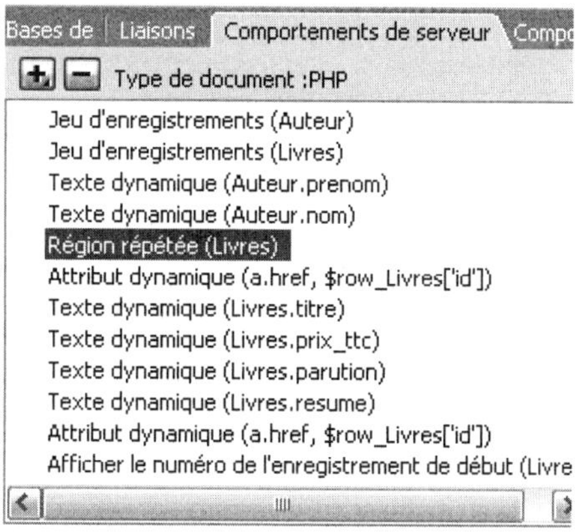

2. Double-cliquez alors sur le comportement en question pour faire apparaître la boîte de dialogue utilisée pour sa définition.
3. Faites les modifications voulues dans cette boîte de dialogue puis validez ces modifications en cliquant sur le bouton OK de celle-ci.

Le comportement de serveur est alors modifié. Il ne vous reste qu'à tester la page pour vous en assurer.

6 Installation d'un moteur de recherche

Au sommaire de ce chapitre

- Création du formulaire
- Les actifs
- Page de résultat

Avec l'ensemble des pages de description d'ouvrage et de catalogue que vous avez créé dans le chapitre précédent, vos visiteurs devraient être capables de trouver n'importe quel ouvrage proposé par votre boutique. Ils peuvent en effet accéder à ceux-ci *via* la page d'accueil de votre site, en consultant la liste complète des livres d'un même auteur ou en sélectionnant le thème de leur choix dans l'annuaire thématique mis à leur disposition. Que demander de plus ?

Peut-être un moteur de recherche…

Cette fonctionnalité offre l'avantage de donner une réponse immédiate à vos visiteurs, sans qu'ils aient à naviguer plusieurs minutes dans votre boutique avant de trouver l'article de leur choix. Il leur suffit de saisir un `mot clé` pour obtenir directement toutes les rubriques d'annuaires et les livres qui pourraient correspondre à leur recherche. Pratique !

De votre côté, la mise en place d'un moteur de recherche va vous permettre d'aborder de façon simple l'utilisation de champs de formulaire dans Dreamweaver et, surtout, l'utilisation des variables issues de ceux-ci dans les pages de résultats. Jusqu'ici, dès que vous souhaitiez transférer une donnée d'une page à l'autre de votre site web, vous utilisiez les paramètres d'URL afin de retrouver, par exemple, un identifiant sur une page suivante. Pour la création de votre moteur de recherche, il va vous falloir mettre en place une autre méthode.

Le moteur de recherche étant également un élément susceptible d'être utilisé n'importe où sur votre site, c'est également l'occasion pour vous de voir l'utilisation des actifs dans la création d'un site à l'aide de Dreamweaver…

L'utilisation des actifs sur un site dynamique

Dans ce chapitre, vous allez donc abondamment utiliser les actifs. Les actifs sont un système de gestion centralisée du code. Ils permettent d'enregistrer dans un fichier indépendant une section de page et de la réutiliser sur n'importe quelle page de votre site web. L'immense avantage de ce système est la synchronisation automatique qui est alors prise en charge par Dreamweaver.

Dans ce chapitre, c'est le formulaire de recherche dans son intégralité que vous allez réaliser sous forme d'actifs. Celui-ci sera enregistré dans un fichier à part, puis intégré dans chacune des pages, ou chacun des modèles de page, de votre boutique en ligne. Si vous souhaitez modifier la présentation du formulaire, vous n'aurez qu'à rectifier le fichier central ainsi enregistré. Toutes les pages qui l'utilisent seront alors mises à jour automatiquement. C'est l'une des fonctionnalités la plus pratique de Dreamweaver CS4 lorsque l'on gère un site d'une taille un tant soit peu importante.

Les actifs possèdent toutefois certaines limites qui peuvent s'avérer handicapantes dans le cadre de la création d'un site dynamique. Pour parler un peu techniquement, les actifs sont une portion du corps de vos pages web, c'est-à-dire une section de son code HTML compris entre les balises `<body>` et `</body>`. Ces deux balises définissent, en HTML, le contenu qui doit réellement être affiché dans la fenêtre du navigateur. Elles se limitent donc à l'intégration des éléments visibles (textes, images, formulaires, éléments de mise en forme…) de votre page.

Il existe en HTML une autre balise importante nommée `<header>` et qui sert à intégrer les informations d'en-tête de vos pages, entre autres, les métadonnées qualifiant la page (balise de titre, balises META). La balise `<header>` contient également les programmes JavaScript (les comportements) ou PHP (comme la définition des jeux d'enregistrements), nécessaires au bon déroulement de la page.

Le contenu de cette balise d'en-tête n'est pas géré par les actifs de Dreamweaver. Il vous est donc impossible de définir une action, un jeu d'enregistrements ou un comportement de serveur dans ce type de fichier. Cette caractéristique des actifs ne vous posera pas de problèmes pour la mise en place de votre moteur de recherche. En revanche, elle peut vous handicaper pour la mise en place de la connexion client présentée au prochain chapitre. **Gardez en tête que vous devrez mettre en place les scripts de connexion des utilisateurs sur chaque page de votre site, et non sur l'actif central que vous réaliserez alors.**

Création du formulaire de recherche

Toute recherche sur le Net passe par la saisie d'informations dans un champ de formulaire. Commencez donc par créer ce champ de formulaire !

Création physique du formulaire

La création physique d'un formulaire dans Dreamweaver est très simple. En effet, le logiciel de Macromedia possède l'ensemble des outils nécessaire à la création facile et rapide de formulaires HTML.

Commencez tout d'abord par créer un document vierge. Ce document servira de base à votre formulaire. Il sera plus tard converti en élément de bibliothèque afin d'être utilisé dans les différentes pages de votre site web.

1. Si ce n'est déjà fait, affichez la section Formulaires de la barre d'outils de Dreamweaver (voir Figure 6.1).

Figure 6.1

La barre d'outils Formulaire de Dreamweaver.

2. Dans cette barre d'outils, cliquez sur l'objet Formulaire, le premier sur la gauche. Cet outil se charge d'ajouter le cadre du formulaire à votre page, sous la forme d'un rectangle rouge pointillé (voir Figure 6.2).

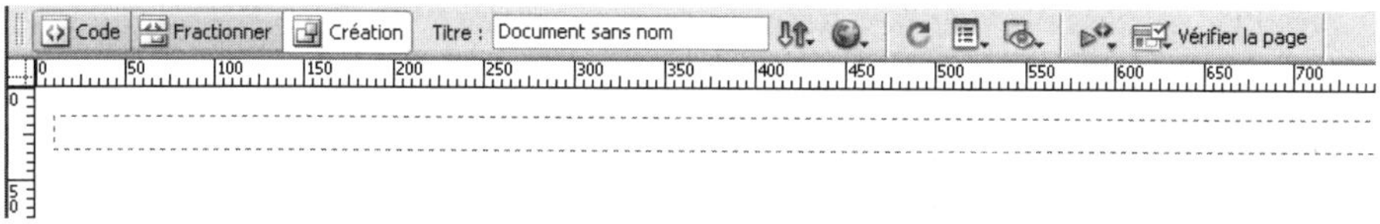

Figure 6.2

Formulaire ? Paré !

Info

Dreamweaver CS4 possède des options d'accessibilité beaucoup plus poussées que ses versions précédentes. Le logiciel d'Adobe vous propose désormais de compléter différents champs de textes alternatifs pour chaque élément de formulaire que vous insérerez sur votre page. Prenez bien soin de compléter ces informations même si elles ne rentrent pas précisément dans la définition de votre boutique.

Elles contribueront à rendre votre commerce en ligne accessible aux personnes souffrant de handicap.

Ainsi, dans les navigateurs pour déficients visuels, les textes alternatifs que vous aurez choisis seront lus aux internautes. Ceux-ci pourront alors simplement connaître l'ensemble des données nécessaires à leur inscription sur votre boutique même si ces informations n'apparaissent pas clairement sur vos pages.

3. Cliquez maintenant sur le bouton Champ de texte, situé juste à côté du bouton précédent. Un champ de formulaire de type Texte est ajouté à votre page, au niveau du point d'insertion (voir Figure 6.3). Dreamweaver ouvre alors une fenêtre. Remplissez le champ id et Étiquette, `motcle` par exemple. Et validez cette fenêtre.

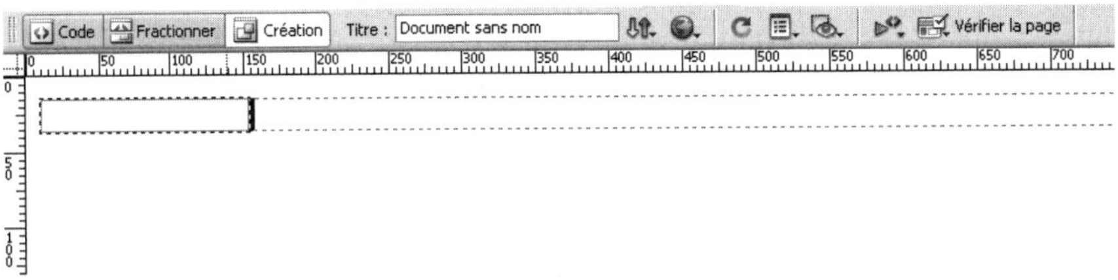

Figure 6.3

Champ Texte ? Paré !

4. Enfin, cliquez sur le bouton Bouton (sur la droite de la barre d'outils) afin d'insérer le bouton de validation de la recherche. De même, ne remplissez cette fois-ci que le champ id avec la valeur Envoyer. La base de formulaire est en place (voir Figure 6.4).

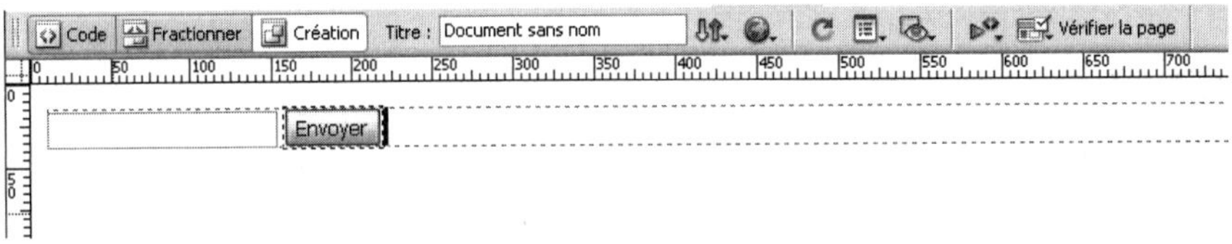

Figure 6.4

Bouton de validation ? Paré !

Nommage des éléments

Il existe une autre méthode pour nommer les éléments d'un formulaire :

1. Dans la fenêtre d'édition de Dreamweaver, sélectionnez tout d'abord le cadre du formulaire. Vous pouvez pour cela vous aider du sélecteur de balise, présent en bas de la fenêtre d'édition principale, et cliquer dans celui-ci sur la balise `<form>`.
2. Dans Propriétés, complétez le champ id, présent en bas de l'écran (voir Figure 6.5), par un nom plus explicatif, comme `Recherche`.

Figure 6.5

Pensez à nommer de façon cohérente vos formulaires !

3. Sélectionnez à présent le champ de type Texte présent dans votre formulaire et, de la même façon, renommez celui-ci `motcle`.
4. Enfin, sélectionnez le bouton de validation, présent à côté de votre champ Texte. Pour celui-ci, dans Propriétés, modifiez la valeur du paramètre Valeur et remplacez-la par `Chercher`. Il s'agit en fait du texte affiché sur le bouton.

   Vérifiez qu'Action coche bien sur Envoyé le formulaire. Cette action permet de formater le bouton pour qu'il valide l'ensemble des données présentes dans le formulaire que vous lui avez associé.

Action !

Une fois les éléments de votre formulaire de recherche nommés de façon cohérente, il ne vous reste qu'à définir l'action que va effectuer ce formulaire. Pour cela :

1. Sélectionnez à nouveau la balise `<form>`, qui définit l'ensemble de votre formulaire. C'est en effet celle-ci qui contient les éléments propres à l'expédition des données saisies par l'utilisateur.

2. Dans Propriétés, repérez le champ Action (voir Figure 6.6). Dans ce champ, saisissez l'adresse de votre future page de résultat des recherches (recherche.php). Saisissez de préférence ce nom en utilisant un chemin absolu, cela facilitera l'utilisation du formulaire depuis les éléments de bibliothèque de Dreamweaver.

Figure 6.6

Sélectionnez ici la page qui affichera les résultats de la recherche.

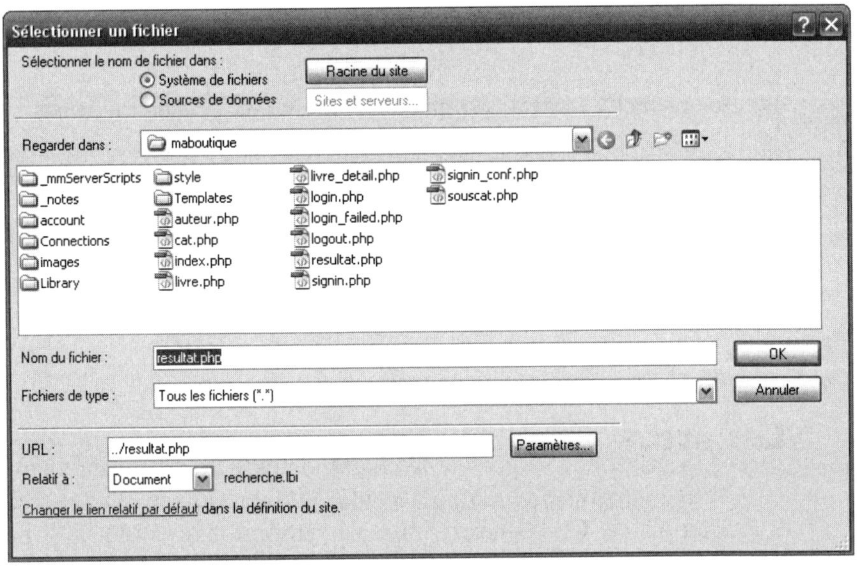

Info

Les liens relatifs permettent d'aller vers une page selon la position de la page actuelle. On se sert donc de l'emplacement de la page qui contient le lien pour définir la destination. Il est alors impératif que la page de destination se trouve sur le même serveur et dans la même arborescence que la page source. Par exemple :

- `site/test.php` pointe vers le fichier test.html du sous-répertoire site situé dans le même répertoire que la page actuelle.
- `../test.php` pointe vers un fichier contenu dans le répertoire parent (symbolisé par les ..).
- `../site/test.php` remonte d'un répertoire pour se rendre dans le sous-répertoire site et afficher la page test.html.

Les liens absolus ne dépendent pas de la position de la page source. C'est le cas des liens externes, mais rien ne vous interdit de les utiliser sur votre propre site à la place de liens relatifs. Dans tous les cas, il suffit d'indiquer la totalité de l'adresse du document : *http://www.maboutique.com/auteur.php*.

3. Veillez à ce que la liste déroulante Méthode, dans Propriétés, reste bien sur POST. Cela signifie que les données seront envoyées de manière transparente à la page de résultat, et non pas suivant la méthode GET, qui, elle, utilise l'URL de la page !

Votre formulaire de recherche est désormais terminé, vous allez pouvoir enregistrer celui-ci en tant qu'élément de bibliothèque afin de vous en servir n'importe où sur votre boutique !

Info

Sur Internet, il existe deux méthodes pour envoyer des données d'une page vers une autre :

- La méthode GET consiste à passer ses informations *via* l'URL de la page de destination, comme vous l'avez déjà fait lors de la création du catalogue.
- La méthode POST consiste, elle, à passer ces informations de manière transparente pour l'utilisateur, comme c'est le cas quand les données proviennent d'un formulaire.

Dans les deux cas, les données sont récupérables dans la page de destination à l'aide d'une variable PHP classique, utilisable ensuite n'importe où sur votre page.

Les actifs

Dans Dreamweaver CS4, le terme actifs regroupe en fait les éléments gérés par le panneau Actifs. Ce panneau regroupe l'ensemble des médias disponibles pour la création d'un site web (Images, Vidéo, mais également Liens ou Couleurs...). Il fonctionne à la façon d'une librairie d'éléments (au sens informatique du terme) et permet de retrouver très facilement un média à insérer sur la page.

Parmi ces types de médias, il y a ce que Dreamweaver appelle la bibliothèque, symbolisée par un livre ouvert. Il s'agit d'un regroupement de "portions de code", c'est-à-dire de sections de pages créées par vos soins et réutilisables à souhait d'une page à l'autre de votre site web. Pourquoi en effet redévelopper un moteur de recherche sur plusieurs pages, alors qu'un simple glisser/déposer suffirait à l'insérer rapidement sur chacune des pages de votre site web, une fois celui-ci conçu ?

Pour apprendre à gérer les bibliothèques de Dreamweaver, vous allez devoir, tout d'abord, connaître le panneau Actifs.

Le panneau Actifs

C'est dans le panneau Actifs que vous allez pouvoir procéder à la création de vos différents éléments de bibliothèque (voir Figure 6.7).

Figure 6.7

Le panneau Actifs permet la gestion des actifs, des bibliothèques et des modèles.

Info

Dans Dreamweaver, les actifs sont en fait des éléments de bibliothèque utilisables dans plusieurs pages de votre site et modifiables de façon centrale.

Pour afficher le panneau Actifs, sélectionnez la commande Fenêtre > Actifs.

Il se compose de quatre éléments principaux :

- une barre de boutons permettant de choisir le type de média à afficher ;
- une liste des différents éléments disponibles pour le type de média choisi ;
- un aperçu de l'élément actif dans la liste ;
- une barre de bouton permettant la gestion, la modification ou l'insertion des actifs.

Info

La liste des différents éléments possède plusieurs caractéristiques : nom, taille et chemin complet (parfois aussi le type de fichier). Vous pouvez trier les éléments de la liste suivant la caractéristique de votre choix. Pour cela, cliquez simplement sur l'onglet correspondant (voir Figure 6.8).

Figure 6.8

Les éléments des actifs peuvent être classés selon différents critères.

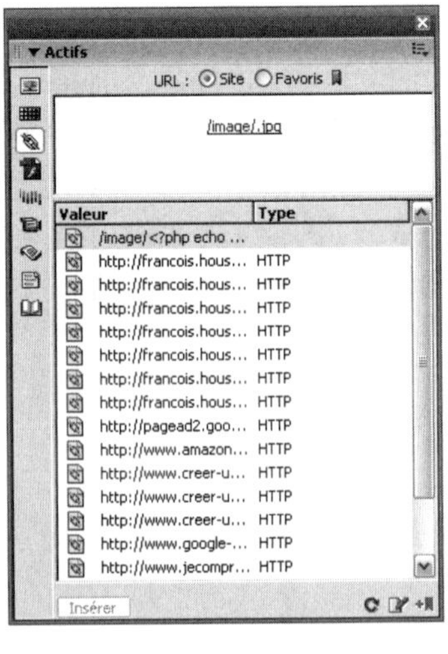

Création d'un élément de bibliothèque

Pour créer un nouvel objet dans la bibliothèque d'un site, vous pouvez partir d'un document vierge ou déjà existant. Les objets d'une bibliothèque se définissent à partir d'une sélection dans une page.

Pour créer un objet dans une bibliothèque :

1. Ouvrez le panneau Actifs à l'aide de la commande Fenêtre > Actifs de la fenêtre Document.
2. Sélectionnez dans la fenêtre principale de Dreamweaver l'élément de la page qui va devenir un objet de la bibliothèque (voir Figure 6.9). Dans le cas actuel, c'est la totalité du formulaire de recherche qu'il vous faut sélectionner.

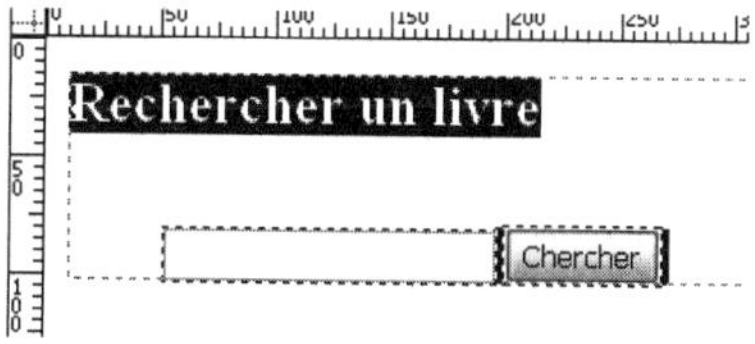

Figure 6.9
Sélectionnez les éléments de la page que vous souhaitez convertir en éléments de bibliothèque.

3. Une fois cette sélection faite, cliquez sur le bouton Nouvel élément de la bibliothèque du panneau Actifs qui se situe tout en bas de cette fenêtre. Dreamweaver ajoute alors à la liste des objets un nouvel objet appelé Sanstitre que vous renommez `recherche` (voir Figure 6. 10).

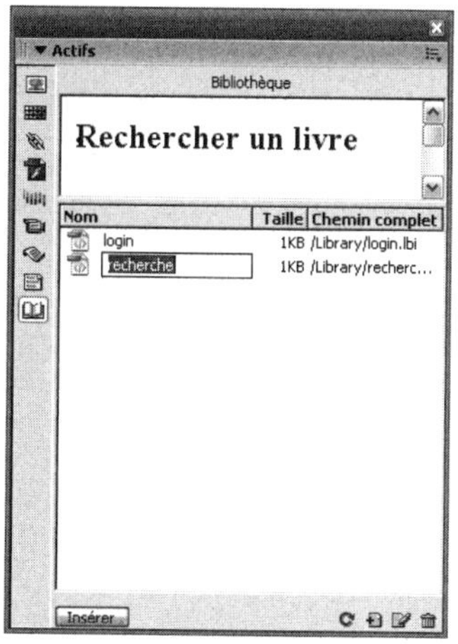

Figure 6.10
Cliquez sur le bouton Nouvel élément de la bibliothèque. Dreamweaver ajoute un objet Sanstitre à la liste des objets déjà présents.

4. Renommez l'objet que vous venez de créer afin de le retrouver facilement lors d'une utilisation ultérieure. Pour cela, cliquez simplement sur le nom de cet objet afin qu'il devienne éditable. Vous pouvez alors le changer à votre guise.

La sélection que vous aviez effectuée apparaît désormais en surbrillance (jaune par défaut) et n'est plus modifiable dans le document (voir Figure 6.11). Pour modifier cet élément, vous devrez modifier l'objet de la bibliothèque.

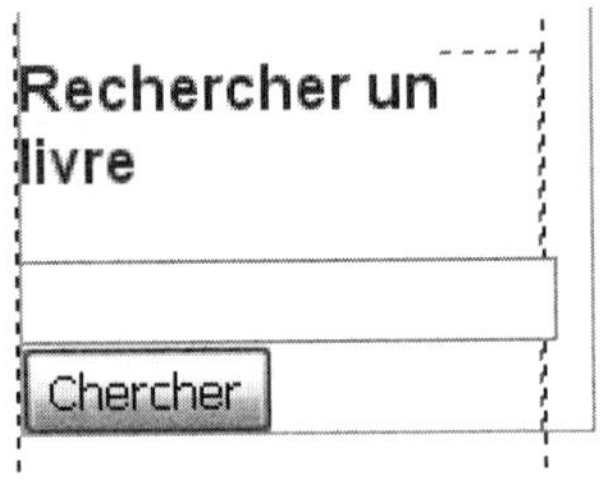

Figure 6.11
La sélection, devenue un élément de bibliothèque, apparaît désormais en surbrillance dans les pages HTML.

L'ajout d'un élément peut aussi passer par les menus de la fenêtre Document.

1. Sélectionnez dans la fenêtre Document l'ensemble des éléments que vous souhaitez voir devenir un objet.
2. Sélectionnez la commande Modifier > Bibliothèque > Ajouter un objet dans la bibliothèque.
3. Renommez l'objet que vous venez de créer afin de le retrouver facilement lors d'une utilisation ultérieure.

La sélection que vous venez de convertir apparaît avec la même surbrillance que précédemment et n'est plus modifiable directement dans le document.

Info

Les éléments de bibliothèque sont stockés sur le disque dur de votre machine à l'intérieur du site que vous bâtissez. Ils sont présents dans un dossier Library sous forme de fichiers possédant l'extension Lbi.

Insertion d'un élément de bibliothèque dans une page

Avant de s'attaquer à la création de la page de résultat de votre moteur de recherche, un petit point sur l'utilisation des éléments de bibliothèque dans Dreamweaver s'impose. Histoire de pouvoir réellement faire ce que vous souhaitez de votre formulaire de recherche !

Une fois qu'on a défini des objets en bibliothèque, il est très facile de s'en resservir sur autant de pages qu'on veut. Pour insérer un élément de bibliothèque dans une page :

1. Ouvrez le panneau Actifs à l'aide de la commande Afficher > Bibliothèque de la fenêtre Document.
2. Sélectionnez l'objet que vous souhaitez insérer dans votre page et faites-le glisser dans la fenêtre Document (voir Figure 6.12).

Figure 6.12
Faites glisser le nom de l'objet jusqu'à son point d'insertion dans la page.

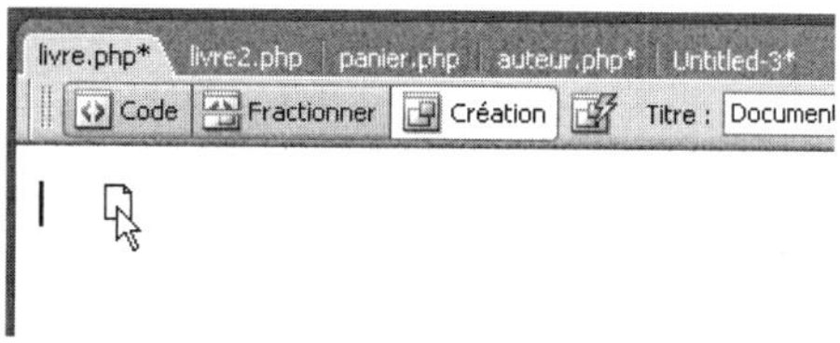

3. Le pointeur de la souris se transforme alors en point d'insertion. Faites glisser l'objet jusqu'à l'endroit voulu dans la page et lâchez le bouton de la souris.
4. L'objet est inséré dans votre page et apparaît en surbrillance.

Il vous est dorénavant impossible de modifier cette partie de la page directement. Pour y effectuer une modification, vous devrez modifier l'objet de la bibliothèque lui-même ou redonner à la zone un caractère modifiable en la détachant de la bibliothèque.

Pour détacher une partie d'une page de sa bibliothèque :

1. Cliquez du bouton droit sur l'objet que vous souhaitez rendre modifiable.
2. Dans le menu contextuel qui s'ouvre alors, sélectionnez la commande Séparer de l'original (voir Figure 6.13). Dreamweaver vous informe alors que la liaison avec la bibliothèque sera coupée pour cet objet.

Figure 6.13
Sélectionnez la commande Séparer de l'original pour détacher un élément de son équivalent dans la bibliothèque.

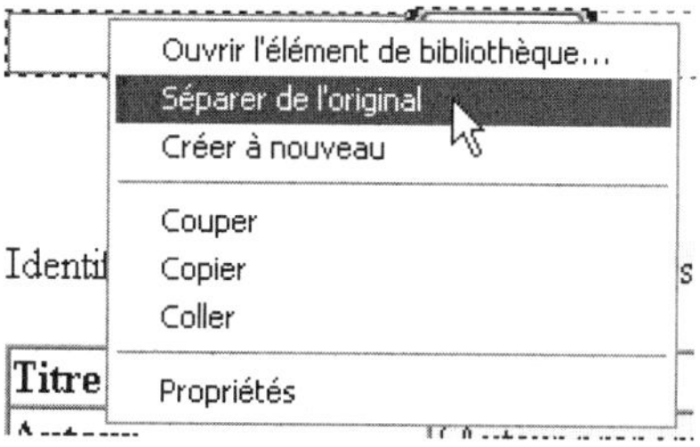

3. La zone n'apparaît alors plus en surbrillance, vous pouvez la modifier de la même manière que toute autre partie de la page (voir Figure 6.14).

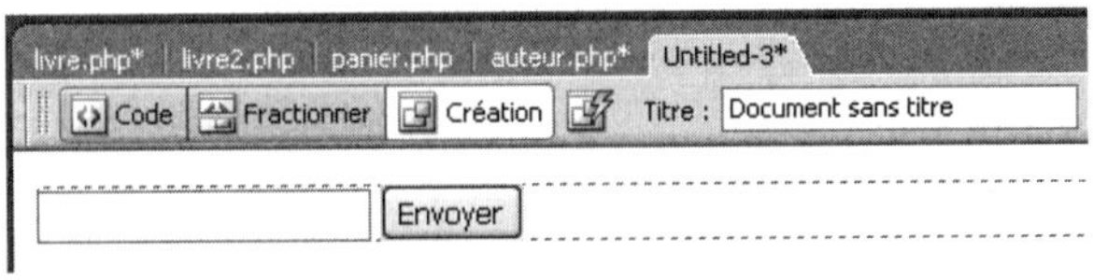

Figure 6.14
Une fois redevenu modifiable, le texte n'apparaît plus en surbrillance et n'est plus attaché à la bibliothèque.

La portion de page que vous venez de rendre modifiable n'est désormais plus attachée à son objet d'origine dans la bibliothèque. De ce fait, si vous décidez de modifier l'objet dans la bibliothèque, cette portion de la page ne sera pas affectée.

Astuce

Vous pouvez également rendre un objet modifiable en le sélectionnant et en cliquant sur le bouton Détacher de l'original dans Propriétés.

Mise à jour des éléments de bibliothèque

Une fois un élément défini dans une bibliothèque et inséré dans plusieurs pages d'un site, il reste bien entendu possible de le modifier.

Modification d'un élément de bibliothèque

Les éléments de bibliothèque se modifient de la même manière qu'un document HTML classique.

Pour effectuer des modifications sur un objet :

1. Afficher le volet Bibliothèque du panneau Actifs.

2. Sélectionnez dans la liste des différents objets présents celui que vous souhaitez modifier, puis cliquez sur le bouton Modifier en bas de la fenêtre du panneau Actifs. Une nouvelle fenêtre Document s'ouvre alors, contenant l'objet que vous désirez éditer (voir Figure 6.15).
3. Effectuez les modifications voulues sur l'objet. Vous n'avez ici accès qu'à un nombre restreint de fonctions. Seules les options de mise en page ou d'importation ne mettant pas en jeu les balises d'en-têtes sont concernées par ces modifications.

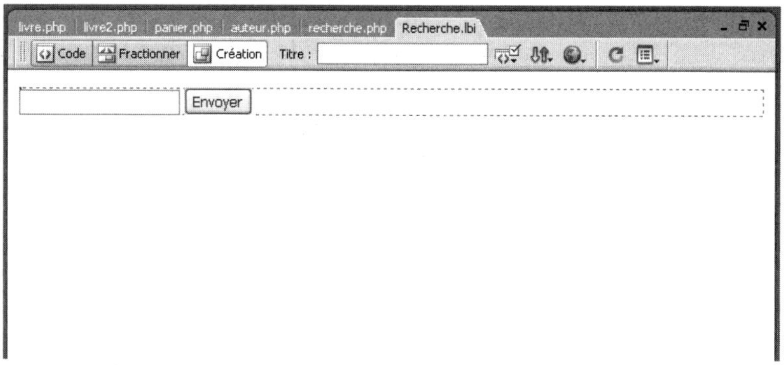

Figure 6.15
Une fois ouvert dans une fenêtre d'édition, un élément de bibliothèque se présente comme une page classique. Cette dernière ne peut toutefois pas contenir d'informations telles qu'une couleur de fond, des comportements ou des feuilles de style.

4. Enregistrez l'objet à l'aide de la commande Fichier > Enregistrer et fermez la fenêtre Document. Dreamweaver vous informe que les modifications que vous venez d'effectuer peuvent avoir des conséquences sur le site tout entier (voir Figure 6.16).

Figure 6.16
Après chaque modification d'un objet, Dreamweaver vous invite à mettre à jour l'ensemble des pages du site.

5. Si vous souhaitez que Dreamweaver vérifie l'ensemble des pages de votre site local et mette à jour les pages utilisant l'élément de bibliothèque que vous venez de modifier, cliquez sur Oui. Dans le cas contraire, il vous faudra rappeler à Dreamweaver de faire cette mise à jour plus tard.

6. La vérification et la mise à jour de l'ensemble des pages du site local peuvent prendre un temps variable suivant le nombre de fichiers présents dans le site. Une fois cette mise à jour terminée, Dreamweaver affiche la boîte de dialogue Mettre à jour les pages comprenant un rapport complet, qui précise, entre autres, le nombre de pages vérifiées, le nombre de pages mises à jour et la durée totale de l'opération (voir Figure 6.17).

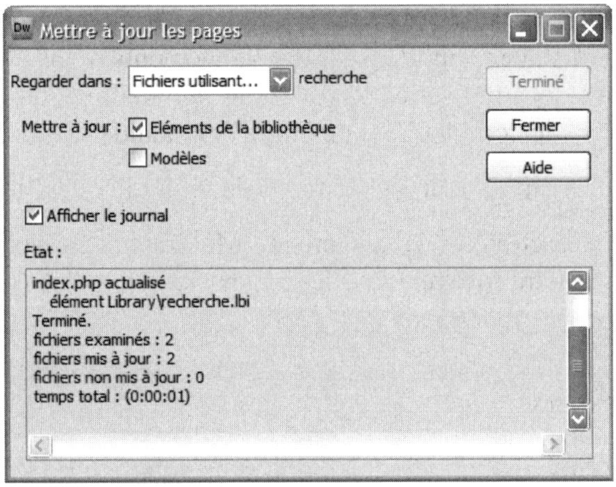

Figure 6.17
Une fois l'ensemble des mises à jour effectué, un rapport complet permet de savoir combien de fichiers ont subi des modifications.

7. Cliquez sur le bouton Terminer pour fermer la boîte de dialogue Mettre à jour les pages.

La modification de l'objet que vous venez d'effectuer a été répercutée sur l'ensemble du site.

Mise à jour d'une page

Si vous n'avez pas effectué la mise à jour automatique lorsque vous avez changé un élément de bibliothèque, vous pouvez décider de l'effectuer pour une seule page à n'importe quel moment.

La méthode à utiliser pour mettre à jour les éléments de bibliothèque d'une page est semblable à celle utilisée pour mettre à jour les modèles. Profitez-en pour faire ces deux mises à jour sur vos sites ou vos fichiers au même moment.

Pour mettre à jour les objets d'une page :

1. Ouvrez cette page dans la fenêtre Document à l'aide de la commande Fichier > Ouvrir.
2. Sélectionnez dans la fenêtre Document la commande Modifier > Bibliothèque > Mettre à jour la page en cours.
3. Dreamweaver se charge de modifier la page ouverte et de mettre à jour les différents éléments de bibliothèque qu'elle contient.

Mise à jour d'un site

Si vous avez apporté de gros changements à vos éléments de bibliothèque et que vous n'avez pas utilisé les mises à jour automatiques, vous pouvez également mettre à jour votre site complet à l'aide d'une commande unique.

Pour mettre à jour les éléments de bibliothèque d'un site :

1. Sélectionnez la commande Modifier > Bibliothèques > Mettre à jour le site. La fenêtre Mettre à jour les pages s'affiche alors (voir Figure 6.18).

Figure 6.18

Cochez la case Éléments de la bibliothèque pour mettre à jour les objets dans l'ensemble du site.

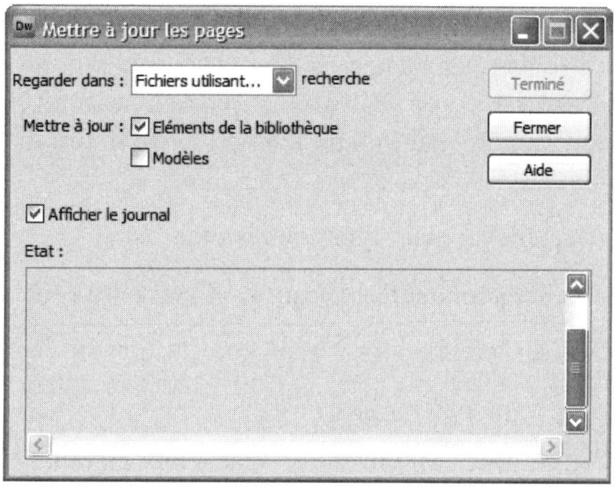

2. Cochez la case Éléments de la bibliothèque dans la liste Mettre à jour.
3. Sélectionnez dans la liste déroulante Regarder dans... si vous souhaitez mettre à jour l'ensemble des pages du site ou seulement les pages utilisant un objet bien précis de la bibliothèque.

   Si vous choisissez de mettre à jour un site complet, assurez-vous de sélectionner le bon site dans la seconde liste déroulante.

   Si vous choisissez la deuxième option, précisez dans la deuxième liste déroulante de quel objet il s'agit.
4. Cochez la case Afficher le journal pour avoir un compte rendu des différentes mises à jour effectuées lors de la manipulation.

5. Cliquez sur le bouton Démarrer pour commencer la mise à jour des fichiers. Suivant le nombre de fichiers présents dans le site utilisant les éléments de bibliothèque, sa mise à jour peut prendre un certain temps.
6. Une fois les mises à jour terminées, Dreamweaver affiche leur journal, qui précise le nombre de fichiers vérifiés et modifiés.
7. Cliquez sur Terminer pour fermer la fenêtre Mettre à jour les pages.

Page de résultat

Le formulaire de recherche devrait être opérationnel. Mais le seul moyen de réellement s'en assurer est de réaliser une page de résultat pour celui-ci. Cette page de résultat va être générée automatiquement, en fonction du `mot clé` envoyé par le moteur de recherche.

Elle va afficher deux types de résultats :

- les deux premières catégories d'annuaire contenant le `mot clé` recherché ;
- les dix premiers ouvrages dont le titre ou la description contiennent le `mot clé` saisi.

Vous l'aurez compris, pour obtenir cela, vous allez devoir réaliser deux jeux d'enregistrements !

Jeux d'enregistrements

Avant de créer vos jeux d'enregistrements, commencez par créer une page vierge et à enregistrer celle-ci comme étant la page de résultat.

Catégories d'annuaire

Pour retrouver à l'intérieur de nos catégories et sous-catégories le mot clé, nous allons utiliser un jeu d'enregistrements complexe. Nous allons vérifier que pour chaque libellé, le mot clé du formulaire se trouve dans celui-ci.

Un jeu d'enregistrements complexe se construit grâce au mode de création Avancé des jeux d'enregistrements. Il n'est pas nécessaire de revenir sur l'interface de celui-ci. Normalement, votre requête finale devrait ressembler à :

```
SELECT *
FROM shop_categories
WHERE shop_categories.libelle LIKE %motcle%
```

pour les catégories "POST" et "$POST"où `motcle`, un texte, est cette fois une variable de formulaire définie à l'aide du `mot clé` `$_POST['motcle']` et de la valeur par défaut NULL. La méthode `$POST` sert à récupérer dans une page une donnée expédiée depuis un formulaire présent dans la page précédente. C'est-à-dire de votre formulaire de recherche.

Une fois ce jeu d'enregistrements validé, l'affichage des résultats de la requête sur la page tient de la routine.

Pour le jeu d'enregistrements complexe de sous-catégorie, suivez cette démarche en écrivant `sous_categorie` :

```
SELECT *
FROM shop_sous_categories
WHERE shop_sous_categories.libelle LIKE %motcle%
```

Ouvrages

La mise en place du jeu d'enregistrements destiné à retrouver les ouvrages correspondant à votre recherche va utiliser également un jeu d'enregistrements complexe. L'idée est, comme pour l'affichage des ouvrages correspondant à une catégorie d'annuaire vu au chapitre précédent, de faire une recherche sur plusieurs champs de la table **shop_livres** simultanément. Cette recherche va s'effectuer à la fois sur les champs Titre et Description de la table Livres.

De même pour les catégories d'annuaire que nous venons de chercher, la requête destinée à retrouver les livres va se fonder sur un opérateur de type Contient et non pas sur une égalité. Il est en effet rare que la description ou le titre d'un ouvrage corresponde à un simple `mot clé`.

La construction du jeu d'enregistrements complexe est la même qu'à la section précédente. Votre requête finale devrait ressembler à :

```
SELECT * FROM shop_livres WHERE shop_livres.titre LIKE %motcle% OR
shop_livres.resume LIKE %motcle% ORDER BY shop_livres.parution DESC
```

où `motcle` est créé de la même manière que les jeux d'enregistrements categorie et sous_categorie.

> **Astuce** — *L'instruction `ORDER BY` utilisée dans la requête construite ci-dessus permet de trier les différents enregistrements trouvés par date de parution du livre qu'ils concernent. C'est de cette façon que l'on rédige un critère en tri en langage SQL.*

Les deux requêtes construites ici permettent d'effectuer une recherche sur une catégorie d'ouvrage ou sur les titre et résumé d'un ouvrage. Vous pouvez facilement étendre les compétences de ce moteur en ajoutant divers jeux d'enregistrements à la page de résultat. Ainsi, pour que cette recherche générique puisse éventuellement faire apparaître une liste d'auteurs, créez un jeu d'enregistrements contenant une requête du type :

```
SELECT * FROM shop_auteurs WHERE shop_auteurs.nom LIKE %motcle% OR
shop_auteurs.prenom LIKE %motcle% ORDER BY shop_auteurs.nom DESC
```

Utilisez ensuite les données issues de cette requête pour créer une nouvelle section "Auteur" dans la page de résultat.

Affichage des résultats sur la page

Pour afficher les rubriques d'annuaire et les ouvrages correspondant à la recherche de vos visiteurs, vous allez utiliser deux régions répétées :

- La première va contenir le libellé des rubriques d'annuaires correspondant à la recherche. Chacune d'elles sera liée sur la page annu.php avec en paramètre l'identifiant unique de catégorie qui lui correspond. Cette région sera répétée deux fois.
- La seconde région répétée contiendra les titres, les prix et le résumé des ouvrages correspondant à la recherche. Le titre de l'ouvrage sera lié à la fiche de description détaillée du livre, en utilisant son identifiant unique en tant que paramètre. Cette région sera répétée dix fois, afin d'afficher les dix premiers livres correspondant à la recherche (voir Figure 6.19).

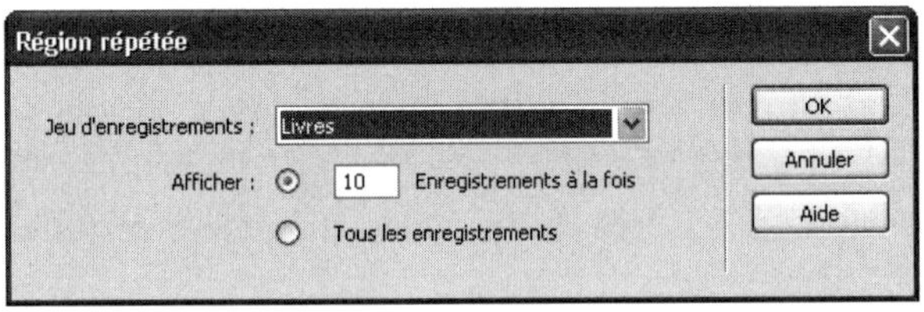

Figure 6.19
Deux régions répétées suffisent à la création de la page de résultats.

Il vous est également possible d'y afficher le nom de l'auteur du livre. Dans ce cas, vous devrez, lors de la création de votre jeu d'enregistrements, ajouter une jointure vers la table **shop_auteurs** à votre requête. De cette façon, vous pourrez retrouver les champs Nom et Prénom de cette table et les lier à la page listant l'ensemble des œuvres de cet auteur.

Mais que faire si la requête en question ne retourne aucun résultat ? Il vous faudra alors afficher un message d'erreur sur la page de résultat, spécifiant qu'aucun produit ne correspond à la requête effectuée, et masquer par la même occasion la grille de résultat devenue inutile. La manipulation est assez simple, et grandement aidée par l'interface de Dreamwaver. Vous allez faire appel, pour cela, à des régions conditionnelles. Ce sont, à l'instar des régions répétées, des zones de la page qui ne peuvent s'afficher qu'à certaines conditions : un jeu d'enregistrements vide, une donnée inexistante... Vous allez donc procéder simplement :

1. Au-dessus de l'ensemble de champs de résultat de votre page, insérez simplement une ligne de texte correspondant à votre message d'erreur. Par exemple : "Il n'y a pas de résultat pour votre requête" (voir Figure 6.20).

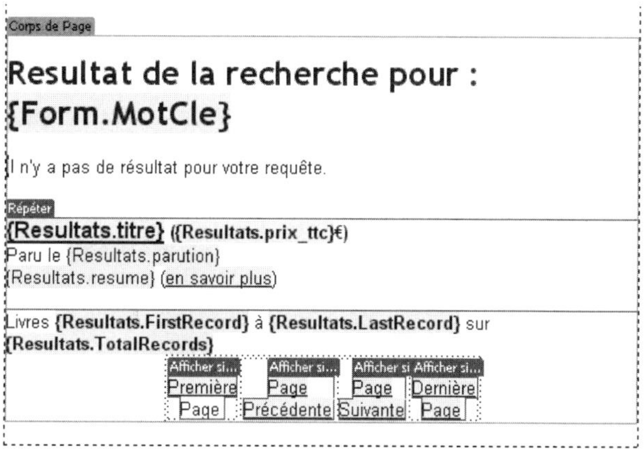

Figure 6.20
Le message d'erreur s'affiche d'abord comme un texte classique.

2. Sélectionnez ensuite cette ligne de texte, et choisissez l'option Afficher si le jeu d'enregistrements est vide dans Données > Afficher la région de la barre d'outils de Dreamweaver (voir Figure 6.21)

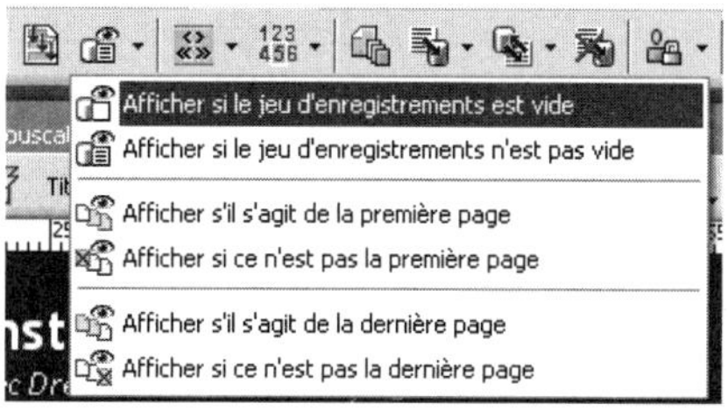

Figure 6.21
Les options de champs conditionnels sont disponibles à côté des régions répétées.

3. Puis, dans la fenêtre Afficher si le jeu d'enregistrements est vide, sélectionnez le jeu d'enregistrements qui conditionne justement l'affichage de la zone. Ici, c'est le jeu Résultats (voir Figure 6.22).

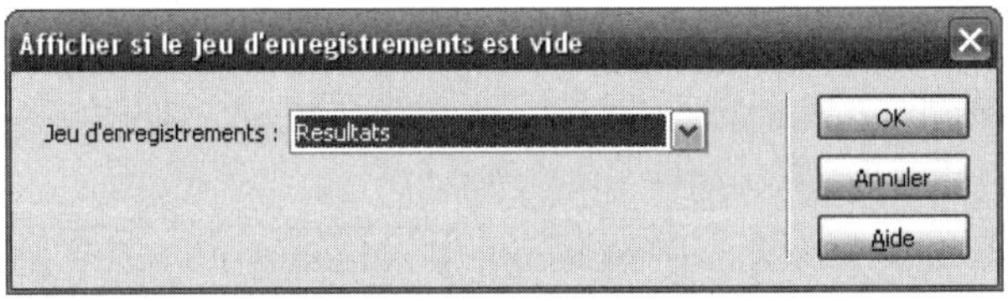

Figure 6.22
Choisissez le jeu qui conditionnera l'affichage.

4. Votre message d'erreur apparaît alors, entouré d'un cadre nommé Afficher si... signe que son affichage est conditionné à l'état d'un jeu d'enregistrements.

Procédez de la même manière, mais cette fois avec un champ de type Afficher si le jeu d'enregistrements n'est pas vide, pour conditionner l'affichage des résultats de la recherche. L'ensemble des résultats et leur navigation ne seront alors affichés que si votre requête renvoie effectivement des produits. Vous pouvez ensuite procéder de la même manière pour tous les types de données à afficher.

Une fois la page de résultat réalisée et sauvegardée, insérez votre formulaire de recherche sur l'une des pages de votre site. Celui-ci sera alors opérationnel et vous pourrez le tester sur votre serveur de développement. Bien entendu, assurez-vous de posséder suffisamment de données dans votre base avant de procéder à ce test !

Info

Le moteur de recherche que vous venez de créer est assez basique. Il se contente d'un seul `mot clé`, qu'il recherche indistinctement dans une série de données de votre base. Il est possible de créer un formulaire de recherche avancée permettant à vos visiteurs de rechercher une donnée dans un champ précis de votre base de données (Titre, Description, Auteur...). Construire ce type de formulaire de recherche est plus complexe et nécessite une réelle programmation PHP et MySQL, plutôt que l'utilisation de Dreamweaver. Il s'agira en effet de construire dynamiquement une requête SQL, en fonction des champs de formulaire renseignés par le visiteur. Ce type de requête ne peut donc pas être réalisé *via* les jeux d'enregistrements de Dreamweaver...

7 Accueil des clients et ouverture des comptes

Au sommaire de ce chapitre

- Les clients dans la base de données
- Sessions PHP
- Création d'un client à l'aide des assistants
- Connexion, déconnexion des utilisateurs
- La section Client du site
- Reconnaître un utilisateur dans une zone non restreinte
- Intégration du formulaire de connexion

Toutes les pages de votre boutique que vous avez développées au cours des deux derniers chapitres étaient destinées à l'affichage des livres à la vente. Il serait peut-être temps de vous intéresser d'un peu plus près à vos visiteurs et à vos futurs clients !

Mais de quoi ont-ils exactement besoin, ces futurs clients ?

Avant tout, ils ont besoin de pouvoir créer un compte personnel sur votre site. De cette façon, ils pourront vous fournir toutes les informations nécessaires au traitement des commandes qu'ils vont passer sur votre boutique. Ce compte comprend un ensemble de coordonnées déjà définies lors de la création de la base de données utilisée par votre boutique, au Chapitre 4 de cet ouvrage : nom, prénom, adresse, numéro de téléphone, etc. La création du compte de chaque client va passer par un formulaire spécial dans lequel vos visiteurs vont saisir leurs informations personnelles. À charge pour vous de bien compléter votre base de données avec ces données et de vous assurer qu'un client ne peut s'inscrire deux fois sur votre boutique. Dreamweaver permet de gérer assez facilement ce genre de détail.

Plus compliqué, vous allez devoir également identifier vos clients lorsqu'ils viendront, plus tard, passer une commande. Cette identification va passer par un formulaire de connexion qui va être présent sur toutes les pages de votre site. Ainsi, si vos utilisateurs souhaitent se connecter sur leur compte afin d'y passer une commande, ils pourront le faire à tout moment. Bien entendu, il vous faudra prévoir, en annexe de ce formulaire de connexion, un lien de déconnexion permettant au client de quitter sa connexion en cours. Une simple mesure de sécurité si l'ordinateur qu'il utilise est situé dans un endroit public, comme un Webcafé.

Dernière étape de l'accueil des clients, la mise en place d'un compte Client sur le site. C'est la partie /account/ de votre boutique. Cette section est uniquement réservée aux clients qui se sont déjà inscrits sur votre boutique. Elle permet par exemple de modifier les informations personnelles (adresse…) d'un client ou de consulter l'historique de ses commandes.

Tout cela a l'air bien compliqué, mais rassurez-vous ! Dreamweaver possède, en général, les outils qu'il faut pour mettre en place facilement ce genre d'interface, grâce à des objets dédiés à l'accueil et à la connexion des membres sur un site web. Suivez le guide !

Les clients dans la base de données

Avant de vous lancer dans la réalisation de vos pages web, un petit rappel sur la table de données que vous allez utiliser pour vos clients. Celle-ci est décrite dans le tableau ci-après.

Tableau 4.5 : Structure de la table shop_client

Champs	Type	Valeurs	Attributs	Extra	Clé primaire	Clé index	Clé unique	Commentaire
`id`	`int`	10	`unsigned`	`auto_increment`	x			Identifiant unique du client
`mail`	`varchar`	64					x	Adresse e-mail du client, utilisée comme identifiant unique sur le site
`nom`	`varchar`	64						Nom du client
`prenom`	`varchar`	64						Prénom du client
`telephone`	`varchar`	10						Numéro de téléphone du client
`mdp`	`varchar`	32						Mot de passe du client, information cryptée avant son stockage en base de données

Tableau 4.5 : Structure de la table shop_client *(suite)*

Champs	Type	Valeurs	Attributs	Extra	Clé primaire	Clé index	Clé unique	Commentaire
ad_ligne1	varchar	64						Première ligne de l'adresse physique du client
ad_ligne2	varchar	64						Seconde ligne de l'adresse physique du client
ad_cp	varchar	5						Code postal de l'adresse physique du client
ad_ville	varchar	64						Ville de l'adresse physique du client

Gardez bien en tête trois données dans cette table :

- `id` est la clé primaire de la table Client dans votre base de données. Il sert à distinguer chacun des enregistrements de la table et à s'assurer que celle-ci est cohérente.
- `mail` est utilisé comme identifiant unique sur le site lui-même. C'est-à-dire que vous allez interdire à deux de vos clients de posséder la même adresse e-mail. Cette restriction semble plutôt logique, sachant que l'adresse e-mail est la donnée la plus personnelle que l'on puisse trouver dans la base.
- `mdp`, enfin, contient le mot de passe que le client aura choisi pour s'identifier sur votre boutique. Ce mot de passe sera stocké en clair dans la base de données et vérifié chaque fois qu'un client tente de se connecter sur l'une des pages de votre boutique.

Info

Nous avons pris le parti de ne pas crypter le mot de passe du client dans la boutique en ligne créée ici. Cette solution offre un avantage certain : il est possible de redonner au client, à tout moment, son mot de passe en extrayant celui-ci de la base de données. En effet, un mot de passe crypté avec les méthodes PHP courantes ne peut pas être décrypté. C'est d'ailleurs tout son intérêt. L'inconvénient de ce stockage en clair, c'est qu'il vous faudra être certain du niveau de sécurité fourni par votre hébergeur pour lui confier ces mots de passe.

Si toutefois vous souhaitez que le mot de passe de vos clients soit crypté avant son insertion dans la base de données, vous devrez obligatoirement greffer du code PHP dans votre page Dreamweaver. En effet, Dreamweaver n'est pas capable de gérer tout seul le cryptage des informations. Vous devrez également penser à modifier l'ensemble des requêtes d'insertion et de consultation de la base de données, quand il s'agira de vérifier ou de renseigner le mot de passe du client. Un cryptage ne peut en effet pas être inséré à la volée dans une requête SQL, même complexe.

Sessions PHP

Comme précisé dans l'introduction de ce chapitre, les pages contenues dans le dossier /account/ ne seront accessibles que si le visiteur montre patte blanche. Pour la consultation des autres pages, la connexion n'a rien d'obligatoire.

Toutefois, il peut être très utile de savoir à tout moment si un visiteur s'est identifié ou non sur vos pages. En effet, dans l'état actuel de votre site, vous ne proposerez l'achat immédiat d'un article qu'à un utilisateur qui s'est identifié. Pour les simples visiteurs, le lien d'achat est remplacé par une boîte de connexion et une invitation à la création d'un compte sur le site.

Pour permettre ce fonctionnement, vous allez utiliser les sessions PHP. Les sessions, c'est un ensemble de variables système gérées par PHP et qui permettent d'identifier un utilisateur, de savoir si celui-ci est connecté et surtout de connaître son identité.

Dreamweaver gère de manière quasiment transparente les sessions PHP. Il met également à disposition du créateur de site un ensemble de variables de session permettant de reconnaître l'utilisateur actuellement connecté et donc de rechercher des éléments propres à celui-ci dans votre base de données. Pratique !

Mais, pour efficace qu'il soit dans ce traitement, Dreamweaver CS4 possède encore quelques petites failles qu'il vous faudra contourner à la main. Vous verrez cela le moment venu.

Création d'un client à l'aide des assistants

Dreamweaver CS4 possède un grand nombre d'assistants lorsqu'il s'agit de créer rapidement des pages manipulant du contenu dynamique. C'est en faisant appel à l'un de ces assistants que vous allez créer le formulaire d'inscription à votre boutique en ligne. Bien entendu, quelques modifications y seront nécessaires afin d'obtenir le meilleur résultat possible.

Assistant de formulaire d'insertion d'enregistrement

Les formulaires d'insertion d'enregistrement permettent d'ajouter des données à une table existante, sans pour autant utiliser l'interface classique de gestion de votre base de données (voir Figure 7.1). La création de ce type de formulaire dans Dreamweaver passe par un assistant et ne prend que quelques instants.

La création rapide d'un formulaire d'insertion passe par une seule boîte de dialogue dans laquelle vous allez définir à la fois les caractéristiques du formulaire et celles du mode d'insertion des données. Pour créer un formulaire d'insertion, commencez par créer une nouvelle page dynamique dans Dreamweaver et nommez celle-ci *signin.php* à la racine de votre site.

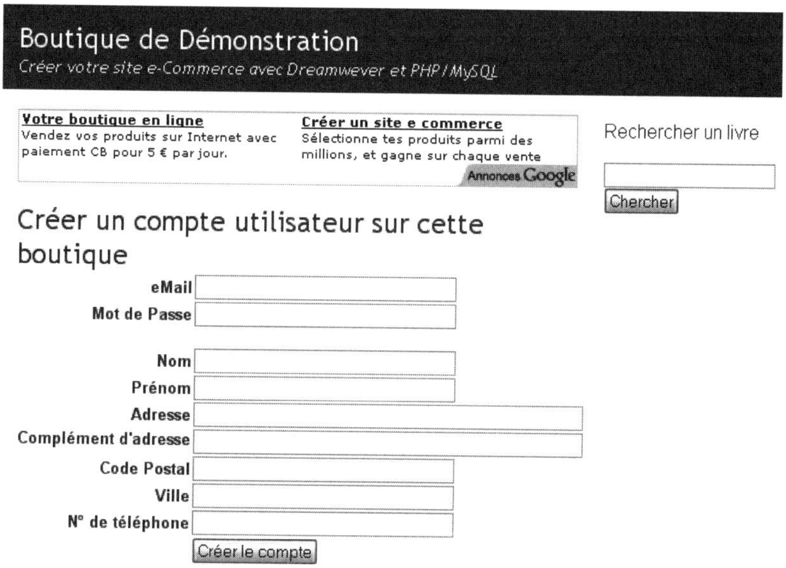

Figure 7.1
Le formulaire de création de compte, une fois en place.

Cette page ne doit pas nécessairement être associée à un jeu d'enregistrements. Elle doit cependant faire partie de votre site dynamique et utiliser la connexion définie dans ce profil de site.

Une fois cette nouvelle page créée, procédez de la manière suivante :

1. Dans Insertion, cliquez sur Objet de données puis, située sur la droite de l'icône Insérez un enregistrement, et sélectionnez la commande Assistant de formulaire d'insertion d'enregistrement dans le menu qui apparaît (voir Figure 7.2).

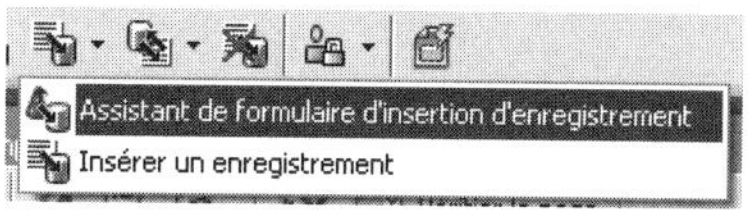

Figure 7.2
Sélectionnez l'assistant dans la liste des objets d'insertion.

2. La boîte de dialogue Formulaire d'insertion d'enregistrement s'ouvre alors (voir Figure 7.3). C'est dans cette fenêtre que vous allez définir le comportement et l'apparence de votre formulaire d'insertion.

Figure 7.3

Le formulaire d'insertion découlera de ces informations.

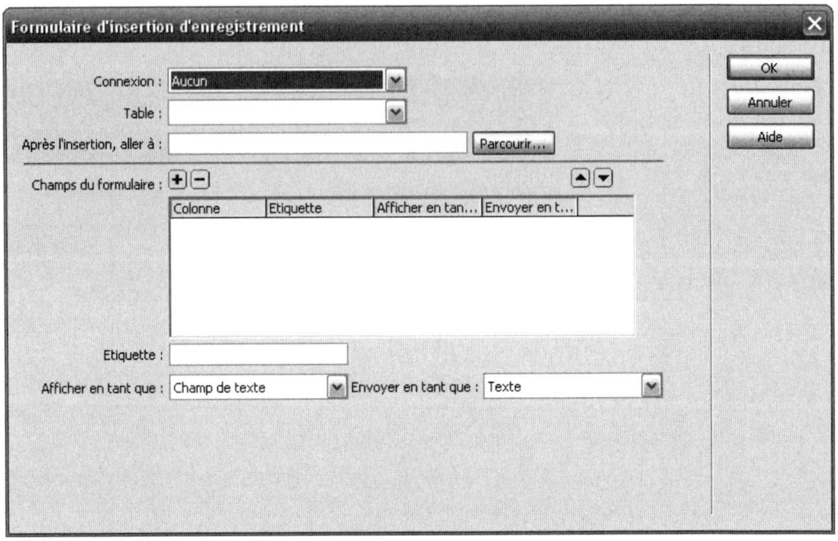

3. Dans la liste déroulante Connexion, présente en haut de la boîte de dialogue, sélectionnez la connexion correspondant à la base de données que vous souhaitez mettre à jour.
4. Dans la liste déroulante Table, sélectionnez, parmi celles accessibles sur votre connexion, la table qui sera mise à jour par l'intermédiaire de votre formulaire. Dans notre cas, il s'agit de la table **shop_client**.
5. Dans le champ Après l'insertion, allez à, saisissez le nom de la page vers laquelle l'utilisateur sera redirigé une fois l'insertion d'un enregistrement effectuée. Cette page peut déjà exister ou être créée par la suite. Dans le cadre de votre boutique, cette page de confirmation que nous créerons juste après ce formulaire contiendra un message du type "Votre compte a été créé avec succès", complété d'un lien menant à la page d'accueil de votre boutique (voir Figure 7.4).

Figure 7.4

Pensez à concevoir la page de confirmation de création de compte.

6. Maintenant, configurez l'ensemble des champs de votre table qui vont devoir être renseignés, à l'aide de la liste Champs du formulaire. Par défaut, cette liste reprend toutes les données de la table que vous avez déjà sélectionnée (voir Figure 7.5).

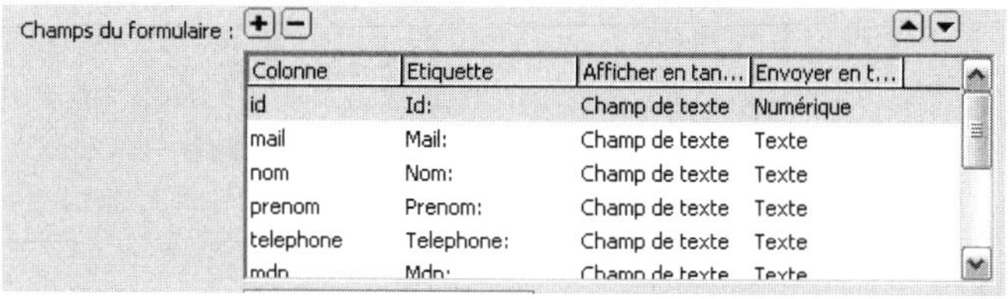

Figure 7.5

Le formulaire de base est construit à partir des données de la table à mettre à jour.

Pour personnaliser le futur formulaire d'insertion, sélectionnez dans la liste Champs du formulaire la première colonne à mettre à jour, puis :

– Précisez dans le champ Étiquette le terme qui apparaîtra au côté du champ de formulaire pour cette donnée. Par défaut, il s'agit du nom de la colonne de votre table de données, mais libre à vous de définir un terme plus explicite. Par exemple, la donnée *mdp* de votre table aura avantage à posséder "Mot de passe" comme étiquette.

– Dans la liste Afficher en tant que…, sélectionnez le type de champ de formulaire qui doit être utilisé pour la saisie de la donnée en question. Dans le cadre de la création d'un compte utilisateur, seul le mot de passe diffère dans son format d'affichage ainsi que celui de l'id. Vous devrez sélectionner un élément de type Mot de passe pour le premier et un type Champ caché pour le second. Les autres données se contenteront d'un champ de type Texte.

– Sélectionnez ensuite le type de données avec lequel la donnée mise à jour doit être envoyée à la base de données. Ce choix s'effectue dans la liste déroulante Envoyer en tant que… Par défaut, ce choix est défini suivant le type de chacun des champs de votre table, tel que vous l'avez défini lors de la création de celle-ci. Il est préférable de laisser cette information telle qu'elle est générée automatiquement par Dreamweaver.

– Dernier point, si vous souhaitez qu'une valeur par défaut soit déjà présente dans le formulaire lors de l'affichage de celui-ci, saisissez celle-ci dans le champ Valeur par défaut. Si elle n'est pas modifiée, c'est cette valeur qui sera envoyée à la base de données.

7. Une fois le premier champ défini de cette façon, sélectionnez le suivant dans la liste Champs du formulaire et recommencez avec celui-ci l'étape 6. Vous pouvez ainsi personnaliser l'ensemble du formulaire de mise à jour que vous allez créer.

8. Si certains champs de la liste Champs du formulaire sont inutiles, vous pouvez supprimer ceux-ci du formulaire à l'aide du bouton Supprimer une colonne (–), présent en haut à gauche de cette liste. Autre méthode : vous pouvez supprimer le champ id du formulaire. En effet, vous avez défini, lors de la création de la base de données, que ce champ est auto-incrémenté. Il sera donc automatiquement renseigné par MySQL lors de l'insertion d'un nouvel enregistrement dans la table.

9. De la même façon, libre à vous de réintégrer une colonne déjà supprimée à l'aide du bouton Ajouter une colonne (+), présent également en haut à gauche de la liste. Une fenêtre s'ouvre alors avec la liste des champs de la table sélectionnée qui ne sont pas encore présents dans la liste Champs du formulaire (voir Figure 7.6). Sélectionnez simplement dans cette liste le champ à ajouter et validez à l'aide du bouton OK. La donnée en question est ajoutée à la liste Champs du formulaire juste à la suite du champ sélectionné auparavant.

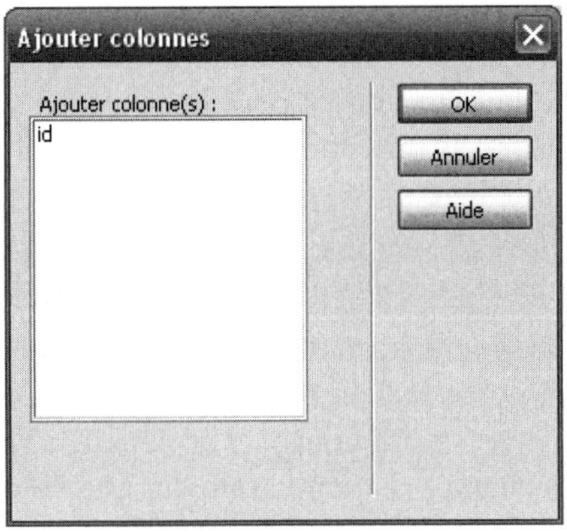

Figure 7.6

Sélectionnez le champ à ajouter au formulaire parmi ceux encore disponibles.

10. Si vous souhaitez modifier l'ordre sous lequel les champs du formulaire apparaîtront dans la page finale, utilisez les deux boutons Déplacer vers le haut (flèche haute) et Déplacer vers le bas (flèche basse), présents en haut à droite de la liste Champs du formulaire. Vous pouvez ainsi déplacer le champ Mot de passe afin que celui-ci soit placé juste en dessous de l'adresse e-mail. Ces deux données étant cruciales pour la création du compte, il est logique qu'elles soient rassemblées lors de celle-ci.

11. Une fois le formulaire totalement défini, cliquez sur le bouton OK pour créer effectivement celui-ci.

Après un petit délai, Dreamweaver affiche dans sa fenêtre principale le formulaire d'insertion d'enregistrement (voir Figure 7.7).

Figure 7.7
Le formulaire d'insertion est terminé.

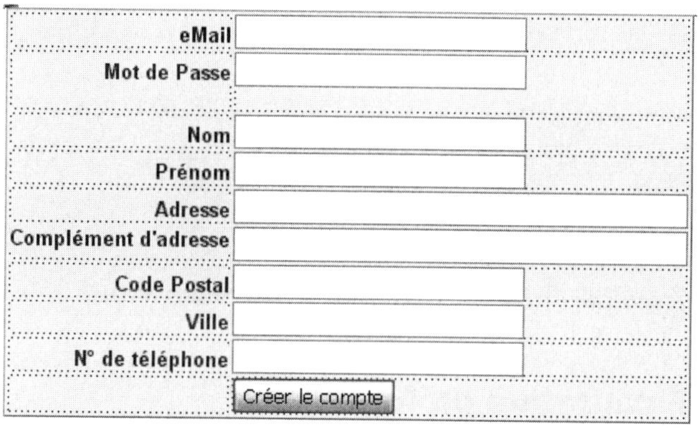

Si vous n'êtes pas certain des paramètres à fournir pour la création de votre formulaire d'inscription, reportez-vous au tableau suivant.

Tableau 7.2 : Paramétrage du formulaire d'inscription à votre boutique en ligne

Champ de la table	Étiquette	Type de champ de formulaire	Type de données
`mail`	Adresse Mail	Texte	Texte
`mdp`	Mot de passe	Mot de passe	Texte
`nom`	Nom	Texte	Texte
`prenom`	Prénom	Texte	Texte
`ad_ligne1`	Adresse	Texte	Texte
`ad_ligne2`	Adresse (complément)	Texte	Texte
`ad_cp`	Code postal	Texte	Texte
`ad_ville`	Ville	Texte	Texte
`telephone`	Numéro de téléphone	Texte	Texte

Le champ id est absent de ce tableau. Il est en effet non pas renseigné par le formulaire mais généré automatiquement par MySQL lors de la création de l'enregistrement.

Info

Lors de la création d'un formulaire d'insertion, Dreamweaver s'occupe de la création des comportements de serveur liés à la mise à jour mais également de la méthode d'envoi des données à partir du formulaire. Vous pouvez vous en rendre compte en affichant Propriétés correspondant au formulaire : celui-ci est déjà rempli (voir Figure 7.8).

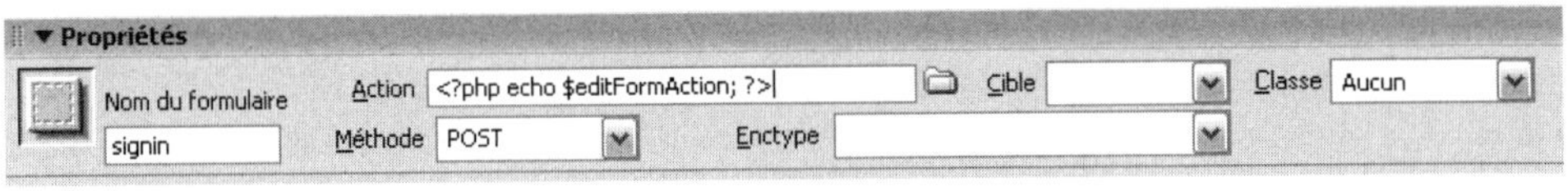

Figure 7.8
Dreamweaver s'occupe lui-même de la définition de la méthode d'envoi.

Finalisation du formulaire

Le formulaire final est présenté sous la forme d'un tableau HTML de deux colonnes, la première présentant les étiquettes, la seconde, les champs de formulaire. Libre à vous de modifier cette mise en page et même, éventuellement, de déplacer l'ensemble des champs en dehors du tableau. Veillez simplement à ne pas supprimer de données dynamiques, pour la bonne cohérence de votre page.

Info

Lors de la création d'un formulaire d'enregistrement ou de mise à jour de données, Dreamweaver ajoute automatiquement quelques champs cachés au formulaire déjà présent. Ces champs contiennent des données dynamiques destinées à guider Dreamweaver dans les procédures de mise à jour. Veillez à ne surtout pas les supprimer.

Parmi les modifications que vous pouvez effectuer afin de rendre le formulaire d'inscription encore plus fonctionnel, pensez par exemple à appliquer les restrictions de taille correspondant à celle des champs de la base de données.

Par exemple, le code postal ne pouvant pas excéder 5 caractères, utilisez le champ Nb max. de caract. de Propriétés (voir Figure 7.9) pour instaurer cette limitation dès la saisie. Vous éviterez ainsi des erreurs dues à une tentative d'insertion de mauvaises données dans votre base.

Pensez également à modifier le texte affiché sur le bouton de validation de l'inscription afin qu'il soit plus parlant pour vos visiteurs. Pour cela, utilisez le champ Valeur de Propriétés une fois le bouton sélectionné (voir Figure 7.10).

Figure 7.9

Pensez à personnaliser votre formulaire avec tous les attributs disponibles.

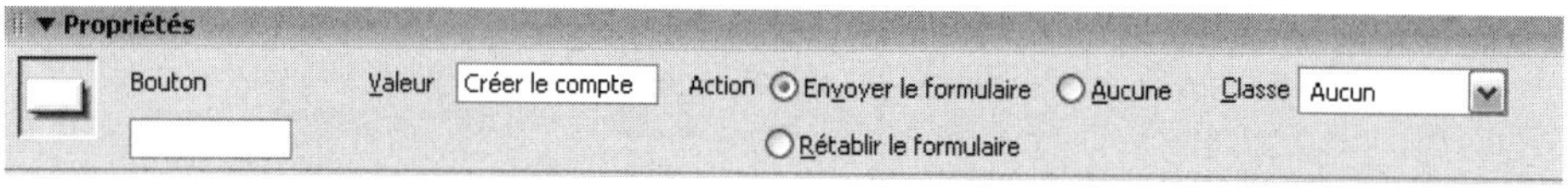

Figure 7.10

Renommez les boutons quand ceux-ci en ont besoin.

Dernier contrôle que vous pouvez mettre en place : la vérification en amont de présence de toutes les informations nécessaires à la création d'un compte utilisateur. Cela implique de savoir quels champs ont été laissés vides par le visiteur et lesquels d'entre eux étaient indispensables.

La mise en place de cette vérification passe par la mise en place d'un comportement statique propre à Dreamweaver : Valider le formulaire.

Info

Les comportements, présents dans Dreamweaver depuis la première version du logiciel, sont en fait une bibliothèque d'actions JavaScript prédéfinies. Ils permettent, comme ici, de vérifier le contenu d'un formulaire ou de créer des effets de roll-over, des animations, d'interagir sur des éléments multimédias… et bien d'autres choses encore.

Utilisez ce comportement de la façon suivante :

1. Sélectionnez la balise `<form>`, qui encadre le formulaire d'inscription présent sur votre page, grâce au sélecteur de balises.
2. Ajoutez l'action Valider le formulaire à l'aide du bouton Ajouter une action du panneau Comportements, situé dans Fenêtre ou à l'aide de Maj+F4 (voir Figure 7.11). La boîte de dialogue Valider le formulaire s'ouvre alors (voir Figure 7.12).
3. Sélectionnez un par un les champs de votre formulaire et, pour chacun d'eux, cochez la case Nécessaire dans la boîte de dialogue. Dreamweaver affichera alors un message d'erreur à la validation du formulaire si ces champs sont laissés vides.

Figure 7.11

Sélectionnez le comportement Valider le formulaire.

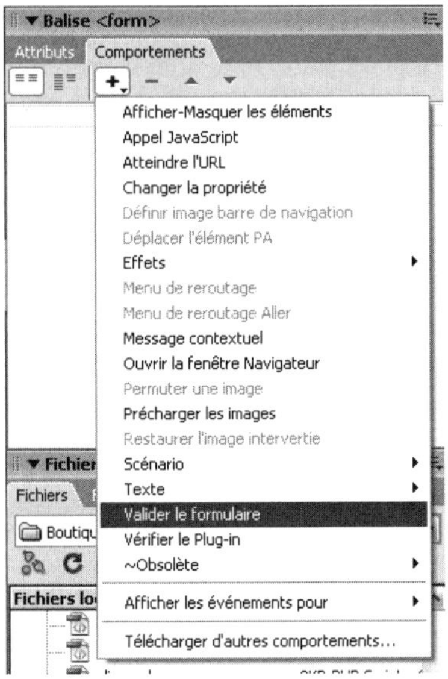

Figure 7.12

La boîte de dialogue Valider le formulaire.

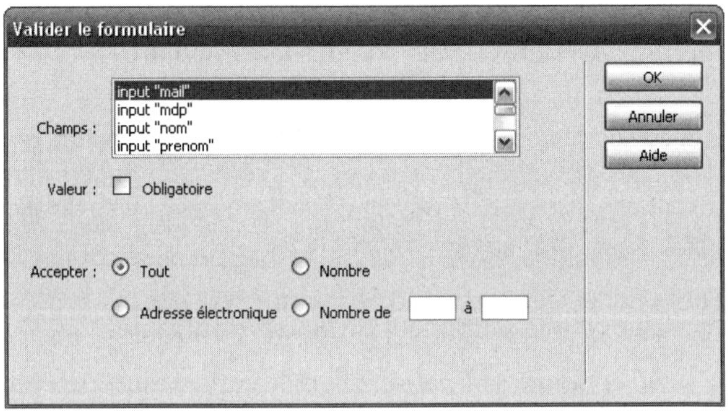

4. Sélectionnez ensuite le champ Mail et cochez la case Adresse e-mail de la zone Accepter. Cette option vérifie si la chaîne saisie dans le champ est bien une adresse e-mail. Elle vérifie seulement la mise en forme de l'adresse et ne permet en aucun cas de savoir si l'adresse est valide.

5. Cliquez sur le bouton OK pour valider vos choix et faire disparaître la fenêtre Valider le formulaire.

6. Assurez-vous que l'action Valider le formulaire est bien associée à l'événement `onSubmit` dans le panneau Comportements (voir Figure 7.13).

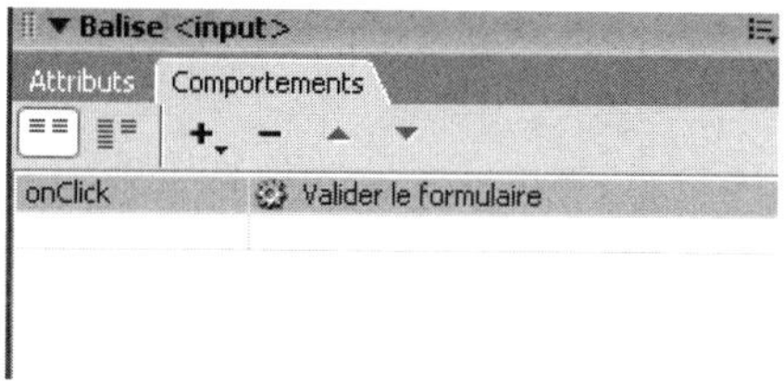

Figure 7.13
Le comportement est bien en place.

Si l'utilisateur entre dans un des champs du formulaire une valeur qui n'est pas acceptée par la procédure de test, il verra alors apparaître une boîte de dialogue lui indiquant l'erreur (voir Figure 7.14).

Figure 7.14
Si la validation du formulaire n'est pas correcte, l'utilisateur voit alors apparaître une boîte de dialogue lui indiquant l'erreur qu'il a commise en remplissant le formulaire.

Astuce

Le message d'erreur affiché par le comportement Valider le formulaire de Dreamweaver est loin d'être le plus clair possible. Vous pouvez modifier celui-ci en corrigeant la fonction JavaScript `MM_validateForm()`, présente dans le code source de votre page. Commencez donc par remplacer les termes anglais insérés par le logiciel par des phrases plus françaises.

Pour cela, utilisez le mode d'édition du code disponible dans Dreamweaver, à l'aide des boutons Code ou Fractionner, présents en haut de la fenêtre d'édition principale.

Vérification des doublons

Votre tâche n'est pas encore finie. Bien sûr, vous possédez désormais un formulaire d'inscription à votre site, et les données de celui-ci sont bel et bien insérées dans votre base de données. Mais il manque un petit quelque chose… Rien ne garantit actuellement que deux utilisateurs ne s'inscrivent pas avec la même adresse e-mail.

Bien entendu, si vous laissez ce formulaire en l'état, l'insertion de deux enregistrements possédant le même champ e-mail provoquera une erreur MySQL, du fait même de l'unicité du champ dans la base. Mais il y a certainement moyen de faire mieux que cela !

Vous allez greffer à votre formulaire une vérification de nom de l'utilisateur. C'est l'une des fonctions prédéfinies par Dreamweaver dans le cadre de la gestion des utilisateurs sur un site web !

Info

Tous les objets de gestion des utilisateurs se trouvent sous le menu déroulant Authentification de l'utilisateur dans la rubrique Objet de données du panneau Insertion.

1. Sélectionnez l'objet Vérifier le nouveau nom d'utilisateur dans le panneau Insertion > Objet de données > Authentification de l'utilisateur. La fenêtre du même nom s'ouvre alors (voir Figure 7.15).

Figure 7.15
Sélectionnez le champ qui fera l'objet d'une vérification.

2. Dans le champ Champ nom d'utilisateur, sélectionnez le nom du champ de formulaire qui correspond à l'identifiant de connexion du nouvel utilisateur. Il s'agit ici du champ Mail.
3. Dans le champ Si existe déjà, aller à, saisissez l'adresse de la page vers laquelle sera redirigé le nouvel inscrit s'il a choisi un identifiant déjà utilisé. Nous allons le rediriger vers la page d'inscription elle-même, en ajoutant un message d'erreur à celle-ci.
4. Cliquez sur le bouton OK pour valider.

Le contrôle est en place, et l'insertion de doublon dans votre base de données est désormais impossible. Il ne vous reste qu'à gérer l'erreur générée par une tentative de doublon par un message dans la page d'inscription.

Lors de l'échec de la création d'un enregistrement pour cause de doublon, Dreamweaver ajoute un paramètre à l'URL de la page d'échec que vous avez sélectionnée. Ce paramètre s'appelle `requsername` et contient la valeur doublon. Il est donc facile d'afficher un message d'erreur, uniquement à condition… que ce paramètre existe. Vous allez pour cela insérer directement du code PHP dans votre page Dreamweaver :

1. Saisissez tout d'abord, en haut du formulaire d'inscription, le message d'erreur qui devra s'afficher.
2. Placez à présent le point d'insertion juste devant ce message d'erreur et passez Dreamweaver en affichage de type fractionné. Vous avez désormais accès au code source de vos pages dans la partie supérieure de la fenêtre d'édition du logiciel (voir Figure 7.16).

Info

Dreamweaver permet de modifier directement le code source d'une page. Vous vous servirez massivement de cette possibilité dans les chapitres qui viennent.

Le logiciel propose pour cela un mode fractionné qui affiche en haut de la fenêtre d'édition le code source de votre page et en bas, sa version Wysiwyg, dont vous vous servez depuis le début de cet ouvrage.

Pour saisir directement du code, cliquez simplement dans la partie "Code" de la fenêtre d'édition, à l'endroit où votre fragment de code doit être inséré, et saisissez celui-ci. Pour valider vos modifications, pensez à revenir dans la section Wysiwyg, vos corrections y seront alors visibles.

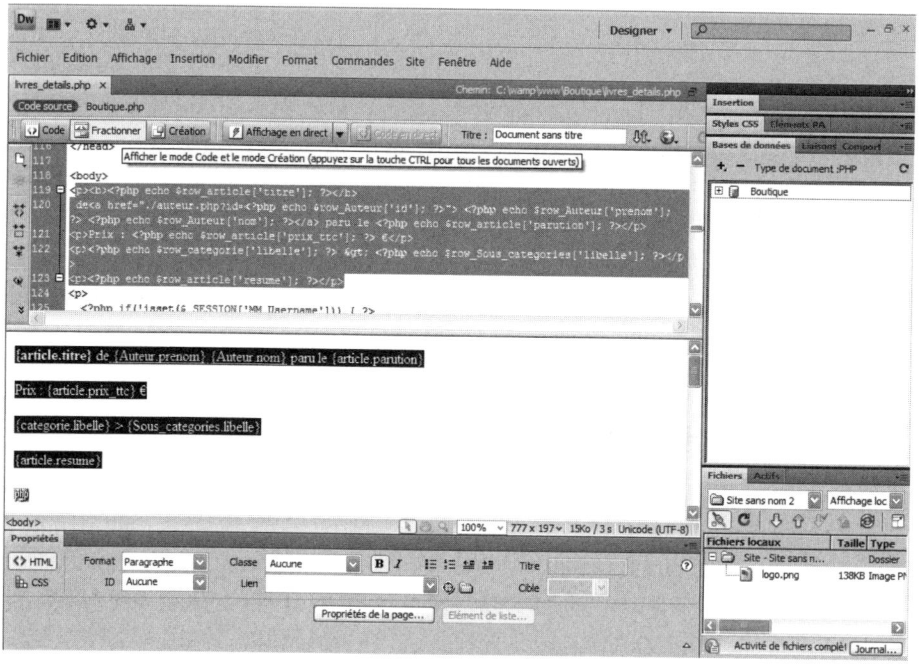

Figure 7.16

Le mode fractionné vous donne accès au code source de votre page.

3. Insérez le code suivant juste avant votre message d'erreur dans le code source de la page :

   ```
   <?php if (isset($_GET['requsername'])) {?>
   ```

   Ce morceau de code contient `isset`, une instruction très pratique. En effet, elle vérifie que l'argument entre ses parenthèses existe bien. Si `$_GET['requsername']` a une valeur (si l'utilisateur existe déjà) alors le morceau de code permet l'affichage de votre message d'alerte. Alors que si `$_GET['requsername']` n'existe pas (dès la première connexion à la page d'inscription) le message n'apparaîtra pas.

4. Insérez également cette courte portion de code juste après le message d'erreur. Elle a pour but de fermer l'instruction de type if définie ci-dessus.

   ```
   <?php } ?>
   ```

Astuce Vous pouvez également passer par la barre d'outils PHP de Dreamweaver pour insérer ce type d'instruction. Mais, au regard de la taille de ces modifications, le clavier semble cette fois plus rapide que la souris.

Il ne vous reste qu'à sauvegarder votre page, de créer celle qui affichera le message "Votre compte a bien été enregistré" et de faire un test. Essayez donc de créer un nouveau compte utilisateur à l'aide de ce formulaire, puis jetez un coup d'œil à votre base de données. Le nouveau client devrait s'y trouver !

Essayez également de créer un compte avec doublon afin de vérifier que l'affichage de votre message d'erreur est bien géré. Si c'est le cas, vous venez de terminer votre processus d'inscription.

Connexion, déconnexion des utilisateurs

Mais pourquoi avez-vous créé des utilisateurs ? Afin de pouvoir identifier ceux-ci sur l'ensemble du site et ainsi, plus tard, savoir à qui associer une commande… Et vous avez encore du chemin avant d'arriver à ce résultat. Certes, vos utilisateurs sont créés, mais ils ne peuvent hélas pas encore se connecter sur votre site. Nous allons y remédier.

Connecter l'utilisateur

Commençons par la connexion d'un utilisateur. Pour s'identifier, vos clients vont devoir saisir dans un formulaire leur adresse e-mail et le mot de passe qui correspond à leur compte.

Astuce

Afin de pouvoir utiliser ce formulaire de connexion sur toutes les pages de votre site, nous vous suggérons de développer celui-ci dans un élément de bibliothèque, de la même manière que l'avait été le moteur de recherche dans le chapitre précédent.

Toutefois, gardez en tête qu'un élément de bibliothèque ne peut pas contenir d'informations relatives à l'en-tête de vos pages ni donc de script PHP. Les procédures d'identification devront donc être ajoutées à la main sur chacune de vos pages à l'aide de la méthode décrite ci-après.

Dans un nouveau document, créez un formulaire simple composé de quatre éléments : le cadre du formulaire (nommé *login*), un champ de texte pour la saisie de l'adresse e-mail de l'utilisateur (nommé *mail*), un champ de type Mot de passe pour la saisie du… mot de passe (nommé *mdp*) et enfin un bouton de validation de la connexion (voir Figure 7.17).

Figure 7.17
Avant de mettre en place le script de connexion, un formulaire doit être présent sur la page.

Une fois ces éléments présents et correctement nommés, l'insertion de l'objet Connecter l'utilisateur peut débuter :

1. Sélectionnez l'objet Connecter l'utilisateur dans le panneau Données > Authentification de l'utilisateur. La boîte de dialogue du même nom s'ouvre alors (voir Figure 7.18).

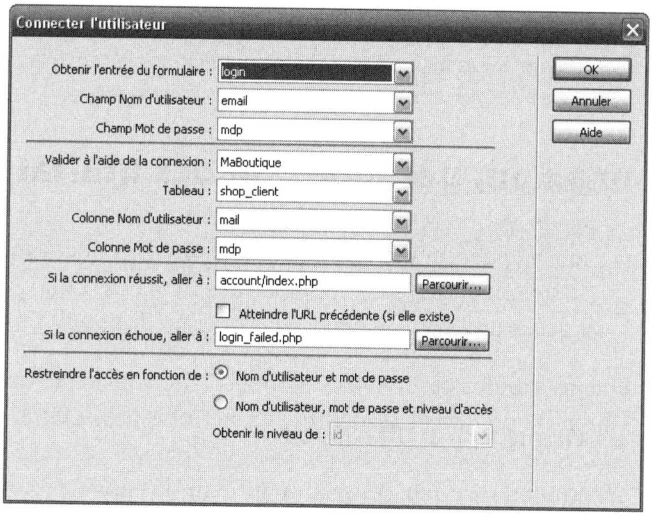

Figure 7.18
Comment doit-on identifier l'utilisateur ?

2. Sélectionnez tout d'abord dans le champ Obtenir l'entrée du formulaire, le nom du formulaire que vous venez de mettre en place. Vous signifiez ainsi, au cas où vous posséderiez plusieurs formulaires dans votre page, lequel sert à l'identification.

3. Sélectionnez ensuite, dans les champs Champ nom d'utilisateur et Champ mot de passe, les deux zones correspondant à ces données dans le formulaire que vous venez de créer.

4. Sélectionnez, dans la liste Valider à l'aide de la connexion, la connexion qui servira à joindre la table des clients que vous avez créée dans votre base de données.

5. Sélectionnez ensuite la table des clients dans la liste déroulante Tableau, et complétez les champs Colonne nom d'utilisateur et Colonne mot de passe avec les deux colonnes correspondant à ces informations dans votre table (*mail* et *mdp*).

6. Complétez à présent les deux champs Si la connexion réussit, aller à et Si la connexion échoue, aller à avec les adresses des pages de confirmation de la connexion ou de refus de la connexion.

   Vous pouvez localiser ces pages facilement à l'aide des boutons Parcourir, présents sur la droite de chacun des champs.

Astuce

Nous vous conseillons, en cas d'acceptation de la connexion, de rediriger votre visiteur vers la page même sur laquelle il était en train de naviguer. Vous verrez un peu plus loin dans ce chapitre comment savoir qu'un utilisateur est bien connecté sur le site. Mais, dans tous les cas, prévoyez une page d'erreur en cas de refus de connexion.

7. Définissez enfin si la connexion donne droit à un niveau d'utilisation particulier. Cette option pourrait vous permettre de gérer des niveaux d'accès sur votre site et ainsi de définir des administrateurs et des clients simples. Nous n'utiliserons pas ces fonctionnalités dans la boutique, cochez donc simplement la case Restreindre l'accès en fonction de Nom d'utilisateur et mot de passe.

Une fois toutes ces données définies, il ne vous reste qu'à cliquer sur le bouton OK pour valider le processus d'identification. Votre formulaire de connexion est en place. Libre à vous de l'insérer sur n'importe quelle page de votre site ; par exemple sur la page de description détaillée d'un ouvrage (voir Figure 7.19).

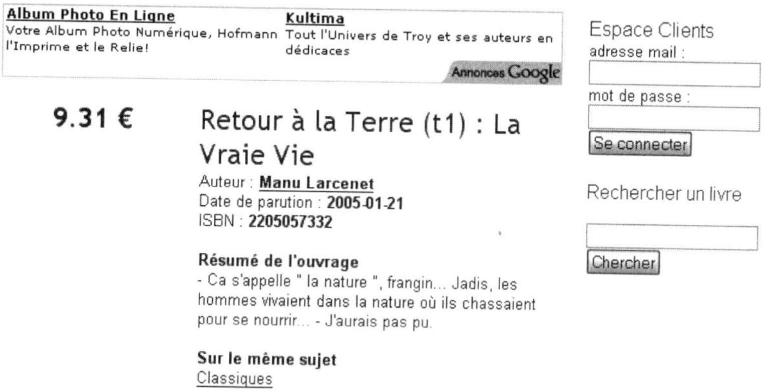

Figure 7.19

L'identification, intégrée au catalogue du site.

Info Que faire si l'utilisateur oublie son mot de passe ? Deux solutions s'offrent à vous : soit réinitialiser un nouveau mot de passe et l'envoyer au client par mail, soit lui envoyer simplement un mail de rappel contenant son mot de passe initial. Dans les deux cas, les données devront exclusivement être envoyées à l'adresse mail saisie pour la création du compte client de départ, pour des raisons de sécurité évidentes.

Déconnecter l'utilisateur

Pour déconnecter un utilisateur, la méthode est encore plus simple. Une page blanche peut suffire.

1. Créez donc une nouvelle page blanche à la racine de votre site et nommez celle-ci `logout.php`.
2. Sélectionnez l'objet Déconnecter l'utilisateur dans le panneau Insertion > Objets de données > Authentification de l'utilisateur. La boîte de dialogue de déconnexion s'ouvre alors (voir Figure 7.20).

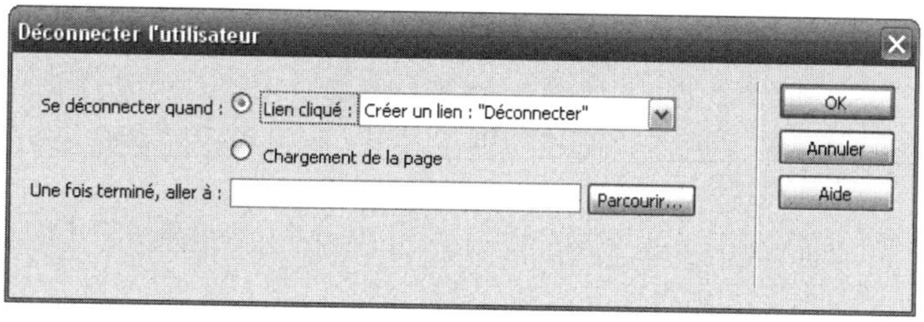

Figure 7.20

La définition d'une procédure de déconnexion est des plus simples.

3. Dans le champ Se déconnecter quand, cochez l'option Chargement de page.
4. Dans le champ Une fois terminé, aller à, sélectionnez la page où l'utilisateur doit arriver une fois la déconnexion réussie. Vous pouvez utiliser le bouton Parcourir afin de localiser celle-ci plus facilement. Le plus simple est d'envoyer votre client vers une page lui confirmant sa déconnexion (voir Figure 7.21).

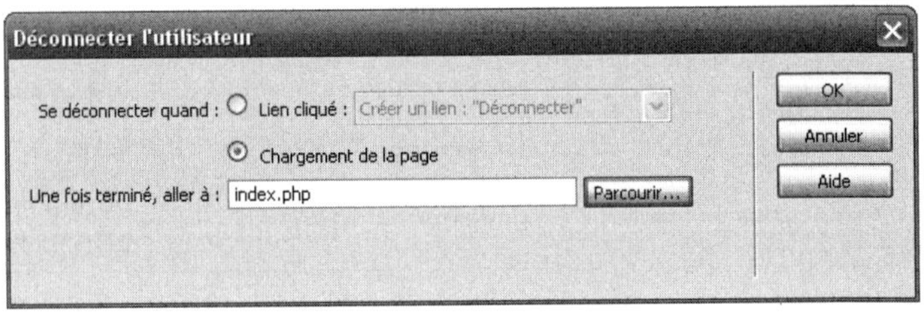

Figure 7.21
Un message de confirmation est toujours le bienvenu.

5. Cliquez sur OK pour valider la procédure de déconnexion.

Si vous souhaitez que vos utilisateurs puissent se déconnecter, vous n'aurez qu'à créer un lien vers cette page. Ils seront alors automatiquement déconnectés du site à son chargement.

Info

Il est également possible de définir que la déconnexion d'un utilisateur ait lieu lorsque celui-ci clique sur un certain lien ou un certain bouton d'une page. Pour cela, sélectionnez l'option Lien cliqué dans la boîte de dialogue Déconnecter l'utilisateur et choisissez dans la liste déroulante attenante le lien qui aura cette fonction.

La section Client du site

Inscription, connexion, déconnexion..., votre panoplie d'outils au service du client s'étoffe. Il est désormais temps de passer à la mise en place de la partie centrale de l'accueil de celui-ci. Vous allez bâtir, très simplement, dans les pages suivantes les deux premières pages de la section client de votre boutique.

La première page va servir de tableau de bord. Elle possédera une série de liens vers le panier actuel du client, son historique de commande, ses informations personnelles...

La seconde page proposera au client la modification de ces informations personnelles.

Création d'une page à accès restreint

Commençons par la page d'accueil de la section Client.

Cette page, appellons-la index.php, ne contient en fait qu'une série de liens qu'il vous est très facile de mettre en place :

- un premier lien nommé "Votre panier", vers le panier actuel du client (*/account/panier.php*) ;
- un deuxième, nommé "Vos informations personnelles", lié à un formulaire permettant au client de modifier à tout moment ses coordonnées ;
- un dernier, intitulé "Vos commandes", attaché à une page résumant l'ensemble des commandes passées par le client depuis son inscription à votre boutique en ligne.

Info

Deux de ces pages (le panier et le récapitulatif des commandes passées) seront abordées dans l'un des chapitres suivants de cet ouvrage.

Enfin, dans la navigation de la page se devra d'être présent un lien de type Déconnexion, assurant au client la possibilité de se déconnecter du site à tout moment.

Comme vous pouvez le constater, cette page n'est pas des plus difficiles à mettre en place. Quelques minutes avec l'interface de Dreamweaver devraient largement y suffire.

Reste à rendre cette page uniquement accessible aux clients connectés. Pour cela, vous allez utiliser l'un des objets définis par défaut par Dreamweaver : Restreindre l'accès à la page. Avec cet objet, vous pouvez non seulement vérifier qu'un utilisateur est bien identifié avant de lui afficher le contenu d'une page mais également le rediriger vers un formulaire d'identification dans le cas contraire. L'utilisation de cet outil est des plus simples :

1. Sélectionnez l'objet Restreindre l'accès à la page dans le panneau Insertion > Objets de données > Authentification de l'utilisateur. La boîte de dialogue du même nom s'ouvre alors (voir Figure 7.22).
2. L'accès au panneau Client est uniquement réservé aux clients authentifiés. Cochez donc la case Restreindre en fonction du nom d'utilisateur et mot de passe.

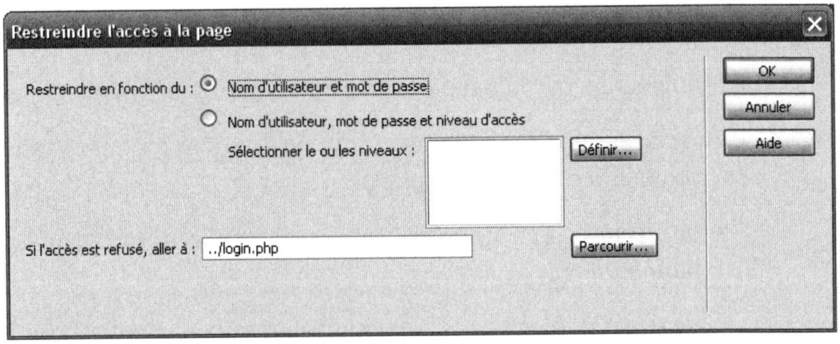

Figure 7.22
À qui l'accès à cette page doit-il être réservé ?

Info

Dreamweaver offre également la possibilité de limiter l'accès à une page de votre site web en fonction d'un niveau d'accès défini dans la table **shop_client** de votre base de données. Ainsi, vous pourriez imaginer une section Administration de votre site web à laquelle seuls vous et vos collaborateurs aurez accès. Cette méthode n'est pas utilisée dans cet ouvrage, mais gardez en tête qu'elle existe bel et bien.

3. Complétez le champ Si l'accès est refusé, aller à... avec la page vers laquelle seront redirigés les visiteurs non identifiés (ou n'ayant pas les droits nécessaires à la visualisation de la page). Dans le cadre de votre boutique, le plus simple reste de rediriger vos visiteurs vers une page proposant à la fois la connexion au site (dans le cas de clients existants) et la création d'un nouveau compte client (dans le cas de simples visiteurs). Cette page est assez facile à mettre en place. Elle reprend l'ensemble des éléments de gestion des comptes clients présentés au début de ce chapitre (voir Figure 7.23).
4. Validez l'ensemble des options choisies et sauvegardez la page en cours.

Votre page est désormais protégée et n'est accessible qu'aux clients authentifiés. Pour vous en convaincre, rendez-vous sur celle-ci à l'aide de votre navigateur habituel, sur votre serveur de test. L'adresse de cette page est logiquement http://localhost/account/index.php. Vous devriez être redirigé vers la page de connexion que vous avez définie en cas d'accès refusé.

Si vous vous connectez sur cette page à l'aide d'un compte client déjà disponible dans la base, vous pourrez revenir à la page d'accueil de votre compte très facilement. Celle-ci s'affichera alors sans problème (voir Figure 7.24).

Figure 7.23

Proposez une page de connexion/création de compte indépendante pour vos visiteurs.

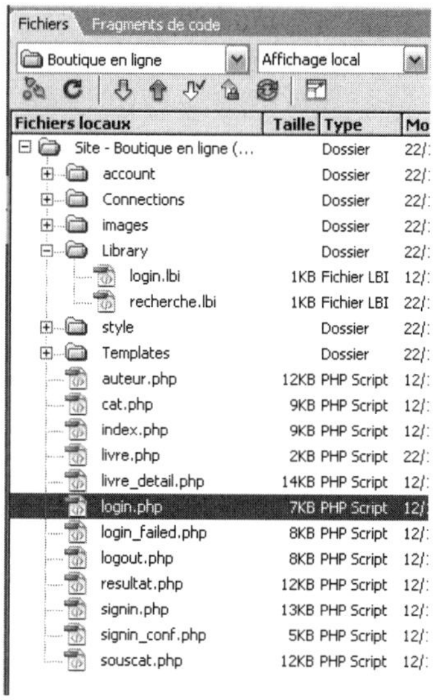

Figure 7.24

La connexion est acceptée, vous voici connecté à votre espace client.

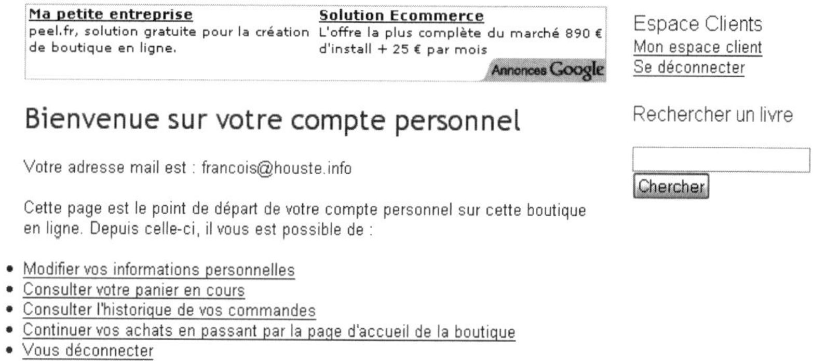

Mise à jour des informations personnelles du client

Seconde page que vous allez créer dans ce chapitre, le formulaire destiné à la modification des données personnelles de votre client. Cette page est des plus simples à créer !

Vous allez pour cela utiliser l'objet Formulaire de mise à jour des enregistrements. Il fonctionne de manière pratiquement identique à l'objet d'insertion d'enregistrement que vous avez utilisé lors de la création du compte client au début de ce chapitre (voir Figure 7.25).

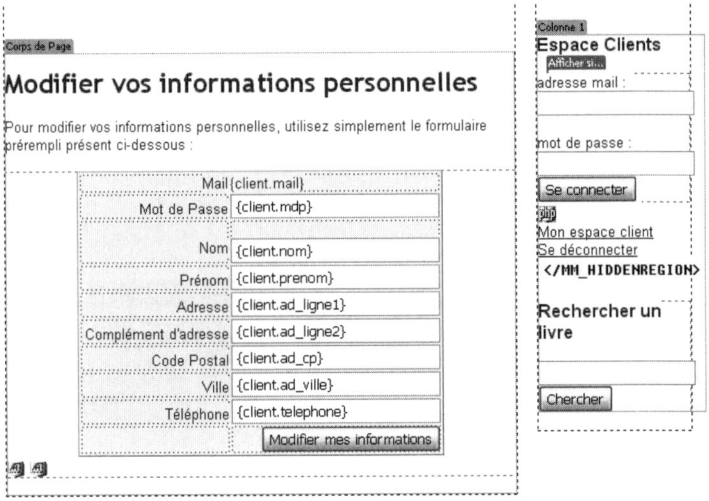

Figure 7.25
Un formulaire de mise à jour ressemble comme deux gouttes d'eau à un formulaire d'enregistrement.

Ce type d'objet affiche dans différents champs de formulaire les données déjà présentes dans votre table de données. L'utilisateur peut alors en modifier le contenu directement dans ce formulaire et envoyer ces modifications à la base de données.

La création d'un formulaire de mise à jour suit les mêmes principes que celle d'un formulaire d'insertion. Elle nécessite néanmoins quelques informations supplémentaires dans la mesure où, avant la mise à jour, les données de la table doivent déjà être affichées sur la page.

Créez une nouvelle page utilisant la technologie PHP et associez à cette page un jeu d'enregistrements contenant l'ensemble des champs que vous souhaitez mettre à jour à l'aide du formulaire de mise à jour.

Pour créer ce jeu d'enregistrements, vous avez besoin d'utiliser les variables de session disponibles dans Dreamweaver, c'est-à-dire l'adresse e-mail utilisée par votre client pour sa connexion. Utilisez la méthode habituelle de création des jeux d'enregistrements et sélectionnez l'ensemble des colonnes de la table **shop_client** avec comme critère de filtre les paramètres suivants :

```
mail égal à la variable de session MM_Username.
```

Info : `MM_Username` est une variable de session créée automatiquement par Dreamweaver lors de la connexion d'un utilisateur à l'aide des méthodes disponibles dans le logiciel et lors de la mise en place d'une restriction d'accès sur certaines de vos pages. Elle est automatiquement renseignée avec l'identifiant de connexion utilisé par vos clients. Seul inconvénient, elle n'est pas disponible dans les pages dont l'accès n'est pas restreint… comme vous le verrez plus loin dans ce chapitre.

Cette requête simple permet d'obtenir l'ensemble des informations disponibles pour un client connecté, suivant son adresse e-mail. Une fois ce jeu d'enregistrements défini, la création du formulaire de mise à jour est chose simple :

1. Dans le panneau Insertion > Objets de données > Mettre à jour l'enregistrement, sélectionnez l'objet Assistant de formulaire de mise à jour des enregistrements (voir Figure 7.26).

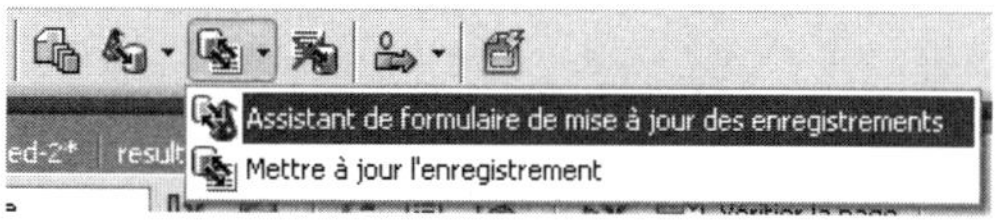

Figure 7.26
Sélectionnez l'objet Assistant de formulaire de mise à jour des enregistrements.

2. La boîte de dialogue Formulaire de mise à jour des enregistrements s'ouvre alors (voir Figure 7.27), elle est semblable à celle utilisée pour la création d'un formulaire d'insertion.

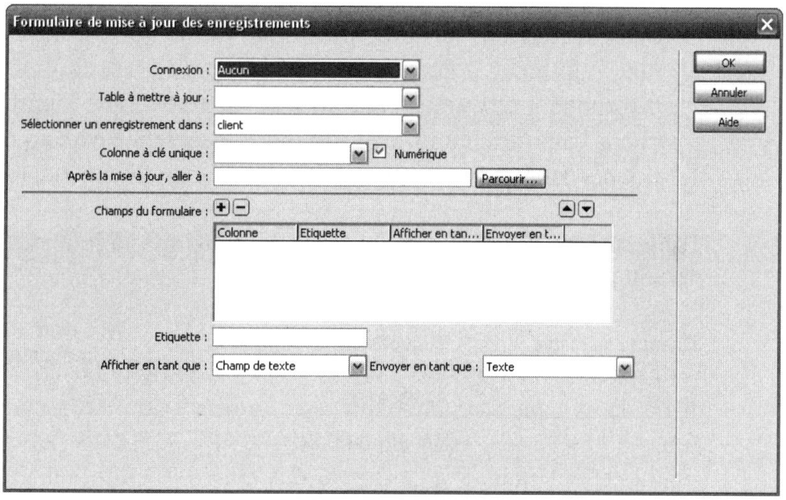

Figure 7.27
Sélectionnez la table et les données qu'il faudra mettre à jour.

3. Sélectionnez tout d'abord la connexion à utiliser pour votre formulaire puis, dans le champ Table, la table qui sera mise à jour à partir de celui-ci. Dans le champ Jeu d'enregistrements, sélectionnez le jeu chargé de récupérer les données qui seront affichées dans le formulaire avant mise à jour : il s'agit ici de la table **shop_client** et du jeu d'enregistrements que vous avez créé il y a quelques instants.

4. Indiquez ensuite quel champ fait office de clé unique dans la table que vous souhaitez mettre à jour (dans notre cas, le champ id). Si cette clé est définie dans votre table comme une valeur numérique, assurez-vous que la case Numérique, présente à droite du champ Clé unique, est bien cochée.

   Cette clé est indispensable afin que Dreamweaver soit certain de mettre à jour le bon enregistrement dans la table de destination.

5. Dans le champ Après la mise à jour, aller à, sélectionnez la page qui sera affichée après que l'utilisateur aura effectué la mise à jour d'un enregistrement. Vous pouvez facilement retrouver celle-ci à l'aide du bouton Parcourir, présent en fin du champ. Sélectionnez par exemple la page d'accueil de la section Client de votre boutique.

6. Détaillez à présent, à l'aide de la liste Champs du formulaire et des champs suivants, les colonnes qui devront être mises à jour à l'aide de votre formulaire. La personnalisation de celui-ci suit le même principe que la personnalisation du formulaire d'insertion. Pour vous aider, le Tableau 7.3 récapitule les valeurs à donner à ces différents champs de formulaire.

   Seule différence, la valeur par défaut de chaque colonne est ici déjà renseignée par une formule du type `<%=(Update.Fields.Item("nom_de_la_variable_de_chaque_colonne").Value)%>`. Cette formule signifie que Dreamweaver affichera dans le champ de formulaire l'ancienne valeur de l'enregistrement sélectionné, celle-ci étant issue du jeu d'enregistrements déjà sélectionné.

Tableau 7.3 : Paramétrage du formulaire de mise à jour des informations personnelles du client

Champ de la table	Étiquette	Type de champ de formulaire	Type de données
`mail`	Adresse Mail	Texte	Texte
`mdp`	Mot de passe	Caché	Texte
`nom`	Nom	Texte	Texte
`prenom`	Prénom	Texte	Texte
`ad_ligne1`	Adresse	Texte	Texte
`ad_ligne2`	Adresse (complément)	Texte	Texte
`ad_cp`	Code postal	Texte	Texte
`ad_ville`	Ville	Texte	Texte
`telephone`	Numéro de téléphone	Texte	Texte

Astuce

Gardez bien en tête que TOUS les champs de votre table doivent être présents dans le formulaire, y compris ceux que vous ne souhaitez pas voir modifier par votre client. Dans le cas contraire, Dreamweaver renseignera d'une valeur vide les champs manquants. Ce qui peut se révéler une catastrophe… Pensez donc à toujours placer les champs que vous ne souhaitez pas afficher dans un champ de formulaire caché !

7. Une fois l'ensemble de ces champs défini et le formulaire personnalisé, cliquez sur le bouton OK pour valider la création du formulaire de mise à jour.

Après quelques secondes, Dreamweaver affiche le formulaire final dans sa fenêtre principale (voir Figure 7.28). Il ne vous reste qu'à modifier la mise en page de celui-ci et à le tester.

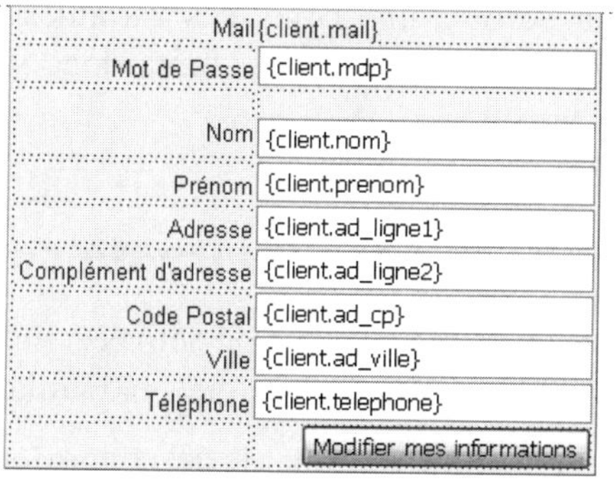

Figure 7.28
Le formulaire de mise à jour des enregistrements est en place.

Vous possédez désormais les bases nécessaires à la mise en place de l'espace Client de votre boutique en ligne. En utilisant les différentes techniques déjà décrites (inscription, connexion, identification…), vous pouvez facilement multiplier les pages d'accès restreint sur votre site. Mais quelques points restent encore à aborder…

Reconnaître un utilisateur dans une zone non restreinte

Vous venez de mettre au point une zone d'accès restreint très efficace sur votre site web. Ce système vous permet de connaître un client à tout moment… à condition que la page sur laquelle il navigue soit réservée à son accès. Que se passe-t-il si vous voulez utiliser des données du client pour une page publique ? Pour, par exemple, n'afficher le formulaire de connexion à la boutique que si votre client n'est pas encore identifié ?

Dreamweaver ne gère pas, par défaut, les variables de session PHP en dehors des pages d'accès restreint. La variable `MM_Username` est par exemple inaccessible depuis la page de description détaillée d'un ouvrage. Pour vous en convaincre, essayez simplement d'insérer celle-ci dans votre page depuis le panneau Jeux d'enregistrements et testez le résultat sur votre serveur d'évaluation. Aucun texte ne sera affiché à l'emplacement choisi…

Il vous faut donc forcer légèrement les choses et imposer à Dreamweaver d'ouvrir les variables de session en toutes circonstances. Cela passe par une modification directe dans le code source de votre page.

Utilisez pour cela le mode fractionné de l'affichage de Dreamweaver et insérer la simple ligne suivante au tout début de votre page :

```
<?php session_start(); ?>
```

Ce code PHP sert uniquement à activer les variables de session sur votre page. S'il est présent au début d'une page, ces variables seront alors directement accessibles sur l'ensemble de la page. Vous pourrez donc savoir à tout moment si un utilisateur est connecté ou non…

Intégration du formulaire de connexion

Une fois les variables de session activées, il devient facile de les interroger… Même si cela vous demande encore quelques bidouillages à l'aide de code PHP.

Pour intégrer votre formulaire de connexion à la page de description détaillée des ouvrages, procédez de la façon suivante :

1. Utilisez les éléments de bibliothèque que vous avez définis au tout début de ce chapitre (pour le formulaire de connexion et le lien de déconnexion de votre boutique) et insérez ceux-ci à la suite l'un de l'autre sur votre page, à l'endroit où ils doivent finalement apparaître (voir Figure 7.29).

   Pensez également à ajouter les différents objets destinés à rendre opérationnel ce formulaire.

2. Placez le point d'insertion de Dreamweaver juste devant le formulaire d'identification et passez dans la fenêtre de code de Dreamweaver.

3. Juste devant la balise d'ouverture <p> qui précède le formulaire à proprement parler, insérez ce code :

   ```
   <?php if (!isset($_SESSION['MM_Username'])) {?>
   ```

   Ce qui donne :

   ```
   <p><?php if (!isset($_SESSION['MM_Username'])) {?>
   <form id="form1" name="form1" method="post" action…
   ```

Figure 7.29
Deux éléments distincts sont présents… reste à savoir lequel afficher…

> **Info** En PHP, la fonction `isset()` sert à savoir si une variable est bel et bien définie dans la page actuelle. La condition négative appliquée ici vous permet de savoir que la variable de session `MM_Username` n'existe pas. Et, donc, qu'aucun client n'est connecté. Il vous faut donc afficher le formulaire de connexion déjà créé.

4. Placez maintenant le point d'insertion derrière la balise `</p>` suivant le formulaire d'identification et insérez le code PHP suivant :

```
<?php }?>
<?php if (isset($_SESSION['MM_Username'])) { ?>
```

5. Enfin, repérez la balise `</p>` mettant fin au lien de déconnexion présent sur la page et insérez à sa suite le code :

```
<?php }?>
```

6. N'oubliez pas de sauvegarder votre page !

Vous venez de définir une condition PHP que l'on pourrait résumer de la façon suivante :

```
Si aucun client n'est connecté (MM_Username n'existe pas), alors afficher le
formulaire de connexion.
Si un client est connecté (MM_Username existe), alors afficher le lien de
déconnexion.
```

Le code final de votre formulaire de connexion doit ressembler à cela :

```
<meta http-equiv="Content-Type" content="text/html; charset=utf-8">
<li>
  <h2>Espace Clients</h2>
<?php if (!isset($_SESSION['MM_Username'])) { ?>
<ul>
```

```
<form action="" method="post" name="login" id="login">
  <p>adresse mail :
    <input name="email" type="text" id="email">
    <br>
    mot de passe :
    <input name="mdp" type="password" id="mdp">
    <input type="submit" name="Submit" value="Se connecter">
</p>
</form>
</ul></li>
<?php } else { ?>
<ul>
  <p><a href="../account/index.php">Mon espace client</a> <br>
  <a href="../logout.php">Se déconnecter</a></p>
  </ul>
</li><?php } ?>
```

Vous pouvez réutiliser cette technique pour afficher le formulaire de connexion sur toutes les pages de votre catalogue d'ouvrage.

Info

Parmi les incohérences de Dreamweaver, on notera son utilisation parfois erratique des sessions. Si vous souhaitez afficher des données relatives à un client sur une page livre d'accès, vous devez obligatoirement activer les variables de session par vous-même à l'aide de la commande PHP `session_start()`. En revanche, dès que vous faites appel sur une page à un objet impliquant l'identification d'un client, Dreamweaver se charge lui-même d'activer les variables de session. En fonction de la façon dont vous créez vos pages, les variables de session peuvent donc être activées deux fois dans la même page : une fois par vous-même, une seconde par Dreamweaver. Si le code en résultant n'est pas optimal, l'impact sur le comportement final de votre site est nul.

8 Gérer les commandes des clients

Au sommaire de ce chapitre

- Un peu de théorie
- Modification de la page de description
- Création du panier
- Validation de la commande
- Page de validation
- Résumé des commandes

Plus encore qu'un catalogue de produits ou que la collecte d'informations clients, le processus de commande est réellement le cœur de votre boutique en ligne. C'est en effet grâce à lui que vous réaliserez vos bénéfices et que votre boutique se montrera fonctionnelle ou non.

Depuis la démocratisation du commerce en ligne, le principe de la section d'achat d'une boutique s'est quelque peu standardisé. Cette section doit comprendre un panier, zone de traitement temporaire des achats qui permet au client de revenir sur ces choix et de stocker ses achats potentiels entre deux visites, et une zone de validation, véritable passage en caisse.

Ce sont ces deux zones que vous allez construire ici.

Un peu de théorie

Avant de vous lancer dans la réalisation concrète de votre processus de commande, un peu de théorie s'impose. La mise en place du panier client et la validation complète des commandes est un processus complexe qui demande une description détaillée. L'opération démarre dès la page de description d'un ouvrage, au moment où le client décide de passer à l'achat.

Modification du descriptif des produits

Deux options s'offrent à vous pour l'entrée d'un article dans le panier depuis la page de description détaillée des ouvrages : afficher un bouton de commande quelles que soient les circonstances et identifier les clients par la suite, ou n'offrir la possibilité d'acheter qu'aux clients connectés.

Pour des raisons pratiques, c'est cette seconde option qui va être choisie dans cet ouvrage. La page de description d'un livre va donc devoir être modifiée de la façon suivante :

- Si le client n'est pas encore identifié sur le site, lui proposer un formulaire de connexion. Cela a déjà été réalisé dans le chapitre précédent.
- Si le client est identifié et ne possède pas l'article courant dans son panier, lui proposer un lien Acheter qui ajoute automatiquement l'ouvrage en question dans son panier. Techniquement, cela se traduit par l'insertion d'un enregistrement dans la table **shop_panier**, contenant la référence de l'article en question et l'identifiant unique du client connecté.
- Si le client est connecté et possède déjà l'article dans son panier, l'informer que cet article est déjà dans son panier, et lui offrir la possibilité de modifier la quantité d'articles commandés par l'intermédiaire d'un simple lien.

La mise en place de ces trois options va vous demander un peu de code PHP propre, quelques jeux d'enregistrements et un peu de HTML. Mais rien de bien méchant, rassurez-vous !

Gestion du panier

Le panier du client est une page à part. Elle affiche l'ensemble des articles présents dans le panier du client connecté. Cette page n'est d'ailleurs disponible que si le client est effectivement identifié sur votre boutique en ligne et fait partie de sa section Client.

Pour chaque article présent dans le panier et donc ajouté au moyen du lien présent sur la page de description détaillée, deux actions sont possibles :

- modifier la quantité d'articles commandés ;
- supprimer un article du panier.

En plus de ces actions, la page du panier affichera dynamiquement le prix total à payer pour chacun des articles, suivant la quantité commandée et la somme totale du panier.

Astuce

Pour des raisons pratiques, aussi bien pour vous que pour le client, un panier est lié à un identifiant de client et non pas à une session particulière. Cela permet de conserver le contenu du panier dans la base de données entre deux visites de votre client, même si celui-ci n'effectue aucune validation. L'inconvénient est que, pour ajouter un article au panier, vos clients doivent déjà être authentifiés, ce qui impose les modifications de la page de description décrites plus haut.

Validation du panier

Un lien sur la page du panier permet la validation du panier courant du client. Cette validation est valable pour l'ensemble des articles présents dans le panier du client, qui passent alors en statut d'articles commandés.

Techniquement, la validation du panier est effectuée par une page dédiée à cet usage. Cette page effectue trois opérations à la suite :

1. Création d'un nouvel enregistrement dans la table Commande. Cet enregistrement contient l'identifiant unique du client, la date de commande effective ainsi que la somme totale à payer avec et sans taxes. À ce moment, l'identifiant unique de commande est généré, permettant de distinguer chacune des commandes passées sur la boutique.
2. La première ligne du panier est lue dans la base de données et copiée dans la table **shop_ligne_commande**. L'article est alors considéré comme faisant l'objet d'une commande ferme. Cette ligne est complétée par le prix unitaire de l'article et le prix total de la ligne de commande en cas d'envoi groupé. Ces deux informations sont renseignées à l'aide des valeurs hors taxe et toutes taxes comprises.
3. Enfin, l'enregistrement correspondant à l'article en cours est effacé de la table **shop_panier** afin de ne plus faire l'objet d'une prochaine commande de façon accidentelle. Ces deux dernières opérations sont effectuées pour chacun des articles présents dans le panier au moment de la commande.

Une fois ces trois opérations effectuées, la commande peut être considérée comme validée. Son résumé est donc affiché sur le compte personnel du client.

Le reste est une histoire de paiement, abordé au chapitre suivant, et de logistique.

Astuce

Le traitement appliqué ici s'appelle traitement par lot ou traitement batch. Il consiste à appliquer une même action à plusieurs enregistrements à la suite, sans qu'aucune action de l'utilisateur ne soit nécessaire. Ce type de traitement n'est pas gérable directement à l'aide de Dreamweaver. Dans la logique de développement du programme, chaque action sur une base de données doit être liée à une action de l'utilisateur… Vous allez donc devoir coder à la main la migration des articles du panier vers la table de commande. Heureusement, le script à utiliser est détaillé dans les pages suivantes.

Modification de la page de description des articles

Si vous avez suivi toutes les modifications apportées à la page de descriptif des articles dans le chapitre précédent, celle-ci doit désormais se comporter de la manière suivante :

- Si aucun client n'est connecté, un formulaire de connexion apparaît (voir Figure 8.1).
- Si un client est déjà connecté à la boutique, seul un lien de déconnexion est affiché.

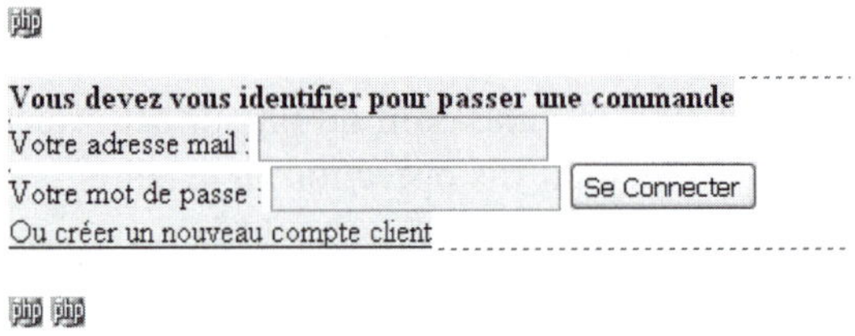

Figure 8.1
Permettre la connexion des clients n'est qu'une première étape.

Reste à mettre en place les autres comportements nécessaires à l'achat d'un objet par vos clients. Traitons tout d'abord le cas le plus complexe : votre client doit valider son achat.

Mise en place d'un lien Acheter

Vous vous en doutez, le lien qui valide l'achat d'un livre sur votre boutique est loin d'être un simple lien. Il s'agit d'ajouter à votre table **shop_panier** une ligne complète associant le client connecté actuellement à l'article qu'il est en train de visualiser. Pour cela, comme pour tout ajout dans une table de votre base de données à l'aide de Dreamweaver, vous allez devoir utiliser un formulaire complet.

Les données nécessaires

Mais faisons tout d'abord le tour des données qui sont nécessaires à la table **shop_panier**. Il vous faut renseigner dans celle-ci :

- L'identifiant du client effectuant la commande actuelle. Cet identifiant est en fait son adresse e-mail, unique dans votre base de données et récupérable de façon très simple grâce aux variables de session initialisées par Dreamweaver.
- L'identifiant de l'article ajouté au panier. Très simple à trouver également, puisque c'est cet identifiant, passé dans l'URL de la page, qui détermine l'article affiché actuellement.

- La quantité d'articles commandés. Par défaut, les ajouts d'articles au panier se feront par quantité de 1 uniquement. Il est en effet rare qu'un client commande une cinquantaine d'exemplaires du même livre en une seule fois.

Astuce

L'identifiant unique de la ligne du panier ne sera pas renseigné à partir du formulaire. En effet, vous avez défini celui-ci comme étant auto-incrémenté lors de la création de votre base de données. Une valeur, unique, lui sera donc automatiquement attribuée lors de la création de la ligne dans la table.

Mise en place du formulaire

Les trois données définies plus haut doivent donc être présentes dans le formulaire d'achat. Mais, comme vous pouvez vous en douter, elles n'ont pas à être affichées sur votre page. En effet, votre client n'a rien à faire d'un identifiant d'article ou d'une quantité qu'il ne peut changer.

Votre formulaire va donc principalement se fonder sur des champs cachés.

1. À l'aide de l'outil Formulaire de la barre d'outils Formulaires de Dreamweaver, commencez par insérer un nouveau formulaire sur votre page et nommez celui-ci Achat. Ce formulaire doit se trouver dans la section "Connecté" de votre page, c'est-à-dire entre les codes <?php if (isset($_SESSION['MM_Username'])) { ?> et < ?php } ?>, que vous avez ajoutés à la page à la fin du chapitre précédent.
2. Dans ce formulaire, insérez trois champs de formulaire de type Champ masqué. Son icône se situe dans la barre d'outils, juste à côté de celle destinée à créer un champ visible. Nommez ceux-ci conformément aux valeurs du Tableau 8.1.

Tableau 8.1 : Composition du formulaire d'achat d'un article

Nom	Type	Valeur par défaut
client	Champ masqué	<?php echo $_SESSION['MM_Username']; ?>
article	Champ masqué	<?php echo $row_Livre['id']; ?>
quantité	Champ masqué	1

La valeur par défaut du champ client correspond donc à la variable de session MM_Username. Celle du champ Article, à la colonne id du jeu d'enregistrements Livre, déjà utilisé pour afficher les détails de l'ouvrage plus haut dans la page.

3. Ajoutez à votre formulaire un objet du type Bouton et personnalisez-le en lui donnant Acheter comme valeur d'étiquette (voir Figure 8.2).

Figure 8.2
Définissez le texte qui apparaîtra sur le bouton d'achat à l'aide du champ Étiquette.

Une fois ces différents éléments en place, votre formulaire d'achat est en place (voir Figure 8.3). Il ne vous reste plus qu'à lui appliquer le comportement adéquat afin de mettre à jour la table **shop_panier**.

Figure 8.3
Votre formulaire d'achat se compose principalement de champs masqués.

Validation du formulaire

La mise en place de la validation du formulaire passe par un comportement de type Insérer un enregistrement :

1. Sélectionnez l'objet Insérer un enregistrement dans Insersion > Objets de données de Dreamweaver. La boîte de dialogue correspondante s'ouvre alors (voir Figure 8.4). Vous connaissez celle-ci puisque vous l'avez déjà utilisée pour le formulaire d'inscription de vos clients à votre boutique.

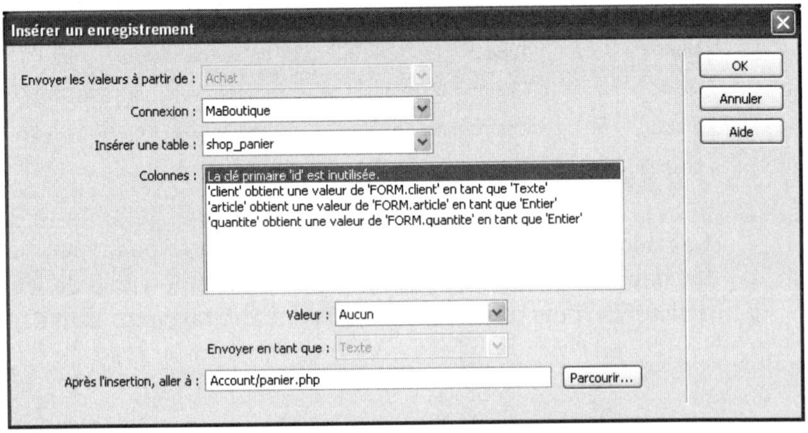

Figure 8.4
L'insertion d'un enregistrement passe par une simple boîte de dialogue.

2. Dans la liste déroulante Envoyer les valeurs à partir de, sélectionnez le formulaire Achat que vous venez de créer.
3. Dans la liste Connexion, sélectionnez la connexion par défaut utilisée par votre boutique.
4. Choisissez la table **shop_panier** dans la liste Insérer dans la table. Vous allez en effet ajouter l'ensemble des données de votre formulaire à cette table afin de créer une nouvelle entrée dans le panier de votre client.
5. Assurez-vous ensuite que la section Colonnes de la boîte de dialogue est bien renseignée comme le stipule le Tableau 8.2. Cette section permet de définir quel champ de formulaire correspond exactement à quelle colonne de votre table de données. Si vous obtenez "Quantite n'arrive pas à obtenir de valeur", il faut juste cliquer sur la ligne puis dans Valeur lier le bon champ caché à la ligne. Dans l'exemple, il faut lier la ligne `quantite` au champ caché nommé quantité (le dernier crée). Et ainsi de suite, pour tous les autres champs.

Tableau 8.2 : Correspondance entre votre formulaire et la table shop_panier

Colonne de la table	Champ de formulaire	Type de données
`Id`	Aucun	
`client`	client	texte
`article`	article	entier
`quantite`	quantité	entier

6. Après l'insertion de l'enregistrement dans la base de données, précisez que le client doit être redirigé vers la page account/panier.php, il faut créer un nouveau dossier appelé account pour que cela fonctionne sans problème. Cette page, construite plus loin dans ce chapitre, reprend la totalité des articles présents dans le panier du client actuel et permet la transformation de celui-ci en commande ferme.
7. Validez l'ensemble de ces options afin que l'ajout d'articles au panier soit enfin possible.

La première partie du processus de commande d'un article est enfin en place. Mais quelques modifications sont encore nécessaires à la page de description des articles avant de vous attaquer à la gestion complète du panier client.

Lien vers le panier

Que faire si le client actuel possède déjà, dans son panier, l'article actuellement affiché à l'écran ?

Vous pouvez toujours proposer à nouveau l'achat de celui-ci et augmenter la quantité d'articles présents dans le panier du client en fonction de ses validations successives. Une solution plus polie serait toutefois d'informer votre client que cet article est déjà présent dans son panier et de guider celui-ci vers cette page de panier où il pourra librement changer la quantité d'ouvrages commandés (voir Figure 8.5).

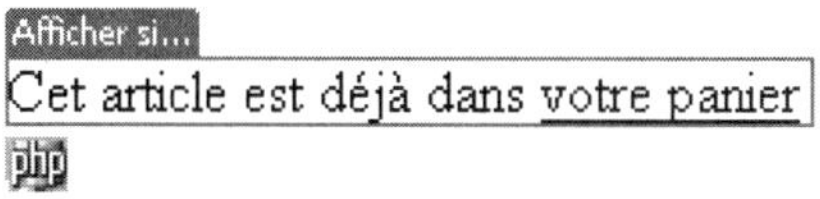

Figure 8.5

Cet article est déjà présent dans votre panier.

Pour cela, un simple lien suffit. Sa création ne demande d'ailleurs que quelques secondes :

1. En dessous du formulaire de commande que vous venez de créer, saisissez un texte du type "Cet article est déjà dans votre panier, cliquez ici pour en modifier la quantité commandée". Assurez-vous de bien effectuer un saut de paragraphe entre le formulaire d'achat et ce texte, c'est important pour la suite des opérations.
2. Ajoutez à ce texte un simple lien envoyant vers la page account/panier.php de votre site (voir Figure 8.6).

Pour l'instant, ce lien est visible tout le temps mais nous allons voir comment faire un affichage conditionnel à la section suivante.

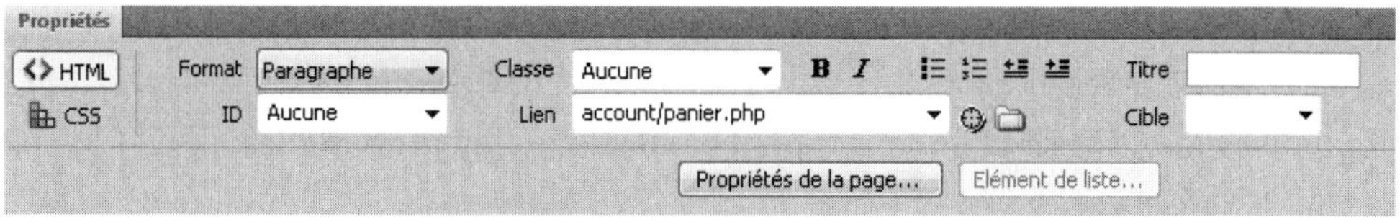

Figure 8.6

Définissez simplement un lien à l'aide de Propriétés.

La mise en place d'un renvoi vers votre panier est aussi simple que cela.

Mise en place de l'affichage conditionnel

Reste à déterminer quand l'on doit afficher le formulaire de commande et quand on affiche le lien direct vers le panier du client. Comme déjà précisé, le lien s'affiche lorsque le panier du client contient déjà l'article actuellement affiché à l'écran.

Le moyen de connaître cette information ? Créer un jeu d'enregistrements dédié :

1. Créez un nouveau jeu d'enregistrements sur votre page et nommez celui-ci Panier. Ce jeu d'enregistrements va faire appel à deux critères de filtre distincts : l'identifiant unique du client et le numéro de l'article actuellement affiché. Une telle définition n'est possible qu'en mode Avancé. Passez donc la boîte de dialogue Jeu d'enregistrements en mode Avancé (voir Figure 8.7).

Figure 8.7

La définition de jeux d'enregistrements en mode Avancé.

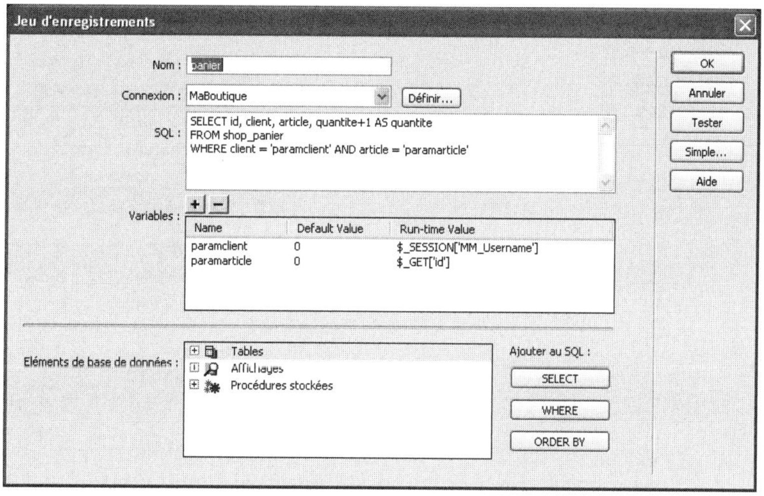

2. Sélectionnez la connexion par défaut de votre site dans la liste déroulante Connexion, présente en haut de la boîte de dialogue.

3. Saisissez la requête suivante dans le champ SQL :

```
SELECT id
FROM shop_panier
WHERE client = 'paramclient' AND article = 'paramarticle'
```

4. Comme vous pouvez le constater, cette requête fait appel à deux variables (`paramclient` et `paramarticle`) qu'il vous faut définir dans le tableau Variables, situé sous la ligne de requête. Nous ne reviendrons pas ici sur la méthode de création des

variables, elle a déjà été abordée dans les chapitres précédents de cet ouvrage. Définissez donc ces deux variables en suivant les indications du Tableau 8.3.

Tableau 8.3 : Variables du jeu d'enregistrements Panier

Nom	Type	Valeur par défaut	Valeur courante
`Paramclient`	`text`	0	`$_SESSION['MM_Username']`
`Paramarticle`	`Integer`	0	`$_GET['id']`

5. Validez enfin votre jeu d'enregistrements Panier (voir Figure 8.8). Celui-ci devrait contenir l'identifiant de la ligne de panier correspondant à l'article actuel, pour le client actuellement connecté. Si cette ligne existe bel et bien.

Figure 8.8
Le jeu d'enregistrements Panier apparaît dans le panneau Liaisons de Dreamweaver.

Vous avez désormais le moyen de savoir quelle partie de votre page afficher suivant le client qui est connecté. Reste à l'utiliser. Vous allez pour cela utiliser les régions conditionnelles de Dreamweaver :

1. Sélectionnez tout d'abord la totalité du formulaire de commande présent sur votre page. Assurez-vous bien que, dans le sélecteur de balises, la balise `<form>` est elle aussi sélectionnée (voir Figure 8.9).

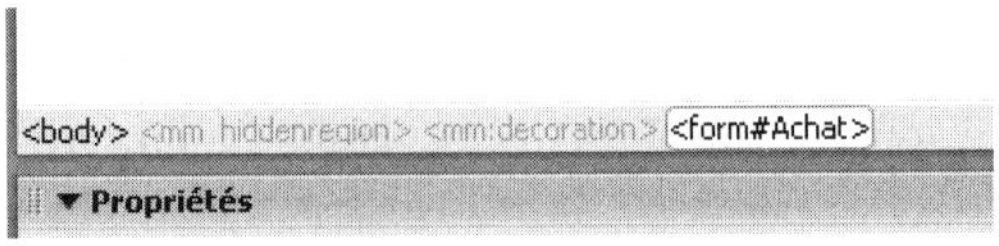

Figure 8.9
Sélectionnez la balise *Form* correspondant à la validation de l'achat.

2. Dans la barre d'outils Insertion > Objets de données > Afficher la région si, sélectionnez l'objet Afficher si le jeu d'enregistrements est vide, présent dans le groupe d'objets Afficher la région (voir Figure 8.10).

Figure 8.10

Les objets de type Afficher la région permettent de mettre en place des affichages conditionnels.

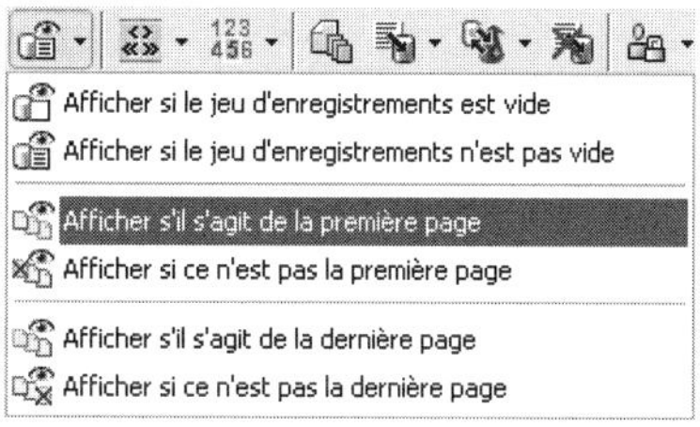

3. Dans la boîte de dialogue Afficher si le jeu d'enregistrements est vide (voir Figure 8.11), sélectionnez le jeu d'enregistrements qui sert de base à cette condition et validez ce choix. Dans notre cas, il s'agit du panier défini plus haut.

Figure 8.11

Sélectionnez le jeu d'enregistrements dont dépend l'affichage de votre texte.

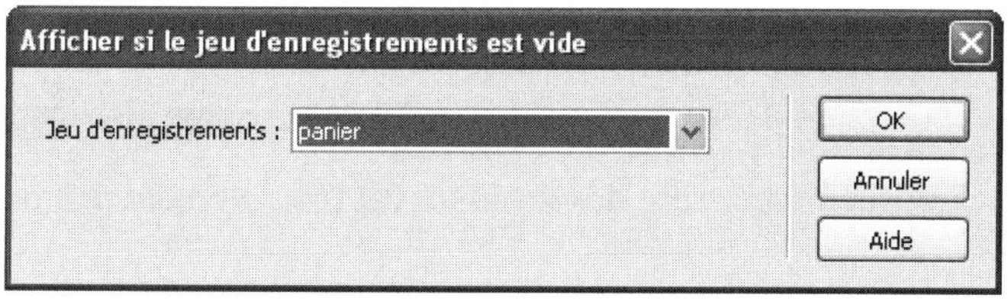

4. L'ensemble du formulaire d'ajout au panier se retrouve alors entouré d'un halo gris étiqueté Afficher si… Signe que la région conditionnelle est bien appliquée à votre sélection (voir Figure 8.12).

Figure 8.12

Cette région ne sera affichée que si le jeu d'enregistrements Panier est vide.

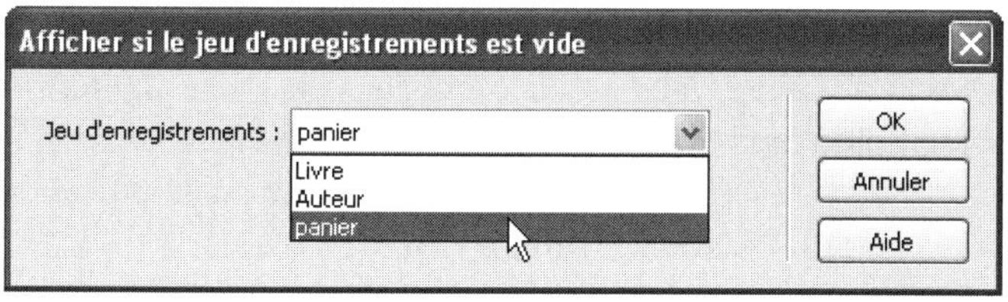

5. De la même façon, sélectionnez le lien "Cet article est déjà dans votre panier, cliquez ici pour en modifier la quantité commandée" que vous avez défini plus haut, et

appliquez à celui-ci un objet du type Afficher si le jeu d'enregistrements n'est pas vide. Cet objet se trouve dans le même groupe Afficher la région.

6. Sélectionnez encore une fois le jeu d'enregistrements Panier comme critère d'affichage et validez cette option.
7. Votre lien se retrouve lui aussi entouré d'un halo gris étiqueté Afficher si... (voir Figure 8.13).

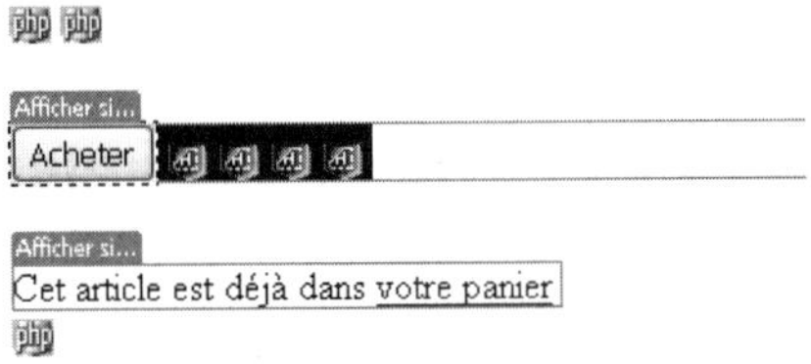

Figure 8.13
Aucun moyen de distinguer les différents types de régions conditionnelles.

L'utilisation de ces deux régions conditionnelles sur votre page, associées aux conditions codées en PHP utilisées au chapitre précédent, permet de contrôler l'affichage de votre page de description des articles en toutes circonstances.

Vos clients peuvent désormais ajouter facilement des livres à leur panier !

Création du panier

Une première étape, et non des moindres, vient d'être franchie dans la gestion de votre processus de commande. Mais le travail est encore long. Vos clients peuvent désormais ajouter des livres à leur panier. Bien ! Mais ils ne peuvent pas encore contrôler le contenu de celui-ci.

Vous allez à présent mettre en place la page panier.php. Avec cette page, vos clients vont pouvoir :

- visualiser l'ensemble des articles présents dans leur panier ;
- prendre connaissance du prix de chacun des articles de ce panier ;
- prendre connaissance de la somme totale que représente ce panier ;
- modifier la quantité de chaque article commandé ;
- supprimer l'un des articles du panier ;
- valider définitivement le panier pour en faire une commande.

Comme vous le voyez, la tâche n'est pas mince (voir Figure 8.14) !

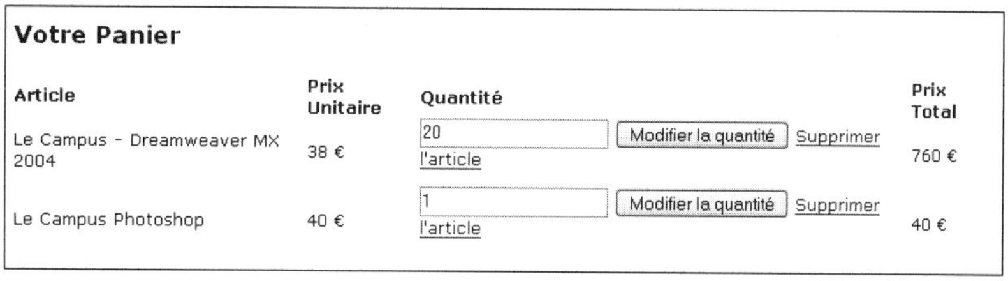

Figure 8.14
Un panier bien rempli.

Affichage d'une ligne de panier

Le meilleur moyen est de procéder par étape. Affichons tout d'abord une seule ligne du panier actuel, avec les données suivantes :

- titre de l'article ;
- prix de l'article ;
- quantité ;
- prix total de la ligne de panier (soit le prix de l'article multiplié par la quantité).

Pour obtenir l'ensemble de ces informations, vous allez devoir utiliser une requête SQL un peu plus complexe que celles définies jusqu'à présent. Cette requête devra non seulement extraire des informations depuis deux tables différentes, et donc faire appel à une jointure comme vous l'avez déjà vu, mais également calculer dynamiquement des informations. Pour cela, vous allez faire appel aux opérateurs numériques de SQL.

Mais commençons par la création du jeu d'enregistrements à proprement parler :

1. Commencez par créer une nouvelle page blanche sur votre site web et sauvegardez celle-ci sous le nom de panier.php dans le dossier Account de votre site web.
2. Appliquez à cette page un objet du type Restreindre l'accès à la page, suivant les mêmes paramètres que ceux utilisés pour la section Client du site dans le chapitre précédent. La page de panier n'est en effet affichable que si un client est connecté à votre site.
3. Créez un nouveau jeu d'enregistrements nommé Panier et connectez celui-ci à la connexion par défaut de votre site.

4. Passez en mode Avancé pour la création de votre jeu d'enregistrements, et saisissez la requête suivante dans le champ SQL de la boîte de dialogue Jeu d'enregistrements :

```
SELECT shop_panier.*, shop_livres.titre, shop_livres.prix_ttc,
(shop_livres.prix_ttc*shop_panier.quantite) AS total_ttc,
(shop_livres.prix_ht*shop_panier.quantite) AS total_ht
FROM shop_panier INNER JOIN shop_livres ON shop_panier.article=shop_livres.id
WHERE client = 'paramclient'
```

La jointure définie ici (`INNER JOIN`) sert à trouver les informations relatives à l'ouvrage commandé (titre, prix hors taxe et toutes taxes comprises) dans la table **shop_livres**, en se servant de la correspondance avec l'identifiant unique de l'ouvrage présent dans la ligne de panier.

Les deux lignes `(shop_livres.prix_ttc*shop_panier.quantite) AS total_ttc` et `(shop_livres.prix_ht*shop_panier.quantite) AS total_ht` servent à calculer le prix total de la ligne de panier à l'aide d'une simple multiplication (l'opérateur `*`). Les résultats de ces multiplications sont stockés dans deux nouvelles variables nommées `total_ttc` et `total_ht` à l'aide de la fonction SQL AS.

Astuce

L'ensemble des commandes utilisées ici lors de la création des jeux d'enregistrements fait appel à des commandes SQL classiques. Pour en savoir plus sur celles-ci, vous pouvez consulter la documentation en ligne de MySQL : **http://dev.mysql.com/doc/mysql/en/index.html** (voir Figure 8.15).

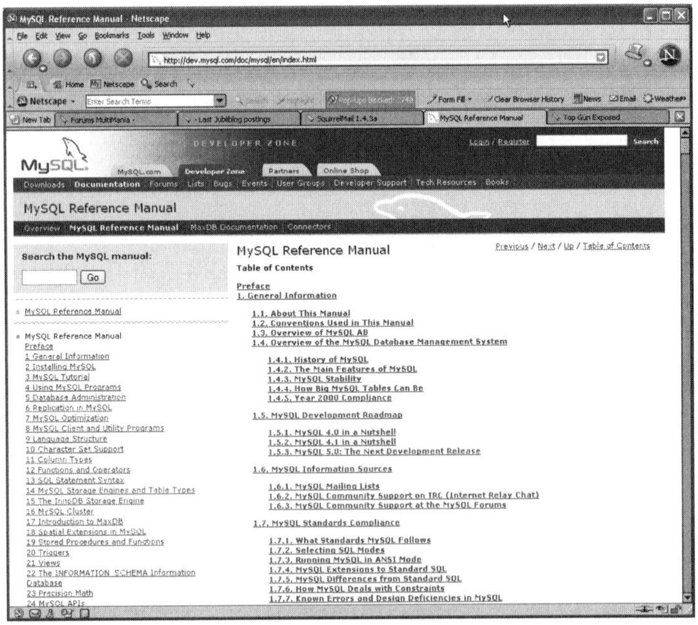

Figure 8.15

Une aide complète sur la technologie MySQL.

5. Complétez le jeu d'enregistrements obtenu avec la définition de la variable `Paramclient` utilisée comme filtre, suivant le Tableau 8.4.

Tableau 8.4 : Variable du jeu d'enregistrements Panier

Nom	Type	Valeur par défaut	Valeur courante
`Paramclient`	`text`	`0`	`$_SESSION['MM_Username']`

6. Validez enfin ce jeu d'enregistrements. Vous disposerez alors de toutes les données nécessaires à l'affichage de chacune des lignes du panier.

Info

SQL ou PHP ? Le calcul du prix total d'une ligne de commande peut s'effectuer à partir des deux langages. Mais, en tenant compte de la façon dont fonctionne Dreamweaver, il est beaucoup plus simple de calculer n'importe quelle donnée à afficher depuis un jeu d'enregistrements que tenter d'insérer un code PHP devant exploiter les données de ceux-ci. C'est pourquoi, ici, les données `total_ttc` et `total_ht` ont été incluses dans les requêtes SQL de création des jeux d'enregistrements.

Pour afficher ces lignes, l'opération est des plus simples : localisez dans le jeu d'enregistrements que vous venez de créer les données que vous souhaitez afficher (titre de l'article, prix unitaire, quantité et prix total…) et faites glisser ces données depuis le panneau Liaisons jusque sur votre page (voir Figure 8.16).

Figure 8.16
La première ligne du panier, définie dans Dreamweaver.

Si vous testez la page ainsi conçue dans votre environnement de test, vous verrez apparaître la première ligne du panier en cours (voir Figure 8.17).

Figure 8.17
La première ligne du panier, en action !

Modification de la quantité d'articles

Votre client connaît à présent l'article qui compose la première ligne de son panier. Mais il ne peut pas encore en changer la quantité commandée. Pour cela, vous allez devoir faire appel à un formulaire de mise à jour d'enregistrements.

Comme vous l'avez déjà vu dans le cadre de la mise à jour des données d'un client, chacune des données que vous souhaitez mettre à jour dans votre table de données doit exister dans le formulaire qui va servir à cette mise à jour, y compris et surtout l'identifiant unique de l'enregistrement à mettre à jour.

Une fois ce prérequis compris, la mise au point d'un formulaire destiné à modifier la quantité d'articles est une opération simple :

1. Créez tout d'abord un nouveau formulaire sur votre page, à l'aide de l'outil Formulaire du groupe Formulaires de la barre d'outils de Dreamweaver, et nommez celui-ci Quantite. Pour des facilités de mise en page, incluez dans ce formulaire les différentes informations que vous avez déjà affichées sur la page de panier : nom de l'article, prix, quantité… La création de la page de panier finale en sera grandement facilitée.
2. Dans ce formulaire, créez un champ de type Texte et nommez-le Quantite. Associez à ce champ la valeur par défaut Quantité de l'enregistrement Panier courant. Pour cela, dans le champ Valeur init., cliquez sur l'icône en forme d'éclair et choisissez `quantite` du Jeu d'enregistrements.C'est grâce à ce champ de formulaire que vos clients vont pouvoir modifier la quantité d'objets commandés en même temps, simplement en en modifiant la valeur et en validant de nouveau celle-ci (voir Figure 8.18).

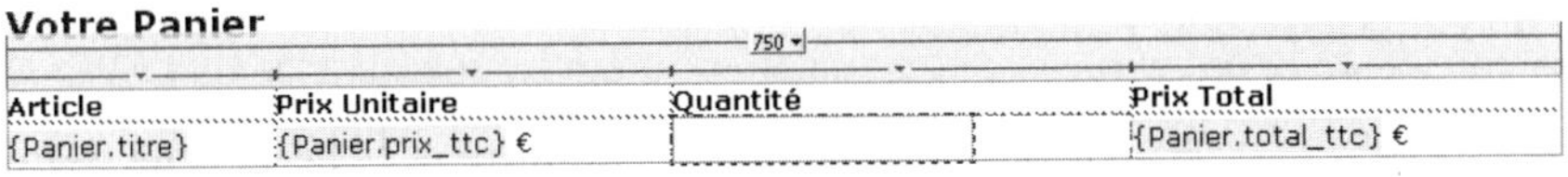

Figure 8.18
Un champ texte pour modifier la quantité d'articles.

3. Créez une série de champs de formulaire masqués contenant les autres informations nécessaires à la mise à jour de l'enregistrement en question et donc de la quantité. Trois champs masqués sont nécessaires : id (contenant l'identifiant unique de la ligne de panier à modifier), client (contenant l'adresse e-mail du client effectuant la commande) et article (contenant l'identifiant unique de l'article commandé).

Ces trois informations sont récupérables depuis le jeu d'enregistrements Panier (voir Figure 8.19).

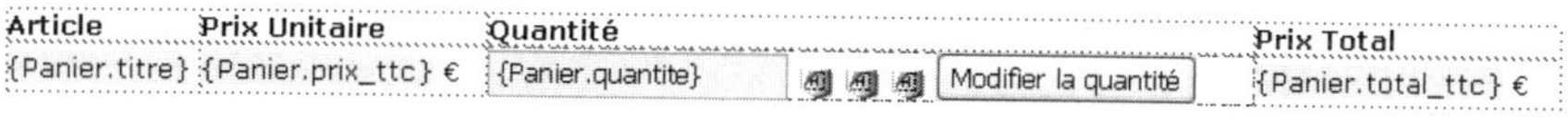

Figure 8.19

Les autres champs du formulaire se doivent d'être cachés.

Au final, votre formulaire doit correspondre au Tableau 8.5.

Tableau 8.5 : Composition du formulaire de mise à jour de quantité

Nom	Type	Valeur par défaut
`id`	Champ masqué	`<?php echo $row_Panier['id']; ?>`
`client`	Champ masqué	`<?php echo $row_Panier['client']; ?>`
`article`	Champ masqué	`<?php echo $row_Panier['article']; ?>`
`quantité`	Champ texte	`<?php echo $row_Panier['quantite']; ?>`

4. Ajoutez un bouton de validation à votre formulaire et appliquez comme légende à celui-ci "Mettre à jour la quantité".

5. Il ne vous reste qu'à mettre en place la procédure de mise à jour de la base de données. Pour cela, utilisez l'objet Mise à jour de données de Dreamweaver, qui se nomme Mettre à jour l'enregistrement, que vous connaissez déjà. Spécifiez bien dans la fenêtre de création de la procédure de mise à jour que vous utilisez le formulaire Quantite pour mettre à jour la table **shop_panier** avec les correspondances détaillées dans le Tableau 8.6.

Tableau 8.6 : Correspondance entre votre formulaire et la table shop_panier

Colonne de la table	Champ de formulaire	Type de données
`id`	id	entier
`client`	client	texte
`article`	article	entier
`quantite`	quantité	entier

6. Spécifiez que la page à afficher une fois l'opération terminée est la même que celle affichée actuellement, c'est-à-dire panier.php. En effet, une fois la mise à jour de l'enregistrement effectuée, les bonnes données seront de nouveau disponibles dans la table **shop_panier**, et l'on pourra donner la possibilité au client de modifier la quantité commandée d'un autre article ou de valider l'intégralité de son panier (voir Figure 8.20).

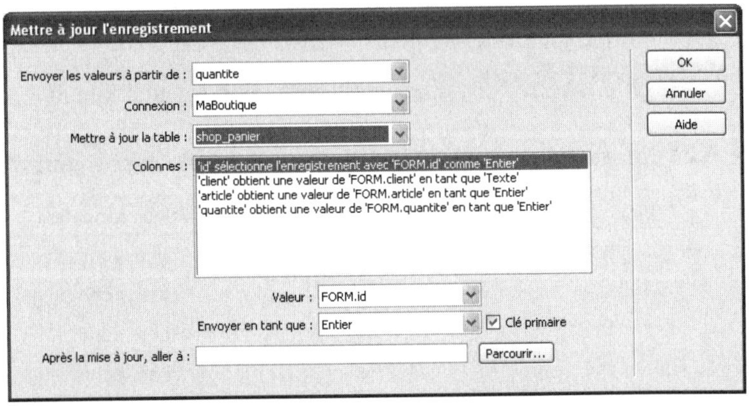

Figure 8.20
La création du formulaire de mise à jour de la quantité est bientôt terminée.

7. Validez l'ensemble de ces paramètres pour que le processus de mise à jour du panier soit en place. Vous pouvez alors le tester sur votre serveur de développement.

Suppression d'un article

La construction de votre page de panier avance à grands pas. Vos clients peuvent désormais modifier la quantité d'un même article qu'ils commandent. Pensez également à leur laisser la possibilité de supprimer un article s'ils n'en veulent plus dans leur panier. Pour cela, commencez à travailler sur votre page de panier :

1. Créez, à la suite de votre bouton de modification de quantité, un texte du type "Supprimer cet article".
2. Sur ce texte, ajoutez un lien menant à une page nommée suppr_panier.php, toujours hébergée dans le dossier /account/ de votre boutique. En paramètre de ce lien, pensez à ajouter l'identifiant unique de la ligne de panier affichée actuellement et donc extraite du jeu d'enregistrements Panier.

Au final, votre lien devrait avoir la syntaxe suivante :

```
suppr_panier.php?id=<?php echo $row_Panier['id']; ?>
```

Votre page de panier est alors correctement modifiée pour la suppression d'articles. Il vous faut créer une page supplémentaire qui va se charger d'effectuer elle-même la suppression :

1. Créez une nouvelle page PHP dans Dreamweaver et nommez-la suppr_panier.php. Enregistrez-la dans le dossier /account/ de votre boutique.

2. Dans cette page, vous allez insérer un objet du type Supprimer l'enregistrement. Cet objet se trouve dans la barre d'outils Insertion > Objets de données. Cliquez donc sur son icône pour ouvrir la boîte de dialogue de suppression des enregistrements (voir Figure 8.21).

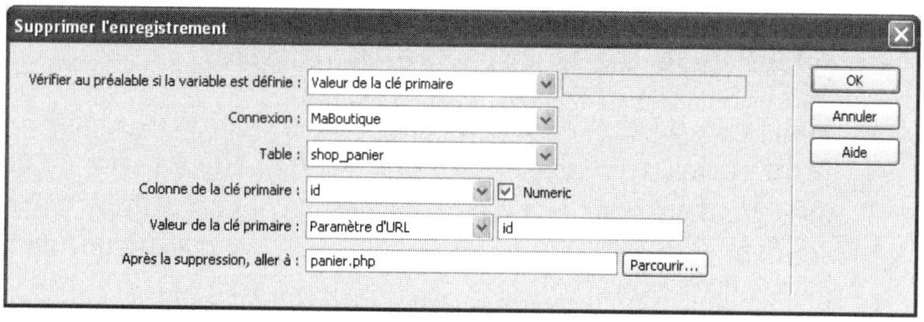

Figure 8.21
Cette boîte de dialogue permet de supprimer des enregistrements suivant des paramètres définis.

3. Dans la liste déroulante Vérifier au préalable si la valeur est définie, sélectionnez le type Paramètre d'URL et complétez ce paramètre avec la variable id. C'est en effet en vous fondant sur cette variable passée en URL que vous allez savoir quel enregistrement effacer dans votre table de données. C'est pour cela que vous avez créé vos liens avec un paramètre dans la page de panier.

4. Sélectionnez ensuite la connexion qui vous relie à la table **shop_panier** dans votre site Dreamweaver (champ Connexion) et la table **shop_panier** dans le champ Table. C'est bien dans cette table que vous allez supprimer l'enregistrement voulu.

5. Dans le champ Colonne de la clé primaire, sélectionnez id (la clé primaire définie lors de la création de la table) et cochez la case Numéric afin de préciser que cette donnée est bien une valeur numérique. Cela évitera les confusions au moment de l'effacement.

6. Il est maintenant temps de définir l'identifiant de l'enregistrement à effacer : il s'agit du paramètre d'URL id défini plus haut. Sélectionnez donc Paramètre d'URL dans la liste déroulante Valeur de la clé primaire et complétez le champ texte attenant avec le nom de ce paramètre : id.

7. Enfin, précisez la page vers laquelle votre client doit être redirigé une fois l'effacement de l'article effectué. Sélectionnez ici panier.php puis validez la boîte de dialogue.

Ainsi, une fois la page enregistrée, le comportement sera le suivant : pour effacer un article de son panier, votre client cliquera simplement sur le lien "Supprimer du panier" lui correspondant. Il sera alors redirigé vers la page suppr_panier.php, page qui se chargera de supprimer effectivement l'article de la table Panier. Une fois cette opération faite elle ne dure qu'une fraction de secondes, le client retrouve alors son panier, amputé de l'article qu'il a voulu supprimer.

La gestion de votre panier avance à grands pas !

Affichage de la totalité du panier

Vous avez désormais la possibilité de modifier la quantité d'articles commandés dans votre panier, voire de supprimer d'un seul clic un article que vous ne désirez plus. Seul inconvénient pour l'instant : un seul article s'affiche sur votre page. Si votre panier contient plusieurs ouvrages, vous ne pouvez donc voir que le premier validé.

La prochaine modification sur la page panier.php va donc consister à y afficher l'ensemble des articles présents dans le panier. Par la même occasion, vous allez également afficher le coût total du panier afin que votre client sache combien il devra payer avant de confirmer sa commande.

Vous vous en doutez peut-être déjà, l'affichage de l'ensemble des articles contenus dans le panier passe par la mise en place d'une région répétée sur votre page :

1. Sélectionnez sur votre page le formulaire contenant à la fois les informations relatives à la ligne de commande, les champs de changement de quantité et le lien de suppression d'un article (voir Figure 8.22).

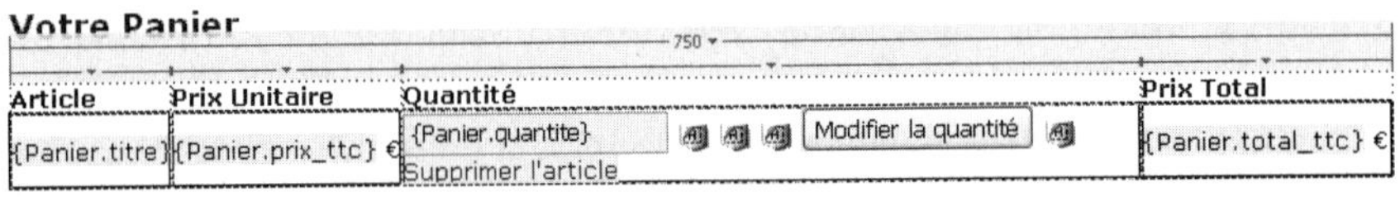

Figure 8.22

L'ensemble de la sélection va être répété sur la page.

2. Dans la barre d'outils Insertion > Objets de données, sélectionnez l'objet Région répétée. La boîte de dialogue de création d'une région répétée s'affiche alors (voir Figure 8.23). Vous connaissez déjà celle-ci.

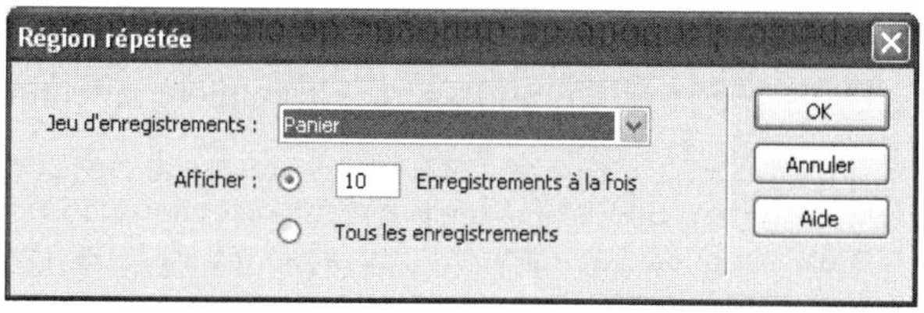

Figure 8.23
La mise en place d'une région répétée est des plus simples.

3. Sélectionnez le jeu d'enregistrements qui conditionne la répétition de la région. En l'occurrence Panier.
4. Sélectionnez l'option Tous les enregistrements afin que la totalité du panier du client soit affichée à l'écran. Et ce quel que soit le nombre d'articles que celui-ci contient.
5. Validez ces options. Le formulaire que vous aviez sélectionné se retrouve alors entouré d'un halo grisé portant la mention Répéter.

Si vous testez désormais votre panier et que vous ajoutiez plusieurs articles à celui-ci, vous remarquerez qu'une ligne est affichée pour chacun d'eux. Vous pouvez librement modifier la quantité d'articles pour l'une de ces lignes ou supprimer l'une d'entre elles d'un simple clic (voir Figure 8.24). C'est l'une des grandes forces de Dreamweaver CS4 que de pouvoir gérer, en même temps, les formulaires de mise à jour de données et les régions répétées sans aucune confusion !

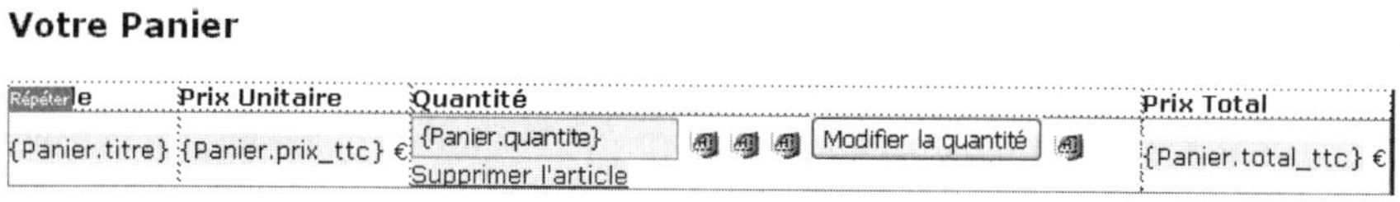

Figure 8.24
Votre panier est presque fini.

Reste encore une information à afficher pour que votre panier soit réellement informatif pour vos clients : le prix total de celui-ci. Pour obtenir ce prix, vous allez vous servir d'une requête SQL précise, de la même façon que vous avez trouvé le prix global d'une quantité d'articles commandée.

1. Créez donc un nouveau jeu d'enregistrements en mode Avancé et nommez ce jeu Total.

2. Utilisez pour ce jeu la connexion que vous utilisez par défaut sur votre site.
3. Dans le champ SQL, saisissez la requête suivante :

```
SELECT now() AS date, SUM(shop_panier.quantite*shop_livres.prix_ttc) AS
total_ttc, SUM(shop_panier.quantite*shop_livres.prix_ht) AS total_ht
FROM shop_panier INNER JOIN shop_livres ON shop_livres.id =
shop_panier.article
WHERE shop_panier.client = 'paramClient'
GROUP BY shop_panier.client
```

4. Enfin, dans les variables, définissez une nouvelle variable nommée `paramClient` dont la valeur par défaut est 0 et la valeur effective, `$_SESSION['MM_Username']`.
5. Validez ce nouveau jeu d'enregistrements. Celui-ci comprend donc trois valeurs distinctes :
   - La date actuelle, calculée à partir de la simple fonction `MySQL now()`, qui donne automatiquement la date à laquelle est effectuée la requête.
   - Le total Hors-Taxe du panier en cours, calculé comme la somme (`SUM`) de tous les prix hors taxe des articles multipliés par la quantité commandée (`shop_panier.quantite*shop_livres.prix_ht`).
   - Le total Toute-Taxe Comprise du panier, calculé de la même façon, mais à partir du prix toutes taxes comprises de chacun des articles.
6. Pour afficher le coût total du panier actuel pour le client, il vous suffit de faire glisser la donnée `total_ttc` de votre nouveau jeu d'enregistrements depuis le panneau Liaisons de Dreamweaver jusqu'à l'emplacement choisi sur votre page.

Astuce

Dans cette requête sont présents à la fois les prix toutes taxes comprises et hors taxe. En effet, ces deux informations sont nécessaires à la création d'un enregistrement dans la table **shop_commande**, lors de la validation du panier. Vous remarquerez que, par la même occasion, on récupère également la date actuelle à l'aide d'un `now() AS date`. Cette date sera également utilisée pour remplir la table **shop_commande** en cas de validation du panier.

Votre panier est donc à peu près opérationnel. Il ne vous manque plus que la fonction principale de celui-ci : la validation de l'ensemble des articles et la transformation d'un simple panier en une commande ferme !

Validation de la commande

La procédure de validation de la commande va vous demander beaucoup plus de travail que la mise en place du panier proprement dit. Si vous vous souvenez du schéma original de votre base de données, une commande est stockée dans deux tables différentes :

- **shop_commande** sert à enregistrer les données relatives à une commande en particulier, comme sa date d'application, son total, le client qui l'a passée, etc.
- **shop_ligne_commande** sert quant à elle à enregistrer chacun des articles de votre commande avec les informations individuelles qui le concernent : prix, quantité, identifiant.

La validation de la commande va donc consister en deux étapes distinctes, traitées par deux pages distinctes : tout d'abord créer l'enregistrement dans la table **shop_commande** avec les informations génériques de la commande. Cette opération va être effectuée dès la validation du panier, sur la page panier.php elle-même. Ensuite, transférer l'ensemble des articles qui composent la commande de la table **shop_panier** vers **shop_ligne_commande**, en y ajoutant au passage toutes les informations nécessaires (prix individuel et total, etc.). Cette opération va être effectuée sur une seconde page, appelée dès la validation du panier et qui sera nommée traitement_commande.

Mais concentrons-nous tout d'abord sur la première étape de ce processus !

Bouton de validation sur panier.php

Vous commencez à bien connaître Dreamweaver et savez désormais que, pour insérer n'importe quel enregistrement dans une table, il vous faut faire appel à un formulaire. Créez donc un nouveau formulaire tout en bas de votre page de panier et nommez celui-ci Validation. Dans ce formulaire, vous allez créer un ensemble de champs masqués correspondant à chacune des informations nécessaires à l'insertion d'un enregistrement dans la table de commande. Ce formulaire suit les indications données par le Tableau 8.7.

Tableau 8.7 : Composition du formulaire de validation du panier

Nom	Type	Valeur par défaut
`date`	Champ masqué	`<?php echo $row_Total['date']; ?>`
`total_ttc`	Champ masqué	`<?php echo $row_Total['total_ttc']; ?>`
`total_ht`	Champ masqué	`<?php echo $row_Total['total_ht']; ?>`
`client`	Champ masqué	`<?php echo $_SESSION['MM_Username']; ?>`

À ce formulaire uniquement composé de champs masqués s'ajoute bien entendu un bouton de validation que vous pouvez facilement créer à l'aide de l'objet Bouton de la barre d'insertion Formulaires. Modifiez simplement l'étiquette de ce formulaire afin qu'elle porte la mention "Valider l'achat" (voir Figure 8.25).

Figure 8.25
Un formulaire principalement composé de champs masqués.

Ajout de la commande à la base de données

Une fois le formulaire construit, l'ajout de la commande à la table **shop_commande** correspondante n'est qu'une formalité, que vous avez déjà remplie plusieurs fois depuis le début de cet ouvrage. Il s'agit en fait d'utiliser un objet du type Insérer un enregistrement à votre page, associé au formulaire que vous venez de créer :

1. Sélectionnez l'objet Insérer un enregistrement dans la section Données de la barre d'outils de Dreamweaver. La boîte de dialogue du même nom s'ouvre alors (voir Figure 8.26).

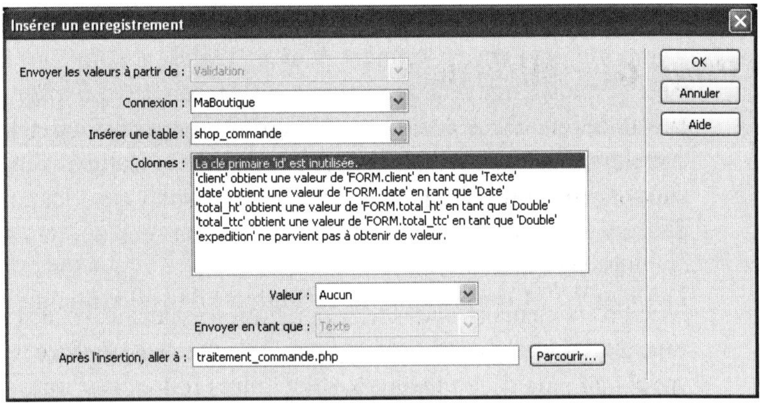

Figure 8.26
Insérez l'enregistrement de la commande dans votre base de données.

2. Sélectionnez le formulaire que vous venez de créer (Validation) dans le champ Envoyer les données à partir de…
3. Sélectionnez ensuite la connexion courante de votre site Dreamweaver dans la liste déroulante Connexion, ainsi que la table **shop_commande** dans la liste déroulante Table.

4. Il vous faut maintenant définir la correspondance entre les champs de votre formulaire et les colonnes de la table de données sélectionnée. Cette correspondance est détaillée dans le Tableau 8.8.

Tableau 8.8 : Correspondance entre le formulaire de validation d'achat et la table shop_commande

Colonne de la table	Champ de formulaire	Type de données
`date`	date date	
`total_ttc`	total_ttc	Numérique
`total_ht`	total_ht	Numérique
`client`	client	Texte

5. Complétez le champ Après l'inscription, aller à par l'adresse de la page de traitement de la commande traitement_commande.php. Cette page va être créée dans les minutes qui viennent et est destinée à transférer chacun des articles présents dans le panier du client vers la table **shop_ligne_commande**. Vous allez voir son fonctionnement par la suite.

Il ne vous reste donc qu'à valider le contenu de la boîte de dialogue et à enregistrer la page de panier ainsi modifiée. La création d'une nouvelle commande est, au moins en partie, réalisée.

Page de validation

Reste tout de même à mettre en place la plus grosse partie du processus. Il va s'agir de transférer l'ensemble des articles commandés depuis la table **shop_panier** vers la table **shop_ligne_commande** et de faire correspondre ceux-ci à la commande qui vient juste d'être validée. Opération délicate qui va vous demander un peu d'astuce et beaucoup de connaissances techniques.

Avant de se pencher dans le script à utiliser, mieux vaut bien détailler l'action de la page. En effet, vous allez devoir construire cette page par vos propres moyens, sans faire appel aux jeux d'enregistrements et autres fonctionnalités avancées de Dreamweaver.

Comme nous l'avons déjà expliqué, Dreamweaver CS4 est incapable de prendre en charge des traitements par lot, c'est-à-dire des opérations où chacune des étapes est non pas gérée par une action de vos visiteurs/clients, mais enchaînée automatiquement l'une après l'autre. Vous allez donc devoir coder cette page de validation du panier par vos propres moyens.

Les différentes étapes de ce transfert de données sont plutôt simples à comprendre :

1. Savoir à quelle commande correspond l'ensemble des articles à transférer. Comme le numéro de commande est généré automatiquement lors de la création d'un enregistrement dans la page panier.php, impossible de transférer celui-ci au moment de la validation. Simplement parce que vous ne pouvez le connaître. Il va donc falloir trouver le numéro de commande d'une autre façon : en cherchant le dernier enregistrement de la table **shop_commande** correspondant au client actuellement connecté, par exemple.

2. Lire les enregistrements de la table **shop_panier** un par un. De cette façon, vous pourrez retrouver l'ensemble des articles commandés par votre client en utilisant simplement son identifiant de connexion, stocké lui aussi dans la table **shop_panier**. Le système de votre boutique est construit de telle façon que tous les articles présents dans le panier au moment de la validation font automatiquement l'objet d'un achat. Aucune erreur possible, donc !

3. Enregistrer chacune de ces lignes dans la table **shop_ligne_commande**. Rien de sorcier, il s'agit d'une copie champ à champ des données extraites de la table **shop_panier**.

4. Recommencer les étapes 3 et 4 pour chacune des autres lignes de la table **shop_panier**.

Le processus n'est donc pas extrêmement compliqué. Vous allez trouver dans les pages suivantes sa traduction en terme de code PHP. Pour plus de "simplicité", ce code a été réalisé en respectant la syntaxe utilisée par Dreamweaver lors de la construction des jeux d'enregistrements et des comportements d'insertion. Insérez l'ensemble du code suivant dans le corps de votre page Dreamweaver, entre les balises `<body>` et `</body>` plutôt que dans son en-tête, vous verrez pourquoi par la suite.

Créez donc une nouvelle page dans votre site, sous le dossier /account/, et nommez celle-ci traitement_panier.php, comme spécifié précédemment lors de la création du lien de validation. Le code commence ensuite.

Première étape, récupérer le dernier numéro de commande attribué au client actuel. Pour cela, on utilisera le type de commande utilisé par Dreamweaver pour générer un jeu d'enregistrements, après avoir ouvert la section PHP du code de la page :

```
<?php
if (isset($_SESSION['MM_Username'])) {
  mysql_select_db($database_MaBoutique, $MaBoutique);
  $query_commande = sprintf("SELECT id
                            FROM shop_commande
                            WHERE client ='".$_SESSION['MM_Username']."'
                            ORDER BY id DESC");
```

```
$commande = mysql_query($query_commande, $MaBoutique) or die(mysql_error());
$row_commande = mysql_fetch_assoc($commande);
$totalRows_commande = mysql_num_rows($commande);
```

Seconde étape, récupérer la première ligne du panier correspondant au client actuel. En fait, vous vous contenterez de bâtir la requête correspondante et de l'exécuter plus tard. Cette requête donne :

```
mysql_select_db($database_MaBoutique, $MaBoutique);
$query_panier = sprintf("SELECT shop_panier.*,
                                shop_livres.prix_ht,
                                shop_livres.prix_ttc,
                                shop_livres.prix_ht*shop_panier.quantite AS
total_ht,
                               shop_livres.prix_ttc*shop_panier.quantite AS
total_ttc
                        FROM shop_panier
                        INNER JOIN shop_livres
                        ON shop_livres.id=shop_panier.article
                        WHERE client = '".$_SESSION['MM_Username']."'");
$panier = mysql_query($query_panier, $MaBoutique) or die(mysql_error());
```

On en profite toutefois pour trouver le nombre d'enregistrements total concerné par cette requête. Pour cela, on utilise la commande PHP `mysql_num_rows()`, capable de donner le nombre d'enregistrements résultant d'une requête déjà construite, en l'occurrence celle stockée dans `$panier`.

On initialise à la suite un compteur (nommé très justement `$compteur`) destiné à retenir le nombre de lignes déjà traitées et à stopper le processus si tout le panier a été converti.

```
$totalRows_panier = mysql_num_rows($panier);
$compteur = 0;
```

La boucle de conversion commence alors. Elle se bâtit de la manière suivante.

Tant que la requête `$panier` renvoie une donnée et que le compteur n'a pas atteint le nombre total d'enregistrements, on insère le contenu extrait de la table **shop_panier** dans la table **shop_ligne_commande** (requête `$query_ligne_commande`). On efface ensuite la ligne de **shop_panier** que l'on vient de traiter (requête `$query_suppr_panier`) et l'on incrémente le compteur d'une unité, histoire de bien traiter le prochain enregistrement lors du prochain passage dans la boucle.

En PHP, cela donne :

```
while ($row_panier = mysql_fetch_assoc($panier) and $compteur < $totalRows_panier)
 {
  $query_ligne_commande = sprintf("INSERT
                                   INTO shop_ligne_commande (commande,
```

```
article, prix_ht, prix_ttc, quantite, total_ht, total_ttc) VALUES (%s, %s, %s,
%s, %s, %s, %s)",
                                         GetSQLValueString($row_commande['id'],
                                         "int"),
                                         GetSQLValueString($row_panier['article'],
                                         "int"),
                                         GetSQLValueString($row_panier['prix_ht'],
                                         "double"),

GetSQLValueString($row_panier['prix_ttc'], "double"),

GetSQLValueString($row_panier['quantite'], "int"),

GetSQLValueString($row_panier['total_ht'], "double"),

GetSQLValueString($row_panier['total_ttc'], "double"));
    mysql_select_db($database_MaBoutique, $MaBoutique);
    $Result1 = mysql_query($query_ligne_commande, $MaBoutique) or
die(mysql_error());

    $query_suppr_panier = sprintf("DELETE FROM shop_panier WHERE id=%s",
                                GetSQLValueString($row_panier['id'], "int"));
    mysql_select_db($database_MaBoutique, $MaBoutique);
    $Result1 = mysql_query($query_suppr_panier, $MaBoutique) or die
    (mysql_error());

    $compteur = $compteur+1;
   }
  }
?>
```

Info C'est ici qu'une bonne aide à la rédaction de code PHP peut vous être utile. Pensez à consulter le portail officiel de langage (**www.php.net/docs.php**) afin d'y trouver toute la documentation nécessaire.

Pour fonctionner correctement, le script décrit ci-dessus va avoir besoin d'une fonction définie par Dreamweaver. Il s'agit de `GetSQLValueString`, qui se charge de retrouver la valeur d'une variable définie depuis un jeu d'enregistrements. Cette fonction est insérée automatiquement dans une page, dès que vous faites appel à l'affichage d'une donnée dynamique dans Dreamweaver.

Comme sur la page actuelle, vous ne faites appel à aucun jeu d'enregistrements au sens où Dreamweaver les entend, il vous faut reprendre cette fonction par vous-même.

Pour cela, copiez simplement l'ensemble du code suivant dans l'en-tête de votre page, juste après le code correspondant à la restriction d'accès de la page.

```
<?php

function GetSQLValueString($theValue, $theType, $theDefinedValue = "",
$theNotDefinedValue = "")

{
  $theValue = (!get_magic_quotes_gpc()) ? addslashes($theValue) : $theValue;
  switch ($theType) {
    case "text":
      $theValue = ($theValue != "") ? "'" . $theValue . "'" : "NULL";
      break;
    case "long":
    case "int":
      $theValue = ($theValue != "") ? intval($theValue) : "NULL";
      break;
    case "double":
      $theValue = ($theValue != "") ? "'" . doubleval($theValue) . "'" : "NULL";
      break;
    case "date":
      $theValue = ($theValue != "") ? "'" . $theValue . "'" : "NULL";
      break;
    case "defined":
      $theValue = ($theValue != "") ? $theDefinedValue : $theNotDefinedValue;
      break;
  }
  return $theValue;
}

?>
```

Une fois ces deux sections de code insérées dans votre page, le traitement de la commande devrait être effectif.

Il ne vous reste plus qu'à compléter cette page avec un petit message d'attente, afin que votre client n'ait pas l'impression d'un bug et ne se retrouve pas devant une page vide après la validation de sa commande. Par exemple "Veuillez patienter pendant le traitement de votre commande". Placez ce message avant le code PHP détaillé plus haut. De cette manière, il apparaîtra dès le chargement de la page et ne surprendra pas le client.

Insérez également deux liens, l'un vers la page de résumé de commandes, l'autre en retour vers la boutique, juste après le script PHP de migration des données. De cette façon, ils ne seront affichés qu'une fois le script exécuté. Aucun risque qu'un client n'avorte le transfert à cause d'un clic trop hâtif.

Dernier détail, insérez le code PHP suivant à la toute fin de votre page, après la balise `</html>` :

```
<?php
mysql_free_result($panier);
mysql_free_result($commande);
?>
```

Ce code est destiné à libérer la mémoire du serveur des enregistrements créés sur la page (`$panier` pour les lignes de paniers sélectionnées et `$commande` pour le numéro de la commande en cours). Vous y gagnerez en performance et éviterez certains messages d'alerte de la part de votre serveur.

Si vous trouvez des erreurs dans le style :

```
Warning: mysql_select_db(): supplied argument is not a valid MySQL-Link
resource in C:\wamp\www\Boutique\account\traitement_commande.php on line 84
```

C'est que le nom de votre base de données n'est pas le même que dans l'exemple. Il vous suffit d'aller aux lignes correspondante aux erreurs, ici ligne 84, et d'y modifier le nom de la base de données qui est dans l'exemple MaBoutique.

Résumé des commandes

La mise en place d'une page de résumé des commandes n'est ensuite plus qu'une formalité pour vous. Celle-ci peut se bâtir de la même façon que les pages de catalogue de votre site :

Créez une page d'accueil contenant la liste de toutes les commandes effectuées par le client. Les données sont faciles à trouver grâce à un jeu d'enregistrements ciblé sur la table **shop_commande :**

```
SELECT * FROM shop_commande WHERE client = idSession ORDER BY `date` DESC
```

Dans cette requête, la variable `idSession` correspond à l'identifiant du client connecté sur votre page, la variable de session `$_SESSION['MM_Username']` donc. À partir de ce jeu d'enregistrements, créez un tableau reprenant le numéro de la commande, sa date de commande et d'expédition et son montant total. Utilisez une région répétée pour afficher l'intégralité des commandes tirées de la requête. Un dernier bouton, envoyant vers une page de détail avec le numéro de commande en attribut (type `detail_commande.php?id=<?php echo $row_Commandes['id']; ?>`) et le tour est joué (voir Figure 8.27).

Créez ensuite cette page de détail nommée `detail_commande.php`, reprenant non seulement les informations relatives à la commande (extraite de la table **shop_commande**) mais également celles relatives à chacun des articles commandés, trouvables depuis un

Figure 8.27

Toutes les commandes déjà passées par un client !

jeu d'enregistrements sur la table **shop_ligne_commande**, filtré sur l'identifiant unique de commande passé en paramètre de la page.

Pour cela, deux jeux de requête donc. Le premier servant à extraire les informations relatives à la commande passée en paramètre (identifiant, total, date) :

```
SELECT * FROM shop_commande WHERE id = idURL
```

Ou `idURL` correspond à une variable d'URL du type `$_GET['id']`. Et enfin, une seconde requête destinée à trouver tous les articles présents dans cette commande précise :

```
SELECT shop_ligne_commande.*, shop_livres.titre FROM shop_ligne_commande INNER
JOIN shop_livres ON shop_ligne_commande.article = shop_livres.id WHERE
shop_ligne_commande.commande = idURL ORDER BY shop_ligne_commande.id ASC
```

Ou `idURL` correspond une fois encore à une variable d'URL du type `$_GET['id']`. Les données de cette seconde requête seront présentées dans un tableau et répétées à l'aide d'une région répétée classique de Dreamweaver jusqu'à ce que toutes les données en soient affichées.

9 Paiement et facturation

Il manque encore une pierre à votre boutique en ligne : une solution de paiement. Étape indispensable, elle permettra à vos clients de payer effectivement les articles qu'ils commandent et à vous de recevoir les bénéfices tirés de la mise en ligne de votre commerce. Reste donc à trouver un moyen d'enregistrer les paiements de vos clients.

Vous pouvez bien entendu envisager de créer le système de paiement par vos propres moyens. Pour cela, il vous faudra simplement une connexion sécurisée au moyen d'un certificat SSL (ce qui coûte assez cher), un interfaçage direct avec une banque ou avec une plate-forme de paiement centralisée gérant les cartes bleues et autres cartes internationales… et surtout beaucoup de patience pour gérer l'immense nombre de cas pouvant arriver sur une interface de paiement. Mission presque impossible pour un webmaster seul dans son coin.

Il existe pourtant des solutions beaucoup plus simples à utiliser. Des sociétés de services spécialisées, comme PayPal en Europe, mettent à disposition des webmasters une interface de paiement complète, sécurisée et fiable. La seule chose à faire pour vous est d'envoyer automatiquement à ce prestataire la somme à débiter sur la carte bleue de vos clients pour que le paiement soit traité.

Dans les pages qui suivent, vous allez découvrir comment utiliser ce type de prestataire dans le cadre de votre boutique en ligne. Vous allez voir, l'opération est très simple !

PayPal, une solution de paiement en ligne

PayPal (voir Figure 9.1) est une plate-forme de centralisation de paiements en ligne originaire des États-Unis. PayPal appartient depuis 2002 au site d'enchères eBay.

Figure 9.1
PayPal, une solution centralisée de paiement en ligne.

Son but est de réunir clients et acheteurs sur une même plate-forme, proposant au premier un service de facturation et d'acceptation de paiement centralisé et personnalisable… et donc aisément adaptable à n'importe quelle boutique. Et au second une plate-forme de paiement en ligne sécurisée et reconnue. Les clients n'ont donc plus l'impression de payer en ligne, de manière incertaine, sur un service inconnu.

PayPal trouve son modèle économique sur les commissions prélevées sur chaque achat en ligne. Les commissions ne sont pas prélevées côté client, mais côté vendeur… ce qui rend le service payant, sans vraiment l'être. Si vous ne réalisez aucune vente, aucune commission ne sera prélevée.

Info

Le système PayPal se subventionne sur les paiements réalisés sur votre boutique, sous la forme d'une commission. Le niveau de la commission dépend du nombre de versements réalisés par mois sur la boutique et du montant de chacun de ceux-ci. Pour plus d'informations, n'hésitez pas à consulter la page suivante : **https://www.paypal.com/fr/cgi-bin/webscr?cmd=_display-receiving-fees-outside**. Pensez donc à calculer les prix de votre boutique en fonction de la commission de paiement que vous devrez payer à PayPal pour chaque opération effectuée.

Une réserve donc sur ce mode de paiement. Dépassé un certain volume mensuel de transactions, le montant des commissions peut désavantager certains Web commerçants. Assurez-vous que le système PayPal corresponde à votre modèle économique et ne ralentira pas le développement de votre boutique.

Puis ouvrir son "compte bancaire" virtuel PayPal, qu'il alimente soit par virement, soit par carte bancaire. Il mentionne l'e-mail du destinataire du paiement, vous en l'occurrence, précise la somme en jeu. Un e-mail émis par l'acheteur vous notifie que la somme de la transaction est disponible. Depuis votre compte PayPal, il vous reste à activer le transfert de fonds pour que la somme en jeu soit déposée sur votre compte bancaire.

Le service PayPal peut se caractériser en sept points :

1. L'absence d'abonnement.
2. L'absence de contrat de VAD.
3. Le paiement en ligne sans saisir d'informations financières.
4. Le cryptage des données confidentielles.
5. La protection contre les paiements non autorisés.
6. L'accès en ligne, 24h/24, à l'historique des transactions.
7. La saisie de son adresse e-mail, pour valider une transaction commerciale et envoyer au site de e-commerce, son paiement.

Inscription à PayPal France

C'est donc la solution PayPal que vous allez utiliser pour recevoir le paiement des clients de votre boutique en ligne. Pour mettre en place cette solution, il vous faut avant tout posséder un compte PayPal France.

Info

Le système PayPal existe dans de nombreux pays dans le monde. Si vous résidez dans un autre pays francophone (Suisse, Belgique...), rendez-vous sur le portail correspondant à votre pays de résidence pour créer un compte PayPal.

La création de celui-ci ne vous prendra que quelques minutes :

1. Rendez-vous tout d'abord sur la page d'accueil du site PayPal France (**www.paypal.fr**) et cliquez sur le lien Ouvrir un compte présent en haut de la page d'accueil (voir Figure 9.2) pour accéder au formulaire de création de compte.

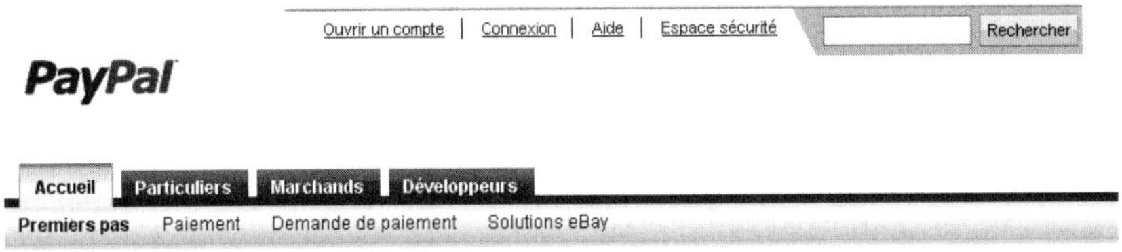

Figure 9.2
Le lien Ouvrir un compte permet l'ouverture d'un compte PayPal.

2. Trois versions de compte vous seront proposées mais seules les options "compte Premier" et "compte Business" répondent aux caractéristiques d'un site de e commerce. Le choix entre ces deux solutions s'effectuera aisément. La première est dédiée aux e-commerçants souhaitant exercer leur activité en leur nom propre. La seconde répond à l'hypothèse où un site web marchand est lancé sous le nom d'une société ou d'un groupe. Il est à noter que la solution Business acceptera tout type de paiement quand l'offre Premier se révélera plus restrictive.

   Après avoir sélectionné une version de compte PayPal et pour poursuivre votre inscription, veuillez sélectionner en bas de page le pays dans lequel vous résidez. Enfin, cliquez sur le bouton "Continuer".

3. Il vous faut ensuite saisir les données du futur titulaire du compte. (voir Figure 9.4) Dans le formulaire présent en haut de la page, trois données personnelles sont requises : le nom et l'adresse du futur détenteur de compte PayPal, qui ont été "communiquées à votre établissement bancaire", ainsi qu'un numéro de téléphone.

Figure 9.3
Sélectionnez le type de compte PayPal que vous souhaitez créer.

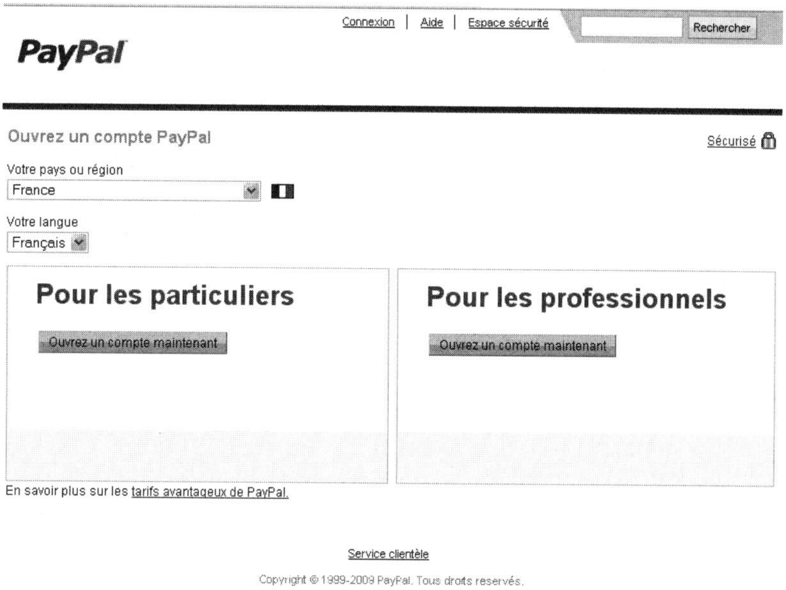

4. Dans la seconde partie de la page, rentrez les éléments qui vous permettront une connexion future au compte PayPal. Précisez à ce niveau l'adresse e-mail et le mot de passe que vous saisirez pour accéder à votre compte. Il vous est également demandé d'opter pour une question annexe et d'en déterminer la réponse. Dans l'hypothèse où vous ne vous souviendriez plus de votre mot de passe, lors d'une connexion à votre compte PayPal, celui-ci vous sera communiqué par e-mail.

5. Acceptez les conditions d'utilisation et de règlement sur le respect de la vie privée en cochant les deux cases Oui en ayant bien pris soin de lire ces conditions d'utilisation précédemment. Enfin, recopiez le code de sécurité affiché tout en bas de la page (voir Figure 9.5)

6. Il vous faut maintenant saisir vos coordonnées bancaires sur votre compte PayPal (voir Figure 9.6). Dans la nouvelle page qui s'est ouverte, sélectionnez le type de carte bancaire que vous possédez, puis saisissez son numéro, sa date d'expiration ainsi que son code de sécurité.

Info

Notez bien que cette page est entièrement sécurisée et vous permet de saisir vos données en toute sécurité : l'adresse de la page utilise bien le protocole https et un petit cadenas est présent dans l'interface de votre navigateur Internet. Cliquez ensuite sur le bouton Ajouter une carte pour que cette carte soit effectivement active sur votre compte.

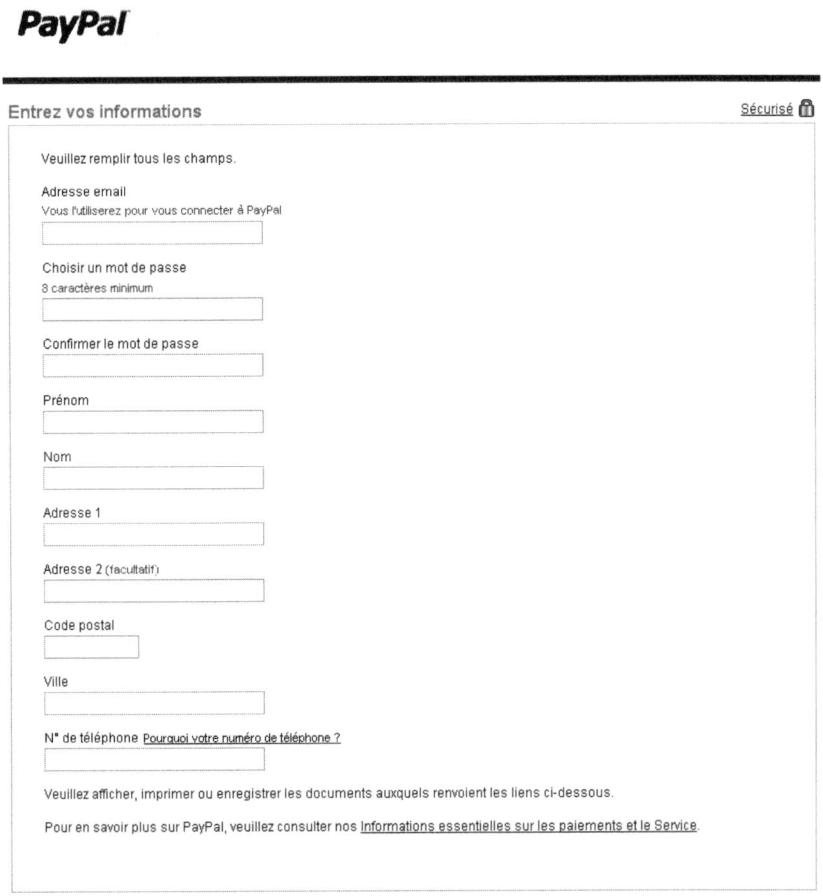

Figure 9.4
Deuxième étape, les informations personnelles.

Figure 9.5
Le code de sécurité sert à s'assurer que l'inscription à PayPal est bien réalisée par un être humain.

7. Dernière étape, confirmez l'adresse e-mail utilisée pour la création de votre compte PayPal. Pour définitivement valider votre inscription, PayPal va vous adresser un e-mail dans lequel se trouve un lien du type "Cliquez ici pour activer votre compte". Cliquez donc sur ce lien pour activer effectivement votre compte et confirmer votre adresse e-mail.

Clôturer l'opération en cliquant sur "ouvrir un compte" ; c'est validé.

Figure 9.6

Vos informations bancaires sont indispensables si vous souhaitez recevoir des paiements.

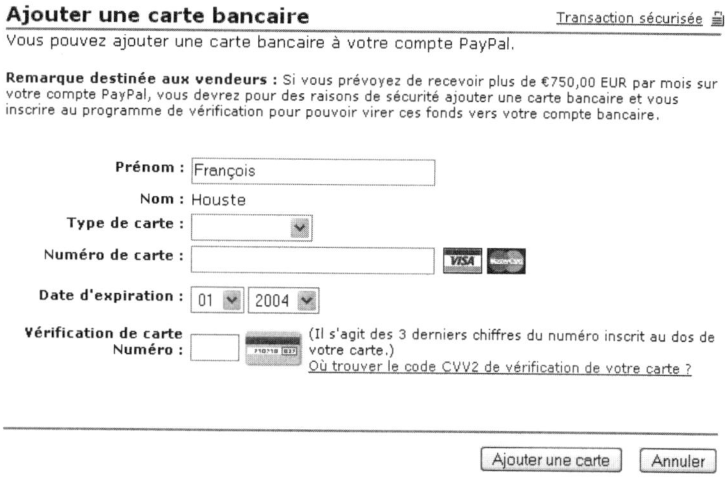

Configuration de l'interface de paiement

Vous voilà désormais détenteur d'un compte PayPal. Vous êtes en mesure de le configurer pour qu'il accepte les paiements provenant de votre boutique. La manipulation est encore une fois fort simple :

1. Rendez-vous de nouveau sur la page d'accueil du service PayPal France (**www.paypal.fr**) et connectez-vous à celui-ci à l'aide du formulaire d'identification situé en haut à gauche de l'interface. Une fois connecté, vous serez automatiquement redirigé vers la section Mon compte du site (voir Figure 9.7)
2. Cliquez sur l'onglet Outils marchand, présent en haut de la page, et, sur la page qui s'affiche alors, sélectionnez le bouton Configurer PayPal facilement. Vous débutez alors la configuration.
3. Cliquez sur le lien J'utilise ma propre solution de boutique en ligne, présent dans la deuxième partie de la page (voir Figure 9.8)
4. PayPal affiche alors la liste de tous les objets que le service propose pour vous faciliter le paiement en ligne. Dans cette liste, sélectionnez l'objet Boutons acheter maintenant et cliquez sur le lien Lancez-vous ! sur la page de description détaillée de cet objet (voir Figure 9.9)

Figure 9.7

La section Mon compte est la partie centrale de votre espace PayPal.

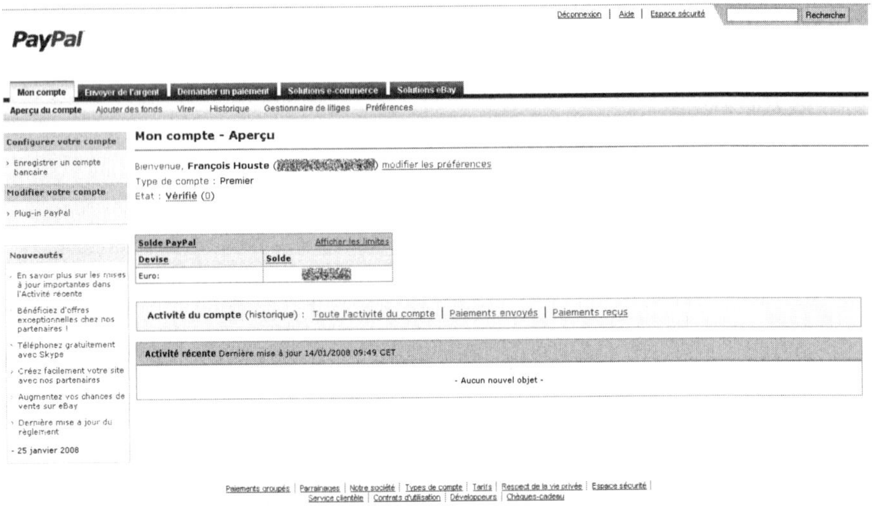

Figure 9.8

Sélectionnez le profil-correspondant à votre boutique

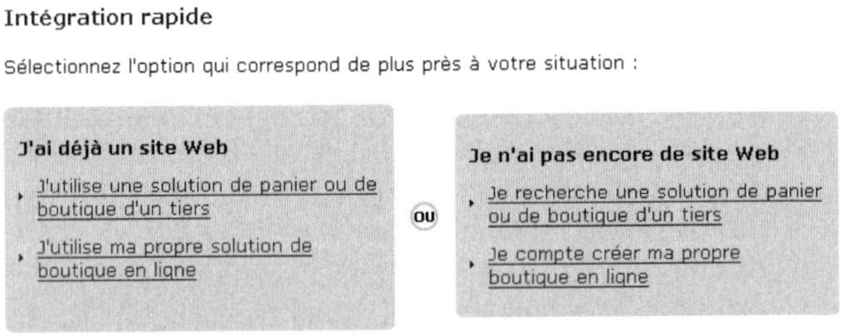

Figure 9.9

Vous allez utiliser l'objet Boutons acheter maintenant pour valider vos achats.

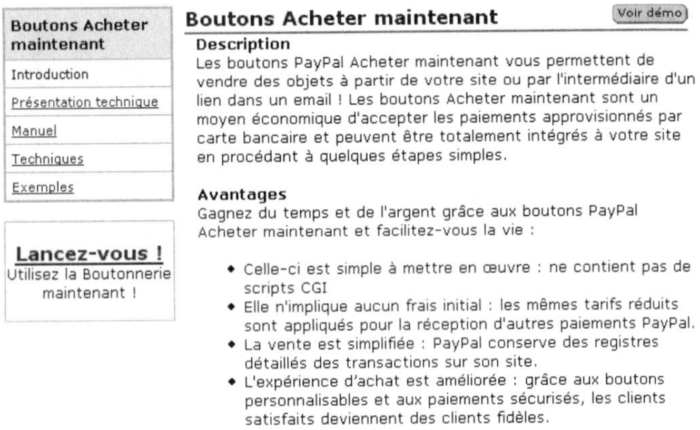

5. Le formulaire de création de votre bouton d'achat s'affiche alors. Complétez celui-ci de la façon suivante :
   - Service : saisissez ici le nom de votre boutique en ligne.
   - ID d'objet : saisissez ici un nom générique pour l'ensemble de vos commandes.
   - Prix de l'objet : saisissez un montant par défaut, celui-ci sera remplacé par un montant réel une fois le bouton de paiement inséré dans votre boutique en ligne.
   - Devise : gardez la mention Euros sélectionnée
6. Cochez la première case de la section Choisissez un bouton pour votre site afin d'utiliser l'un des boutons fournis par PayPal sur votre page de panier.
7. Décochez la case Crypter le bouton de paiement, afin que le code source de celui-ci reste éditable une fois inséré dans Dreamweaver.
8. Cliquez sur le bouton Créer le bouton pour obtenir le code source du bouton que vous venez de configurer. Celui-ci se présente sous la forme suivante:

```
<form action="https://paypal.com/cgi-bin/webscr" method="post">
<input type="hidden" name="cmd" value="_xclick">
<input type="hidden" name="business" value="webmaster@maboutique.com">
<input type="hidden" name="item_name" value="NomdObjet">
<input type="hidden" name="item_number" value=NumérodObjet">
<input type="hidden" name="amount" value=50.00">
<input type="hidden" name="no-wrote" value="1">
<input type="hidden" name="currency_code" value="EUR">
<input type="image" scr="https://www.paypal.com/fr_FR/i/btn/x-click-but23.gif"
border="0" name=submit" alt="Effectuez vos paiements via PayPal : une solution
rapide, gratuite et sécurisée !">
</form>
```

Intégration du lien de paiement au panier

C'est ce code que vous allez utiliser pour le paiement du panier du client, en en modifiant toutefois quelques éléments. L'étape de paiement que vous êtes en train de créer va s'ajouter sur la page de traitement de la commande, au moment du transfert de l'ensemble des éléments de la table **shop_panier** vers **shop_ligne_commande**. Les modifications à apporter sont minimes.

Souvenez-vous, la page de traitement de la commande comprenait un lien permettant au client d'accéder à son historique des commandes. Ce lien va disparaître pour laisser place à votre bouton de paiement :

1. Rouvrez la page traitement_commande.php à l'aide de Dreamweaver et affichez le code source de celle-ci (voir Figure 9.10).

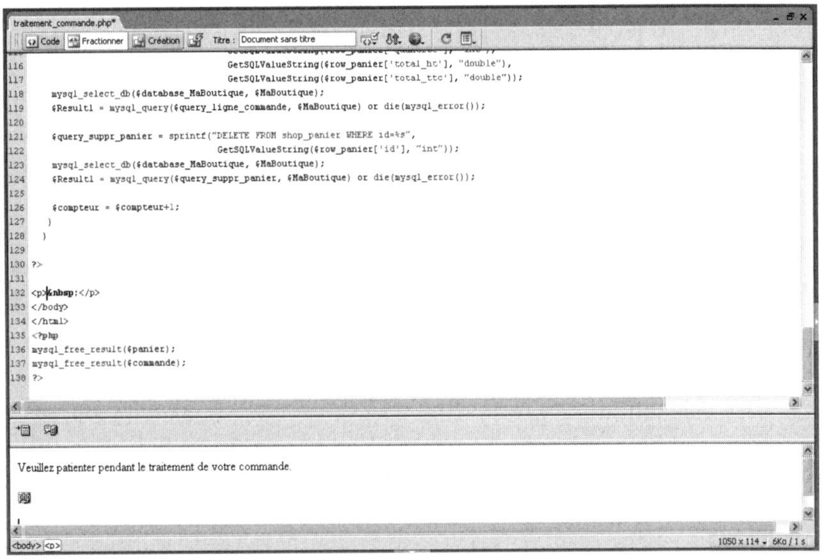

Figure 9.10
Affichez le code source de votre page afin d'y insérer le formulaire de paiement.

2. Créez sur cette page un nouveau jeu d'enregistrements chargé de retrouver la dernière commande passée par le client actuellement connecté et d'en lister l'ensemble des paramètres. Ce jeu d'enregistrements sera bâti sur le même type de requête que celle destinée à retrouver le numéro de commande vers lequel transférer les articles du panier. Il sera donc du type :

   ```
   SELECT * FROM shop_commande WHERE client=paramClient ORDER BY id DESC;
   ```

   où `paramClient` correspond à l'identifiant de session `MM_Username`.

3. Insérez à la suite des traitements par lot présents sur la page, en lieu et place des liens vers l'historique des commandes, le formulaire fourni par PayPal pour l'intégration du lien d'achat.

4. Modifiez à présent le formulaire en question avec des éléments issus du jeu d'enregistrements que vous venez de créer. Vous pouvez ainsi corriger dynamiquement les montants à facturer ou les numéros de commandes. Au final, le code source de votre formulaire devrait ressembler à quelque chose du genre :

   ```
   <form action="https://www.paypal.com/cgi-bin/webscr" method="post">
   <input type="hidden" name="cmd" value="_xclick">
   <input type="hidden" name="business" value="webmaster@maboutique.com">
   ```

```
<input type="hidden" name="item_name" value="Commande<?php echo
$row_commande['id']; ?>">
<input type="hidden" name="item_number" value="Client<?php echo
$row_commande['client']; ?>">
<input type="hidden" name="amount" value="<?php echo
$row_commande['total_ttc']; ?>0">
<input type="hidden" name="no_note" value="1">
<input type="hidden" name="currency_code" value="EUR">
<input type="image" src="https://www.paypal.com/fr_FR/i/btn/x-click-but23.gif"
border="0" name="submit" alt="Effectuez vos paiements via PayPal : une
solution rapide, gratuite et sécurisée !">
</form>
```

Comme vous pouvez le constater, les valeurs des champs `item_name`, `item_number` et `amount` sont remplacées par la référence de la commande facturée, le numéro d'identification du client et le montant effectif de la commande, tous trois issus du jeu d'enregistrements de commande.

5. Il ne vous reste qu'à sauvegarder la page et à tester celle-ci sur votre serveur d'évaluation : ajoutez quelques articles à votre panier, validez celui-ci puis cliquez sur le bouton d'accès à l'interface de paiement que vous venez de créer. Vous devriez arriver sur le site PayPal où vous est facturée la somme voulue (voir Figure 9.11).

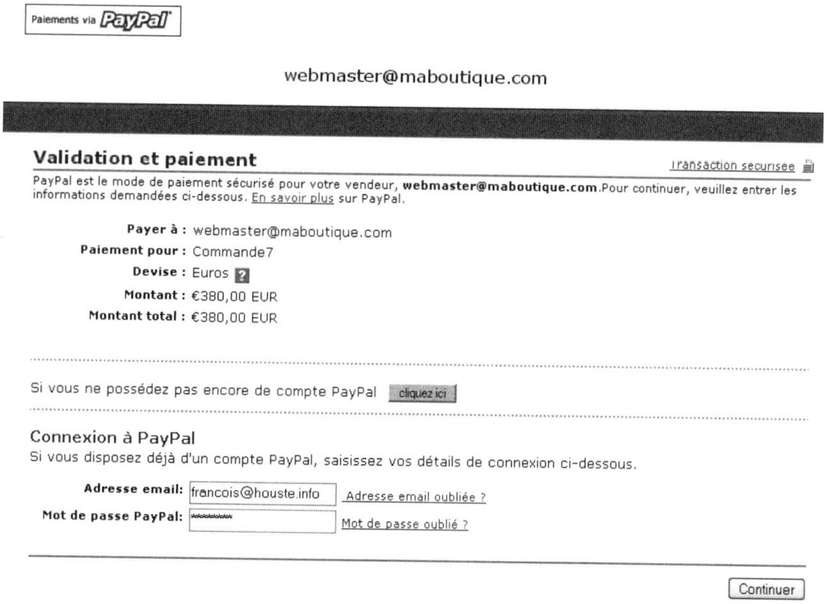

Figure 9.11
La facturation est en place.

Retour à votre boutique après paiement

La facturation est en place sur votre boutique. Mais, une fois le paiement terminé, vos clients ne sont plus redirigés vers votre boutique. Il vous faut encore modifier votre compte PayPal afin que la redirection automatique soit mise en place.

1. Connectez-vous sur votre compte PayPal si ce n'est déjà fait et cliquez sur l'onglet Outils marchands de votre compte.
2. Dans la liste des objets disponibles, sélectionnez Renvoi automatique. La configuration de cet objet tient en un simple formulaire (voir Figure 9.12).

Figure 9.12

Un seul champ de formulaire suffit à la mise en place d'une redirection automatique.

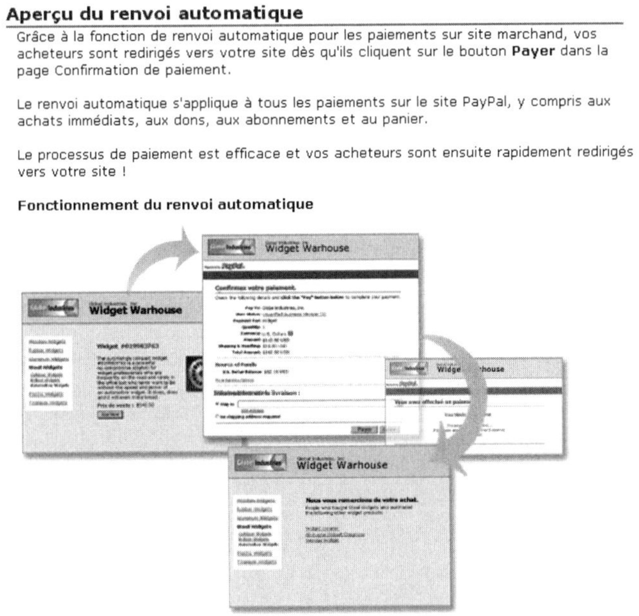

3. Cochez la case Oui en haut de la page de configuration (question Renvoi automatique) et saisissez dans le champ URL de renvoi l'adresse vers laquelle vous souhaitez rediriger vos clients une fois le paiement terminé. Il s'agit de la page d'historique des commandes comme vous le faisiez auparavant.
4. En bas du panneau de configuration de votre compte PayPal, cliquez sur le bouton Enregistrer afin que vos informations de redirection soient correctement enregistrées.

Si vous testez à nouveau votre boutique en ligne, vous devriez être automatiquement redirigé vers l'historique de vos commandes une fois le paiement d'une commande effectué.

Vérification des paiements en attente dans PayPal

L'interface membre de PayPal vous permet de vérifier très facilement les paiements effectués sur votre boutique. Ceux-ci sont résumés sur la page d'accueil de votre compte, visible juste après la connexion (voir Figure 9.13).

Figure 9.13

L'historique de vos paiements et facturations.

Un compte PayPal pouvant à la fois servir à la facturation de votre boutique et au paiement sur d'autres sites, votre page d'accueil résume l'ensemble des opérations effectuées avec le compte : crédits et débits. À partir de ce résumé, vous pouvez très bien retrouver les derniers paiements enregistrés sur votre boutique.

À vous alors de vérifier, en fonction des numéros de commande et de client renseignés plus tôt, les commandes correspondantes. Et de prendre les mesures qui s'imposent pour expédier celles-ci.

Gestion des factures

Quid des factures ? PayPal propose son propre système de facturation en ligne permettant d'envoyer par e-mail une facture au client après chaque achat. Il peut néanmoins être aussi simple de réaliser la facturation par vous-même, à partir des données présentes dans votre base de données. La facturation des comptes n'est rien d'autre qu'une duplication de l'historique des commandes d'un client, sous une forme plus officielle et avec quelques informations complémentaires (adresse du client, numéro de commande, date de débit…). Un document que vous pouvez très bien réaliser par vos propres moyens dans Dreamweaver et proposer en ligne. Rien ne vous oblige en effet à expédier une facture par e-mail, vous avez simplement obligation de rendre celle-ci disponible au client.

Les autres solutions de paiement

Bien entendu, PayPal n'est pas la seule solution de paiement en ligne utilisable facilement sur le Net. D'autres méthodes existent pour gérer la facturation et le paiement de votre boutique en ligne.

En France, ces services sont proposés en majorité par des banques ou des organismes affiliés, pour leurs clients. Si vous disposez, par exemple, d'un compte au Crédit mutuel, vous pourrez utiliser les options de paiement sécurisé proposées par cette banque et accessibles à l'adresse www.becm.fr (voir Figure 9.14). Les revenus générés par votre boutique en ligne seront alors automatiquement versés sur le compte en banque associé à votre boutique, après validation des versements par la banque elle-même.

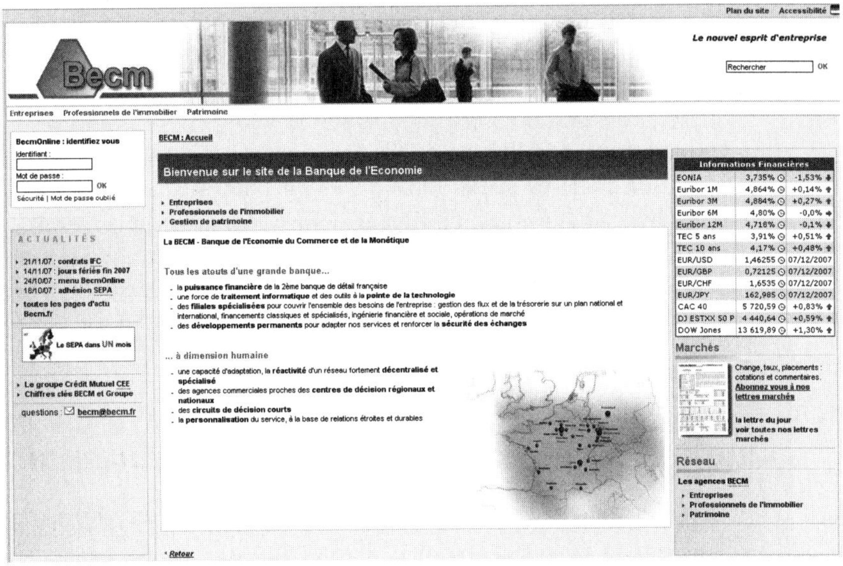

Figure 9.14

Les outils de paiement sécurisé du Crédit mutuel présentés en détail.

Vous trouverez une présentation détaillée de quelques systèmes de paiement en ligne proposés par les organismes bancaires français au Chapitre 11.

10 Mise en place d'une plate-forme d'administration

Votre boutique en ligne est prête à recevoir ses premiers clients. Mais êtes-vous réellement prêt à la gérer ?

Sur Internet, comme dans la vraie vie, une boutique doit être vivante, proposer de nouveaux produits, effacer les anciens articles de son catalogue et parfois revoir ses prix à la hausse comme à la baisse. Ce sera votre rôle, en tant que gérant de votre site e-commerce, d'effectuer ces différentes mises à jour, plus ou moins régulières.

Mais comment procéder ? Si vous vous en tenez à la boutique que vous venez de créer, chaque modification du catalogue devra passer par une requête dans votre outil de gestion de base de données habituel (phpMyAdmin ou autre). Cette méthode, qui oblige à user de requêtes SQL pour chercher n'importe quel produit à mettre à jour, est loin d'être pratique. Une véritable interface d'administration, incluse à l'intérieur même du site, permettrait une gestion de votre boutique beaucoup plus agréable et efficace.

Dreamweaver CS4, avec ses options avancées de gestion de formulaires HTML, permet de réaliser assez rapidement ce type d'interface d'administration, principalement à l'aide d'assistants. En quelques minutes, vous devriez pouvoir mettre en place une plate-forme d'administration complète, permettant la gestion (modification, ajout, effacement…) de vos produits et même de vos clients.

L'ensemble des interfaces d'administration que vous allez créer dans ce chapitre vont se situer dans un nouveau répertoire de votre boutique, que vous pourriez nommer, par exemple, *admin*.

Quelle architecture et quelles fonctionnalités ?

Comme pour l'ensemble des pages de votre site, votre interface d'administration doit faire l'objet d'un travail de conception précis et attentif. Peut-être même plus encore que les autres pages, puisque de l'efficacité de cette interface dépendra l'efficacité avec laquelle vous gérerez les produits, clients et commandes passées sur votre boutique.

Il est donc conseillé, une fois encore, de laisser quelques heures votre clavier de côté et d'utiliser feuille et stylo pour définir l'architecture exacte de votre interface d'administration. Son interface et ses fonctionnalités dépendront grandement de type de biens que vous vendrez et du type de fonctionnalités avancées que vous aurez pu mettre en place sur votre boutique en plus de celles décrites dans cet ouvrage. Néanmoins, quelques fonctionnalités vont très vite s'avérer indispensables, telles :

- **La gestion du catalogue de produit.** Votre interface d'administration vous permettra d'ajouter, de modifier ou de supprimer un produit de votre catalogue très rapidement. Dans une version avancée de cette interface, vous pourriez également consulter vos stocks et signaler un produit en cours de réapprovisionnement de manière automatique.
- **La gestion des commandes en cours.** Lister l'ensemble des commandes qui ont été passées, en détaillant la liste des produits qu'elles contiennent et les clients à qui elles s'appliquent est la moindre des fonctionnalités. Vous aurez ainsi un tableau de bord vous permettant de préparer les expéditions de colis et de signaler aux clients que les commandes sont bien parties.
- **La gestion des comptes clients.** Si vous comptez utiliser les données de vos clients dans une optique marketing (en accord avec les règles de la CNIL), une interface permettant de retrouver l'ensemble des clients d'une zone géographique ou de gérer une liste d'abonnés est nécessaire. Ce type d'interface exploitera vos données clients afin de vous fournir un profil précis de votre clientèle.
- **Des données statistiques avancées.** Si les outils d'analyse d'audience vous permettent de savoir le nombre de visiteurs que vous attirez (voir Chapitre 13), une interface de statistique interne vous permet d'accéder à des données plus stratégiques : total des commandes sur le mois, toutes taxes comprises aussi bien que hors-taxes, valeur du panier moyen, nombre de commandes enregistrées, meilleures ventes… Autant d'indicateurs qui peuvent vous aider après une bonne analyse à rendre votre boutique plus efficace.
- **Une zone de communication avec vos clients.** Si vous avez mis en place un formulaire de contact, il peut être pertinent de le coupler avec une zone d'actualité sur les dernières nouveautés ou les éventuels dysfonctionnements de votre site. Vous aurez ainsi un canal de communication privilégié avec vos clients et bâtirez une relation de confiance solide avec eux.

Info

Ce chapitre détaille la mise en place d'une interface destinée à alimenter ou corriger des données dans votre catalogue produit. Les sections servant à voir l'état des commandes ou la liste de vos clients ne sont pas détaillées en pratique ici pour des raisons de place. Mais ces éléments d'interface, que vous créerez sur votre boutique, utiliseront les mêmes composants et les mêmes types d'objets que l'administration de vos produits. Vous disposez ici de la méthode pour mettre à jour les données de votre boutique, il ne vous reste qu'à l'appliquer à l'ensemble des éléments de votre site.

Les droits d'accès

Autre question cruciale avant de se lancer : la question des droits d'accès. Votre interface d'administration est un espace privé auquel vous seul, et éventuellement quelques collaborateurs, doivent avoir accès. Pensez dès le départ à définir les droits d'accès inhérents à cette interface afin de pallier toute éventualité.

Vous partez en vacances ? Les commandes de votre boutique doivent tout de même être honorées et vos clients ne supporteront pas trois semaines d'attente pour une simple réponse à leurs mails. Votre interface doit alors être relativement ouverte et permettre un accès à distance, ou un accès à un tiers, dès sa conception. C'est dans cette logique que l'interface d'administration réalisée ici est conçue : son accès est entièrement géré *via* un navigateur web et la création d'un nouveau compte administrateur avec mot de passe ne demande que quelques minutes.

Mettre à jour les fiches produits existantes

Première partie de votre interface d'administration : la modification des produits présents dans votre catalogue. En pratique, cette fonctionnalité va être couplée avec une interface de consultation des produits totalement indépendante du reste de la boutique. Cela vous permettra d'utiliser l'ensemble des assistants de création de pages dynamiques de Dreamweaver.

Lister les produits du catalogue

Pour créer la liste de vos produits et les pages de consultation correspondantes, vous allez utiliser l'assistant Ensemble de pages Principale-Détails de Dreamweaver. Celui-ci permet de créer deux pages : l'une listant vos produits avec le minimum d'informations et une autre présentant tous les champs de la table de données correspondant à ce produit.

Mais avant d'utiliser cet assistant, il vous faut d'abord créer une page vierge, qui servira de page d'accueil à votre interface d'administration. Nommez-la index.php et enregistrez-la dans le dossier admin que vous n'avez pas manqué de créer.

Associez à cette page un jeu d'enregistrements simple reprenant l'ensemble des champs et enregistrements de la table **shop_livres**. Ce jeu d'enregistrements servira de base aux pages Principale-Détails que vous allez maintenant créer.

L'assistant pages Principale-Détails

Une fois le jeu d'enregistrements créé et votre nouvelle page sauvegardée :

1. Sélectionnez l'outil Ensemble des pages Principale-Détails dans la section Données de la barre d'outils de Dreamweaver ou dans Insertion > Objets de données.
2. La boîte de dialogue Insérer l'ensemble des pages Principale-Détails s'ouvre alors (voir Figure 10.1). C'est dans cette fenêtre que vous allez définir les différents paramètres de l'ensemble des pages. La première partie de la boîte de dialogue concerne la page principale (c'est-à-dire la page où apparaîtra la liste des livres de votre boutique), tandis que la seconde se rapporte à la page de détail (les informations détaillées de chaque ouvrage).

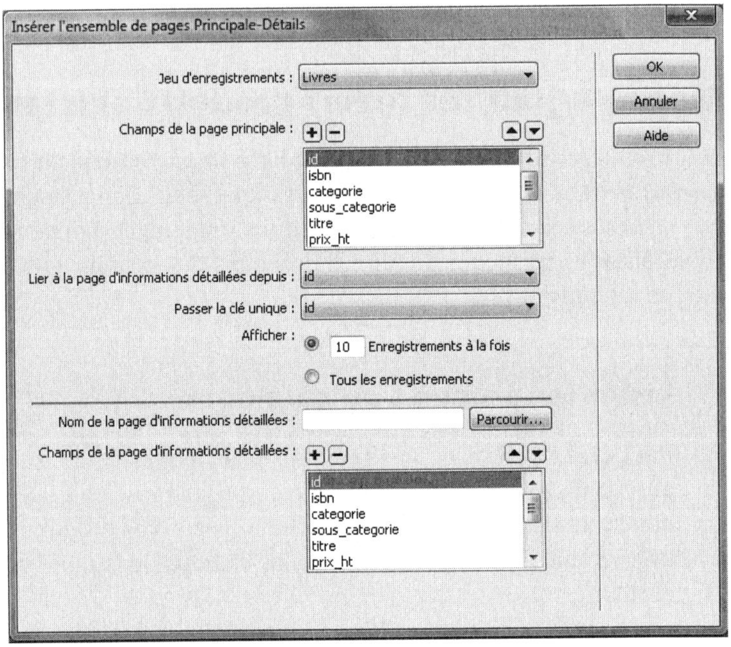

Figure 10.1
Prêt à créer votre ensemble de pages ?

3. Sélectionnez, dans la liste déroulante Jeu d'enregistrements, le jeu d'enregistrements que vous venez de créer. C'est à partir de lui que doivent être construites vos pages.
4. La liste Champs de la page principale affiche alors la liste des informations disponibles dans le jeu d'enregistrements. Vous pouvez maintenant la modifier en changeant l'ordre d'affichage des données ou en supprimant/ajoutant des champs. Procédez comme suit :

Pour modifier l'ordre d'affichage des champs, sélectionnez dans la liste Champs de la page principale le champ que vous souhaitez déplacer. Cliquez ensuite sur le bouton Déplacer vers le haut (la flèche montante en haut à droite de la liste) pour remonter ce champ d'un cran dans la liste. Pour déplacer ce même champ d'un cran vers le bas, utilisez simplement le bouton Déplacer vers le bas (en forme de flèche descendante).

Pour faire disparaître un champ, sélectionnez-le dans la liste Champs de la page principale, puis cliquez sur le bouton Suppression (–) situé en haut à gauche de cette liste. Le champ disparaît alors de la liste et ne sera plus affiché dans la page principale de l'ensemble de pages.

Pour ajouter un champ, cliquez sur le bouton Ajout (+) situé en haut à gauche de la liste. Une fenêtre Ajouter colonnes s'ouvre alors, présentant les colonnes qui ne sont pas encore sélectionnées (voir Figure 10.2). Cliquez sur la colonne que vous souhaitez ajouter, puis sur le bouton OK de cette boîte de dialogue. Le champ est alors ajouté à la liste.

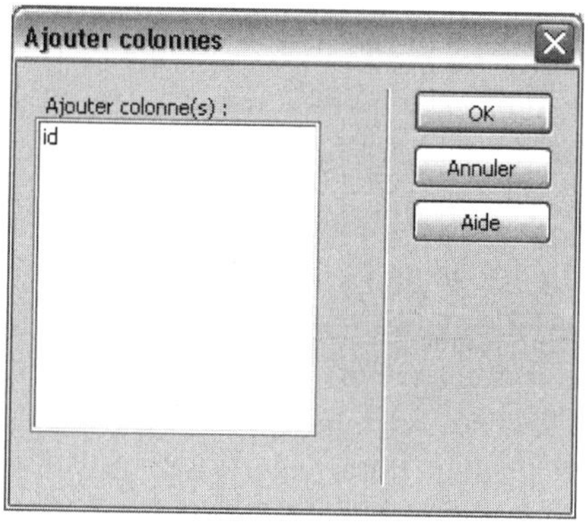

Figure 10.2

Pour ajouter un champ à l'affichage, utilisez cette nouvelle boîte de dialogue.

Afin d'avoir l'interface la plus claire possible, utilisez le minimum de champs sur la page principale de votre interface d'administration : Numéro ISBN, Titre, Nom de l'auteur et éventuellement Prix devraient largement vous suffire pour identifier à coup sûr un article à modifier.

Info

Vous ne pouvez afficher que les champs disponibles dans le jeu d'enregistrements sélectionné. Si tous les champs apparaissent déjà dans la liste Champs de la page principale, un clic sur le bouton Ajout (+) provoquera un message d'alerte vous informant qu'aucun champ n'est disponible à l'affichage (voir Figure 10.3).

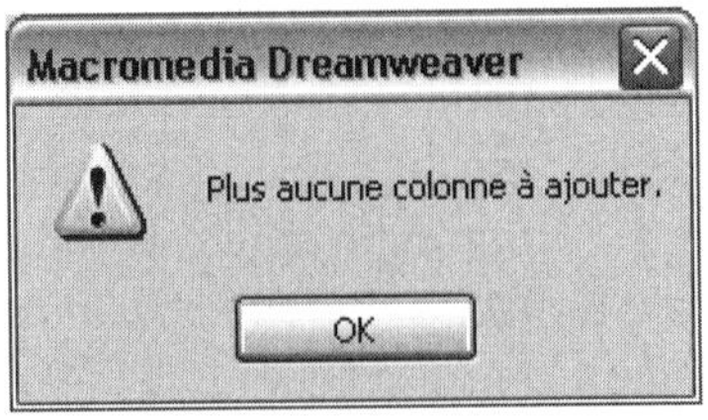

Figure 10.3
Tous les champs du jeu d'enregistrements sont déjà sélectionnés.

5. Dans la liste déroulante Lier à la page d'informations détaillées depuis, sélectionnez le champ qui permettra d'accéder à la page d'informations détaillées. C'est à partir de ce champ que Dreamweaver créera un lien vers la page de détail, qui affichera les informations du produit en question. Le plus intuitif reste encore de lier la page de détail au titre de l'ouvrage que vous souhaitez consulter. Vous pouvez également envisager, une fois l'assistant terminé, d'ajouter un lien Consulter sur la page principale ainsi créée, qui mènera directement à la vue détaillée du produit.
6. Dans le champ Passer la clé unique, sélectionnez la donnée qui sert de clé unique pour votre jeu d'enregistrements. C'est logiquement la même clé que celle que vous avez créée dans la table de données qui sert de source au jeu d'enregistrements, c'est-à-dire `id`. Celle-ci sera passée en paramètre à la page de détail pour que les données du bon enregistrement y soient affichées.
7. Enfin, choisissez le nombre d'enregistrements à afficher sur la page principale. Si votre boutique ne propose pas trop de références, préférez afficher la totalité du jeu d'enregistrements (cochez la case Tous les enregistrements). Si, toutefois, vous désirez limiter le nombre des enregistrements affichés, cochez la case X Enregistrements à la fois et renseignez le champ correspondant avec le nombre d'enregistrements à afficher par page. Dreamweaver se chargera automatiquement de créer plusieurs pages principales contenant autant d'enregistrements que spécifié, ainsi que les liens entre ces différentes pages.

Info

Si vous choisissez d'afficher un nombre limité d'enregistrements, Dreamweaver ne créera qu'une seule page principale, mais gérera dynamiquement la liste des enregistrements à afficher suivant votre position dans la page. C'est là un des avantages de la création de sites dynamiques : la limitation du nombre de pages existantes pour un affichage semblable.

Création de la page de détail

La seconde partie de la boîte de dialogue permet la création de la page de détail de l'ensemble de pages (voir Figure 10.4).

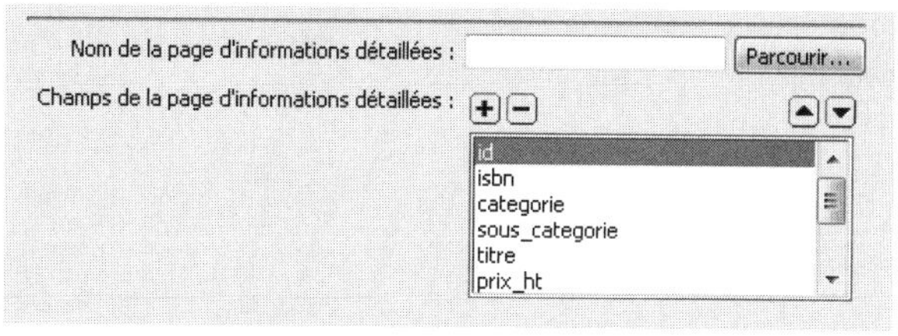

Figure 10.4
Personnalisez à présent la page de détail.

Les informations à fournir sont sensiblement les mêmes que lors de la création de la page principale :

1. Choisissez tout d'abord le nom du fichier qui correspondra à la page de détail de l'ensemble de pages. Saisissez ce nom accompagné de son extension dans le champ Nom de la page d'informations détaillées. Si vous souhaitez utiliser une page existante, vous pouvez simplement la localiser à l'aide du bouton Parcourir... disponible à droite du champ.
2. Créez ensuite la liste des champs du jeu d'enregistrements que vous souhaitez afficher sur la page de détail. Pour cela, utilisez les options de la liste Champs de la page d'informations détaillées comme vous l'avez fait précédemment pour la page principale. Vous pouvez tout aussi facilement modifier l'ordre d'affichage des champs ou supprimer/ajouter l'un d'entre eux.

Une fois toutes ces informations fournies, il ne vous reste qu'à cliquer sur le bouton OK de la boîte de dialogue pour créer effectivement l'ensemble de pages.

Après un court délai, Dreamweaver affiche deux pages dans sa fenêtre principale. La première correspond à la page principale et contient la liste des enregistrements (voir Figure 10.5), tandis que la seconde correspond à la page de détail (voir Figure 10.6).

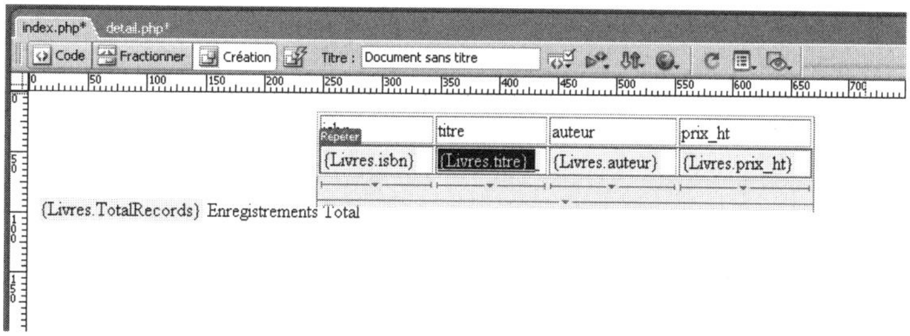

Figure 10.5
La liste d'enregistrements telle qu'elle apparaît dans Dreamweaver.

Il ne vous reste plus qu'à enregistrer et à personnaliser ces pages pour qu'elles correspondent au mieux à l'interface graphique de votre site web.

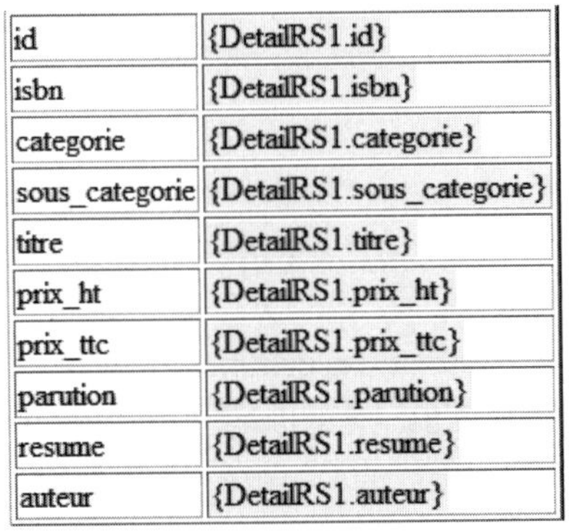

id	{DetailRS1.id}
isbn	{DetailRS1.isbn}
categorie	{DetailRS1.categorie}
sous_categorie	{DetailRS1.sous_categorie}
titre	{DetailRS1.titre}
prix_ht	{DetailRS1.prix_ht}
prix_ttc	{DetailRS1.prix_ttc}
parution	{DetailRS1.parution}
resume	{DetailRS1.resume}
auteur	{DetailRS1.auteur}

Figure 10.6
Le détail d'un enregistrement, prêt à être enregistré !

La toute première partie de votre interface d'administration est en place. Les autres fonctionnalités de votre interface vont très facilement se greffer à la page principale que vous venez de créer, par l'intermédiaire de liens supplémentaires.

Astuce

Pour vous faciliter le travail de mise à jour de vos produits, vous pouvez adjoindre un formulaire de recherche à votre interface d'administration. Pour cela, utilisez les mêmes méthodes que celles décrites au Chapitre 6 de cet ouvrage.

Modifier un produit

Afin de pouvoir modifier un produit de votre boutique, vous allez créer un formulaire de mise à jour des produits. Il sera accessible par l'intermédiaire d'un lien Modifier, présent en face de chaque produit affiché sur la page principale de votre outil d'administration, que vous venez de créer.

Ajoutez ce lien comme un texte classique dans la Région répétée de la page principale que vous venez de créer (voir Figure 10.7). À l'aide de Propriétés de Dreamweaver, liez ce nouveau texte à une page nommée modif.php et passant en paramètre à celle-ci l'identifiant de l'enregistrement à modifier. Une manipulation que vous avez déjà effectuée bien des fois lors de la création des pages de votre catalogue.

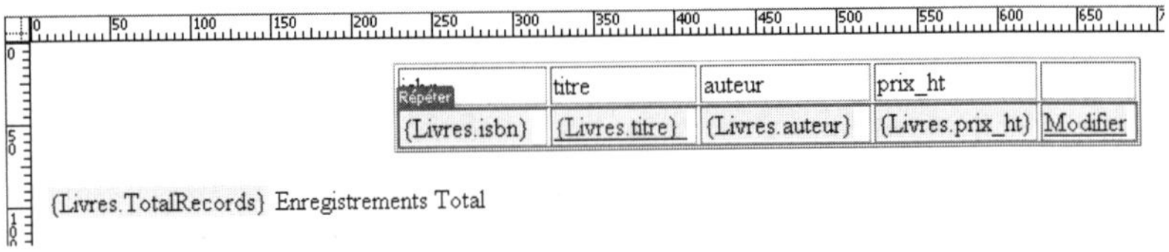

Figure 10.7
Un lien supplémentaire sur l'interface d'administration permettra la modification des produits existants.

Une fois la page principale de votre interface d'administration sauvegardée, créez une nouvelle page nommée modif.php et utilisez sur celle-ci l'assistant de formulaire de mise à jour des enregistrements :

1. Associez à cette nouvelle page un jeu d'enregistrements contenant l'ensemble des champs de la table **shop_livres** en y plaçant un filtre sur l'id passer en paramètre précédement.

2. Dans le panneau Insertion, sélectionnez l'objet Assistant de formulaire de mise à jour des enregistrements. Celui-ci se trouve dans la liste déroulante Mettre à jour l'enregistrement, dans la section Application (voir Figure 10.8).

Figure 10.8

Sélectionnez l'objet Assistant de formulaire de mise à jour des enregistrements.

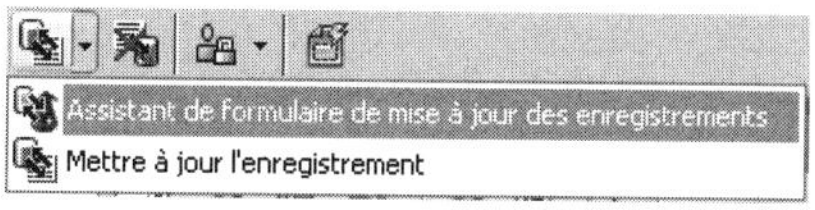

3. La boîte de dialogue Formulaire de mise à jour des enregistrements s'ouvre alors (voir Figure 10.9). Elle est semblable à celle utilisée pour la création d'un formulaire d'insertion.

Figure 10.9

Sélectionnez la table et les données qu'il faudra mettre à jour.

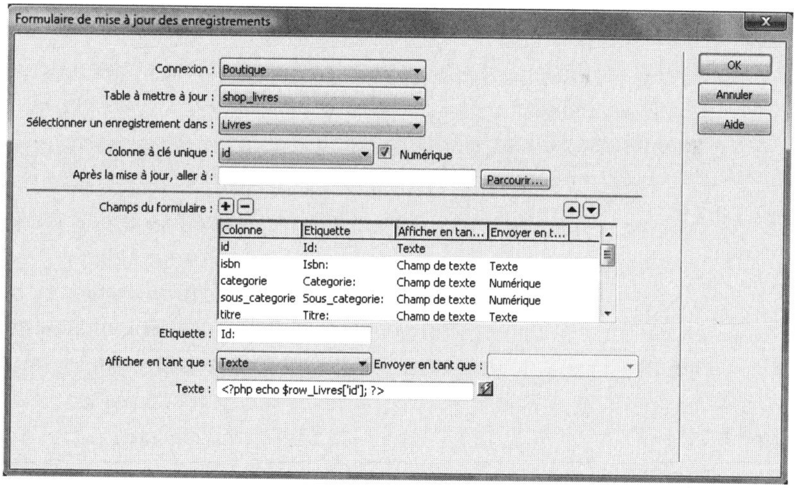

4. Sélectionnez tout d'abord la connexion à utiliser pour votre formulaire. Puis, dans le champ Table, choisissez la table **shop_livres**, qui sera mise à jour. Dans le champ Jeu d'enregistrements, sélectionnez le jeu d'enregistrements que vous venez tout

juste de créer, chargé de récupérer les données qui seront affichées dans le formulaire.

5. Indiquez ensuite que le champ `id` fait office de clé unique dans la table. Cette clé est indispensable pour que Dreamweaver soit certain de mettre à jour le bon enregistrement dans la table de destination.
6. Dans le champ Après la mise à jour, aller à, sélectionnez la page qui sera affichée après la mise à jour d'un enregistrement par l'utilisateur. Profitez de cette option pour créer une page de confirmation de la mise à jour du produit. Cette page devra simplement contenir un lien permettant le retour à la page d'accueil de votre interface d'administration.
7. Détaillez à présent, à l'aide de la liste Champs du formulaire et des champs suivants, les colonnes qui devront être mises à jour à l'aide de votre formulaire. La valeur par défaut de chaque colonne est ici déjà renseignée par une formule du type `<%=(Update.Fields.Item("name").Value)%>`. Cette formule signifie que Dreamweaver affichera dans le champ de formulaire l'ancienne valeur de l'enregistrement sélectionné, celle-ci étant issue du jeu d'enregistrements déjà sélectionné. Assurez-vous simplement que la clé unique de votre table (`id`) ne puisse pas être modifiée.
8. Une fois l'ensemble de ces champs définis et le formulaire personnalisé, cliquez sur le bouton OK pour valider la création du formulaire de mise à jour.

Après quelques secondes, Dreamweaver affiche le document final dans sa fenêtre principale (voir Figure 10.10). Il ne vous reste qu'à modifier la mise en page de ce formulaire de mise à jour et à le tester.

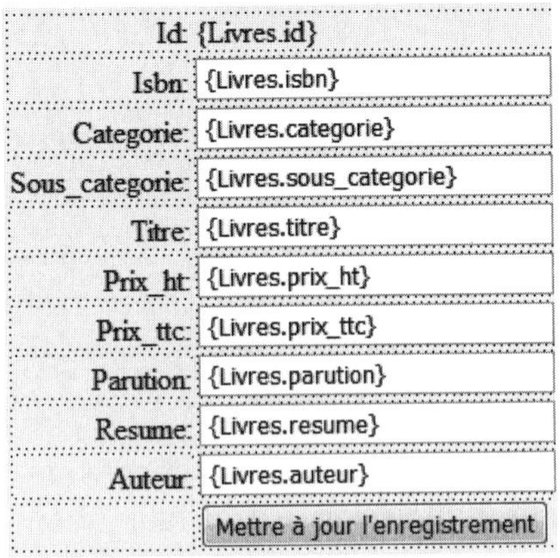

Figure 10.10
Le formulaire de mise à jour des enregistrements est en place.

Vous pouvez immédiatement tester ce formulaire en modifiant les données de l'un de vos produits. La prise en compte des modifications doit être immédiate sur le catalogue consultable par vos clients.

Supprimer un produit du catalogue

La suppression d'un article du catalogue suit la même logique que celle de mise à jour des enregistrements : l'ajout d'un lien Supprimer sur la page principale de votre interface d'administration, et la mise en place d'une page effectuant réellement cette suppression.

Pour ces deux opérations, vous pouvez vous inspirer de techniques déjà utilisées dans cet ouvrage :

- la création du lien Modifier de l'interface d'administration, dans ce même chapitre ;
- la suppression d'un article du panier de votre client, au Chapitre 8. Cela revient à créer une page suppr_article et à y appliquer la commande Supprimer l'enregistrement.

Astuce

Il vous est toutefois possible d'opter pour une méthode un peu moins barbare que la suppression pure et simple d'un produit de votre catalogue : sa désactivation. Cette méthode vous impose d'ajouter, à la table **shop_livres**, un champ (nommé par exemple `dispo`), lequel ne contiendra qu'une information booléenne (`0` ou `1`), destinée à faire savoir s'il est possible de commander l'ouvrage en question ou non.

Si ce champ possède la valeur `1`, l'ouvrage est disponible comme n'importe quel autre. Si la valeur est `0`, l'ouvrage n'est plus disponible actuellement auprès de votre boutique et donc retiré du catalogue. La suppression d'un article revient donc à modifier la valeur de ce champ de `1` à `0`.

Bien entendu, en utilisant cette méthode, vous devrez également redéfinir les jeux d'enregistrements de votre catalogue afin que les livres dont le champ `dispo` est à `0` ne soient jamais visibles pour vos visiteurs.

Insérer de nouveaux produits

Liste, modification, suppression… Il ne manque à votre interface d'administration que la possibilité d'ajouter de nouveaux produits. Cette nouvelle interface passe, elle aussi, par l'utilisation d'un assistant fourni par Dreamweaver. Tout ce que vous avez à faire est de créer une nouvelle page vierge et d'utiliser l'assistant Formulaire d'insertion d'enregistrements de la même façon que vous l'avez utilisé lors de la création des nouveaux comptes clients au Chapitre 7 de cet ouvrage. Utilisez simplement, cette fois, la table **shop_livres** comme table de référence.

Protection de l'interface d'administration

Reste à protéger votre nouvelle interface d'administration des éventuels utilisateurs indésirables. Son accès doit, en effet, être bien gardé par un mot de passe que vous seul connaissez.

Pour optimiser au maximum la protection de votre interface, nous allons faire appel à une méthode issue directement de la configuration Apache de votre serveur d'hébergement. Cette méthode utilise deux fichiers, nommés .htaccess et .htpasswd, qui contiennent les règles de restriction d'accès de votre interface ainsi que les noms et mots de passe des utilisateurs autorisés.

1. À l'aide de votre éditeur de texte préféré, créez un nouveau document contenant le code suivant :

```
AuthUserFile
/admin/.htpasswd
AuthGroupFile /dev/null
AuthName PasswdProtection
AuthType Basic
<Limit GET>
require user admin
</Limit>
```

2. Prenez simplement soin de remplacer l'admin de l'avant-dernière ligne par le nom d'utilisateur que vous souhaitez utiliser pour vous connecter à votre interface d'administration. Si vous voulez autoriser l'accès à plusieurs utilisateurs, saisissez leurs noms, les uns à la suite des autres, après la mention `require user`.

3. Consultez également la documentation de votre hébergeur afin de connaître exactement l'emplacement de votre site sur son serveur Apache. En effet, le chemin `/admin/.htpasswd` présent à la deuxième ligne de ce document ne correspond pas à l'emplacement du fichier de mots de passe de votre interface d'administration sur votre site, mais à son emplacement précis sur le serveur Apache qui l'héberge. Cette information technique ne peut être fournie que par votre hébergeur.

4. Sauvegardez le fichier ainsi obtenu sous le nom .htaccess. Si votre version de Windows n'autorise pas l'enregistrement de fichiers dont le nom commence par un point, utilisez un nom temporaire. Vous renommerez ce fichier convenablement une fois celui-ci transféré sur votre serveur d'hébergement.

La création du fichier de mots de passe ne prend, elle aussi, que quelques secondes. Dans un nouveau document texte, saisissez les noms d'utilisateurs et leurs mots de passe correspondants sous la forme :

```
utilisateur 1:mot de passe 1 crypté
utilisateur 1:mot de passe 1 crypté
```

Ce cryptage des mots de passe peut être obtenu très simplement à l'aide d'outils en ligne, tel celui disponible à cette adresse : **www.flash.net/cgi-bin/pw.pl**.

Saisissez-y simplement les noms d'utilisateurs et mots de passe à utiliser, le contenu du fichier de mots de passe correspondant vous est automatiquement fourni. Il ne vous reste qu'à l'enregistrer, à l'aide d'un éditeur texte classique, sous le nom `.htpasswd`.

Une fois les deux fichiers de protection réalisés, vous n'avez plus qu'à les copier avec le reste de votre boutique en ligne chez votre hébergeur.

Info

Interdire l'accès de votre interface d'administration aux visiteurs est crucial. En interdire l'accès aux moteurs de recherche est tout aussi important. Pensez donc à protéger l'ensemble de votre dossier `admin` par un fichier **robots.txt** interdisant l'indexation de celui-ci. La méthode de mise en place de ce type de protocole est détaillée au Chapitre 15 dédié au référencement naturel.

Partie II

LE CAMPUS

LA RELATION CLIENT, POINT CENTRAL DU SITE E-COMMERCE

Le but de tout commerce est d'être vu. Pour assurer la promotion de votre site web, l'exploitation de différents leviers va être nécessaire.

L'objectif des parties à venir est double. Dans un premier temps, vous apporter les bases pour bien appréhender votre clientèle, en comprendre les comportements et asseoir correctement la relation client-web marchand, fondamentale à la santé de votre business. Dans un second temps, vous présenter les clés du e-marketing et les principes à suivre pour booster son retour sur investissement.

Aborder les considérations CRM se justifie dans la signification même des trois lettres du sigle : Customer Relationship Management ou Gestion de la Relation Client.

Avant de vous lancer dans la promotion de votre site, vous devez être sûr que son contenu et sa configuration seront correctement perçus par votre cible : votre future clientèle.

L'ergonomie de votre site, l'information dispensée, le positionnement et la présentation de vos produits doivent répondre à ses besoins et ses attentes. Votre site doit la **satisfaire**.

Encore faut-il l'avoir clairement identifiée, connaître le type de comportement quelle peut avoir face aux produits et services que vous proposez.

Prenez le temps de vous poser les bonnes questions. Dressez un profil type de votre future clientèle. Vous connaîtrez alors les axes pour la satisfaire, ainsi que les éléments adéquats pour personnaliser et faire évoluer vos futures actions commerciales.

Dans les prochains chapitres vous trouverez quelques clés pour assurer l'image positive et sérieuse de votre site, pour comprendre et mesurer le comportement de tous visiteurs, être à même de les fidéliser… en un mot gérer correctement la relation avec votre clientèle.

11 Un site sécurisé inspirant confiance

Au sommaire de ce chapitre :

- L'obligation d'information à l'égard de l'internaute
- Protéger son site webmarchand
- Utiliser les plates-formes de paiement bancaires
- Souscrire à une assurance : Fia-Net

Votre site peut être esthétiquement parlant "beau", reposer sur un concept innovant ou comporter des produits attractifs répondant aux besoins d'une grande part d'internautes, il n'est rien s'il n'inspire pas confiance à vos visiteurs. Ce sentiment peut être assuré aisément si vous présentez comme il se doit votre activité, votre firme, l'objet de votre site…et si vous garantissez un processus de paiement fiable, sécurisé.

Info

Dans les premiers chapitres, vous avez mis en place un paiement sécurisé utilisant la plate-forme en ligne Paypal. Facile d'accès et de configuration, cette plate-forme a malheureusement le désavantage d'être assez éloignée du modèle d'interface proposée habituellement par les boutiques en ligne. Son utilisation peut alors dérouter vos futurs clients.

Dans ce chapitre, vous allez voir comment utiliser les interfaces de paiement sécurisé proposées par les établissements bancaires en France. Ces interfaces offrent l'avantage de s'adosser à des compagnies financières solides et dont le nom parle au grand public. Elles renforcent donc d'autant la confiance que peuvent avoir les internautes en votre boutique en ligne.

L'obligation d'information à l'égard de l'internaute

La diffusion de votre site sur le Web va engendrer des relations contractuelles spécifiques. La rencontre de votre offre commerciale et du besoin de l'internaute va être scellée par une transaction "virtuelle".

L'article 14 de la loi sur la confiance dans l'économie numérique LCEN du 22 juin 2004 définit le commerce électronique comme "l'activité économique par laquelle une personne propose ou assure à distance et par voie électronique la fourniture de biens ou de services".

Si l'internaute a sélectionné votre site afin d'y effectuer un achat, une zone d'ombre peut persister car il ne vous a jamais rencontré physiquement et peut se poser la question de la véracité de votre entreprise. Son analyse du site et sa décision finale d'achat dépendent étroitement des informations que comporte votre site.

Vous devez donc lui apporter une information la plus complète possible afin qu'aucun doute ne persiste sur le sérieux de votre activité et l'existence de votre entreprise.

La réglementation propre aux contrats de vente à distance et la directive e-commerce du 8 juin 2000, transposée en droit interne par la loi pour la confiance dans l'économie numérique (LCEN) du 22 juin 2004, posent le cadre de l'obligation d'information à l'égard des internautes.

Vous pouvez en prendre connaissance de façon exhaustive en consultant :

- le siteMinefi.gouv.fr présentant les règles propres au droit des contrats de vente à distance (**www.minefi.gouv.fr/directions_services/dgccrf/documentation/fiches_pratiques/fiches/b04.htm**) ;
- le site de l'Union européenne "**http://ec.europa.eu/internal_market/e-commerce/directive_fr.htm**" vous donnant accès au texte intégral de la directive e-commerce du 8 juin 2000 ;
- le site **www.legifrance.gouv.fr/WAspad/UnTexteDeJorf?numjo=ECOX0200175L** pour le texte de la loi LCEN.

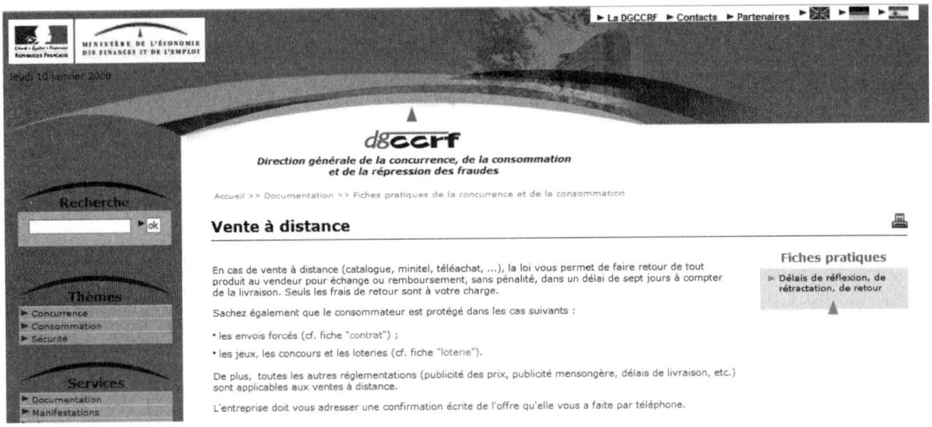

Figure 11.1

Minefi.gouv.fr : des fiches juridiques très pratiques.

Pour résumer de telles réglementations, vous êtes tenu de réunir sur votre site les informations ci-après :

- **Données sur l'entreprise.** Elles regroupent l'identité de votre société, l'adresse géographique du lieu où elle est établie (elle sert notamment aux internautes à adresser leurs réclamations ou à vous retourner leur commande...), tout comme l'adresse du courrier électronique permettant une mise en relation rapide. Votre site devra également comporter le numéro de registre du commerce et des sociétés ou celui d'inscription au répertoire des métiers ou le numéro de SIREN (pour l'auto-entrepreneur) accompagné de votre numéro de déclaration auprès de la CNIL. De telles données se retrouvent généralement dans l'encart "Mentions Légales" d'un site.
- **Données sur les produits et services.** Votre site doit décrire au plus près, les qualités intrinsèques de vos produits, la durée de validité, la teneur de vos services.... Afin que l'internaute qui passe une commande, le fasse en toute connaissance de cause.
- **Données tarifaires.** Vous devez mentionner le prix de tout article ou service, toutes taxes comprises en incluant les frais de livraison. Sur vos fiches "produit" précisez si la tarification en cours s'applique sur un certain laps de temps (hypothèse de l'offre promotionnelle, du déstockage, de la fin de série...).
- **Données sur la transaction.** Votre site doit comporter des informations "claires, compréhensibles et non équivoques" sur les différentes étapes à suivre pour conclure le contrat.
- **Données sur les langues disponibles.** Vous pouvez présenter les langues dans lesquelles votre site est disponible sur une page cache qui redirigera l'internaute vers la version de votre site choisie ou tout simplement sur la page d'accueil de votre site web.
- **Les messages d'erreur.** Si l'internaute ne saisit pas correctement une donnée ou ne remplit pas correctement un champ obligatoire du formulaire de commande, vous devez prévoir l'apparition d'un message d'erreur. Il permettra à l'internaute d'identifier rapidement l'origine de son erreur et d'être guidé dans les changements à réaliser afin de continuer sans encombre son opération.
- **Données relatives à la commande.** Définissez clairement comment une commande peut être réceptionnée, sous quel délai. Par la suite, confirmez la nature de cette commande et ses modalités sous forme d'accusé de réception, qui sera renvoyé automatiquement par e-mail à votre client.

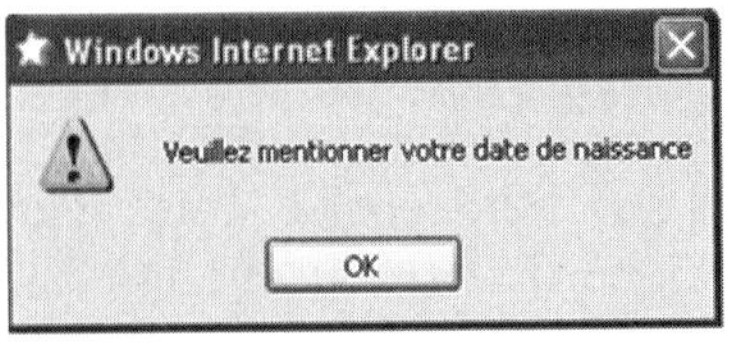

Figure 11.2

Anticipez les possibles erreurs des internautes: guidez-les grâce aux messages d'erreurs.

- **Données relatives aux services après-vente**, et garanties commerciales.
- **Les conditions générales de ventes (CGV).** Indispensables à tous commerces, elles reprennent l'ensemble des clauses que signent vos clients au moment de passer un achat. Conditions d'échanges et autres notions contractuelles, tout doit y être détaillé. Et ces dernières doivent être validées par un juriste, avant d'être mises en ligne.

  Pour avoir un modèle de CGV vous pouvez vous adresser à la Chambre de Commerce et d'Industrie. Celle de Paris diffuse "les Conditions Générales de Vente entre Professionnels" accessibles sur le site **www.inforeg.ccip.fr/fiches/pdf/cgv_professionnels.pdf**.
- **Utilisation des informations personnelles.** Les possibilités d'utilisation des données laissées par vos clients sont très limitées. La loi sur l'économie numérique, présentée à l'Assemblée nationale au printemps 2004, restreint par exemple des envois d'e-mails ou l'utilisation d'une base de contacts par des partenaires extérieurs à votre site. Informez donc vos clients de vos dispositions vis-à-vis de cette loi. Garantissez que leurs données personnelles ne seront pas exploitées abusivement et qu'à tout moment il leur sera possible d'y accéder afin de réaliser les corrections souhaitées (voir Figure 11.3 comportant des extraits de la législation du 6 janvier 1978 dite loi Informatique et Liberté en matière de collecte de données nominatives).

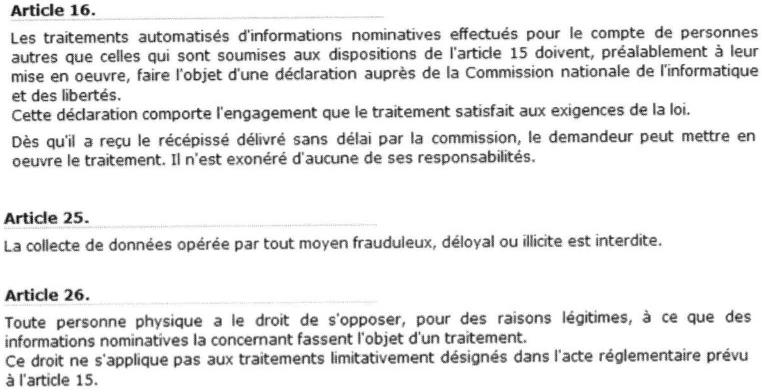

Article 16.

Les traitements automatisés d'informations nominatives effectués pour le compte de personnes autres que celles qui sont soumises aux dispositions de l'article 15 doivent, préalablement à leur mise en oeuvre, faire l'objet d'une déclaration auprès de la Commission nationale de l'informatique et des libertés.
Cette déclaration comporte l'engagement que le traitement satisfait aux exigences de la loi.

Dès qu'il a reçu le récépissé délivré sans délai par la commission, le demandeur peut mettre en oeuvre le traitement. Il n'est exonéré d'aucune de ses responsabilités.

Article 25.

La collecte de données opérée par tout moyen frauduleux, déloyal ou illicite est interdite.

Article 26.

Toute personne physique a le droit de s'opposer, pour des raisons légitimes, à ce que des informations nominatives la concernant fassent l'objet d'un traitement.
Ce droit ne s'applique pas aux traitements limitativement désignés dans l'acte réglementaire prévu à l'article 15.

Figure 11.3

Extraits de la loi n°78-17 du 6 janvier 1978.

- **Le droit de rétractation.** Vos clients en bénéficient. Le site de la Direction générale de la concurrence, de la consommation et de la répression des fraudes propose une fiche relative aux "délais de rétractation". Le délai accordé pour renoncer et annuler l'achat réalisé se calcule à partir de la réception du produit dans le cadre des ventes à distance. L'internaute devra "se rétracter par courrier recommandé avec accusé de réception" dans les sept jours courant à partir de la réception du produit ou "de l'acceptation de l'offre pour les prestations de service." Il doit vous retourner à ses frais le produit commandé. À partir de la date de rétractation vous aurez trente jours maximum pour procéder au remboursement, sans exiger d'indemnités.
- **La protection du contenu du site.** En toute hypothèse, vous aurez l'obligation d'apporter la preuve de la paternité de l'œuvre : votre site webmarchand. Cela peut se réaliser sous différents modes :
  - Soyez prévoyant et anticipez tout problème en vous envoyant par courrier recommandé avec AR le listing de tous les éléments du site à protéger. La date de ce document attestera de l'originalité du site, si besoin est.
  - Exploitez la procédure d'enregistrement de l'Institut national de la propriété industrielle en déposant le nom de votre site en tant que marque ou en enregistrant tous les éléments de votre site devant bénéficier d'une telle protection.
  - Rappelez sur les pages de votre site que toute reproduction du contenu de votre site sera répréhensible si elle n'a pas été soumise à votre accord préalable (voir Figure 11.4).

Figure 11.4
Une phrase simple pour rappeler son droit de propriété.

- **Les responsabilités.** Délimitez clairement le terrain où votre responsabilité peut être engagée, les limites de garanties dans le cadre de l'utilisation de votre site. Faites-vous aider à ce sujet par un conseiller juridique.

En respectant le droit à l'information et en ayant recours à un système de paiement sécurisé, vous possédez les cartes maîtresses pour gagner la confiance des internautes.

Protéger son site webmarchand

L'univers du Net est encore fortement marqué par un sentiment permissif, libertaire.

Pour autant, les relations qui s'y tissent sont encadrées, entre autres par le droit de l'Internet, le droit des nouvelles technologies et le droit commun.

Le site que vous avez créé vous appartient. Vous pouvez à tout moment en revendiquer la paternité si d'autres internautes venaient à utiliser abusivement un ou plusieurs éléments de votre site.

Plusieurs de ces éléments peuvent être protégés et donner lieu à des procédures pour confirmer leur propriété, en défendre l'authenticité et l'originalité.

La protection peut se porter sur votre **nom de domaine**, signe distinctif d'une web entreprise car il attribue une identité au site, à l'activité qui y est exercée.

Juridiquement, le nom de domaine peut être appréhendé comme " l'enseigne sous laquelle une entreprise exploite sur le réseau Internet un établissement virtuel auquel une clientèle peut s'adresser pour obtenir des biens ou des services (c'est la boutique électronique) ou s'informer de l'activité commerciale exercée par une entreprise." (Source: G. Loiseau, Noms de domaine et Internet turbulences autour d'un nouveau signe distinctif, in Dalloz 1999, Chron. Page 245 et s.)

Il est tout à fait possible de contrer toute reproduction et usage de son nom de domaine *via* le droit des marques.

Concernant le nom de domaine, tout acteur du Net doit avoir en tête que la paternité du nom est attribuée à celui ayant satisfait le premier aux formalités d'enregistrement.

Le droit au nom de domaine est reconnu au premier déposant. Il est donc important lors de la création de son site et avant tout hébergement de vérifier que la dénomination choisie "est libre de tout droit de propriété".

Si l'extension de votre nom de domaine est .fr, le transfert des noms de domaine identique au vôtre mais en .eu, .net, .com peut être demandé. La charge de la preuve du bien-fondé d'un tel transfert vous reviendra. Référez-vous dans une telle hypothèse à la procédure de l'ICANN (Internet Corporation for Assigned Names and Numbers) accessible *via* l'adresse **http://www.icann.org/tr/french.html** (voir Figure 11.5).

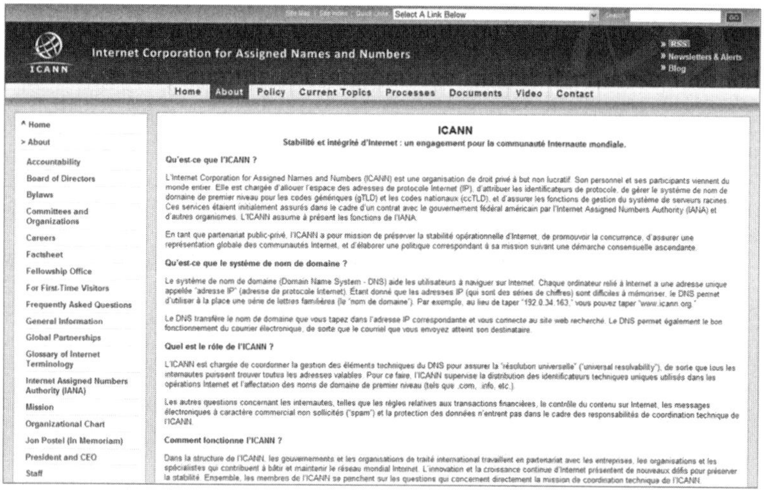

Figure 11.5

L'ICANN : organisme officiel de gestion des noms de domaine.

L'ICANN a été l'instigateur en 1999 de "principes directeurs régissant le règlement uniforme des litiges relatifs aux noms de domaines" (voir Figure 11.6).

En cas de besoin reportez-vous à la procédure décrite au niveau de la page **http://www.icann.org/fr/udrp/#udrp** du site de l'ICANN.

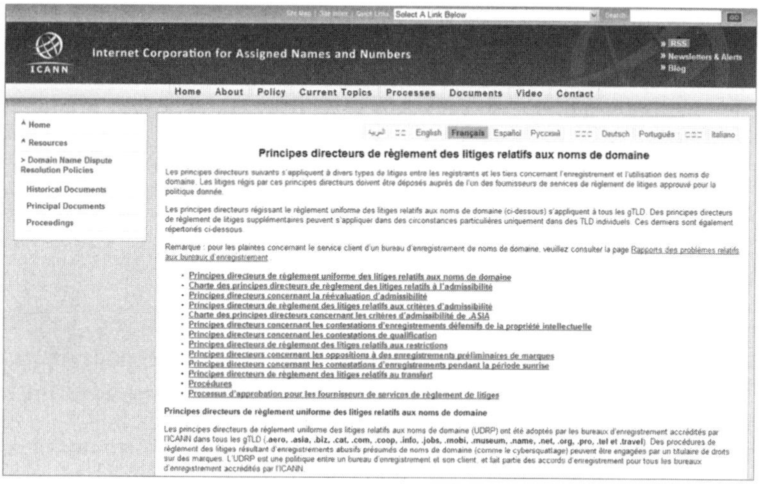

Figure 11.6

Procédure règlement litiges ICANN.

L'utilisation des **éléments visuels** et **graphiques** sera encadrée par le droit des marques si vous avez réalisé un dépôt préalable auprès de l'INPI.

Pour certains éléments, le caractère original devra être apporté. Il en est ainsi pour le code source de votre site. Certes il s'agit d'un langage de programmation, mais l'œuvre multimédia peut être revendiquée s'il apparaît clairement que ce code a été réfléchi, qu'il ne relève pas de "simples automatismes". Il faut avancer une part de créativité, un caractère singulier. Le droit d'auteur pourra alors être actionné.

Utiliser les plates-formes de paiement bancaires

Le choix et la mise en place d'une solution de paiement sont indispensables pour le paiement des commandes et recevoir les bénéfices tirés de la mise en ligne de votre commerce. Deux voies existent pour enregistrer les paiements en ligne : les offres bancaires et le système PayPal. Pour renforcer la sécurité des transactions bancaires, vous pouvez avoir recours à une assurance telle que Fia-Net.

Votre choix va être influencé par le modèle économique de votre activité.

À savoir, combien de transactions devez-vous réaliser dans le mois, sur une année, pour être rentable ?

Votre chiffre d'affaires est-il subordonné à un faible volume de ventes d'articles dont la marge est importante ou à un volume conséquent de ventes d'articles dont la marge est minime ?

Avez-vous intérêt à choisir un système sécurisé, reposant sur la souscription à un abonnement annuel, ou un système s'accompagnant du prélèvement d'une commission sur chaque transaction passée ?

Négociez au mieux avec les établissements bancaires et optez pour le mode de paiement le plus simple et sécurisé, celui qui permettra l'acte d'achat spontané d'internautes solvables !

Il existe de nombreux modèles de paiement sécurisé. Celui retenu repose sur l'application de logiciels et se distingue par la nécessité pour un internaute de saisir ou non en ligne les éléments clés d'identification de sa carte bancaire.

La majorité des établissements bancaires propose un package pour intégrer à un site e-commerce un système de paiement associé à une connexion sécurisée.

Info

Les cartes virtuelles dont le numéro est spécialement généré pour une transaction donnée, rentrent également dans ce schéma.

Voici trois solutions sécurisées proposées par des groupes bancaires.

L'offre CM-CIC P@iement

L'offre CM-CIC P@iement du CIC (voir Figure 11.7) est présentée comme une solution de gestion des paiements par carte bancaire pour tout site de e-commerce. Elle peut s'identifier "comme un terminal de paiement électronique utilisé par les commerçants traditionnels".

Figure 11.7

Le CIC propose, comme les autres banques, sa solution de paiement en ligne.

Avant d'opter pour cette solution, assurez-vous que votre site a pour hébergeur un partenaire de la banque CIC afin que les transactions puissent être authentifiées.

Il faut aussi installer un terminal de paiement électronique virtuel. Il est en effet nécessaire d'intégrer au serveur d'hébergement un kit technique de paiement CIC (gratuit).

La première étape pour souscrire à l'offre de CM-CIC P@iement consiste en la souscription d'un contrat avec une agence du groupe.

Vient ensuite la phase technique d'intégration de la fonction d'appel du système sécurisé. Elle sera reliée à la page de paiement de votre site. L'installation réalisée, votre page comportera le bouton "paiement par carte bancaire". Dès qu'un internaute souhaitera valider sa commande et procéder au paiement, il cliquera sur ce bouton puis saisira les données de sa carte bancaire (numéro, date d'expiration et cryptogramme). Le centre de traitement des transactions recevra ces paramètres, identifiera l'adresse électronique de la transaction bancaire ainsi que les éléments de la carte. Il émettra une demande d'autorisation à la banque du porteur de carte, et validera une telle opération (s'il n'y a aucune objection).

Recourir à CM-CIC P@iement vous ouvre droit à un Extranet pour accéder à la liste des transactions et en suivre le traitement (encaissements, impayés, recouvrement...).

La vérification automatique des données des cartes bancaires est assurée. La banque vérifiera que la carte ne fait l'objet d'aucune opposition... en adressant systématiquement avant toute validation, une demande d'autorisation de paiement à la banque du porteur de carte.

Viennent ensuite le choix d'un mode d'encaissement, du TPEV, des devises acceptées ainsi que la possibilité de souscrire à l'assurance Fia-Net, présentée en fin de chapitre.

Si vous souscrivez à l'offre du CIC, vous devrez payer :

- les frais d'installations du terminal de paiement électronique virtuel (TPVE) ;
- les frais de location du TPVE ;
- une commission.

Pour de plus amples informations sur les 4 packages proposés par le CIC ou pour télécharger la documentation technique et le kit technique de l'open source, rendez-vous directement à la page **www.cmcicpaiement.fr/fr/index.html?origine=cic**.

L'offre e.transactions du Crédit Agricole

Avant de souscrire à l'offre e-transactions, le Crédit Agricole vous demandera d'ouvrir un compte bancaire (dépôt à vue) auprès d'une de ses agences.

Le fonctionnement du processus de paiement sécurisé reste inchangé. Après installation du système de paiement E -transactions sur votre site, la gestion des cartes CB, Visa et Mastercard s'automatise. Les données saisies par vos clients sont cryptées, selon le protocole **SSL**, pour être ultérieurement validées par le Crédit Agricole.

Info

Le protocole **Secure Socket Layer** repose sur le cryptage des données sensibles de la carte bancaire avant leur communication au serveur de paiement. La mise en place de ce protocole s'illustre par la présence d'un petit cadenas verrouillé sur les pages de navigation de votre site web.

La souscription à ce service s'accompagne de l'insertion du logo e-transactions sur les pages de paiement de votre site web. L'objectif est de rassurer les consommateurs en leur permettant notamment de cliquer sur un lien qui les amènera vers une page de présentation du service e-transactions (voir Figure 11.8).

Figure 11.8
L'offre de paiement sécurisé du Crédit Agricole.

La prestation du Crédit Agricole s'organise autour de l'acceptation des paiements de vos clients avec demande systématique d'autorisation à la banque du porteur. Vous recevrez consécutivement une réponse du Crédit Agricole également communiquée à l'acheteur accompagnée d'un ticket de caisse.

Le Crédit Agricole vous assure des prestations monétiques de vente à distance sur Internet, d'une hotline d'assistance pour mettre en place le service E-transactions, identifie et répertorie les flux pour tous paiements par carte effectués sur votre site.

Vous connaîtrez également le pays d'origine de la carte bancaire utilisée lors d'une commande, d'une gestion manuelle de vos encaissements avec possibilité de différer la remise en banque afin de coller avec votre gestion de stocks ou faire face à un litige, de l'envoi quotidien d'un journal reprenant l'ensemble des transactions opérées.

Le groupe bancaire procèdera enfin à la promotion de votre site web sur celui d'e-transactions avec intégration d'un lien redirigeant directement vers votre site.

En option, sont proposées, l'acception des paiements émis par carte American Express, ainsi que la gestion automatique des encaissements. Cette dernière option est vivement recommandée si vous devez enregistrer plus de 50 commandes par jour.

Les frais se décomposent comme suit :

- frais englobant l'installation du programme e-transactions, l'accès à une hotline, la possibilité de gérer manuellement ses encaissements et suivre le traitement des transactions ;
- abonnement mensuel ;
- commission prélevée sur les transactions ;
- frais supplémentaires si vous optez pour le traitement automatisé des encaissements ;
- frais supplémentaires si vous souhaitez accepter les paiements par carte American Express.

Pour de plus amples informations, rendez-vous directement sur le site : **http://www.e-transactions.crédit-agricole.fr/**

Sogenactif de la Société Générale

Pour ce qui est du fonctionnement, nous retrouvons les éléments clés de toute solution de paiement en ligne :

- le cryptage SSL des numéros et dates de fin de validité des cartes de vos clients ;
- la vérification systématique du statut des cartes avec blocage immédiat de la transaction si un incident est identifié, (perte, vol, inexistence de la carte) ;
- la prise en considération des paiements émanant des cartes Visa et Mastercard.

Vous avez la possibilité de souscrire à une option pour étendre le système de paiement sécurisé à d'autres cartes.

La Société Générale met à votre disposition un Extranet (voire Figure 11.9) pour suivre toutes transactions effectuées sur votre site. Elles sont reprises dans un journal précisant l'état des transactions (acceptée/refusée), le code ISO du pays émetteur de la carte ainsi que le nom de la banque du porteur d'une carte française.

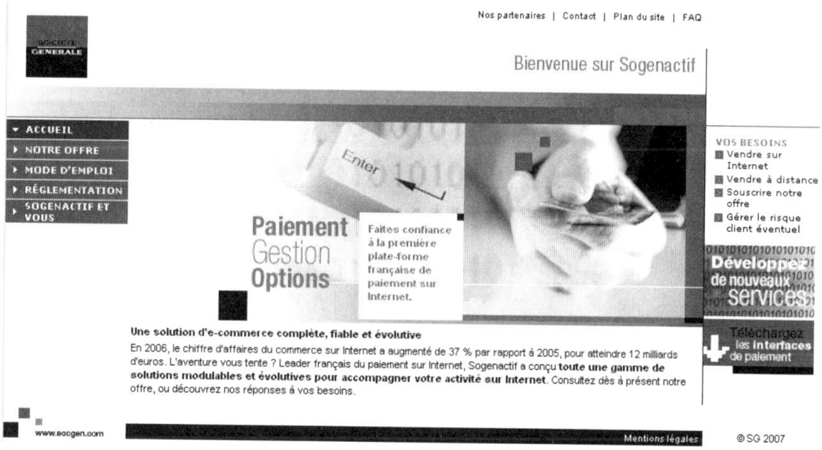

Figure 11.9

Sogenactif est l'une des plus anciennes solutions de paiement en ligne disponible en France.

Vous disposez également :

- d'un historique des transactions réalisées sur les 6 derniers mois (avec mention de la période, du type de paiement, du numéro de commande) ;
- du module de gestion des transactions à distance (remise en banque différée, remboursement, possibilité de traiter les commandes réalisées par téléphone, fax ou courrier) ;
- d'une garantie contre les fraudes éventuelles, avec système d'alerte si par exemple le même numéro d'une carte bancaire était présenté à plusieurs reprises sur une courte période.

Les frais de la solution Sogenactif se décomposent en des frais de raccordement, abonnement mensuel et commissions monétiques.

Pour de plus amples informations, rendez-vous directement sur le site : **www.sogenactif.com/**

Autres banques, autres solutions

Comme vous l'aurez constaté, si le nom des solutions de paiement sécurisé change, la teneur des offres bancaires révèle de nombreuses caractéristiques techniques communes. Vous pouvez prendre connaissance des autres offres, telles que la solution Mercanet de BNP PARIBAS, SHERLOCK'S du LCL… en vous connectant directement sur leur site ou à l'occasion d'un rendez-vous avec un conseiller.

Pour découvrir la solution Mercanet de la BNP PARIBAS (voir Figure 11.10) utilisez l'URL suivante : **www.bnpparibas.net/banque/portail/entrepros/Fiche?type=folder&identifiant=PRO_Mercanet_20041102135447**.

L'offre Sherlock's de LCL sera quant à elle accessible à partir du site **http://professionnels.lcl.fr/sherlocks/**.

Figure 11.10

Mercanet, l'offre de BNP Paribas

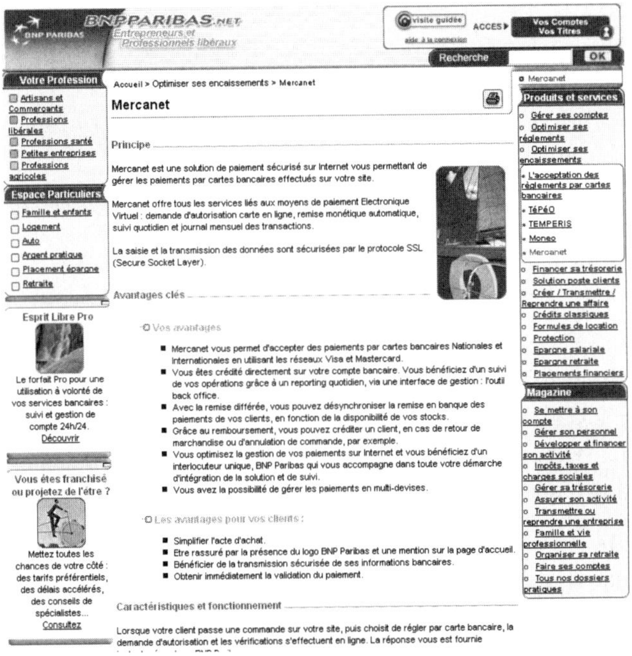

Souscrire à une assurance : Fia-Net

Le groupe Fia-Net (**www.fia-net.com/marchands**) est spécialisé dans la sécurisation des opérations sur Internet et la lutte contre les fraudes en ligne ; le tout associé à une assurance garantissant les risques d'impayés. En effet, si Fia-Net valide une transaction bancaire et qu'une fraude se révèle, vous serez remboursé à hauteur de 90 ou 100 %.

Fia-Net propose un système d'analyse des commandes réalisées sur votre site en prenant en considération plus de 70 critères tels que la "présence du client en fichiers impayés, l'historique de son comportement sur plus de 800 sites marchands, la cohérence des informations du client…". Une telle analyse permet d'identifier rapidement les internautes mal-intentionnés et de se préserver des fraudes.

L'assurance Fia-Net vous protége de l'hypothèse où une commande est passée sur votre site, son paiement par carte bleue validé par votre banque, sa livraison effectuée.

Mais quelque temps plus tard, il vous est impossible d'encaisser cette somme, car le porteur de carte est insolvable, ou à l'origine d'un montage frauduleux….

L'investissement d'entrée pour bénéficier de l'assurance Fia-Net peut sauver votre chiffre d'affaires. Cependant il est à préciser qu'en raison du coût du service (détaillé en fin de développement), celui-ci ne sera pas accessible à tous dès la première année de lancement de l'activité.

Le logo Fia-Net : un gage de sécurité et de transparence

Le logo Fia-Net est un certificat garantissant l'existence du site de e-commerce, du sérieux du service apporté. Le site web qui intègre la solution Fia-Net à ses pages accepte en contrepartie d'être totalement transparent à l'égard des internautes en se soumettant à la notation, aux commentaires de toute personne ayant réalisé un achat sur son site.

L'intérêt du logo Fia-Net (voir Figure 11.11) sur votre site est double. Du côté e-commerçant, il offre la garantie que toute personne s'apprêtant à effectuer un achat sur votre site est solvable.

Pour une Société qui vient juste de se lancer et qui souffrirait d'un manque de notoriété, les commentaires apportés par ses précédents clients, ainsi que les notations données par Fia-Net, peuvent contribuer à consolider son image.

Du côté internaute, le label Fia-Net présent sur votre site renforce la confiance des internautes dans les opérations qu'ils y réalisent, accroît la sécurité des paiements auxquels ils procéderont.

Figure 11.11

Un logo visible sur votre page d'accueil et la page de paiement de votre site web.

La présence d'une fiche descriptive de votre site

Après avoir cliqué sur le lien "Accédez à la fiche de ce site", votre client potentiel peut accéder aux commentaires des précédents acheteurs, leurs notations…

Ont-ils été satisfaits du délai de livraison ? Existe-t-il des critiques sur les caractéristiques des produits ? Sur les prix pratiqués ?... Une information assez détaillée est proposée afin de conforter les internautes dans leur volonté de réaliser un achat en toute sécurité sur votre site.

Fia-Net récolte de telles informations en adressant un questionnaire à votre clientèle à la date de livraison de toute commande passée.

Figure 11.12
La fiche du site Lebagage.com.

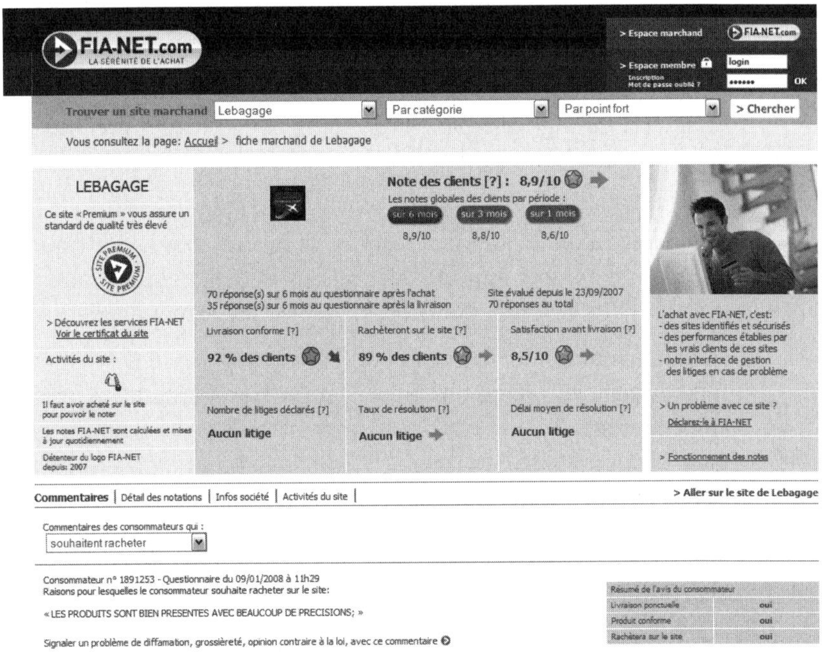

L'interface Fia-Net

L'interface mise à votre disposition (voir Figure 11.13) se compose d'une première section consacrée à l'analyse de vos transactions avec un découpage en fonction des opérations devant être analysées, celles réévaluées, celles traitées. La deuxième section est un état de l'avancement du contrôle opéré par l'équipe Fia-Net. Les autres onglets de l'interface se rapportent aux statistiques, aux paramètres de votre compte et à un support d'aide.

Figure 11.13
L'interface Fia-Net

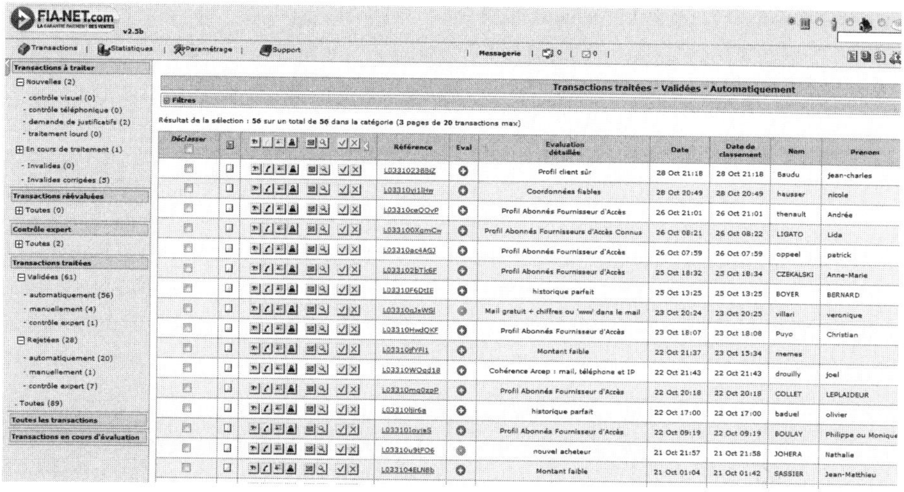

La section relative à l'analyse des transactions donne une visibilité totale des éléments ayant amené Fia-Net à refuser une transaction. L'internaute est en effet identifié au-delà des données de la carte bleue, très souvent virtuelle, saisie afin d'acquérir un des produits de votre site.

Les commandes passées sur votre site sont vérifiées et validées si elles ne comportent aucun danger pour votre activité.

Vous êtes informé quand l'adresse de domiciliation mentionnée est fictive, de même dans le cas d'une utilisation de prête-nom. Vous connaîtrez rapidement la réelle identité du "fraudeur". L'historique des achats douteux réalisés sur d'autres sites e-commerces sera également mentionné.

Ainsi quand Fia-Net valide une transaction, vous pouvez livrer vos produits en étant sûr que leur paiement est ou sera acquitté.

Au-delà des transactions, votre Extranet Marchand, liste les points forts de votre site, qu'apprécient les internautes par rapport à vos concurrents. De telles données sont précieuses car elles vont vous permettre de connaître les sources de votre performance et les corrections à apporter à votre site.

Parmi les différentes analyses dispensées, vous bénéficierez d'une étude, représentée sous forme de graphe, identifiant les facteurs déclenchant les achats.

Figure 11.14

Tableau "classement des sites participants".

De Mars 2001 à Septembre 2007 - Classement des sites participants

Satisfaction globale	Facilité de recherche, navigation	Informations sur les produits	Prix des produits	Facilité de commande	Prix et options de transport
Moyenne : **8,3**	Moyenne : **8,0**	Moyenne : **7,6**	Moyenne : **7,7**	Moyenne : **8,4**	Moyenne : **7,3**
Note la plus haute : 9,1 Note la plus basse : 7,3	Note la plus haute : 9,2 Note la plus basse : 6,7	Note la plus haute : 9,0 Note la plus basse : 5,7	Note la plus haute : 9,0 Note la plus basse : 5,7	Note la plus haute : 9,4 Note la plus basse : 6,4	Note la plus haute : 9,2 Note la plus basse : 5,4
362 marchands entre 7,8 et 8,8	321 marchands entre 7,5 et 8,5	290 marchands entre 7,1 et 8,1	246 marchands entre 7,2 et 8,2	330 marchands entre 7,9 et 8,9	187 marchands entre 6,8 et 7,8
: 8,5	**: 8,1**	**: 8,2**	**: 7,7**	**: 8,8**	**: 6,7**
Rang : NC	Rang : NC	Rang : NC	Rang : NC	Rang : NC	Rang : NC

Quant au tableau "classement des sites participants" (voir Figure 11.14), il repose sur un système de notation sur 10. Il établit un comparatif entre les caractéristiques de votre site, de vos produits et services, et, celles de sites concurrents faisant partie du réseau Fia-Net.

Si par exemple, pour la rubrique "facilité de commande", votre moyenne tend plus vers la note la plus basse, voire est la note la plus basse, vous devez repenser rapidement votre cheminement d'achat et processus de paiement. Vous trouverez dans la deuxième partie du Chapitre 12, des idées pour faciliter la commande des articles. Nous pouvons d'ores et déjà vous conseiller d'opter pour un processus de paiement avec le moins d'étapes possible afin de ne plus perdre vos clients en cours de route.

Le coût de Fia-Net

Les prix de la garantie apportée par Fia-Net **sont** étroitement liés à votre chiffre d'affaires. Pour obtenir un devis, veuillez vous connecter à la page **www.fia-net.com/marchands/devis.php**

12 Support et aide pour guider le client lors de son achat

Au sommaire de ce chapitre :

- L'importance d'une bonne ergonomie de site
- Les clés pour réduire l'abandon de panier
- Les rubriques d'aide et de contact

Pour renforcer la confiance émanant de votre site, vous devez à chaque moment rassurer les internautes, les guider au maximum. Expliquez-leur chacune des étapes pour valider un achat, les processus mis en place sur votre site, en somme, la façon dont votre boutique fonctionne.

Pour anticiper ou réduire les questions de votre clientèle, l'ergonomie de votre site va se révéler fondamentale, tout comme la simplicité de votre processus de commande. Vous allez également découvrir dans ce chapitre qu'intégrer des rubriques d'aide et de contact peuvent simplifier l'apprentissage de votre site.

L'importance d'une bonne ergonomie

Selon le Dico du Net (**www.dicodunet.com**), l'ergonomie se définit comme la "recherche d'une meilleure adaptation entre les fonctionnalités d'un site Internet et ses utilisateurs."

Vous devez étudier et faire évoluer l'ergonomie de votre site afin de ne pas perdre l'internaute dans les différentes rubriques de votre site. Amenez-le à apprécier votre site et à y revenir chaque fois qu'il a besoin d'un des produits ou services que vous proposez

Gardez en tête qu'un site est "qualifié d'ergonomique quand il propose un mode de navigation aisé et intuitif permettant à ses visiteurs une prise en main rapide de ses fonctionnalités." (**www.dicodunet.com/definitions/creation-Web/ergonomie.htm**).

Pour un site de e-commerce le temps nécessaire pou concrétiser un acte d'achat doit être le plus court possible. Par conséquent, son ergonomie doit permettre à l'internaute d'en "lire" rapidement les pages. Il faut que vos visiteurs puissent capter et mémoriser l'information diffusée en survolant simplement vos pages. Ainsi il sait en un coup d'œil où se rendre, il n'y a pas de place pour l'hésitation.

Dans un de ses échanges avec les journalistes du Journal du Net (le JDN), la consultante de BENCHMARK GROUP, Laure Sauvage, a présenté les axes à suivre pour "améliorer l'ergonomie de son site" et accroître le nombre d'achats passés.

Trop souvent, des sites e-commerces sont lancés sans que l'on se soit préalablement assuré que leur contenu, leur présentation étaient clairement compréhensibles par la cible convoitée.

Et dans un sens, un tel lancement se fait au mépris des futurs clients. Ne prenez jamais pour postulat que le fonctionnement de votre site sera automatiquement compris par vos visiteurs.

Info

L'ergonomie de votre site doit être en adéquation avec votre public cible. Recevrez-vous plus de visites d'un public masculin, féminin ? Les internautes susceptibles d'être intéressés par vos produits, services sont-ils des adolescents, de jeunes actifs, des seniors ?

Ces simples questions vous permettront d'effectuer le bon choix en termes de grosseur des caractères de vos textes, le choix d'une police plus ou moins dynamique, originale...

Présentez votre site à votre entourage professionnel et/ou personnel, et réalisez un test en reprenant les **5 facteurs de succès d'un site web** mis en avant par Jakob Nielsen. Une telle opération vous permettra d'anticiper les problèmes que pourraient rencontrer les visiteurs de votre site.

- La **facilité d'apprentissage et de compréhension.** Prenez garde au vocabulaire et au ton employés pour décrire votre service, les caractéristiques des produits vendus. Soyez le plus simple possible. Tout internaute, même le plus novice, doit être capable de comprendre l'information contenue dans vos pages web.
- **L'efficacité d'utilisation.** Les internautes doivent trouver rapidement ce qu'ils recherchent. Il est donc essentiel de faciliter leur prise de décision en structurant correctement l'information dispensée, en limitant le nombre d'étapes à suivre pour finaliser un achat ou une prise de contact.

Info

Comment prendre connaissance du contenu de pages Internet, des offres, services, informations qui y sont présentés pour un internaute ne bénéficiant pas d'une bonne vision ?

Concevoir son site en recherchant une navigation des plus fluides, des plus efficaces peut également passer par une ergonomie à la portée des internautes mal-voyants.

Il est tout à fait possible de rendre son site e-marchand à la portée d'un public à handicap. À titre d'exemple, la charte graphique de votre site peut reposer sur des contrastes de couleurs, des jeux de noirs et blancs. Vous pouvez insérer des ALT TEXT (texte alternatif) pour les images ou les vidéos. Tout visuel doit être présenté en détail pour que l'internaute se représente aisément l'élément qui y est contenu. Dans le processus d'achat, vous pouvez guider votre client *via* des puces "call to action" de taille suffisante pour lui permettre de payer en ligne, de confirmer une adresse de livraison ou lui permettre un retour en arrière en cas d'hésitation.

Une telle recherche d'accessibilité nécessite de se demander quelles caractéristiques les pages de votre site doivent réunir pour ne pas perdre l'internaute dans un flot d'informations et de pop-pup… et l'amener le plus vite possible à ce qu'il recherche !

Dernière idée concernant vos produits. Imaginons que pour un produit donné les stocks soient épuisés. Sur de nombreux sites, le webmaster a recours à une image floue pour marquer l'indisponibilité. Pour un public ne bénéficiant pas d'une bonne visibilité, un tel choix n'est pas recommandé. Il est préférable de retirer l'image représentant le produit le temps du réassort.

De telles données sont présentées clairement par le W3C. Les dernières recommandations datent du 11 décembre 2008 : les WCAG2.0 ou Web Content Accessibility Guidelines dans leur deuxième version. Vous les trouverez *via* ce lien : **http://www.w3.org/TR/2008/REC-WCAG20-20081211/**.

Petit historique, le concept d'accessibilité du Web est né du projet WAI pour Web Accessibility Initiative en 1996. Ce qui sous-tend un tel projet est la volonté de donner la chance à toute personne handicapée ou âgée de se connecter, de disposer de tous les services du Web, de "percevoir, comprendre, naviguer, interagir avec le Web, et y contribuer".

Pour le côté opérationnel, référez-vous à la méthode Accessiweb mettant bien en avant les caractéristiques ergonomiques.

Dans la plupart des cas, il apparaît plus simple de prendre en considération les critères d'accessibilité web dès le départ, plus que dans le cadre d'une refonte de site.

- **La facilité de mémorisation.** À ce titre, il est souvent recommandé de ne pas aller au-delà de 7 onglets dans les barrettes de navigation de votre site. Son fonctionnement et sa structure doivent être aisément compris de vos visiteurs. Reproduire sur toutes les pages le schéma de navigation de la page d'accueil facilitera la navigation des internautes. Faites en sorte que les visiteurs puissent retrouver leurs automatismes de navigation et se rappeler les opérations à réaliser quand bien même ils ne l'utiliseraient pas pendant un certain temps.
- **L'utilisation sans erreurs.** Elle peut être assurée en insérant des messages d'erreurs quand un internaute rentre la mauvaise donnée dans le formulaire de commande, celui de l'onglet "Contactez-nous", ou tout simplement dans le champ accès client. La présence d'un centre d'aide peut également limiter les indécisions ou incompréhensions. Il en est de même du moteur de recherche intégré à votre page d'accueil.
- **La satisfaction.** Elle est ressentie suite à la consultation des pages de votre site. C'est l'aspect le plus subjectif qui englobe les quatre facteurs précédents ainsi que les considérations esthétiques.

Ces préconisations ont été résumées dans le modèle de page d'accueil type de la Figure 12.1.

Figure 12.1

Quelques clés pour assurer le succès de votre site web.

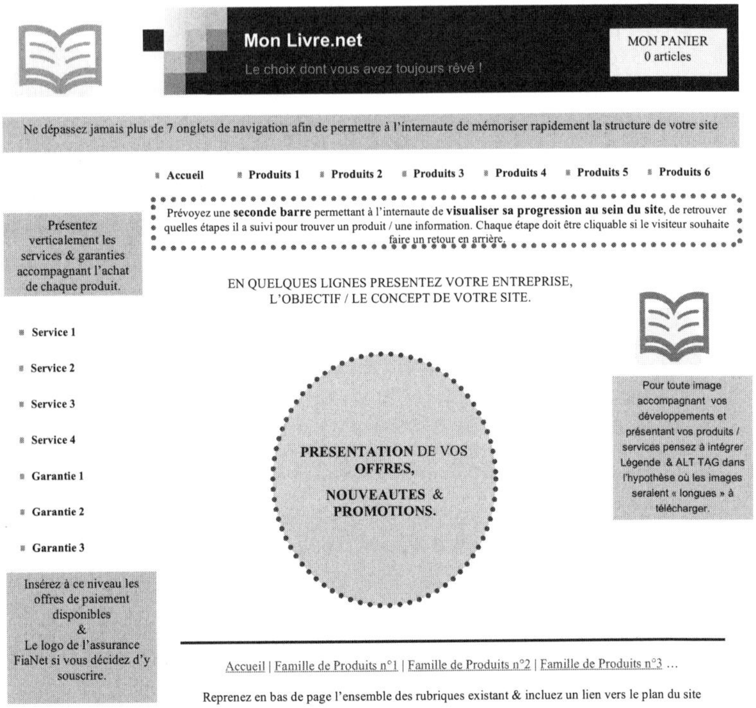

Tous les éléments importants se rapportant à votre activité, votre société et surtout votre offre doivent être automatiquement compris par les internautes.

Pour ce faire, vous pouvez opter pour un code couleur, un encadré spécifique, une typographie, un positionnement dans la page. D'un coup d'œil, votre client doit faire la différence entres les informations connexes et celles rattachées à l'article qu'il souhaite acquérir.

Info

Concernant la typologie utilisée, sachez que tout texte souligné doit être cliquable et mener vers une information supplémentaire. Optez pour une couleur différente du reste du texte statique (le bleu est généralement utilisé pour les liens hypertextes).

Toujours dans l'optique d'une meilleure lecture de vos pages, si elles sont longues à télécharger (à éviter), prévoyez *via* la fonction ALT TAG, un texte de substitution pour vos images, le temps que tout contenu soit présenté à l'internaute.

Info

Jakob Nielsen, le grand nom en matière d'ergonomie, a réalisé une étude sur la visualisation d'une page web auprès de 232 internautes. Dans le cas d'une page "produit" d'un site de e-commerce, la lecture prend la forme d'un F englobant dans un premier temps la photo du produit et une fiche descriptive placée directement à sa droite. Les yeux se déplacent vers le bas de la page quand celle-ci présente plus amplement les caractéristiques du produit (voir Figure 12.2). Il ressort également de cette étude que les utilisateurs se concentrent sur les informations présentées sous la forme de liste synthétique.

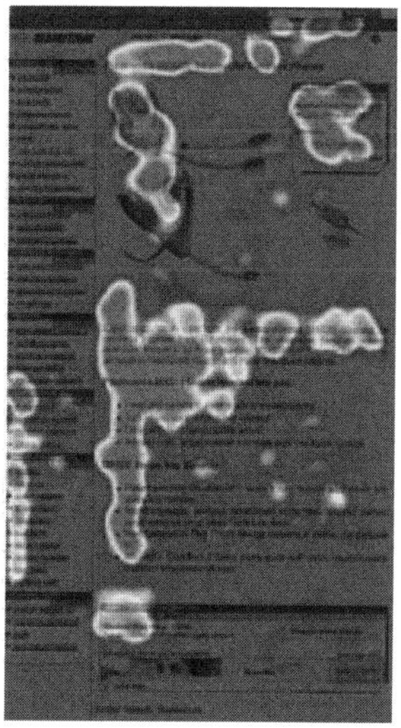

Figure 12.2
La lecture en F du contenu d'une page web.

Des fiches produits claires et faciles d'accès

Tout texte accompagnant vos produits doit être lisible. Il en est de même de la qualité des images représentant vos produits. Essayez dans la mesure du possible d'intégrer une fonction zoom et le visionnement du produit selon ses différentes facettes. Le minimum étant une vue de face et une de derrière(voir Figure 12.3).

Vos produits doivent également rester faciles d'accès. Ceci peut se matérialiser par la mise en place d'outils permettant aux internautes d'accéder plus rapidement aux produits et/ou aux renseignements qu'ils recherchent.

Vous pouvez fidéliser votre clientèle en rendant la présentation des pages attractive, en la faisant légèrement évoluer de mois en mois. Par exemple, proposez mensuellement des promotions, incluez des extraits d'articles de presse présentant vos produits, ventant vos services, faites part des témoignages de clients. Les visiteurs de votre site doivent noter un changement.

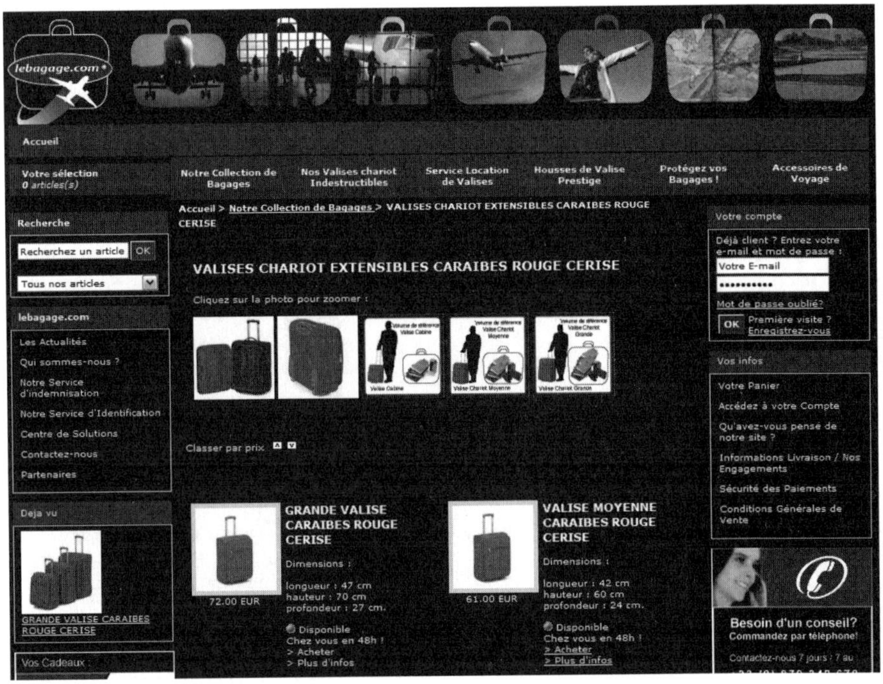

Figure 12.3

Présentez vos produits sous différents plans.

Un site trop statique peut laisser penser à une certaine inertie dans la gestion de votre business et de votre relation client.

Les clés pour éviter l'abandon de panier

Quoi de plus frustrant que de se trouver bloqué dans le processus d'achat, sans pouvoir identifier l'origine du problème ! Le manque de clarté et de simplicité de ce processus peut vous faire perdre un client, alors que votre site contenait ce qu'il recherchait ! En conséquence, assurez-vous que l'action de "passer commande" soit simple et rapide.

Vous ne devez ni lasser, ni décontenancer l'internaute par la nature et le nombre de champs à remplir pour valider tout paiement. Autre point à souligner, sur chaque page "produit", le lien ou bouton permettant de commander un article doit être facilement identifiable. Cela peut vous sembler insignifiant, mais les termes utilisés pour nommer les boutons "d'actions" influent sur le bon déroulement d'une commande. Il est ainsi courant d'opter pour le concept de "panier" compréhensible de tous.

À chaque ajout d'article, l'intitulé du bouton panier évolue et précise combien d'articles ont été sélectionnés.

Quand le choix de l'internaute est arrêté, il lui suffit d'aller à son panier pour finaliser sa commande.

Enfin, laissez l'opportunité aux clients indécis de supprimer des articles et d'en ajouter, de modifier la quantité par article… et sans avoir l'obligation de ressaisir l'ensemble de leur commande.

Concentrons-nous sur les étapes du processus d'achat. Pensez à intégrer un cheminement (pas plus de 4-5 étapes) au-dessus de l'espace consacré à la prise de commande. Ainsi l'internaute sait concrètement le nombre d'étapes à suivre pour valider définitivement son achat. Il sait où il en est. (voir Figure 12.4)

Figure 12.4
Le site venteprivee.com mentionne clairement les étapes à suivre avant de clôturer sa commande.

À votre guise, vous pouvez déterminer qu'une commande doit être clôturée dans un certain laps de temps (15 minutes). Dans un tel cas, indiquez à l'internaute le temps restant pour finaliser son opération.

Concernant les champs du formulaire à remplir par tout nouveau client, allez à l'essentiel, faites court : nom, prénom, adresse et numéro de téléphone car l'internaute n'aime pas délivrer des informations trop personnelles. Il faut aller vite dans l'identification de votre client.

Les intitulés des champs à remplir doivent être simples, compréhensibles de tous. Pour ce qui est de la date de naissance, précisez dans les cases le modèle de saisie attendue par exemple : JJ/MM/AAAA. Vous pouvez également opter pour un menu déroulant.

Si vous prévoyez des champs supplémentaires dont la saisie sera facultative pour les internautes, la hiérarchisation existante doit se matérialiser par la présence d'astérisque à côté des champs fondamentaux. En bas du formulaire, représentez cet astérisque accompagné de la légende "Mention obligatoire".

Pour que la commande et le processus de paiement soient clôturés, votre page de formulaire doit comporter un bouton de soumission de taille médium, dont l'intitulé peut être : "Envoyer", "Valider ma commande" ou "Acheter".

À noter que, si l'internaute ne remplit pas correctement les champs de votre formulaire, il ne doit pas pouvoir finaliser l'opération. Faites apparaître un message d'erreur spécifique à côté de chaque champ erroné. Exemple de messages d'erreur : "Veuillez préciser votre adresse", "Mentionnez votre date de naissance sous le format JJ/MM/AAAA".

Pensez à dégager vos clients habituels d'une telle saisie en prévoyant une section "déjà client", reprenant les données nominatives et l'adresse de livraison.

Enfin, prenez en considération les commentaires de vos clients pour faire évoluer en douceur la présentation de votre formulaire, les étapes du processus de paiement. Tout site reste perfectible.

Les rubriques d'aide et de contact

L'aide doit occuper une place prédominante et surtout être présente dans toutes les pages. Votre client ne doit jamais se sentir abandonné lors d'une étape de son achat et doit à tout moment savoir ce qu'il fait exactement.

Mais comment organiser l'aide de votre boutique, au juste ?

Foire aux questions

La méthode la plus simple pour vous est de faire appel à une foire aux questions (FAQ, Frequently Asked Questions, en anglais). Ce type de document se présente sous la forme d'une suite de questions/réponses reprenant l'ensemble des interrogations que l'un de vos clients potentiels pourrait avoir, comme : "Où sont stockées mes coordonnées bancaires ?"

À ce type de question, répondez le plus clairement possible. Expliquez par exemple que les coordonnées bancaires ne sont pas stockées sur votre site (c'est d'ailleurs illégal), mais que vous utilisez un partenaire extérieur, tel PayPal, pour gérer l'ensemble des opérations de paiement. Expliquez également que cette solution est reconnue et sécurisée. Donnez à votre client les indices qui lui permettront de reconnaître une transaction sécurisée d'un autre type de transaction.

C'est le type de couple question/réponse que vous pourriez facilement construire.

Listez donc l'ensemble de ces couples et présentez-les sous la forme d'une page d'aide complète. Si le nombre de questions/réponses obtenues est vraiment très élevé, pensez à créer une navigation par rubrique sur la section d'aide de votre site, afin de guider votre client vers la question qui l'intéresse réellement et de ne pas le perdre en cours de route.

Parmi les questions les plus importantes, assurez-vous que vous touchez bien aux sujets suivants :

- méthodes de paiement acceptées ;
- stockage et utilisation des informations bancaires ;
- stockage et utilisation des informations personnelles ;
- modes et délais d'expédition ;
- garanties ;
- perte du mot de passe ;
- utilisation du moteur de recherche.

Intégration de l'aide sur le site

Une fois l'ensemble des éléments de votre FAQ écrit, il ne vous reste qu'à les intégrer Cette nouvelle rubrique doit être insérée dans la navigation générale de votre site web. Un lien Aide sera ainsi accessible depuis toutes les pages.

Mais pensez également à fournir une aide contextuelle à vos clients. Ceux-ci se poseront des questions sur les méthodes de paiement utilisables au moment où ils devront payer. Ils se poseront des questions sur les délais de livraison au moment de valider leur panier… Présentez-leur donc les réponses adéquates au bon moment. En dessous de chacune des pages critiques de votre boutique, présentez par exemple les trois questions les plus fréquemment posées et les réponses qui y sont associées. Cela évitera bien souvent à vos clients de naviguer sur votre site à la recherche d'une réponse évidente.

La rubrique contact

L'aide en ligne de votre site va répondre à la majorité des questions de vos clients. Mais ne rêvez pas, vous ne pouvez prévoir toutes leurs interrogations. Donnez-leur la possibilité de vous poser des questions !

La solution la plus simple pour que vos clients entrent en contact avec vous est sans contexte la création d'un formulaire d'e-mail. Prévoyez dans celui-ci les éléments suivants :

- nom du client ;
- adresse e-mail du client ;
- section concernée par la question (dans une liste prédéfinie par vos soins) ;
- question proprement dite.

Synchronisez ce formulaire avec une adresse e-mail spécialement dédiée à cet usage. Vous éviterez ainsi le spam sur votre adresse de travail et aurez par la même occasion une vision claire de l'ensemble des soucis que rencontrent vos clients. Pensez à relever le contenu de cette boîte aux lettres régulièrement et surtout à répondre à vos clients. Ils apprécieront ce contact direct et feront d'autant plus confiance à votre site.

Profitez également des questions posées par vos clients pour mettre à jour la FAQ. De nombreuses questions viendront plusieurs fois, auxquelles vous n'avez pas forcément pensé auparavant !

Vous êtes désormais assuré : chaque fois qu'un internaute visitera votre site, il saura automatiquement où se rendre et comment passer sa commande. La fidélisation de votre clientèle est introduite.

Passons maintenant à l'étape de l'analyse des fréquentations de votre site web.

13 Statistiques de fréquentation et de vente

Au sommaire de ce chapitre :

- Google Analytics
- Xiti.com

De nombreux outils existent pour comprendre le fonctionnement d'une boutique ligne. Ils vous aident à connaître l'origine des visiteurs, leur comportement sur les différentes pages de votre site. Des outils tels que Google Analytics ou Xiti vous permettent d'analyser plus posément le trafic de votre site, de noter qu'une grande part d'internaute n'utilise pas le cheminement auquel vous pensiez pour concrétiser leur achat, d'apprendre que les internautes d'une région ou d'une ville auront tendance à acheter une famille de produits plus qu'une autre…

La mine d'informations émanant de tels outils doit vous aider à cibler votre offre, faire évoluer la configuration de votre site pour toucher encore plus d'internautes et les fidéliser. Ils sont une aide à la prise de décision marketing.

Google Analytics

Google Analytics est un outil de suivi de trafic, d'analyse des performances de vos diverses campagnes e-marketing; en un mot un outil de tracking (voir Figure 13.1).

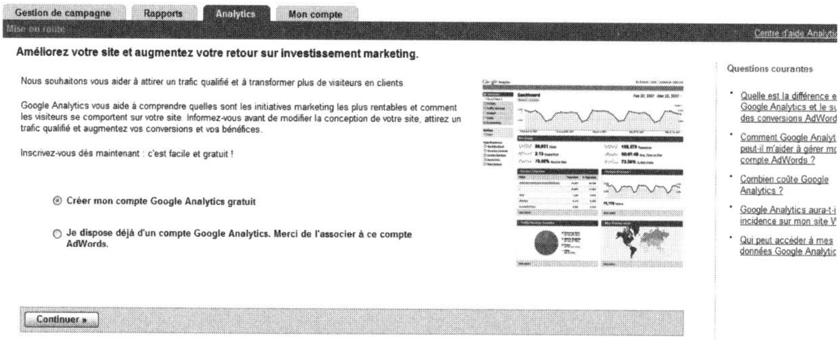

Figure 13.1
Google Analytics vous aide à mieux appréhender les comportements des internautes sur votre site.

Il vous donne accès à plus de 80 rapports adaptés au commerce électronique. Ils répondent aux questions qui portent sur le comportement classique des internautes, l'identification du nombre de pages consultées avant un achat…

En tenant compte des statistiques de Google Analytics vous pouvez aisément identifier le taux de rebond de votre site.

Google définit le taux de rebond comme "la proportion selon laquelle un visiteur quitte un site sans consulter d'autres pages".

Il est important de comprendre pourquoi un internaute ne poursuit pas son action, ne souhaite pas approfondir sa recherche ou consulter d'autres sections quand il entre sur votre site à partir de la page d'accueil.

Avec un tel outil vous êtes en mesure d'identifier plus facilement les axes d'optimisation nécessaires pour rendre le contenu de votre site plus attractif, en adéquation avec les attentes de votre clientèle.

La mise en place

Pour bénéficier de Google Analytics connectez-vous à l'adresse **www.google.com/analytics/fr-FR/**.

L'ouverture d'un compte est simple puisqu'elle se résume à mentionner l'URL de votre site et le nom de votre futur compte (voir Figure 13.2).

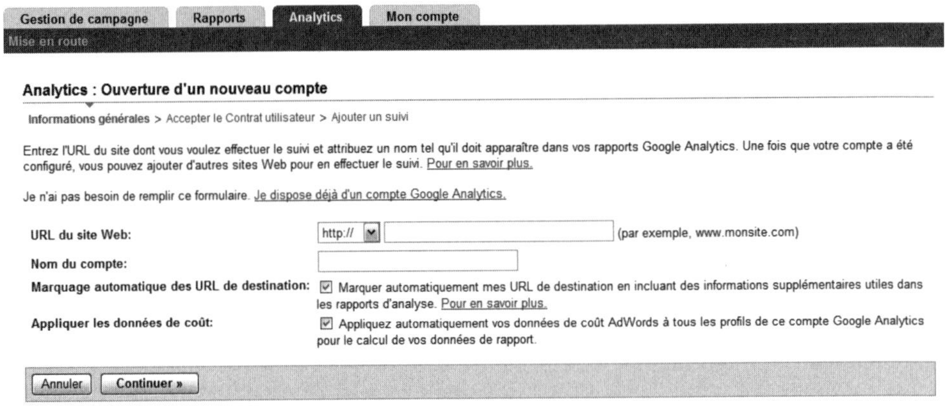

Figure 13.2

L'ouverture de votre compte Google Analytics.

Une fois cette opération réalisée cliquez sur Continuer afin d'accéder à la page comportant le code de tracking nommé Google Analytics Tracking Code (GATC) à placer soit avant la balise `</body>` soit entre les balises `<head>` et `</head>` et après les balises meta du code source des pages de votre site. (voir Figure 13.3).

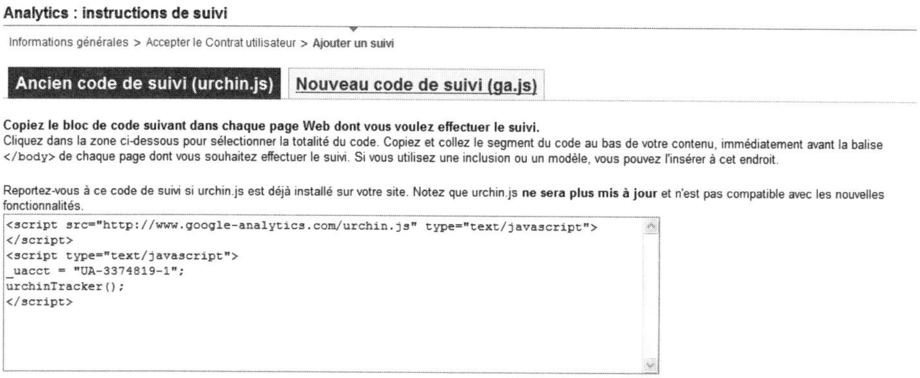

Figure 13.3

Copiez-collez le code de tracking Google Analytics sur les pages de votre site.

> **Info** Si votre site comporte des animations flash ou du code dynamique, Google a prévu une autre procédure. Vous trouverez le guide d'installation à l'adresse **www.google.com/support/analytis/?hl=fr**.

La création d'un profil sur Google Analytics

Ajouter un profil sur Google Analytics nécessite dans un premier temps de rentrer dans votre compte, puis, sur la page Profils de Site Web de cliquer sur le lien Ajouter un nouveau profil (voir Figure 13.4).

Une fois votre nouveau profil nommé, vérifiez l'état du code : assurerez-vous de la présence du marqueur (de type UA-0000000-1) dans le code source du site.

Il est possible de déterminer des objectifs commerciaux, à savoir un formulaire rempli, une réservation faite, un achat confirmé (voir Figure 13.5).

Pensez à activer le marquage automatique de vos campagnes.

Une des dernières opérations dans la création d'un nouveau profil consiste à définir son site comme site de commerce électronique.

Figure 13.4

Ajoutez et paramètrez votre nouveau profil Google Analytics.

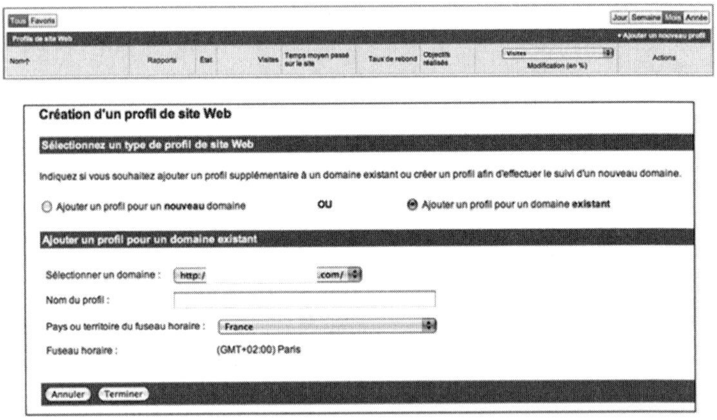

Figure 13.5

La définition d'objectifs commerciaux.

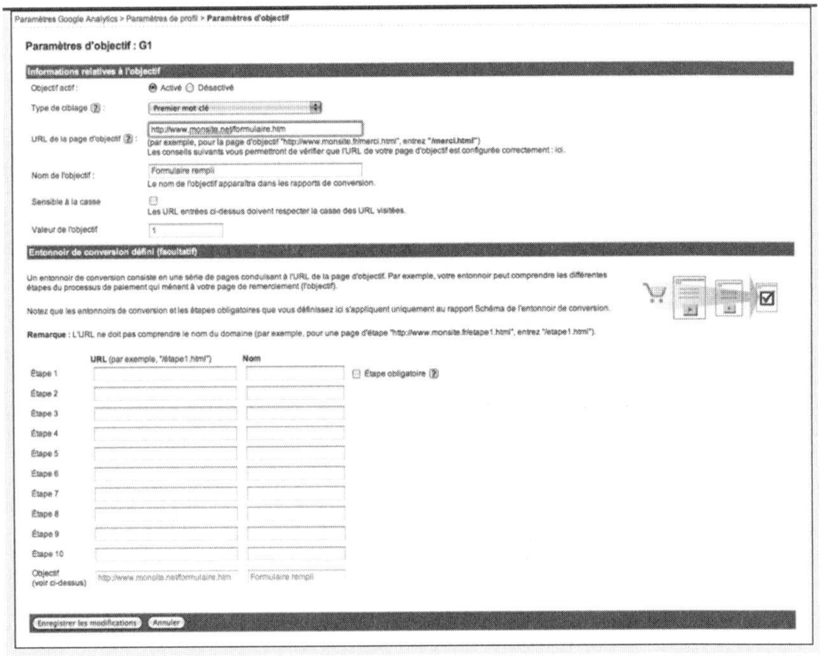

Quand toutes ces étapes ont été réalisées, faites une simulation pour vous assurer que tout fonctionne correctement (liens accessibles, bonne remontée de la conversion…).

Dès le lendemain votre trafic sera tracké.

La gestion des informations

Votre interface Google Analytics (voir la Figure 13.6) rassemble dans ses rapports une mine d'informations : les opérations réalisées par vos visiteurs, le chiffre d'affaires dégagé, les tendances de fréquentation (les jours de plus grosse fréquentation, le cheminement des internautes avant de réaliser un achat…). La lecture de telles données est aisée, les rapports étant illustrés de graphiques.

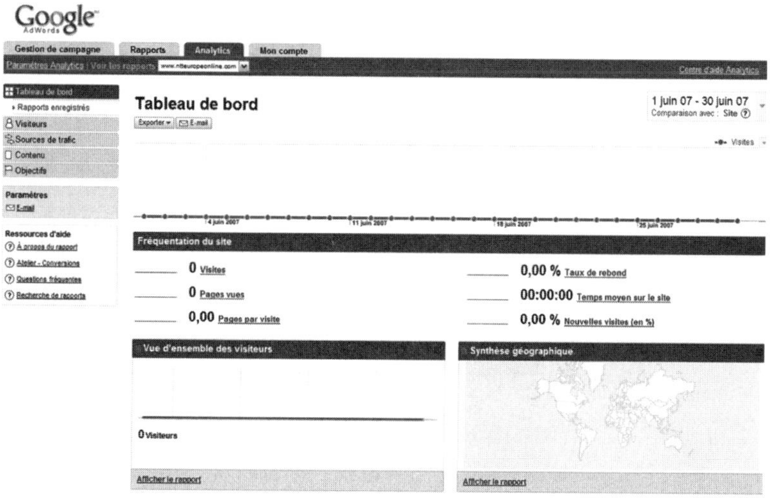

Figure 13.6
Votre tableau de bord Google Analytics.

Voici une présentation synthétique de l'information disponible. Dans le menu en haut à gauche différents groupes de rapports sont mis à disposition :

- **Rapports d'optimisation du marketing.** Ils vous permettent de suivre vos visiteurs uniques, de connaître le nombre de pages consultées, la durée moyenne des visites de tout nouvel internaute.
- **Rapport relatif à la fidélité et au temps de latence.** En croisant les informations des rapports précédents avec les statistiques mesurant la fidélité et le temps de latence vous pourrez décider d'orienter vos actions commerciales vers la fidélisation de votre clientèle ou d'effectuer des opérations pour en gagner une nouvelle.
- **Présentation Générale Dirigeant.** Illustre quant à lui les sources ayant permis aux internautes d'accéder à votre site, le nombre de pages consultées quotidiennement par l'ensemble de vos visiteurs (nouveaux clients ou clients déjà intégrés dans votre base de données).

- **Origine géographique des visiteurs.** Une telle information permet d'affiner vos actions commerciales et de les personnaliser par région ou par pays (voir Figure 13.7).

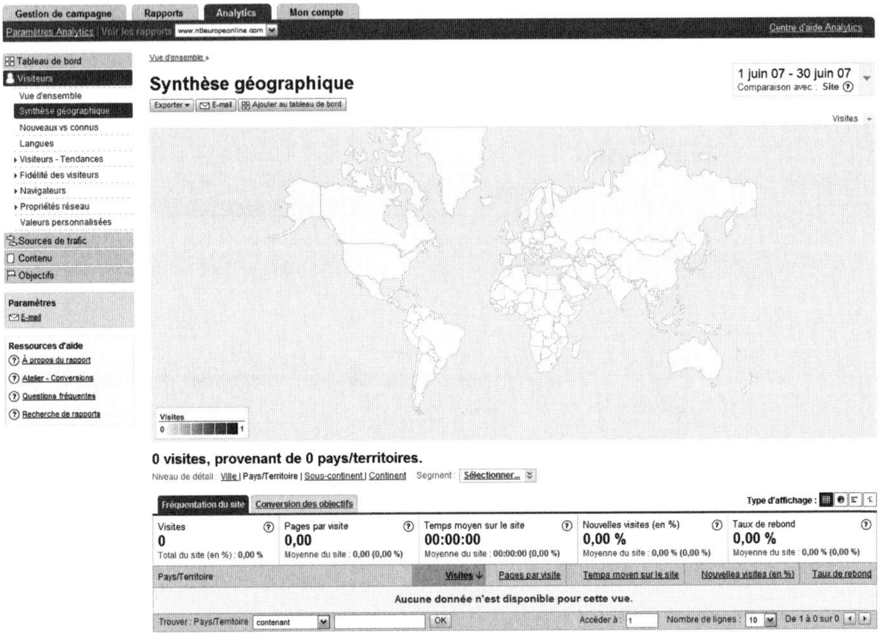

Figure 13.7

Des statistiques sur l'origine géographique de vos visiteurs.

- **Rapports Performances du contenu.** Si vous avez des doutes sur le contenu de votre site, vous pouvez vous reporter à ces rapports. Ils soulignent les pages de votre site connaissant la plus forte audience. Il vous est possible de connaître dans le détail le nombre de visites et la durée de consultation de chaque page. Si une page a un score moyen alors qu'elle comporte des produits à forte valeur ajoutée, il sera nécessaire de rapidement repenser l'information contenue sur cette page, vérifier la qualité des images présentant vos produits, s'assurer que les informations se téléchargent rapidement…
- **Processus d'objectifs et de cheminement.** Vous préciseront quelles étapes vos visiteurs suivent pour réaliser un acte d'achat. Vous saurez rapidement quel est le cheminement engendrant le plus de conversions.

Comme vous l'aurez compris, Google Analytics est un allié notable pour comprendre et s'adapter aux besoins et comportements de vote clientèle… donc pour tendre vers un site plus performant.

Exploitez l'ensemble de ces rapports. Avec la section Visiteurs de votre tableau de bord Google Analytics, il est possible d'identifier quel type d'internaute fréquente le plus votre site (voir Figure 13.8).

Figure 13.8
Une vue d'ensemble de la fréquentation de votre site.

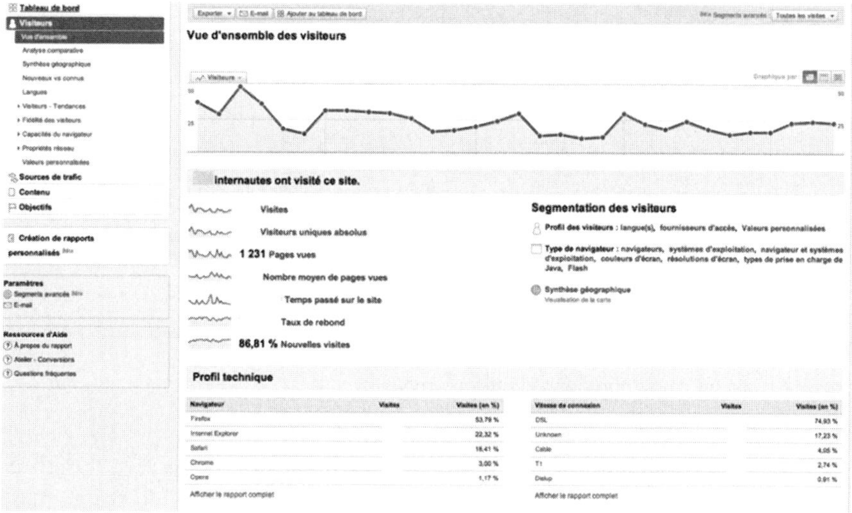

La vue d'ensemble des visiteurs vous permet de répondre, entre autres, aux questions :

- Quel navigateur utilisent-ils ?
- Quelle est la taille de leur écran ?
- Quel est le temps écoulé entre l'entrée et la sortie d'une page ?
- Quelle est leur provenance géographique ?

Ce dernier point fait référence aux taux de rebond définit en début de chapitre.

Nous ne cesseront de rappeler que l'étude du taux de rebond a son importance car il peut vous indiquer un problème de téléchargement des pages, l'impatience des internautes face à la lenteur d'apparition des informations, images et vidéos recherchées.

Rappelez-vous que toute information doit être affichée en moins de 20 secondes.

De tels éléments seront la base d'une réflexion pour repenser l'ergonomie de votre site, retravailler le contenu pour aller – si nécessaire – vers plus de sobriété, vers plus d'efficacité.

Dans la section Visiteurs de votre interface, au niveau du champ Visiteurs Tendances, cliquez sur Visites. Vous accéderez à une carte des visites par jour (voir Figure13.9).

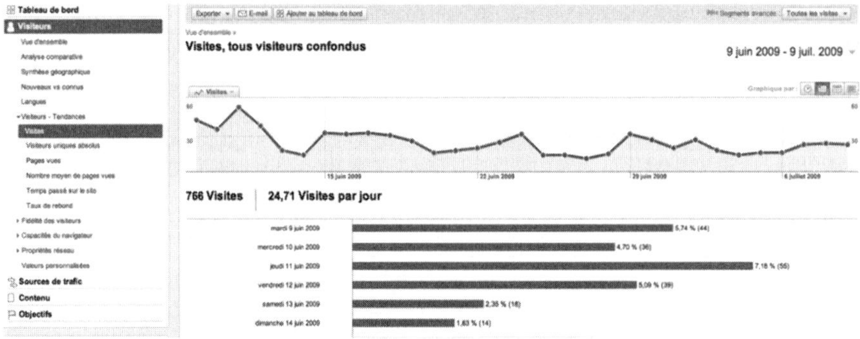

Figure 13.9

Une vue d'ensemble du nombre de visites journalières.

Après un mois de référencement minimum, il vous sera possible d'identifier les jours de la semaine favorables à votre business. Si un pic de fréquentation apparaît clairement un jour de la semaine, vous pourriez décider d'augmenter un peu plus votre budget publicitaire ce jour-là pour élargir vos plages de diffusion sur les moteurs de recherche. Une telle information peut aussi servir à établir une variabilité dans la gestion des enchères par mots clés (coût par clic) afin de payer moins cher les jours s'avérant moins opportuns à la génération du chiffre d'affaires.

Dans le même état d'esprit, des tendances de visites peuvent être étudiées par heure. Par exemple, planifier des tests selon des horaires de campagne. Mais avant de diffuser vos campagnes d'après des tranches horaire précises, il est important de s'assurer que la tendance observée n'est pas due au retrait d'une promotion ou à l'absence de diffusion de spots publicitaires on-line ou off-line… La tendance doit être récurrente sans quoi il serait dangereux de se priver de trafic sur un période de la journée.

Cet outil peut tout à fait évoluer dans sa configuration et se doter de nouvelles applications pour affiner les informations remontant de votre trafic. Il est ainsi possible de mettre en place le tag `utm_nooveride` (opérant une nette distinction entre le trafic issu de votre marque et celui issu d'autres termes hors marque) ou de recourir à un profil spécifique pour connaître les mots clés réellement tapés par les internautes avant d'atteindre votre site.

Fiche 1 : L'utilisation du tag utm_nooveride

Dans l'hypothèse où votre campagne se structure en un ensemble de termes relatifs à votre marque et un autre ensemble de termes plus génériques (concernant les produits/ services présents sur votre site) recourir au tag `utm_nooveride` peut être utile. Avec ce tag, vous saurez très précisément si la conversion étudiée tire son origine d'une requête où l'internaute a utilisé un terme générique ou un terme renvoyant à votre marque.

Clarifions. Par principe, Google Analytics attribue la conversion au dernier mot clé utilisé par l'internaute pour accéder à votre site et réaliser son achat. Dans de nombreuses hypothèses la conversion va être attribuée à un mot clé correspondant à votre marque.

Mais dans les faits, nombre d'internautes procèdent à deux voire trois recherches avant de procéder à un achat.

L'internaute souhaitant trouver un livre sur l'art culinaire en Italie peut ainsi, dans un premier temps, taper "livre art culinaire Italie" dans un moteur de recherche. Il repère votre site MaBoutique.net, visite les rubriques en relation avec sa requête, puis sort du site pour poursuivre sa recherche, opérer des comparaisons avec les produits d'autres sites.

Avec cette visite le tracking est activé, un cookie vient d'être placé. Il sera opérationnel pendant 6 mois.

Si dans un second temps l'internaute revient sur votre site avec pour requête la marque "MaBoutique.net" qu'il a aisément mémorisée, l'achat qu'il réalisera fera remonter dans les tableaux Google Analytics une conversion.

En l'absence du tag `utm_nooveride`, la conversion sera attribuée au dernier terme recherché "MaBoutique.net".

Avec ce tag, la vraie source de conversion est authentifiée et octroyée au tout premier mot clé ayant déclenché le processus de recherche puis d'achat sur votre site : l'expression "livre art culinaire Italie".

L'intérêt d'un tel tag est de connaître avec précision tous les mots clés importants participant à l'augmentation de votre CA.

En son absence, vous pourriez être amenés à mettre en pause certains termes pour lesquels votre interface de tracking ne montre que des coûts et point de conversions. Alors que dans la réalité, ils contribuent à l'acte final d'achat.

La mise en place du tag est simple puisqu'il convient d'ajouter le lien `utm_nooveride=1` aux URL de destinations associées aux mots clés se rapportant à votre marque.

Si l'URL de destination utilisée dans les annonces dédiées à votre marque est :

http://www.maboutique.net

vous devez la changez en :

http://www.maboutique.net?utm_nooveride=1

Fiche 2 : Un profil identifiant les mots clés réellement tapés par les internautes

Si vous utilisez Google Analytics dans sa configuration classique, vous vous fermez certaines portes riches en informations.

À titre d'exemple, il est possible de recourir à un filtre donnant pour l'ensemble des mots clés achetés ceux qui ont été réellement tapés par les internautes.

Vous vous donnez alors la chance d'accroître les champs lexicaux de votre campagne de liens sponsorisés, de gagner en spécificité et en coûts par clics moins chers.

Info

Le centre d'aide Google Analytics regorge de tutoriaux pour gérer au mieux son compte, créer ses profils, filtres.

Pour créer sans trop de difficultés les filtres de son compte Google Analytics, la maîtrise d'un certain nombre de caractères est nécessaire. Les principaux sont à la Figure 13.10 :

Figure 13.10

Caractères filtres GA & correspondances

<table>
<tr><td>.</td><td>correspond à tout caractère unique</td></tr>
<tr><td>*</td><td>correspond à zéro ou plusieurs éléments précédents</td></tr>
<tr><td>+</td><td>correspond à un ou plusieurs éléments précédents</td></tr>
<tr><td>?</td><td>correspond à zéro ou à un élément précédent</td></tr>
<tr><td>()</td><td>mémorise le contenu de la parenthèse comme élément</td></tr>
<tr><td>[]</td><td>correspond à un élément de la liste</td></tr>
<tr><td>-</td><td>crée une plage dans une liste</td></tr>
<tr><td>|</td><td>ou</td></tr>
<tr><td>^</td><td>correspond au début du champ</td></tr>
<tr><td>$</td><td>correspond à la fin du champ</td></tr>
<tr><td>\</td><td>insère un caractère d'échappement avant l'un des caractères ci-dessus</td></tr>
</table>

Retrouvez toutes ces données à l'adresse :

https://www.google.com/support/googleanalytics/bin/answer.py?answer=55461.

Les étapes pour procéder à la création du filtre :

1. Connectez-vous à Google Analytics.
2. Paramétrez un profil purement dédié au référencement payant ; nommez-le par exemple Requêtes réelles en SEM.

N'hésitez pas à mettre en place des profils personnalisés dans votre compte Google Analytics (maximum : 50 profils par compte). Les filtres que vous créerez s'appliqueront uniquement à la source de trafic souhaitée.

3. Sur la page de présentation du profil, à droite des données propres à ce profil, cliquez sur Modifier puis sur Créer un filtre.
4. Il existe différents types de filtres, celui recherché est un *Filtre personnalisé* dans une configuration avancée (le dernier sous-répertoire en dessous de la mention Type de Filtre).

Pour connaître les requêtes réelles des internautes, la mise en place de plusieurs filtres sera nécessaire.

S'il est toujours possible de changer l'ordre des filtres en cliquant sur Paramètres des profils ; dans le cas présent il est nécessaire de respecter l'ordre les étapes qui suivent :

- **Le 1er filtre.** Il permet la prise en considération des mots clés de votre campagne Google AdWords et de les amener vers le champ d'étude des requêtes réelles.

  Des champs requis sont à remplir : dans le champ A, optez pour *Référence* en précisant les caractères ci-contre : `(\?|&)(q|p)=([^&]*)`. Le champ B se rappportera au *Support de campagne*. Ici l'interêt se porte sur la campagne au coût par clic, donc précisez *cpc*

  Dans le dernier champ Sortie vers, sélectionnez Champ personnalisé 1, puis `$A3`

  À noter que pour les deux premiers filtres les champs A et l'opération de remplacement du champ de sortie sont obligatoires. Pour le reste, cochez *non*.

- **Le 2ème filtre.** Ce champ établit le rapprochement entre mot clé acheté et mot clé réellement recherché par l'internaute. Les deux données apparaîtront ainsi l'une à côte de l'autre dans votre rapport Google Analytics.

  Dans cette deuxième étape seules trois champs doivent être modifiés :

  – Champ A ? Extraire A : Sélectionnez Terme de la Campagne, puis notez `(.*)`

  – Champ B ? Extraire B : Sélectionnez Champ personnalisé 1, puis notez à nouveau `(.*)`

– Sortie vers ? Constructeur : Sélectionnez Terme de la campagne puis écrivez `$A1 ($B1)`

Pour approfondir le sujet, n'hésitez pas à consulter les blogs **http://www.webmarketing-online.fr**, **http://oseox.fr** ou **http://www.wagablog.com**.

Xiti.com

Xiti est un outil de tracking qui suit le comportement de vos visiteurs en termes de volume de visites, nombre de pages vues, temps moyen de navigation… Dans le cadre d'un site de e-commerce, il donne accès à l'analyse du chiffre d'affaires par produit, au taux de transformation d'un segment de produits /article donné, le gain ou la perte d'audience…

Figure 13.11
Le tableau de bord Xiti.

La mise en place

Pour souscrire à l'offre Xiti, rendez-vous sur le site à la page : **https://secure.xiti.com/fr/Inscription/Abonnement.aspx**.

L'ouverture d'un compte est simple et rapide. Choisissez une formule mensuelle ou annuelle puis cliquez au niveau de la formule Xiti Pro sur le bouton "S'abonner". Vous bénéficierez d'une offre d'essai de 15 jours (voir Figure 13.12).

Figure 13.12

Les formules d'abonnement Xiti.

Après l'intégration du code Xiti dans les paramètres de votre site, l'outil mesurera et analysera l'audience de votre site en faisant ressortir les tendances comportementales de vos visiteurs et le retour sur investissement que dégage votre activité.

La gestion des informations

L'outil Xiti suit la performance de toutes vos actions marketing : référencement naturel et payant, affiliation, e-mailing…

Tout l'intérêt de Xiti, repose sur la possibilité de croiser des statistiques de trafic avec des données comportementales. En confrontant les données comportementales et l'origine géographique de vos visiteurs, vous obtenez des tendances de fréquentation par pays ou régions. Si vous vous intéressez aux statistiques sur le temps des visites, vous pourrez constater suivant le cas qu'une augmentation du temps passé sur votre site (sans que cela s'accompagne de conversions) est consécutive à un problème de téléchargement du contenu d'une de vos pages ou à son indisponibilité.

Si vous croisez l'étude de la durée des visites avec un taux de rebond en hausse vous aurez la confirmation qu'une page de votre site doit être retravaillée.

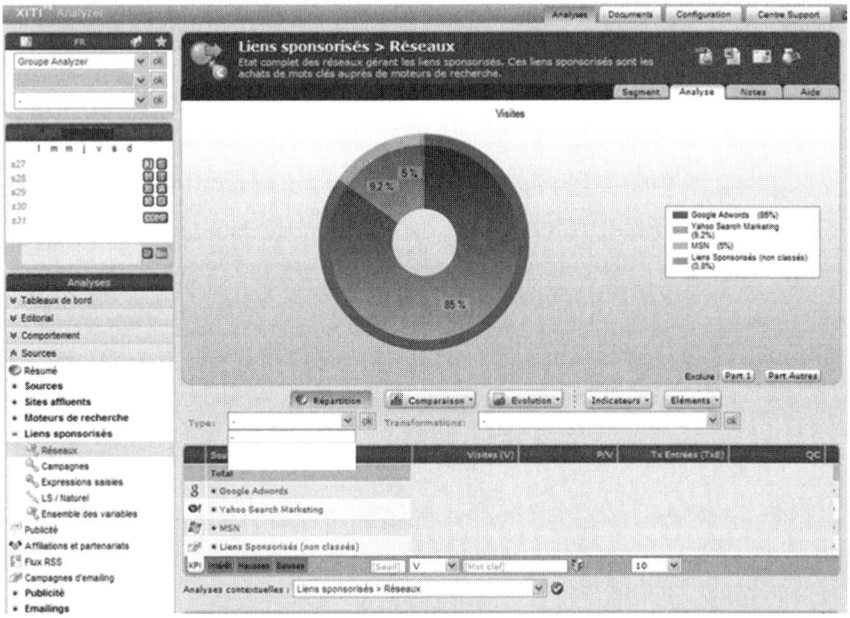

Figure 13.13
Une interface de tracking multi-canal.

L'étude d'un tel facteur peut aussi témoigner de l'impact positif ou non de l'intégration de nouveaux articles ou de la révision de la présentation d'une offre.

Avant de se plonger dans l'analyse de ces indicateurs, il faut indiquer à l'outil les campagnes à suivre. Cela passe par une simple création de profil en allant dans la section Configuration. Cliquez alors sur Nouveau lien sponsorisé dans la rubrique Sources&Campagnes. Mentionnez le réseau sur lequel la campagne sera diffusée ou alors optez pour Liens sponsorisés (non classés) en sachant que vous aurez par la suite des données indifférenciées. Un identifiant peut être automatiquement attribué par Xiti (cliquez non au niveau du choix d'une valeur).

Ces étapes réalisées, votre profil est créé. Rendez-vous dans Liste des campagnes – toujours dans la rubrique Sources&Campagnes – pour connaître la valeur xtor (un chiffre ou un nombre) de votre campagne de référencement payant.

La valeur xtor a son importance pour paramètrer le tracking. Elle devra en effet apparaître dans les caractères du tag à accoler aux URL de vos campagnes.

Une URL avec le tag Xiti suit le montage suivant :

```
http://www.maboutique.net/art_culinaire/italie?xts=0000000&xtor=SEC-01-GOO-
[Groupe_1]-[Var-1]-{ifContent:C}{ifSearch:S}-[{keyword}]
```

Chaque champ du "lien Xiti" a sa signification. La connexion entre l'URL des pages de votre site et le tag de tracking passe par un point d'interrogation. S'il est déjà présent dans votre URL de redirection, optez alors pour le signe "&". Quant aux autres caractères voici leur portée :

- **xts=0000000.** Paramètre propre à votre compte ; code sous forme de nombre attribué par Xiti.
- **xtor.** Signe distinctif d'un tracking opéré *via* la plateforme Xiti.
- **SEC-01-GOO.** SEC ou source précèdant le numéro de la campagne suivie (ici 01), qui dans l'exemple est diffusée sur le réseau Google. Si elle était référencée sur le réseau Yahoo!, le tag s'écrirait SEC-01-YSM ou SEC-01-MSN pour une présence sur le réseau MSN.
- **[Groupe_1].** Pour préciser à quel groupe d'annonce de votre campagne de liens sponsorisés appartient l'URL trackée. Il n'est pas obligatoire de spécifier ce champ.
- **[Var-1].** Spécifier le champ Var-1 relatif à la variante d'annonce n'est pas obligatoire.
- **{ifContent:C}{ifSearch:S}.** Paramètres concernant exclusivement les campagnes Google. Le S dans l'URL permet de traquer une campagne de liens sponsorisés diffusée sur le réseau Search (de recherche). Le C dans l'URL se rapporte à une campagne de liens sponsorisés diffusée sur le réseau Content (réseau contextuel).
- **[{keyword}].** Cette dernière variable indiquera le mot clé acheté.

Une fois le tracking installé, Xiti vous permet de réaliser de nombreuses études. Portons notre choix sur le rapport d'audience avec une attention particulière pour les expressions clés de votre campagne.

Ce rapport est accessible en sélectionneant dans le menu de gauche le lien Sources, puis Moteurs de recherche et enfin Expressions clés.

La période d'étude est à déterminer en sachant qu'il est possible d'établir une comparaison entre deux périodes.

La liste qui va alors apparaître contient pour les jours/mois sélectionnés les expressions rédigées par les internautes avant de se rendre sur votre site.

De telles données peuvent être exploitées pour ajouter de nouveaux termes, de nouveaux groupes de mots clés, si sur le total de visites ils font partie des mots clés les plus requêtés.

À cause d'une telle liste, des expressions non pertinentes ou trop éloignées de votre secteur d'activité peuvent apparaître. Pour qualifier votre trafic, pensez à ajouter ces expressions aux termes exclus dans vos campagnes de liens sponsorisés Google, Yahoo ! ou MSN.

14 Vers une boutique 2.0

Au sommaire de ce chapitre :

- Le Social Marketing, pourquoi faire ?
- Mettre les produits en avant
- Des propositions contextuelles basées sur les clients
- Interagir avec les clients ?

Les dernières évolutions du Web, connues sous le nom générique de Web 2.0, changent la donne en matière de mise en avant des produits et des avis des internautes. Mais d'abord, qu'est-ce que le Web 2.0 ?

Sous l'intitulé Web 2.0 se cachent à la fois une série de techniques et de fonctionnalités destinées à "remettre l'internaute au centre de la Toile" et à le rendre acteur, plus que spectateur, des sites web qu'il fréquente. Même si cette définition, et la notion même de Web 2.0, est contestée par Tim Berners-Lee et d'autres créateurs du Web, elle reste généralement admise. On retrouve ainsi, sous le terme Web 2.0, un catalogue de fonctionnalités et de sites assez épars, qui garde comme point commun le fait de pousser l'internaute à agir et à participer. Par exemple :

- **Les plates-formes d'hébergement vidéo.** Sur YouTube, Google Video, DailyMotion, l'internaute est invité à envoyer ses propres films et courts-métrages.
- **Les blogs.** L'internaute peut à la fois jouer le rôle d'auteur (le blogueur lui-même) et de commentateur ;
- **Les réseaux sociaux.** Ils sont basés avant tout sur la création de liens et de contacts entre les différents utilisateurs, (LinkedIn aux USA, Viadeo en France).
- **Les plates-formes liées à la "Folksonomie".** Ce sont Digg, StupleUpon, Netscape, Reddit ou encore del.icio.us pour les principales plates-formes américaines, et Scoopeo ou Fuzz pour les plates-formes françaises, qui restent toutefois marginales. Elles se fondent à la fois sur le principe de la soumission de liens et d'actualité par les internautes, et sur la "validation" de ces liens par un vote des autres utilisateurs du système. Les liens qui remportent le plus de suffrages se trouvent exposés en priorité aux internautes.

On associe également d'une façon générale la notion de Web 2.0 et la technologie Ajax. Cette association est avant tout technique : le développement des sites et services estampillés Web 2.0 passe souvent par des mécanismes faisant appel à Ajax. La présence d'une technologie Ajax n'est en aucun cas un gage de mise en avant de l'internaute, ou d'aspect social d'un site. Ajax permet simplement, à l'aide de requêtes asynchrones et de JavaScript, de présenter aux visiteurs d'un site de nouveaux contenus sans avoir à recharger une seule page de celui-ci. Si cette technologie est utile pour la création d'interfaces riches et dynamiques, elle pose toutefois certains problèmes d'accessibilité du contenu et de référencement.

Dans ce chapitre, vous allez voir comment les techniques Web 2.0 peuvent s'appliquer concrètement à une boutique en ligne, et notamment à la librairie que vous construisez depuis le début de cet ouvrage. Différentes pistes sont explorées ou abordées, et vous mettrez en pratique la création d'une offre d'achat contextuelle associée à la validation du panier d'achat de vos clients.

Le Social Marketing, pourquoi faire ?

Social Commerce, Boutique 2.0, les possibilités offertes par le Web 2.0 en matière de e-commerce sont infinies. Mais, il est avant tout important de garder en tête les objectifs de votre boutique et de ces techniques : augmenter le plus possible les revenus générés par votre commerce. Pour cela, deux moyens s'offrent à vous : attirer plus de clients ou s'assurer que chaque client commande plus d'ouvrages en ligne.

- **Toucher plus de clients potentiels.** Les méthodes pour cela ne manquent pas. Un bon référencement, des campagnes de publicité en ligne ou même hors ligne, des échanges de lien avec d'autres sites, des campagnes d'envoi d'e-mails, sans pour autant faire de spam… On en arrive à détailler toutes les techniques de marketing existantes sur Internet et utilisées depuis une dizaine d'années par les plus grands groupes de commerce en ligne. Suivant le type de boutique que vous possédez, certaines astuces peuvent vous aider à mener à bien ces campagnes marketing. Pensez par exemple à cibler un public concerné par les objets en vente sur votre boutique, plutôt que de tenter une approche grand public, beaucoup plus onéreuse.
- **Augmenter le volume d'achat de vos clients.** Sur ce point, les possibilités sont beaucoup plus vastes qu'il n'y paraît. Un client vient sur votre boutique parce qu'il a un besoin particulier, besoin d'un livre précis, à la recherche d'un cadeau… À vous de le convaincre qu'il a en fait besoin de plus d'objets que ce qu'il est réellement venu acheter. Les méthodes pour cela sont très nombreuses… et détaillées au chapitre qui va suivre !

Mettre les produits en avant

Avant d'aborder des fonctionnalités Web 2.0 à proprement parler, quelques méthodes de base pour augmenter, potentiellement, le panier moyen de vos clients.

Comme nous venons de le dire, une majorité de vos clients viendra sur votre boutique pour un besoin précis. Ainsi, ils peuvent accéder à vos pages en entrant simplement la description précise de l'ouvrage recherché sur un moteur (Google par exemple), ou se rendre directement sur le site de votre boutique et y commander le livre qu'ils veulent. Ce résultat est obtenu grâce aux techniques de marketing classiques.

Votre défi va être, sur le peu de pages que le client peut voir de votre boutique, de le tenter au maximum pour qu'il ajoute plusieurs articles à son panier. Loin des grandes mises en pratique des chapitres précédents, voici une petite liste théorique des méthodes qui s'offrent à vous pour optimiser le panier des clients :

- **Mettez en avant les nouveautés.** C'est l'opération de base. Vos clients viennent sans doute pour un article précis mais peuvent également être tentés par une nouveauté, qu'ils avaient prévu d'acheter de toute façon. À vous de les convaincre de l'acheter chez vous plutôt qu'ailleurs. Gardez donc, sur chacune de vos pages, et spécialement sur la page d'accueil du site (voir Figure 14.1), une place de choix pour les derniers articles ajoutés à votre catalogue. Si possible, ciblez ces articles sur la rubrique d'annuaire ou l'article que votre client est en train de visualiser. Pour cela, vous pouvez utiliser une base de `mots clés`, de la même façon que vous avez conçu vos requêtes de recherche au Chapitre 6.
- **Ouvrez les recherches de vos visiteurs.** Vos visiteurs sont arrivés sur votre boutique par une fiche précise, sur un livre traitant d'un sujet précis ? Ouvrez donc leur recherche à d'autres articles traitant de sujets similaires. Vous avez déjà commencé cette démarche lors de la mise en place des pages de votre catalogue, en y insérant les deux rubriques d'annuaire auxquelles appartient l'ouvrage (voir Figure 14.2). Vous pouvez aller plus loin en affichant directement quelques articles disponibles dans ces catégories. Votre client cherche un livre qui traite de Flash ? Donnez-lui le choix et fournissez-lui des liens rapides vers les autres livres traitant du même sujet. Sur un argumentaire bien trouvé, votre client choisira peut-être un ouvrage deux fois plus cher que celui pour lequel il était initialement venu. Bien entendu, cette arme est à double tranchant, mais ne sous-estimez pas vos clients.
- **Jouez également sur les affinités d'auteur ou d'éditeur.** Vos clients apprécient particulièrement les ouvrages d'un auteur ? Proposez-leur sa bibliographie complète en un clic. Mieux, comme pour les ouvrages traitant du même sujet, affichez sur la fiche détaillée d'un livre les deux ou trois meilleures ventes de cet auteur.

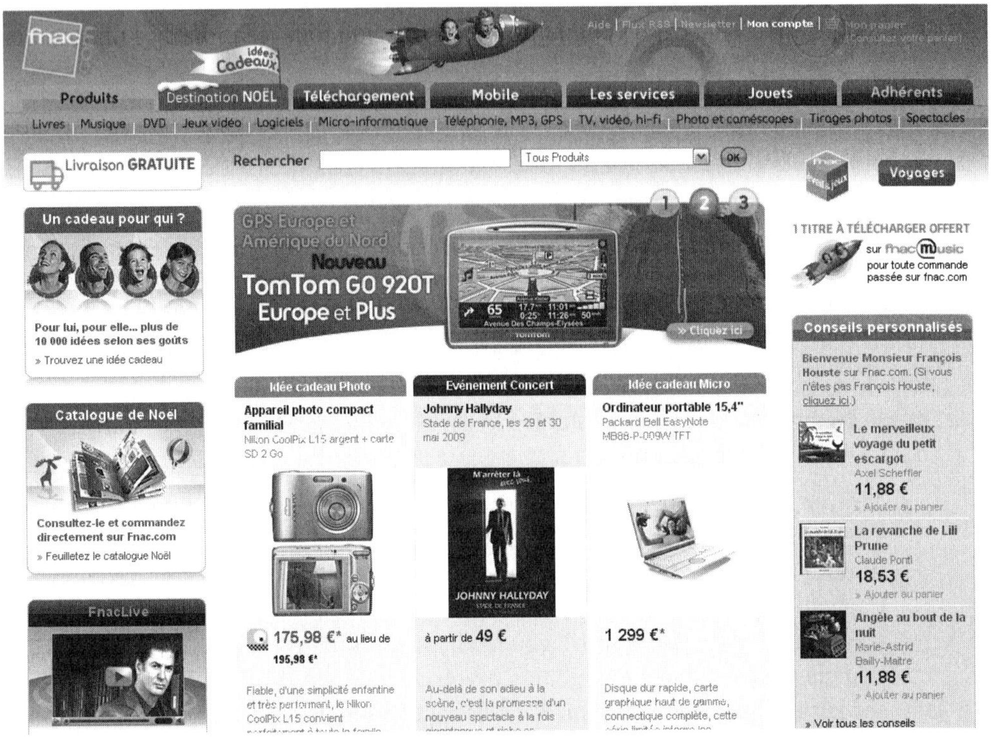

Figure 14.1

La page d'accueil du site de la FNAC donne tout de suite un aperçu des nouveautés disponibles.

Figure 14.2

Des liens de type Annuaire sont déjà présents sur votre boutique.

Retour à la Terre (t1) : La Vraie Vie

Auteur : **Manu Larcenet**
Date de parution : **2005-01-21**
ISBN : **2205057332**

Résumé de l'ouvrage

- Ca s'appelle " la nature ", frangin... Jadis, les hommes vivaient dans la nature où ils chassaient pour se nourrir... - J'aurais pas pu.

Sur le même sujet

Classiques

C'est autant de chances d'achat supplémentaire sur votre boutique. En allant plus loin, vous pouvez proposer des promotions spéciales pour l'achat de deux ouvrages du même auteur… à la manière d'Amazon France (voir Figure 14.3).

Figure 14.3

Pour chaque article, Amazon France en propose un second à prix réduit…

Info Nombre des idées détaillées ici vont vous demander des changements dans votre base de données. En effet, ce qui est encore réalisable pour quelques liens peut très vite devenir lourd quand il s'agit d'afficher plusieurs articles sur la même page. Imaginez la charge que peut demander l'affichage d'un article principal et de quatre ou cinq propositions construites sur des requêtes différentes. Les performances de votre boutique deviendraient vite insupportables… Pensez donc à modifier la structure de votre base de données afin d'optimiser les requêtes destinées à afficher les offres complémentaires à vos clients !

Des propositions contextuelles basées sur les clients

Maintenant, mettez-vous un instant à la place de l'un de vos clients et imaginez les deux scénarios suivants lorsque vous parcourrez un catalogue d'articles :

- différents liens vous proposent des articles en rapport avec votre recherche actuelle ;
- d'autres clients vous recommandent des articles qu'ils ont eux aussi commandés.

À laquelle de ces deux approches feriez-vous le plus confiance ? À celle provenant du client, bien évidemment !

Jusqu'à présent, l'ensemble des systèmes de propositions contextuelles détaillé dans ce chapitre faisait appel à votre catalogue de produits et à votre vision de celui-ci. Mais il y a peut-être des affinités de produits auxquelles vous n'avez pas pensé et qui semblent évidentes pour vos clients…

Principe général

Pour construire ce genre de propositions contextuelles contrôlées par vos clients, vous allez avoir besoin d'une solution automatisée. En effet, il pourrait se révéler fastidieux, voire dangereux, de demander ouvertement l'avis de vos clients sur les couples de produits à associer. Imaginez le travail de modération à réaliser pour contrôler l'ensemble des réponses données par vos clients. Il serait titanesque !

Non, mieux vaut trouver une solution automatique qui ne demande pas directement l'opinion des clients tout en considérant leur avis…

La solution est simple : prendre en compte leurs commandes !

À partir du moment où un client a commandé plus d'un article, on peut en déduire que les produits en question ont une affinité. Si plusieurs clients ont réalisé la même association d'articles, cette affinité est d'autant plus forte !

La logique de votre proposition contextuelle est donc la suivante : Identifier les articles commandés le plus souvent en compagnie d'un autre. Vous définirez ainsi des "couples d'articles" populaires que vos clients ont l'habitude de commander de paire. De cette façon, vous augmenterez les chances de transformation de vos propositions en achats réels. Le tout est de transformer ce scénario en requête SQL exploitable.

Création d'une requête

La proposition contextuelle que vous allez mettre en place va être affichée sur la page de panier de votre client, afin de le convaincre d'effectuer un achat supplémentaire sur la dernière page possible. Pour cela, nous allons rechercher l'ensemble des articles commandés en même temps que ceux présents dans le panier.

Cette tâche n'est pas facile. Afin de bien détailler le processus qui nous intéresse, la requête permettant d'obtenir les articles à proposer va être détaillée dans les pages suivantes :

1. Première étape, obtenir la liste des articles présents dans le panier, par l'intermédiaire d'une simple requête `SELECT`. Nous voulons obtenir de cette façon les identifiants d'articles concernés. La requête est simple :

   ```
   SELECT shop_panier.article FROM shop_panier WHERE
   shop_panier.client=paramClient;
   ```

   Comme d'habitude, `paramClient` correspond à la variable de session du client actuellement connecté : `$_POST[MM_UserName]`. Assurez-vous donc de bien définir cette variable lors de la création de votre jeu d'enregistrements.

2. Vous connaissez les articles présents dans le panier de votre client actuel ? Bien, il vous faut maintenant trouver au cours de quelles commandes ces articles ont déjà été commandés sur votre boutique. Pour cela, vous allez devoir faire appel à deux requêtes imbriquées. C'est-à-dire que les critères de recherche de votre requête principale (les numéros de commande) vont dépendre des résultats d'une autre requête (les numéros d'article). Syntaxiquement, cela se traduit de la façon suivante :

```
SELECT shop_ligne_commande.commande FROM shop_ligne_commande WHERE
shop_ligne_commande.article IN (SELECT shop_panier.article FROM shop_panier
WHERE shop_panier.client=paramClient);
```

3. Bien, maintenant, à vous de déterminer la liste des articles concernés dans ces commandes. Cette requête demande encore une fois une syntaxe d'imbrication :

```
SELECT shop_ligne_commande.article FROM shop_ligne_commande WHERE
shop_ligne_commande.commande IN (SELECT shop_ligne_commande.commande FROM
shop_ligne_commande WHERE article IN (SELECT shop_panier.article FROM
shop_panier WHERE client=paramClient));
```

4. Vous arrivez donc cette fois à deux niveaux d'imbrication, une requête assez complexe. Avec cette requête, vous allez obtenir, ligne par ligne, l'ensemble des articles commandés en même temps que ceux présents dans le panier de votre client, ceux-ci compris. Afin de ne pas proposer à vos clients d'acheter deux fois le même article, vous pouvez ajouter un critère de filtre à votre requête afin que les articles présents dans le panier actuel soient automatiquement exclus des résultats :

```
SELECT shop_ligne_commande.article FROM shop_ligne_commande WHERE
shop_ligne_commande.commande IN (SELECT shop_ligne_commande.commande FROM
shop_ligne_commande WHERE article IN (SELECT shop_panier.article FROM
shop_panier WHERE client=paramClient)) AND shop_ligne_commande.article NOT IN
(SELECT shop_panier.article FROM shop_panier WHERE client=paramClient);
```

5. Dans cette requête, quel est l'article le plus commandé ? Vous ne pouvez encore le savoir, à moins d'instaurer un comptage des enregistrements dans votre requête (sous la forme de l'instruction `COUNT(*)`) et de trier les résultats obtenus suivant ce comptage. L'option `GROUP BY` est indissociable du `COUNT` et permet de savoir quels éléments distincts sont comptés dans votre requête. On obtient alors :

```
SELECT shop_ligne_commande.article, COUNT (*) AS total FROM
shop_ligne_commande WHERE shop_ligne_commande.commande IN (SELECT
shop_ligne_commande.commande FROM shop_ligne_commande WHERE article IN (SELECT
shop_panier.article FROM shop_panier WHERE client=paramClient)) AND
shop_ligne_commande.article NOT IN (SELECT shop_panier.article FROM
shop_panier WHERE client=paramClient) GROUP BY shop_ligne_commande.article
ORDER BY total DESC;
```

6. Enfin, pour que votre requête soit exploitable, il vous faut récupérer les titre et prix des articles trouvés afin de les afficher sur la page de panier finale :

```
SELECT shop_ligne_commande.article, shop_livres.titre, shop_livres.prix_ttc,
shop_livres.prix_ht, COUNT(*) AS total

FROM shop_ligne_commande INNER JOIN shop_livres ON
shop_livres.id=shop_ligne_commande.article

WHERE shop_ligne_commande.commande IN (SELECT shop_ligne_commande.commande
FROM shop_ligne_commande WHERE article IN (SELECT shop_panier.article FROM
shop_panier WHERE client=paramClient)) AND shop_ligne_commande.article NOT IN
(SELECT shop_panier.article FROM shop_panier WHERE client=paramClient)

GROUP BY shop_ligne_commande.article

ORDER BY total DESC
```

Info

La solution présentée ici offre l'avantage de fonctionner, mais elle est loin d'être optimale du point de vue des performances. Si votre boutique garde un trafic raisonnable et ne génère pas des milliers d'achats par jour, la charge serveur provoquée par cette requête ne devrait pas mettre en péril votre boutique. En revanche, aux premiers signes de ralentissement de votre panier, pensez à concevoir une solution alternative. Il peut par exemple s'agir d'une table de correspondance entre chaque article, renseignée au moment même de la validation du panier par vos clients et qui stocke simplement deux identifiants d'articles et le nombre de fois où leur commande simultanée a eu lieu.

Mise en place

Une fois votre jeu d'enregistrements construit à partir de la requête détaillée ci-dessus, la mise en place des liens contextuels n'est plus qu'une formalité :

1. Insérez sur votre page le champ Titre de votre jeu d'enregistrements, ainsi que le champ Prix_ttc.
2. Liez le titre de l'ouvrage à la page de description détaillée de celui-ci en utilisant la donnée article comme paramètre d'URL.
3. Enfin, répétez ces données autant de fois que le nombre d'articles que vous voulez proposer, à l'aide d'une région répétée.

Votre bloc de propositions contextuelles est alors en place (voir Figure 14.4).

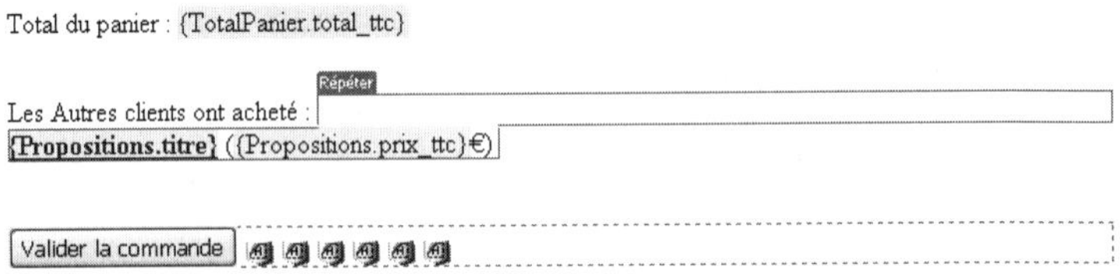

Figure 14.4
Les autres clients ont également acheté...

Interagir avec les clients ?

Les quelques points détaillés ci-dessus ne comprennent pas réellement d'interaction avec les clients. Elles se contentent de présenter de la meilleure manière possible les produits disponibles dans votre catalogue. Mais les vrais possibilités offertes par le Web 2.0 est de laisser vos clients contribuer à la vie de votre boutique et pourquoi pas inciter les autres visiteurs à acheter. Les moyens sont nombreux, on peut citer plusieurs pistes :

- Laissez les internautes poster des avis sur les produits proposés, à la manière des critiques de disque publiées sur Amazon (voir Figure 14.5). Les bons avis stimuleront les ventes des bons produits, et les mauvais avis vous aideront certainement à corriger les imperfections de votre boutique.

Figure 14.5

Amazon offre la possibilité à chacun de donner son avis sur les disque, DVD ou livres…

- Offrez à vos internautes la possibilité de créer des "listes". Idées cadeaux, produits en affinité… les clients auront très certainement des idées d'association de produits que vous n'aurez pas. Rendez ces listes consultables comme autant de conseils d'achat pour les autres internautes. Ceux-ci y trouveront également des idées propres à augmenter leur panier d'achat.
- Ajouter des fonctions d'alerte mail sur vos produits. Plusieurs orientations possibles à cela : prévenir vos clients potentiels de la disponibilité d'un produit qu'ils souhaitaient acquérir, leur permettre d'envoyer la fiche d'un produit par mail à leurs contacts. Ils se chargeront ainsi à moindres frais de votre promotion par mail.

- Mieux encore, laissez vos clients mettre en avant vos produits sur leurs propres Web en leur proposant un format simple d'intégration. C'est le modèle choisi par exemple pour les programmes d'affiliation d'Amazon (voir Figure 14.6). Ce dernier permet à n'importe quel client de créer des liens vers les produits Amazon très simplement en échange d'une commission sur les ventes éventuellement générées.

Figure 14.6

Le programme d'affiliation d'Amazon tire parti des technologies Web 2.0.

Partie III

PREMIERS PAS EN MARKETING, FAIRE CONNAÎTRE SA BOUTIQUE EN LIGNE

Vous venez de dépenser du temps et de l'énergie pour l'élaboration de votre site. Celui-ci construit, il faut désormais y attirer la clientèle.

Comment être sûr que votre site ne va pas se perdre parmi la multitude de sites concurrents déjà présents ?

Nous allons vous présenter dans cette partie les différents leviers, supports e-marketing que vous pouvez exploiter afin de vous démarquer. Vous trouverez également les voies à explorer afin d'accroître votre retour sur investissement.

Toute campagne e-marketing impose un travail d'optimisation et de suivi important. Vous allez découvrir les principes de référencement (gratuit et payant), l'intérêt des comparateurs de prix, de l'affiliation et enfin les techniques pour tirer avantage de votre base e-mail.

Ces techniques de e-marketing sont complémentaires. Vous n'êtes en aucun cas obligé de les appliquer toutes. Donnez-vous juste la chance de toucher le maximum d'internautes rentrant dans votre cible.

Avant de commencer, il faut apporter une petite précision sur le référencement.

Qu'est-ce que le référencement ?

Nous pouvons le définir comme l'ensemble de techniques réunies – suite à la requête d'un internaute – pour faire apparaître à la meilleure position possible une annonce (composée d'un titre et d'une description) sur les pages de résultats d'un moteur de recherche. Parmi les plus connus, citons : GOOGLE, YAHOO ! ET MSN.

L'essence même du référencement est le mot clé, rentré dans la barrette de recherche par un internaute.

Pour mieux se représenter les deux types de référencement existants, réalisons une recherche sur le moteur GOOGLE : entrez la requette "livre d'histoire grecque" dans la barrette de recherche Google.

En cliquant sur "Recherche Google", vous êtes redirigé vers une page de résultat regroupant différentes annonces (voir Figure III.1).

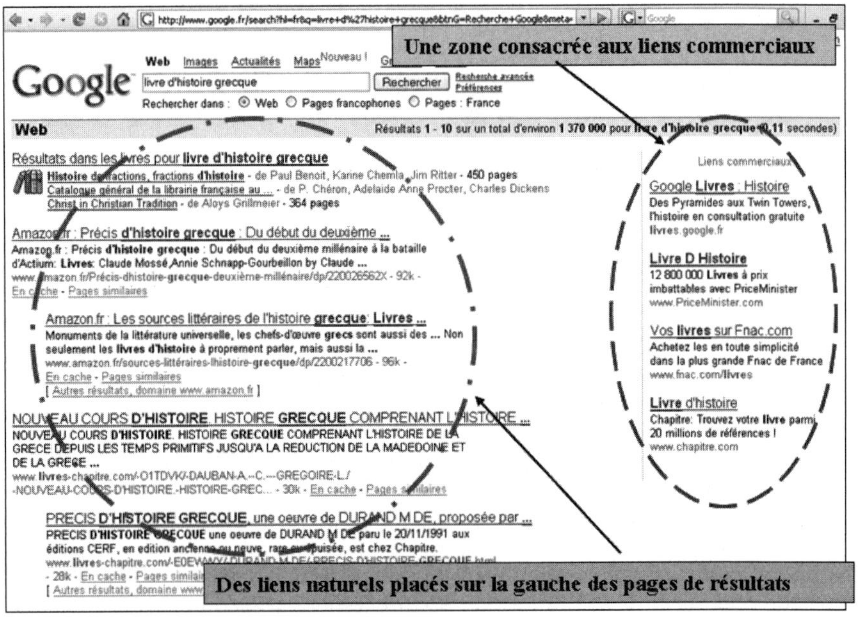

Figure III.1
Une page de résultat comportant des liens commerciaux et des liens naturels.

Si vous étudiez de plus près la structure de cette page, vous constaterez qu'elle comporte deux parties. Une partie intitulée Liens commerciaux (sur Google) ou Liens sponsorisés (sur Yahoo! Search marketing) apparaissant à droite de votre écran et une partie sur fond blanc, à gauche de l'écran correspondant aux Liens naturels.

À cet instant, vous prenez conscience qu'il n'existe non pas un référencement, mais deux :

Le référencement payant. Après avoir diffusé une annonce, il consiste à accepter de payer une certaine somme quand l'internaute clique sur ladite annonce, afin d'accéder à votre site.

Le référencement naturel. C'est l'art de se faire connaître sur Internet. On cherche à améliorer constamment la visibilité des pages de son site, par des liens tissés avec d'autres sites et par une annonce qui apparaît sur les pages de résultat des moteurs de recherche.

15 Référencement naturel

Au sommaire de ce chapitre :

- L'importance des mots clés
- L'optimisation des pages
- Les liens entrants
- Google Sitemaps
- Les techniques d'exclusion d'indexation

Avant de parler des principes et des techniques du référencement naturel, il est important de définir ce que cache réellement ce terme. À l'heure où près de 90 % des recherches en France se font par l'intermédiaire du moteur Google, une définition facile du référencement serait "une technique qui consiste à placer en meilleure position possible dans les moteurs de recherche une page web pour un mot ou une expression donnée".

Mais cette façon assez commune de comprendre la problématique du référencement naturel n'en couvre en fait qu'une partie. Le référencement naturel n'est pas, en soi, qu'une question de positionnement. C'est un travail qui vise à l'acquisition de trafic qualifié gratuit sur un contenu web. Un trafic qualifié, c'est-à-dire des visiteurs qui sont à la recherche des informations ou des services proposés par le contenu en question. De cette façon, il ne faut alors plus considérer le référencement naturel comme une simple opération technique d'optimisation, mais comme une stratégie d'acquisition d'audience globale, qui couvre les étapes allant de définition même de cette audience à la satisfaction de celle-ci par le biais des contenus disponibles sur un site.

Le référencement naturel répond donc à une véritable stratégie de communication en ligne. Une stratégie sur le long terme, puisque le référencement naturel, même s'il est géré de plus en plus rapidement par les moteurs de recherche, peut mettre jusqu'à 3 mois pour porter ses fruits sur votre boutique. À condition d'être élaboré de façon logique.

Dans ce chapitre, vous allez découvrir quelques aspects de la mise en place d'une stratégie de référencement naturel, de la sélection des mots clés à cibler à la conception technique de plan de site. Ce n'est là qu'une petite partie du travail réel de visibilité, un ouvrage complet étant nécessaire pour traiter de bout en bout tous les aspects du référencement naturel.

L'ensemble des opérations détaillées ici doit être pris en compte dès la création de votre boutique et être opérationnelles au plus tôt. Plus votre site sera optimisé à son lancement, meilleur sera l'accueil des moteurs de recherche et plus tôt les résultats escomptés arriveront.

De l'importance des mots clés

Souvent négligée par ceux qui ne voient dans le référencement naturel qu'une opération technique, la détermination d'une "cible" pour son référencement est pourtant l'une de ses étapes cruciales. Impossible de communiquer avec des Internautes si vous ne savez pas ce qu'ils recherchent et ce qui les intéresse sur la Toile. C'est pourquoi une première étape de définition des mots clés à cibler est indispensable avant tout travail de référencement. Plus qu'indispensable, elle est aujourd'hui stratégique !

La page d'accueil

Il existe une infinité de méthodes pour concevoir la première page d'un site marchand. Celle-ci prendra une configuration différente si votre objectif est avant tout de mettre en avant des articles à forte valeur ajoutée, s'il s'agit plus de coller à l'actualité, de jouer sur le dynamisme des offres ou alors de présenter une façade plus institutionnelle.

Il existe un point sur lequel tout le monde devrait s'entendre lors de la réalisation de la page : il s'agit de son optimisation pour le référencement naturel.

Votre page d'accueil doit révéler la véritable identité de votre boutique et la nature des articles qui s'y vendent. Le choix des mots clés à attribuer à la page d'accueil doit suivre cette logique.

Le fondement du référencement naturel est en effet le contenu éditorial de votre site. Celui-ci peut avoir un look des plus attractifs, les images et animations qu'il contient ne l'aideront en rien à être correctement positionné sur les moteurs de recherche.

On parle en l'espèce d'indexation.

Pour être bien indexé, les robots des moteurs de recherche doivent – quand ils parcourent votre sitetrouver du texte, des mots clés.

Mais que sont ces mots clés dont on parle depuis quelques lignes ? Il s'agit bien entendu des mots clés que vont saisir vos futurs clients pour trouver votre boutique sur un moteur de recherche.

Tapez par exemple : "cd dvd" dans Google (voir Figure 15.1). C'est la boutique en ligne "Cdfolie.com " qui apparaît en tête. Si vous recherchez maintenant "achat livres", c'est le site "Amazon.com" qui apparaît en tête.

Figure15.1

Les résultats des requêtes "cd dvd" et "achat livres".

Et concernant votre boutique web, sur quels mots clés voudriez-vous apparaître en tête de pages des moteurs de recherche ? Ce sont ces mots clés qu'il vous faut choisir pour confirmer les pages de votre site web. Ils doivent représenter clairement votre boutique mais également répondre à quelques autres critères.

Gardez les idées suivantes en tête :

- Choisissez des mots clés en rapport étroit avec le sujet de votre site, afin de ne pas décevoir vos visiteurs. En effet, quoi de pire que de rechercher une boutique de musique en ligne, et de tomber au final sur un marchand ne proposant que des livres ! Ne pas décevoir le visiteur doit être la première de vos priorités.
- Si vous avez quelques indécisions, rien ne vous empêche de regarder ce que vos concurrents directs exploitent. Pour cela, positionnez-vous sur une des pages du site d'un de vos concurrents, faites un clic droit afin d'afficher le code source de cette page. Vous trouverez ces mots clés dans les balises meta keywords, meta description, et meta title.
- N'essayez pas d'être présent partout à la fois, concentrez-vous sur cinq à dix mots clés. Si votre site web est très vaste, vous pouvez tenter un référencement par section, en choisissant une série de mots clés pour chaque rubrique de votre site. Mais pour une page en particulier, et la page d'accueil qui plus est, gardez seulement quelques mots clés bien choisis en tête.

En référencement la patience est de mise. Si vous commencez tout juste votre référencement, vous affrontez des business déjà en ligne depuis plusieurs années. En tant que petit dernier sur la Toile, vous comprenez qu'il est vain de vouloir apparaître en première page sur un mot clé tel que Musique ou autres termes génériques générant de forts volumes de recherche.

Pour revenir au terme Musique, celui-ci donne déjà plus de 306 millions de résultats avec Google : **http://www.google.fr/search?sourceid=navclient&ie=UTF-8&oe=UTF-8&q= musique**.

En suivant ces conseils, sélectionnez une liste de cinq à sept mots clés pour lesquels vous allez optimiser votre page d'accueil. Avant d'être sûr d'eux, faites-leur passer un dernier test. En effet, êtes-vous certain que les mots clés choisis généreront assez de trafic vers votre site ? Pour vous en assurer, vous pouvez utiliser les générateurs de mots clés des régies publicitaires Google (**https://adwords.google.com/select/KeywordToolExternal**) ou MIVA (**https://account.fr.miva.com/advertiser/account/Popups/KeywordGenBox.asp**).

Si ces outils révèlent que les mots clés ou les expressions que vous envisagez d'intégrer à votre site n'apparaissent pas en tête du classement ou si vous estimez que le nombre de recherche est bien trop faible, envisagez tout simplement d'autres termes.

Mots clés des pages de catalogue

Le choix des mots clés des pages du catalogue pose un problème différent de celui posé par la page d'accueil. Comment souhaitez-vous que les internautes arrivent sur la page de description d'un ouvrage ? En saisissant le titre de cet ouvrage dans Google directement, et en voyant votre boutique arriver en tête ! C'est la meilleure publicité envisageable.

Le choix des mots clés à utiliser dans les pages de catalogue est donc simplifié à l'extrême : les titres des ouvrages décrits ou les noms des auteurs peuvent suffire. Pensez tout de même à compléter ces données avec quelques mots clés bien choisis, qui mettront en avant vos ouvrages.

Mettez-vous à la place d'un internaute qui rechercherait vos produits. Il y a de fortes chances que sa requête commence par un verbe d'action tel que "acheter", "lire", "commander"... ou par d'autres mots clés liés au commerce.

Soyez conscient que l'optimisation de vos liens en référencement naturel ne s'accompagne pas d'un effet immédiat. La patience est de rigueur. Donnez-vous 1 à 3 mois, avant de voir un impact notable pour toutes les opérations que vous mènerez. Un tel délai est tout à fait normal.

Une fois la remontée du positionnement de vos liens constatée sur les pages de résultat, poursuivez votre travail d'optimisation, la création de liens pertinents.

Optimisation des pages

Vous avez sélectionné vos mots clés ?

Ils sont pertinents, en rapport avec le sujet de votre boutique, et relativement ouverts à la concurrence ? Félicitations... il est maintenant temps d'optimiser vos pages en fonction de ceux-ci.

Les techniques de référencement ont beau devenir de plus en plus complexes, un critère reste : **les mots clés.** Ceux-ci doivent être présents sur vos pages !

Les balises de référencement

Historiquement, trois balises HTML sont utilisées pour contenir les informations de référencement :

- **La balise `<title>`.** Contient un slogan pour votre site d'environ 200 caractères. Dans ce slogan, reprenez les mots clés les plus importants et placez-les de préférence en tête de la balise suivant la syntaxe suivante :

```
<title>Ma Boutique - Achetez vos livres en ligne ! </title>
```

- **La balise `meta keywords`.** Doit recevoir la liste de mots clés que vous avez sélectionnés, séparés par des virgules. Comme pour la balise `<title>` placez en tête de vos mots clés, les plus importants. Ils auront ainsi plus de poids pour les moteurs de recherche. Sa syntaxe est la suivante :

```
<meta name="keywords" content="liste des mots clés">
```

- **La balise `meta description`.** Contient une description de votre site web, cette fois un peu plus longue que celle présente dans le titre. Placez toujours dans cette description vos mots clés les plus importants. Et, n'oubliez pas que le contenu de cette balise est utilisé comme résumé de votre page, dans les pages de résultat des moteurs de recherche. Il s'agit ici non seulement d'être référencé, mais également de donner envie aux internautes de cliquer sur votre lien. Sa syntaxe est semblable à celle de la balise `meta keywords` :

```
<meta name="description" content="description de votre site">
```

Ces trois balises doivent être placées dans l'en-tête de votre page, entre les balises `<head>` et `</head>`, et si possible, le plus haut possible dans son code source.

Intégration des balises d'en-tête, avec Dreamweaver

La mise en place des balises de référencement dans Dreamweaver est des plus simples à réaliser. Il vous suffit de savoir quels objets utiliser :

1. Tout d'abord, le titre (`<title>`). Celui-ci est affiché directement dans l'en-tête de la page Dreamweaver, sous la forme d'un champ texte, situé à côté des boutons de changement du mode d'affichage (voir Figure 15.2) Dans ce champ, vous pouvez saisir n'importe quelle donnée, qu'il s'agisse de texte brut ou d'extrait de jeu d'enregistrements sous forme de script PHP. Ainsi, pour afficher le titre issu d'un

jeu d'enregistrements, n'hésitez pas à saisir < ?php echo $row_Livre ['titre'] ; ?> dans ce champ.

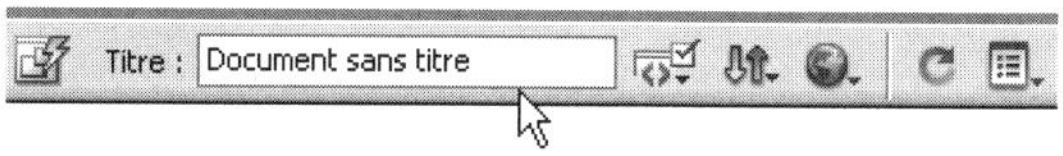

Figure 15.2
Renseignez ici le titre de votre page PHP.

2. Pour ajouter les autres balises de référencement, affichez tout d'abord l'en-tête de votre page à l'aide de la commande Affichage > Contenu de l'en-tête. Ce dernier est alors affiché dans la fenêtre d'édition de Dreamweaver (voir Figure 15.3). Placez donc le point d'insertion de Dreamweaver dans cette nouvelle partie de la fenêtre.

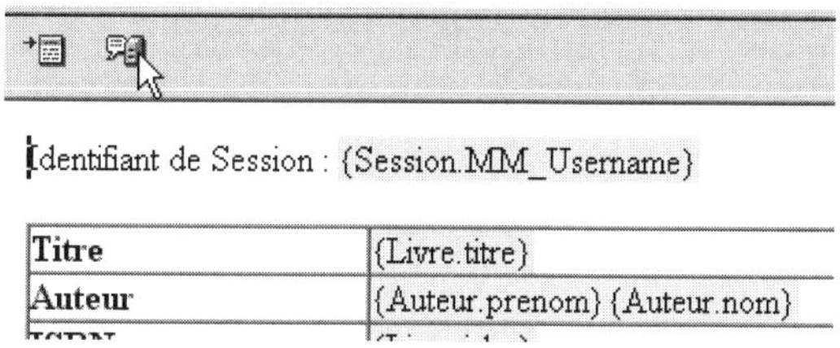

Figure 15.3
L'en-tête de votre page est affiché ici.

3. Dans Insertion, sélectionnez le groupe HTML, puis l'objet En-tête > Mots clés ou dans la barre d'outils > Commun > En-tête > Mots clés (voir Figure 15.4).

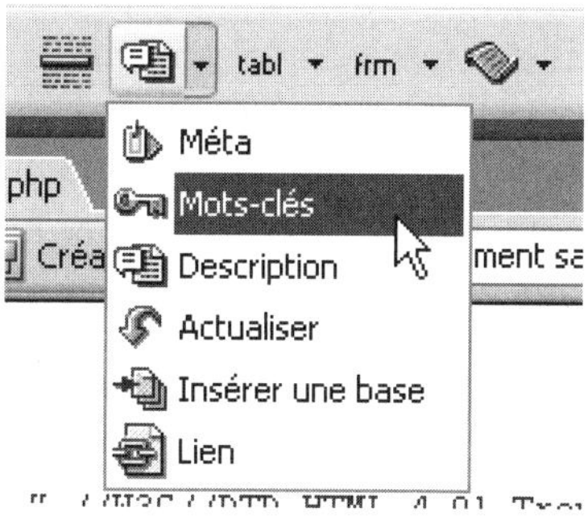

Figure 15.4
Les objets relatifs à l'en-tête de votre page sont affichés ici.

4. Une boîte de dialogue nommée Mots clés s'ouvre alors (voir Figure 15.5) composée d'un unique champ texte. Complétez donc celui-ci avec les mots clés que vous avez choisis dans la page en cours d'édition. Vous pouvez très bien, comme le titre

de votre page, saisir du code PHP directement issu d'un jeu d'enregistrements afin de renseigner dynamiquement la balise de mots clés.

Figure 15.5

Saisissez dans cette fenêtre la liste de mots clés associés à la page en cours.

5. De la même façon, utilisez l'objet En-tête > Description afin de saisir la description complète de votre page, celle-ci pouvant elle aussi contenir des données dynamiques issues de jeux d'enregistrements.

Une fois ces balises d'en-tête placées, votre page est déjà semi-optimisée.

Optimisation du texte des pages

La présence dans les moteurs de recherche n'est plus depuis longtemps une affaire exclusive de balises Meta. Désormais, chaque mot présent sur votre site compte.

Vous l'avez deviné, l'astuce est d'utiliser vos mots clés déjà identifiés dans le contenu même de vos pages. Mais pas n'importe comment !

Tout d'abord, assurez-vous que vos pages possèdent suffisamment de contenu pour être correctement digérées par les moteurs de recherche. Une page ne contenant qu'une seule animation Flash et un lien "Passez l'intro" sera très difficile à placer dans Google. On estime généralement qu'un minimum de 200 termes est nécessaire sur une page pour qu'elle soit jugée pertinente par un moteur. Plus, c'est encore mieux !

Ensuite, placez vos mots clés de manière réfléchie dans votre texte, de préférence aux endroits importants : titres (les fameuses balises `<h1>`, `<h2>`...), textes et gras et italique, sujet des liens... Et pensez à répéter les mots clés les plus importants plusieurs fois, à divers endroits de la page. Vous facilitez ainsi leur identification par les moteurs ; ce qui à terme peut influencer une remontée de votre positionnement sur les pages de résultats de Google ou Yahoo!

En référencement naturel, il est important de placer le mot clé dans l'URL pour faciliter l'identification des occurrences de votre page quand les moteurs crawlent les pages de votre site web. Vous donnez plus de chances à vos liens d'avoir un bon Page Rank.

Dernier conseil, n'hésitez pas à légender vos images. Pour cela, utilisez l'attribut ALT de la balise `<img>` et donnez-lui pour valeur l'un de vos mots clés.

Faites en sorte de toujours combiner les considérations techniques du référencement naturel, avec celles fonctionnelles. Certes l'objectif d'acquérir un meilleur Page Rank sur les moteurs de recherche vous poussera à intégrer plus de mots clés dans les pages de votre site. Pour autant, vous ne devez pas oublier la fonction principale de votre site : **Vendre !**

Vos pages doivent rester attractives afin de pousser les internautes à acheter les produits proposés.

Pour cela, la lecture de vos pages doit rester logique, claire. Tout est question d'équilibre !

Attention

Pour accélérer le référencement de son site, on peut être parfois tenté d'en gonfler le contenu. L'objectif est de gagner rapidement en visibilité, en page rank. Mais protégez-vous de telles pratiques car, à court ou moyen terme, leurs conséquences seraient néfastes au référencement de votre site, préjudiciables à votre business ; vous exposant au risque de blacklisting.

Quelles pratiques à surveiller :

1. Le **deep linking** (liens profonds).

   Il est fréquent de trouver dans un texte descriptif un hyperlien caractérisé par un ensemble de mots clés dynamiques renvoyant vers les données d'un autre site. Un lien profond se remarque parce qu'il est surligné ou d'une couleur distincte du reste des données de la page. Il n'y a aucun problème tant que le visiteur sait vers quel site il va être redirigé et à quelle information il pourra accéder. Il en va autrement quand la source est occultée. En effet dans ce cas, l'indexation vise uniquement à s'approprier un contenu qui n'est pas le sien. Il découle de la lecture de ce contenu une confusion. L'internaute ne peut savoir qui en est l'auteur. L'affaire américaine Ticketmaster vs. Microsoft peut être citée à titre d'exemple. Le groupe Microsoft exploitait l'information contenue sur le site de billetterie en ligne Ticketmaster par des liens dirigeant directement sur les pages secondaires du site Ticketmaster. Un accord a été trouvé entre les parties le 22 janvier 1999. L'utilisation d'hyperliens par Microsoft fut acceptée, si ceux-ci pointaient uniquement vers la page d'acceuil du site Ticketmaster.
2. Le **squatte de noms de domaine** ou **sous-domaine.**
3. L'**insertion de faux commentaires** ou **témoignages** sur des blogs, forums pour gagner ou booster sa popularité.
4. Gonfler facticement le contenu des pages du site par le process de **duplication** et **l'insertion de nombreux termes** dans le code source. Fréquemment ces textes additionnels sont rendus invisibles à l'œil des internautes en utilisant des caractères de couleur blanche… de la même couleur que le fond d'écran du site.
5. Le **inline linking** ou l'hypothèse d'une insertion d'images par liens hypertextes.
6. Le **framing** ou l'opportunité de diffuser de l'information dans différentes fenêtres toutes rattachées au même site. Si une de ces fenêtres dirige vers le contenu d'un tout autre site sans en faire apparaître l'URL, une telle appropriation est contestable.

La pratique déloyable, étudiée au cas par cas, sera établie s'il y a confusion quant à la propriété du contenu diffusé, absence d'autorisation d'une telle utilisation et si des avantages pécuniaires en découlent

Tisser des liens

La façon d'optimiser sa présence dans les moteurs de recherche change en permanence. Mais, actuellement, les liens sont sans conteste le paramètre le plus important à prendre en considération si vous voulez bien vous positionner sur Google et consort.

Vérifiez le positionnement de vos annonces toutes les semaines, afin de déterminer les actions correctives à mener.

Qu'est-ce que le Net Linking ?

Il s'agit d'une technique permettant d'échanger des liens afin d'optimiser son positionnement, son 'rank', dans les pages de résultats des moteurs de recherche.

Si des sites, bénéficiant d'un fort taux de pages vues, intègrent un de vos liens sur leurs pages, vous gagnerez en notoriété, donc augmenterez votre Page Rank sur Google.

L'utilisation des liens pour le référencement peut se présenter de la façon suivante : quand un lien pointe vers votre site, son texte DOIT être l'un des mots clés que vous avez sélectionnés.

Plus vous aurez de liens pointant vers la page d'accueil de votre boutique et utilisant les mots clés "achetez des livres", plus haut vous apparaîtrez dans les résultats des moteurs pour ce mot clé.

Cette règle s'applique également à l'intérieur de votre site web : c'est pour cela que tous les liens menant à la description détaillée d'un ouvrage sont faits sur le titre de l'ouvrage en question.

Le principe général est là. Toutefois, une précision doit être apportée. En effet, un lien a d'autant plus d'importance que la page qui le contient est jugée "pertinente" par le moteur de recherche.

Cette pertinence s'exprime, sur Google, par une donnée appelée Page Rank.

Cette information est disponible dans la Toolbar de Google, dans ses options avancées, sous la forme d'une petite barre verte. Un survol à l'aide de la souris vous indiquera la Page Rank de la page que vous êtes en train de visiter.

Par exemple : la page d'accueil de MultiMania possède un Page Rank de 7 sur un maximum de 10.

Astuce

Le Page Rank est consultable à l'aide de la barre d'outils Google, téléchargeable sur **http://toolbar.google.com/intl/fr**. Lorsque vous naviguez sur une page avec cette barre, le Page Rank de la page en question est visible sur celle-ci, sous la mention Page Rank. Un survol sur le graphique accompagnant cette mention affichera le niveau de la page (voir Figure 15.6).

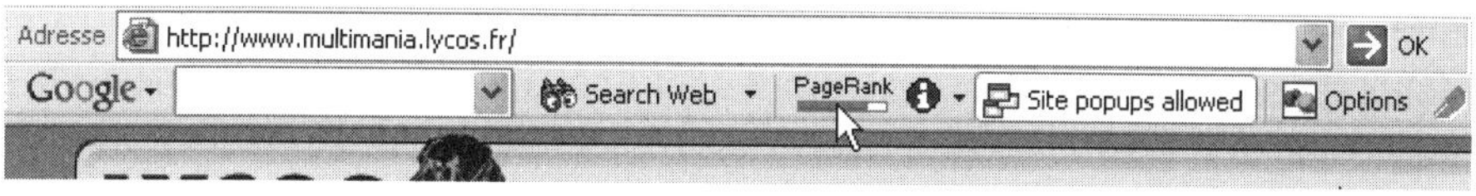

Figure 15.6
La barre d'outils Google en action.

Donc, si vous voulez être en bonne position sur un mot clé choisi, assurez-vous qu'il est utilisé par les sites qui font des liens vers le vôtre et possédant un bon Page Rank. Pertinence, homogénéité entre ces liens et le contenu de votre site doivent exister. Accumuler des liens entrants qui ne sont pas en étroite adéquation avec votre site ne vous permettra pas d'être mieux indexé par les moteurs de recherche. Le nombre de liens n'a d'importance que s'ils sont de qualité !

Les étapes d'une stratégie

Pour une meilleure visibilité, on aura recours aux annuaires ou aux moteurs de recherche. Il vous faut bien travailler le contenu des pages de votre site. La qualité est de rigueur ! Si celles-ci comportent de nombreuses images, exploitez le principe des ALT TAG afin que les moteurs puissent lire à quoi ces images font référence.

- Étude des sites en concurrence directe avec le vôtre, et analyse de leur politique respective de liens en vue d'identifier les sites sources importants pour la campagne de Net Linking.
- Étude et localisation des sites à forte affinité de contenu, à forte visibilité et dont le trafic potentiel est élevé en vue de la mise en place d'échanges de liens.
- Référencement des sites dans l'ensemble des annuaires gratuits disponibles sur Internet.
- Créez, échangez des liens avec des blogs, d'autres sites que vous aurez identifiés préalablement comme pertinents, pouvant servir l'activité de votre site et augmenter son taux de fréquentation.

Le recours au fichier Sitemaps

Google Sitemaps est un service proposé par Google depuis juin 2005. Ce service propose aux webmasters de construire un fichier sous format XML listant tout ou partie des pages de leurs sites web dans le but d'informer Google de leur existence. Une fois une inscription au service Google Sitemaps obtenu, il est possible d'informer Google de l'existence de ce fichier et ainsi, permettre à Google de mieux indexer la totalité des pages disponibles sur un site.

Depuis novembre 2006, le protocole Sitemaps s'est ouvert aux autres moteurs de recherche tels Yahoo!, Live.com ou encore des moteurs minoritaires comme Ask.com ou Exalead.

Le principe du protocole Sitemaps

Quand les pages de votre site sont modifiées, ou qu'il y a de pures créations, le fichier Sitemap en informe les différents moteurs qui peuvent alors crawler vos pages, et les indexer en fonction de leurs qualités.

Sans le fichier Sitemap, vous seriez obligé de soumettre les pages de votre site web à chaque moteur. Donc recourir à Sitemap vous allège d'une telle action et vous fait gagner du temps.

Pour résumer, les avantages du protocole Sitemaps sont dans un premier temps, la simplification du travail de référencement car toute modification apportée à votre site sera signalée par ce fichier aux robots Google, Yahoo !, MSN. Dans un second temps, la réactivité apportée dans l'analyse de vos pages.

Quand votre site est réactualisé, pensez à en faire de même du fichier Sitemap.

La mise en place de Sitemaps

La mise en place de Sitemaps repose sur la création d'un fichier XML dont le code est le suivant :

```
<?xml version="1.0" encoding="UTF-8"?>
<urlset xmlns="http://www.google.com/schemas/sitemap/0.84">
   <url>
      <loc>http://www.example.com/</loc>
      <lastmod>2005-01-01</lastmod>
      <changefreq>monthly</changefreq>
  <priority>0.8</priority>
 </url>
</urlset>
```

Si vous n'êtes pas familier d'un tel code ou en cas de doute, le contenu de chaque balise est précisé dans le tableau ci-après :

Tableau 15.1 : Le contenu des balises du fichier Sitemaps

Balise		Description
`<urlset>`	Obligatoire	Définition de la liste des pages listées dans le Sitemaps. Cette balise contient toutes les autres balises de description de page.
`<url>`	Obligatoire	Définition d'une page précise. Cette balise contient l'ensemble des balises de description d'une page précise.
`<loc>`	Obligatoire	URL de la page à lister. Cette URL doit impérativement contenir le protocole d'accès à la page (*http://, https://*) et contenir moins de 2 048 caractères.
`<lastmod>`	Optionnel	Date de dernière modification de la page, présentée sous le format YYYY-MM-DD.
`<changefreq>`	Optionnel	Fréquence de modification de la page. Cette donnée permet à Google de savoir quelle est la fréquence optimale de visite par moteurs. Les valeurs suivantes peuvent être définies : `always` (le document est différent chaque fois que la page est affichée), `hourly` (toutes les heures), `daily` (tous les jours), `weekly` (toutes les semaines), `monthly` (tous les mois), `yearly` (tous les ans), `never` (aucun changement sur la page, page d'archive), ces valeurs ne sont que des "recommandations" pour les robots des moteurs de recherche, et non pas des instructions strictes. Les pages notées hourly peuvent être visitées de manière beaucoup moins fréquentes, et les pages notées yearly peuvent être visitées bien plus régulièrement par les moteurs de recherche. Ce code ne reste donc qu'une indication !
`<priority>`	Optionnel	Définition du niveau d'importance d'une page par rapport aux autres pages du site. Cette balise doit contenir une valeur comprise entre 0.0 (page la moins importante) et 1.0 (valeur la plus importante). La priorité déterminera, entre autres, à quelle fréquence le robot de référencement doit vérifier les pages définies comme importantes. Cette balise n'a aucune incidence sur le positionnement d'une page dans les résultats des moteurs.

Lors de l'élaboration de votre fichier Sitemap vous devez respecter les règles suivantes :

- Ne répertoriez pas plus de 50 000 URL dans votre fichier. Si votre site propose plus de 50 000 pages indexables, il vous faudra utiliser plusieurs fichiers XML différents.

- Votre fichier final ne doit pas excéder les 10 mégaoctets. Toutefois, afin d'économiser la bande passante en cas de consultation régulière des Sitemaps, il est possible de compresser ces fichiers au format gzip.
- Votre fichier Sitemap ne peut lister que des pages qui sont dans le même domaine/ sous-domaine/dossier que lui.

Ainsi, si un fichier sitemaps.xml est hébergé sur le dossier *http://www.exemple.com/folder*, il pourra répertorier la page *http://www.exemple.com/folder/newpage3.html*, mais pas la page *http://www.exemple.com/images/gallery.html*.

Cette dernière devra être indexée dans un autre fichier Sitemaps.

Les URL des pages à indexer (balise `<loc>`) doivent impérativement être encodées en UTF8 et les caractères spéciaux qui les composent doivent être remplacés par leur équivalent HTML suivant le tableau suivant :

Tableau 15.2 : Encodez les pages de votre site

&	&
'	'
"	"
<	<
>	>

L'inscription au service Google – Outils pour Webmaster

Connectez-vous à votre compte Google – Outils pour Webmaster, ou créez-le en vous rendant à l'adresse suivante: **https://www.google.fr/webmasters/tools** et créez votre compte Google ou gmail si vous n'en possédez pas déjà un.

Une fois connecté sur le Google Sitemaps (voir Figure 15.7), Google doit vérifier l'appartenance du site web à étudier :

Saisissez l'URL du site que vous voulez suivre à l'aide de Google Sitemaps dans le champs Ajouter un Site et validez-laà l'aide du bouton OK.

Google ajoute votre site à la liste des sites suivis. Pour suivre les statistiques du site *via* Google Sitemaps, vous devez néanmoins vous identifier en tant que webmaster du site en question.

Cliquez sur le lien Vérifier présent en vis-à-vis du nom du site que vous venez de saisir. Plusieurs méthodes de vérification de l'appartenance du site sont disponibles.

Figure 15.7
L'interface Google pour Webmaster.

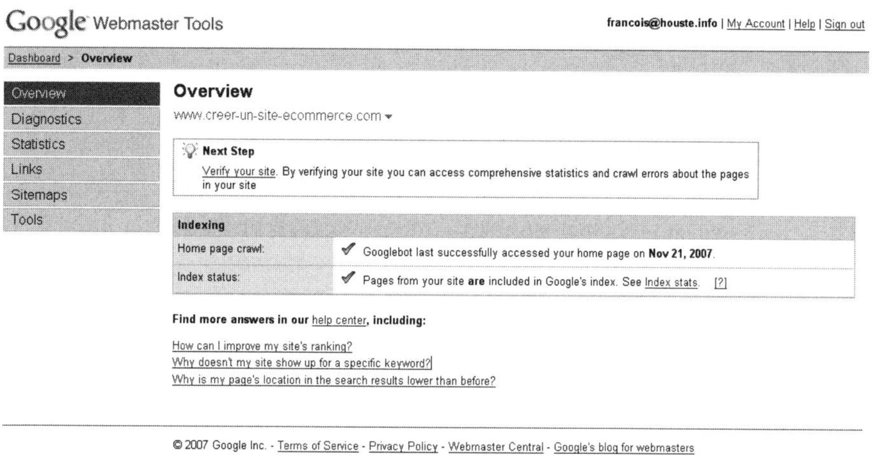

Sur la page de vérification d'appartenance du site, sélectionnez la méthode que vous souhaitez utiliser pour vous authentifier :

- **Ajouter un Meta Tag.** Nécessite que vous ajoutiez une balise META dans le code source de la page d'accueil de votre site. Cette balise est présentée sur la page vérification après sélection de l'option Ajouter un Meta Tag.
- **Enregistrer un fichier HTML.** Nécessite que vous créiez un document HTML vide possédant exactement le nom fourni par Google. Ce nom précis est fourni en bas de la page de vérification du site.

Une fois le META ou le fichier de vérification créé, cliquez sur le bouton Vérifier afin que Google puisse s'assurer que le site en question vous appartient bien. Cette vérification effectuée, vous pouvez alors soumettre vos Sitemaps au service Google.

Déclarez vos fichiers au protocole Sitemaps

Une fois votre identification validée, vous pouvez déclarer vos fichiers Sitemaps sur le site de Google en suivant les étapes ci-après :

1. Dans la liste des sites gérés dans votre compte Sitemaps, cliquez sur le lien Ajouter correspondant à votre site (voir Figure 15.8).
2. Sur la page de déclaration du fichier Sitemaps, sélectionnez l'option Ajouter un plan sitemap Web générique, puis complétez le champ L'URL de mon plan Sitemap est avec l'adresse de votre fichier Sitemap.

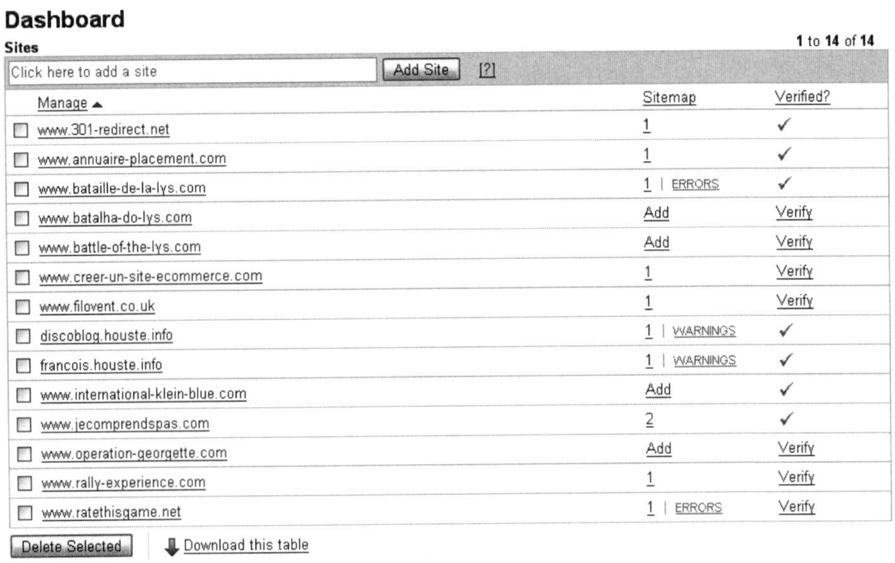

Figure 15.8

Cliquez sur le lien Ajouter.

3. Une fois ces champs renseignés, cliquez sur le bouton Ajouter un plan Sitemap Web générique (voir Figure 15.9).

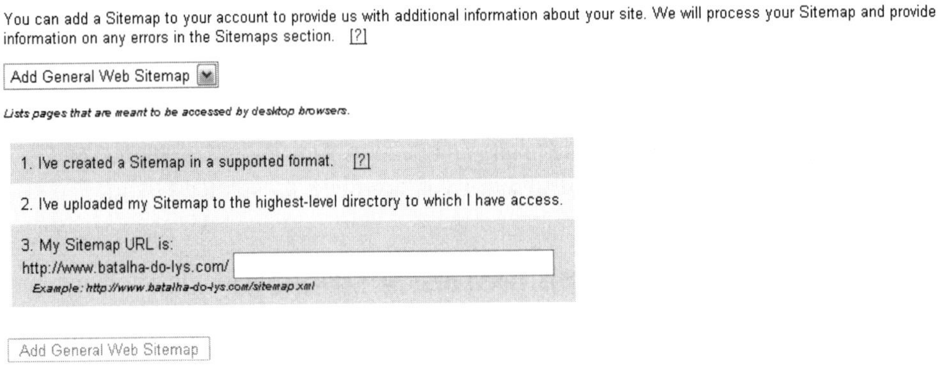

Figure 15.9

Complétez l'adresse du fichier Sitemap à soumettre.

4. Le fichier Sitemap est alors déclaré à Google. Celui-ci résume l'ensemble des fichiers Sitemaps disponibles sur le site dans un tableau disponible en cliquant sur le nombre de Sitemaps de la page d'accueil du service.

5. Il est possible d'ajouter à un profil de site autant de fichiers Sitemaps que nécessaire à son indexation complète. Cette opération s'opère en cliquant simplement sur le lien Ajouter présent en haut du tableau de résumé des Sitemaps disponibles.
6. La gestion des données disponibles englobe les données sur les pages manquantes et celles relatives aux mots clés (voir Figure 15.10).

Figure 15.10

Google propose une interface listant les erreurs rencontrées par le moteur sur vos pages.

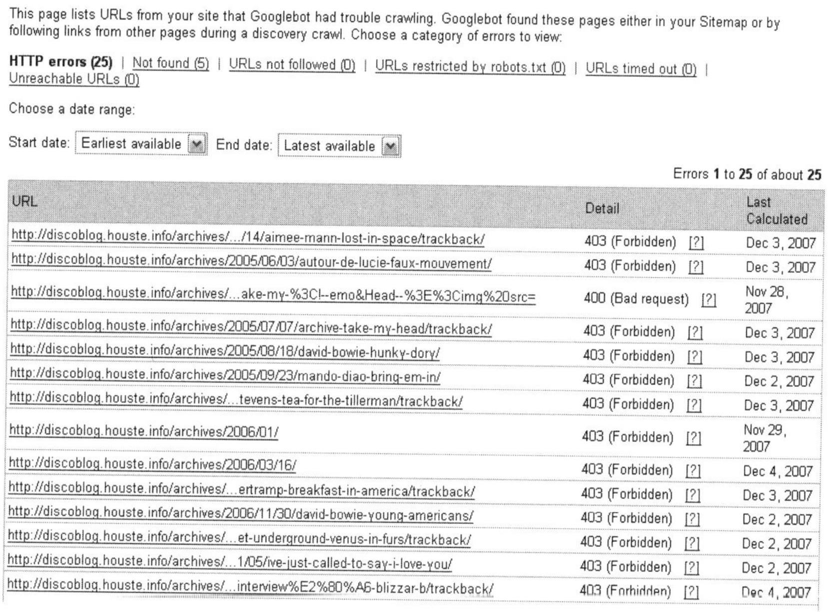

This page lists URLs from your site that Googlebot had trouble crawling. Googlebot found these pages either in your Sitemap or by following links from other pages during a discovery crawl. Choose a category of errors to view:

HTTP errors (25) | Not found (5) | URLs not followed (0) | URLs restricted by robots.txt (0) | URLs timed out (0) | Unreachable URLs (0)

Choose a date range:

Start date: Earliest available End date: Latest available

Errors **1** to **25** of about **25**

URL	Detail	Last Calculated
http://discoblog.houste.info/archives/.../14/aimee-mann-lost-in-space/trackback/	403 (Forbidden) [?]	Dec 3, 2007
http://discoblog.houste.info/archives/2005/06/03/autour-de-lucie-faux-mouvement/	403 (Forbidden) [?]	Dec 3, 2007
http://discoblog.houste.info/archives/...ake-my-%3C!--emo&Head--%3E%3Cimg%20src=	400 (Bad request) [?]	Nov 28, 2007
http://discoblog.houste.info/archives/2005/07/07/archive-take-my-head/trackback/	403 (Forbidden) [?]	Dec 3, 2007
http://discoblog.houste.info/archives/2005/08/18/david-bowie-hunky-dory/	403 (Forbidden) [?]	Dec 3, 2007
http://discoblog.houste.info/archives/2005/09/23/mando-diao-bring-em-in/	403 (Forbidden) [?]	Dec 2, 2007
http://discoblog.houste.info/archives/...tevens-tea-for-the-tillerman/trackback/	403 (Forbidden) [?]	Dec 3, 2007
http://discoblog.houste.info/archives/2006/01/	403 (Forbidden) [?]	Nov 29, 2007
http://discoblog.houste.info/archives/2006/03/16/	403 (Forbidden) [?]	Dec 4, 2007
http://discoblog.houste.info/archives/...ertramp-breakfast-in-america/trackback/	403 (Forbidden) [?]	Dec 3, 2007
http://discoblog.houste.info/archives/2006/11/30/david-bowie-young-americans/	403 (Forbidden) [?]	Dec 2, 2007
http://discoblog.houste.info/archives/...et-underground-venus-in-furs/trackback/	403 (Forbidden) [?]	Dec 2, 2007
http://discoblog.houste.info/archives/...1/05/ive-just-called-to-say-i-love-you/	403 (Forbidden) [?]	Dec 2, 2007
http://discoblog.houste.info/archives/...interview%E2%80%A6-blizzar-b/trackback/	403 (Forbidden) [?]	Dec 4, 2007

Le service Google Sitemaps permet en effet d'accéder à un certain nombre de statistiques concernant les pages disponibles sur le site, les **pages manquantes** et les requêtes les plus pertinentes menant au site étudié.

En cliquant sur le nom d'un site sur la page d'accueil de Google Sitemaps, puis sur les liens Diagnostic puis Exploration du Web dans le menu gauche de l'interface, on accède à un tableau statistique complet. Il permet d'afficher les pages pour lesquelles le robot de Google a rencontré une erreur de type HTTP (404 document non trouvé, 500 erreur serveur, ou autre…).

Il est également possible d'accéder à la liste des pages non disponibles au moment du dernier passage du robot (section Introuvable), tout comme à la liste des pages dont l'accès est restreint.

La page Statistiques / Requêtes les plus fréquentes permet d'obtenir la **liste des mots clés** sur lesquels le site est présent et cliqué (voir Figure 15.11).

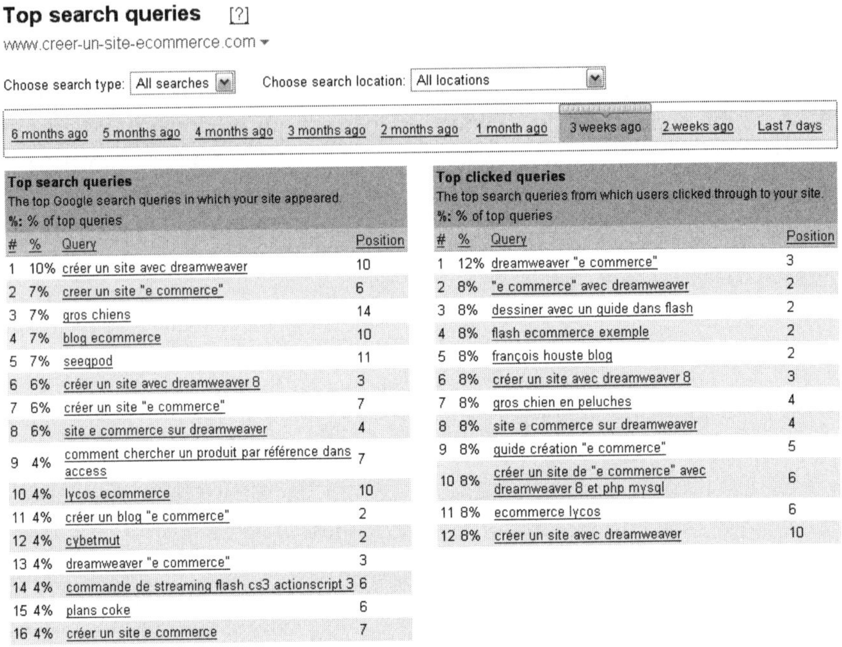

Top search queries
The top Google search queries in which your site appeared.
%: % of top queries

#	%	Query	Position
1	10%	créer un site avec dreamweaver	10
2	7%	creer un site "e commerce"	6
3	7%	gros chiens	14
4	7%	blog ecommerce	10
5	7%	seeqpod	11
6	6%	créer un site avec dreamweaver 8	3
7	6%	créer un site "e commerce"	7
8	6%	site e commerce sur dreamweaver	4
9	4%	comment chercher un produit par référence dans access	7
10	4%	lycos ecommerce	10
11	4%	créer un blog "e commerce"	2
12	4%	cybetmut	2
13	4%	dreamweaver "e commerce"	3
14	4%	commande de streaming flash cs3 actionscript 3	6
15	4%	plans coke	6
16	4%	créer un site e commerce	7

Top clicked queries
The top search queries from which users clicked through to your site.
%: % of top queries

#	%	Query	Position
1	12%	dreamweaver "e commerce"	3
2	8%	"e commerce" avec dreamweaver	2
3	8%	dessiner avec un guide dans flash	2
4	8%	flash ecommerce exemple	2
5	8%	françois houste blog	2
6	8%	créer un site avec dreamweaver 8	3
7	8%	gros chien en peluches	4
8	8%	site e commerce sur dreamweaver	4
9	8%	guide création "e commerce"	5
10	8%	créer un site de "e commerce" avec dreamweaver 8 et php mysql	6
11	8%	ecommerce lycos	6
12	8%	créer un site avec dreamweaver	10

Figure 15.11
Quels mots clés ont utilisé vos visiteurs pour trouver votre boutique.

Deux autres types de statistiques sont présents dans la rubrique Statistiques :

- **Statistiques relatives à l'exploration.** Résume les dernières analyses du robot Google sur le site, listant les pages à plus haut Page Rank et la proportion d'erreurs rencontrée par le robot.
- **Ce que voit Googlebot.** Il détaille les mots clés les plus présents sur le site et sur les liens qui pointent vers celui-ci.

Info

De nombreuses autres fonctionnalités sont disponibles dans l'interface Google – Outils pour Webmaster, et celle-ci s'enrichit tous les mois de nouveaux rapports. Un petit coup d'œil au blog officiel du service vous aidera à y voir plus clair : **http://googlewebmastercentral.blogspot.com/**.

Les techniques d'exclusion d'indexation

Il vous est possible d'exclure l'indexation de certaines données de votre site web en ayant recours au fichier Robots.txt.

Info

Pourquoi exclure des pages de votre site des moteurs de recherche ? Simplement parce qu'elles ne sont pas pertinentes et ne répondent en rien aux éventuelles demandes des internautes. Par exemple, les pages de conditions générales de vente seront rarement recherchées via Google. Pensez également à retirer des moteurs de recherche les pages de votre interface d'administration qui pourraient éventuellement être localisées par les robots.

Ce fichier, placé au plus haut niveau du serveur hébergeant un site web est destiné à lister l'ensemble des fichiers et dossiers qui ne doivent pas être indexés ni parcourus par les moteurs de recherche. La norme définissant les fichiers Robots.txt a été adoptée en juin 1994 par consensus entre les différents acteurs de la recherche sur Internet de l'époque. Elle reste toujours en application aujourd'hui et est toujours comprise par les principaux moteurs du Net (Google, Yahoo ! MSN).

Syntaxe du fichier Robots.txt

La syntaxe utilisée pour la rédaction des fichiers Robots.txt est simple. Elle comprend uniquement deux commandes :

- **User Agent.** Cette ligne définit l'identifiant (le user agent du robot parcourant votre site) du moteur auquel s'applique le fichier Robots.txt. Il est ainsi possible de définir que certaines sections du site doivent être ignorées par Google mais peuvent être parcourues et indexées par MSN et Yahoo ! Pour appliquer une commande à tous les moteurs existants, le caractère générique `*` doit être utilisé.
- **Disallow.** Permet de définir le dossier ou fichier qui ne doit pas être indexé. Si plusieurs dossiers ou fichiers sont dans ce cas, on utilisera autant de lignes Disallow que nécessaire.

Par exemple, pour empêcher Google d'indexer le dossier **test** d'un site web, on créera le fichier Robots.txt suivant :

```
User Agent: googlebot
Disallow : /test
```

Pour empêcher ce même Google d'indexer les dossiers **test** et **archives**, on rédigera le fichier de la façon suivante :

```
User Agent : googlebot
Disallow : /test
Disallow: /archives
```

Pour empêcher tous les robots d'indexation d'enregistrer les données du dossier beta, on utilisera :

```
User Agent :*
Disallow : /beta
```

Enfin, si seul Google est autorisé à indexer le contenu du dossier beta, on rédigera alors le fichier Robots.txt de la façon suivante :

```
User Agent :*
Disallow : /beta

User Agent : googlebot
Disallow :
```

Cette syntaxe, simple, demande tout de même à connaître les User Agent (ou identifiants) utilisés par les principaux robots d'indexation. Les trois principaux moteurs actuels répondent aux User Agent suivants :

- Google : googlebot/2.1 (**http://www.google.com/bot.html**)
- MSN : msnbot/1.0 (**http://search.msn.com/msnbot.htm**)
- Yahoo! Mozilla/5.0 (compatible ; Yahoo! Slurp ; **http://help.yahoo.com/help/us/ysearch/slurp**)

D'autres User Agent, pour des robots d'indexation moins répandus, sont disponibles sur le Web aux adresses suivantes :

- **www.jafsoft.com/searchengines/webbots.html#search_engine_robots_and_others**
- **http://en.wikipedia.org/wiki/User_agent**

Mise en place du fichier

Une fois le fichier Robots.txt créé avec ses règles d'exclusion, il convient de l'héberger à la racine même du site qu'il commente, de façon à ce que son adresse finale soit **www.monsite.com/robots.txt**.

Certains sites, comme Google Webmaster (**http://www.google.com/webmasters/tools/**), possèdent des outils permettant de vérifier la bonne tenue d'un fichier Robots.txt. Ils peuvent être utiles afin de s'assurer que certaines sections indispensables d'un site ne font pas l'objet d'une exclusion de la part du fichier.

Astuce

Pour être au fait des dernières pratiques, tendances des moteurs de recherche, n'hésitez pas à consulter des blogs tesl que **Secrets2moteurs.com** (catégories Actualités Google, Yahoo!, Microsoft/Live), **Webrankinfo.com**, **Abondance.com**...

16 Référencement payant

Au sommaire de ce chapitre :

- Google AdWords
- Yahoo! Search Marketing
- Microsoft adCenter
- L'optimisation d'une campagne de liens sponsorisés

L'autre facette du Référencement est le Search engine marketing ou référencement payant. La sélection de mots clés et leur association à une annonce vous permet de faire la publicité de votre boutique sur des sites à forte audience tels que Google ou Yahoo!

Vous payez uniquement quand un internaute clique sur votre annonce.

En grande majorité, ce modèle est utilisé pour renforcer les résultats du référencement naturel. La combinaison du référencement payant et naturel garantissant en effet la meilleure visibilité de votre site.

De part sa facile mise en œuvre, le référencement payant peut être exploité pour mettre en avant une promotion, pour appuyer le lancement d'un nouveau produit ou tout simplement pour assurer la présence de votre site sur les moteurs de recherche lors de périodes clés pour votre business.

L'évolution des règles du référencement payant a balayé les idées préconçues selon lesquelles une simple augmentation de votre budget journalier ou des enchères consacrées à vos mots clés vous plaçait en première position des pages de résultats. Le temps est un allié de la performance d'une campagne de liens commerciaux, d'autant plus si une telle campagne repose sur une structure pertinente.

Que vous souhaitiez mettre en place votre campagne de référencement payant sur Google, Yahoo! Search Marketing (Y!SM) ou MSN, quelques préalables s'imposent avant d'ouvrir un compte et de débuter la diffusion de vos annonces.

Quelques préalables

L'étude concurrentielle

Commencez dans un premier temps par réaliser une étude concurrentielle. Vous devez en effet connaître les annonceurs qui exploitent le référencement payant pour faire la promotion de produits similaires aux vôtres. Pour les identifier, prenez 5 à 10 mots clés qui vous viennent automatiquement à l'esprit pour définir votre site, votre entreprise, son secteur d'activité, son environnement.

Réalisez une recherche sur les moteurs où vous souhaitez ultérieurement lancer votre campagne et notez les 3 annonceurs apparaissant en top position.

Quels sont les éléments mis en avant dans leur annonce ?

S'agit-il de leur marque, des caractéristiques produits, le prix pratiqué, les facilités de paiement, la rapidité de livraison, les garanties… ? Est-ce que l'annonce diffusée est en parfaite adéquation avec l'univers du mot clé que vous avez tapé ? Êtes-vous redirigé vers la bonne page du site web ?

En réalisant ce mini audit, vous identifiez rapidement les forces et faiblesses de vos concurrents. D'ores et déjà, vous pouvez :

- dégager des pistes pour mettre en lumière vos produits ;
- affronter vos concurrents ;
- diffuser prochainement des annonces se distinguant de celles de vos concurrents et vous donnant l'opportunité de capter rapidement l'attention de votre cible d'internautes.

Préparez votre future campagne

Structurez dans un second temps votre future campagne. Il est en effet préférable d'y avoir pensé avant d'ouvrir un compte, pour ne pas vous retrouver bloqué à l'étape de rédaction de l'annonce ou d'identification des mots clés. Vous pourriez avoir à reprendre toutes les étapes de création du compte, suite à l'expiration de votre session.

Un compte de liens sponsorisés Google, Y!SM ou MSN peut se présenter dans le même esprit que le schéma de la Figure 16.1 : calqué sur l'architecture du site.

Pour mieux comprendre le schéma de la Figure 16.1, imaginez que le site Lebagage.com souhaite exploiter une campagne de liens sponsorisés afin d'augmenter ses ventes en ligne de bagages et valises. En s'inspirant du modèle de la Figure 16.1, la

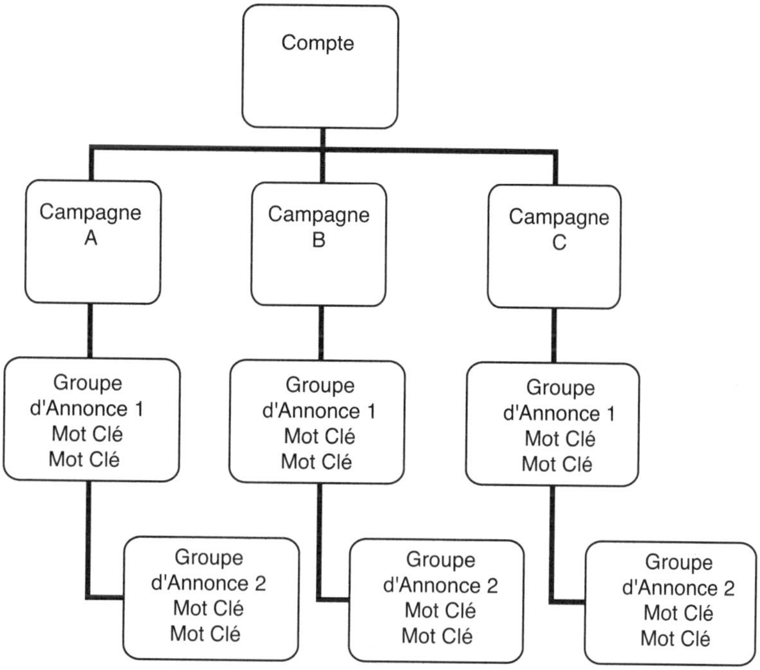

Figure 16.1
Un modèle de structure de campagne en référencement payant.

structure de son compte devrait reposer sur des campagnes dédiées à chaque famille de produit, scindées en groupes d'annonces consacrés à chaque sous-famille de produits. Une annonce spécifique devrait accompagner ces groupes d'annonces, selon l'exemple qui suit :

Campagne A : Bagages

1. Groupe d'annonce 1 : Bagage collection A > Mots clés : bagage haut de gamme, bagage luxe
2. Groupe d'annonce 2 : Bagage collection B > Mots clés : bagage petit prix, bagage pas cher

   Exemple d'annonce pour le groupe d'annonces 1 :

   – Titre : le site du bagage
   – Description : Bagage.com : livraison sous 48 h. Préparez votre voyage sereinement !
   – URL : *www.lebagage.com*

Campagne B : Valises.

1. Groupe d'annonce 1 : Valises collection A > Mots clés : valise achat, valise acheter
2. Groupe d'annonce 2 : Valises collection B > Mots clés : valise promotion, valise rigide

   Exemple d'annonce pour le groupe d'annonces 1 :

   – Titre : Valises de haute qualité

   – Description : Achetez votre valise sur Le Bagage.com – livraison sous 48 h

   – URL : *www.lebagage.com*

Campagne C : Location de valises.

1. Groupe d'annonce 1 : Location Bagages > Mots clés : louer bagage, location bagage
2. Groupe d'annonce 2 : Location Valises > Mots clés : louer une valise, service de location de valise

   Exemple d'annonce pour le groupe d'annonces 1 :

   – Titre : Valises de haute qualité

   – Description : Louez votre valise sur Le Bagage.com – livraison sous 48 h.

   URL : *www.lebagage.com*

Un autre schéma peut être envisagé pour structurer sa campagne. Il repose sur une architecture plus générique, s'adaptant à tout secteur d'activité.

Il revient à concevoir sa campagne par grandes thématiques :

- 1 campagne **Marque.** Vous prévoyez un groupe d'annonce avec les rédactions classiques de votre marque, par exemple « maboutique », « ma boutique »… Un second groupe d'annonce peut se rapporter au nom de domaine de votre site. Vous achetez les différentes rédactions possibles de l'URL de votre site : www.maboutique.net, ma boutique.net, http www ma boutique net, maboutique.net…
- 1 campagne **Termes Génériques.** Il s'agit de consacrer chaque groupe d'annonce aux grandes familles de produits que comporte votre site.

- 1 campagne **Géolocalisation.** Vous associez à vos termes génériques les pays, départements, régions, villes où vous êtes susceptibles de gagner des clients. Allez le plus loin possible dans le détail. Si par la suite, un groupe d'annonce relatif à une association géographique n'apporte pas le retour sur investissement attendu, d'un simple clic vous pourrez mettre en veille ce groupe.
- 1 campagne **Cible.** Si vous avez des cibles distinctes (hommes, femmes, CSP+, étudiants, adolescents, seniors…) vous pouvez concevoir des groupes d'annonces adaptés.
- 1 campagne **Évènements.** Au regard de vos offres promotionnelles ou en fonction de la saisonnalité, pensez à créer des groupes d'annonces appropriés avec par exemple un champ lexical pour les fêtes de fin d'année, Noël, le Nouvel An, la Saint-Valentin, les fêtes des pères ou des mères….

Aborder de la sorte votre future campagne est un gage de qualité. En regroupant les articles d'une même famille de produits et en y associant par la suite une annonce en corrélation, vous mettez en place un compte équilibré, homogène et logique.

Le maître mot dans l'élaboration d'une campagne de liens sponsorisés est la pertinence. Une parfaite adéquation doit exister entre les mots clés que vous allez choisir, les annonces auxquelles ils seront rattachés et les pages de votre site vers lesquelles vous dirigez votre trafic.

Pour créer une telle adéquation, faites reposer la structure de votre compte sur l'architecture de votre site. Si ce dernier comporte un onglet par famille de produits, vous devez créer autant de campagne que nécessaire.

Info

Une campagne est un regroupement d'un à plusieurs groupes d'annonces. Il s'agit du premier niveau de votre compte Google, Y!SM… où vous pourrez entre autres définir le budget journalier à dépenser.

Une fois vos campagnes identifiées, scindez chacune d'elles en groupes d'annonces (la réunion de vos annonces et mots clés) qui correspondent aux sous-familles de produits présentes dans l'onglet de votre site. Soyez le plus précis possible.

Commencez à identifier quelques mots clés génériques pour chaque groupe d'annonces. Vous pouvez toujours vous aider d'un générateur de mots clés en vous reportant à l'adresse suivante : **www.indicateur.com/Doc/générateurs_mots_cles.asp**.

Associez à votre liste de mots clés une annonce composée d'un titre de 25 caractères, d'une description de 70 caractères et d'une URL… Une annonce est la combinaison d'un titre servant d'accroche pour capter l'attention des internautes, d'une description présentant de façon concise votre produit et d'une URL guidant l'intéressé à la page de votre site contenant l'information, l'objet recherché.

Vous avez maintenant tous les éléments en main pour ouvrir vos comptes Google, Y !SM et MSN !

Google AdWords

Google propose un programme de référencement payant nommé Google AdWords qui est à ce jour le plus plébiscité par les annonceurs.

Créer son compte

Où se rendre ?

Rendez-vous tout d'abord sur la page d'accueil de l'offre Google AdWords dont l'adresse est **www.google.fr/intl/fr/ads/**. L'ensemble des solutions de publicité en ligne proposées par Google y est détaillé (voir Figure 16.2).

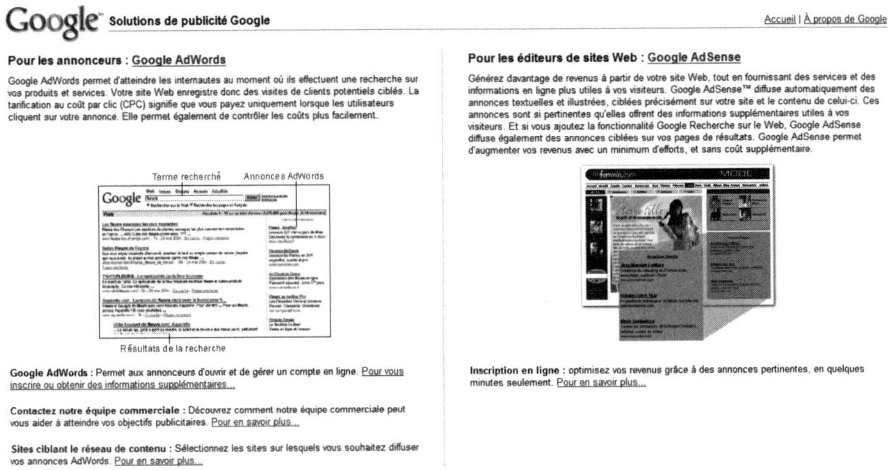

Figure 16.2

Les programmes Google AdWords et Google AdSense.

Cliquez sur le lien Google AdWords, présent en haut de la page, afin d'entrer dans le système AdWords.

La première étape est l'inscription. Cliquez sur le bouton Inscription présent en haut à droite de la page. Vous rentrez dans l'univers du référencement payant (voir Figure 16.3).

Figure 16.3

On se lance.

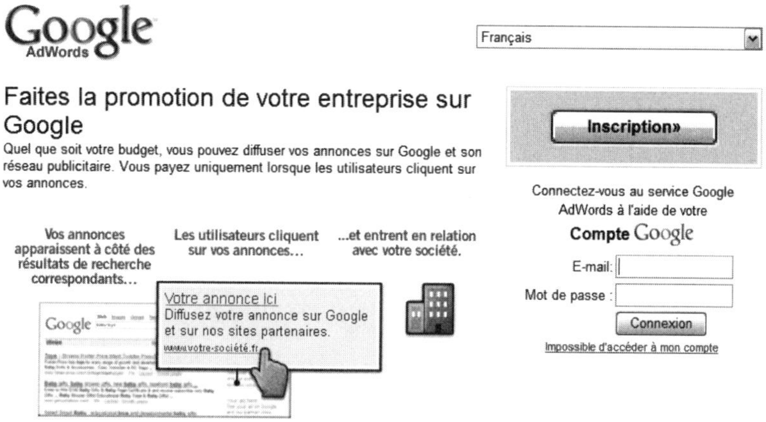

Suivez désormais pas à pas les phases de création de compte.

Création pas à pas

Google propose deux modes pour ouvrir un compte : le Mode simplifié et le Mode standard. Nous excluons directement le premier qui se rapporte à l'hypothèse où vous n'auriez à faire la promotion que d'un seul produit. Avec le Mode simplifié, les fonctionnalités de votre compte sont sommaires et ne permettent pas de créer plusieurs campagnes ni de lancer des tests d'annonces.

Par conséquent, procédez à l'ouverture de votre compte en sélectionnant Édition standard, puis cliquez sur Continuer.

La deuxième étape consiste à sélectionner votre cible. Souhaitez-vous toucher des internautes parlant exclusivement le français ou d'autres langues ? Précisez-le dans l'encadré Cibler les clients par langue en choisissant une à plusieurs langues (voir Figure 16.6).

Figure 16.4

L'option édition standard.

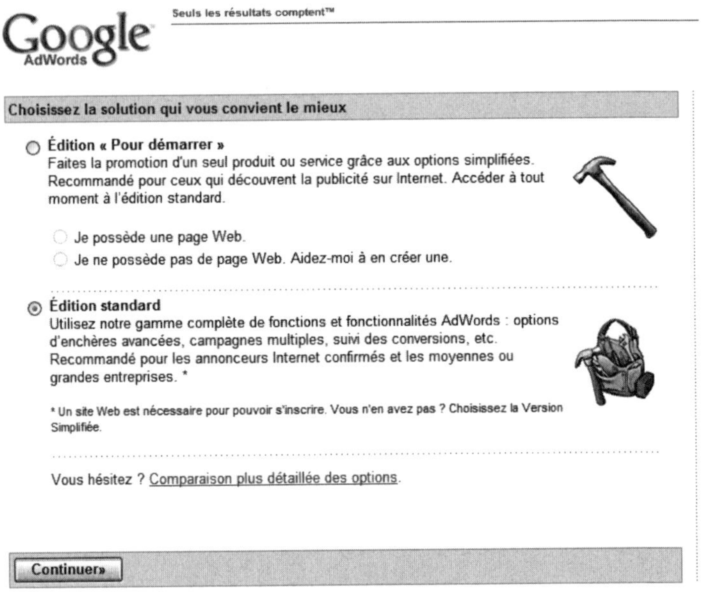

Figure 16.5

Ciblage linguistique: 3 niveaux de ciblage géographique.

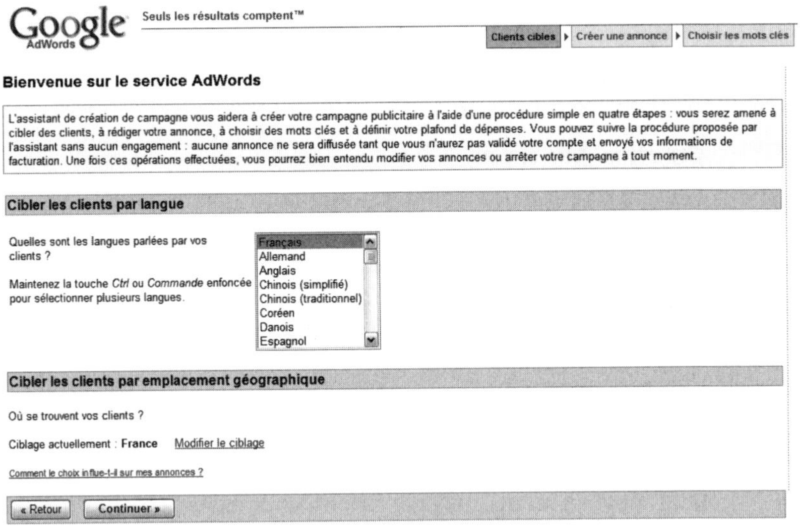

Vous devez par la suite opter pour un ciblage géographique. Concrètement, votre campagne de liens sponsorisés doit-elle être diffusée à l'échelle nationale (1ère option) ? régionale (2ème option) ? ou dans une zone très spécifique que vous déterminerez vous-même (3ème option) ?

Pour poursuivre, cliquez sur Continuer.

Figure 16.6

Géolocalisation par pays.

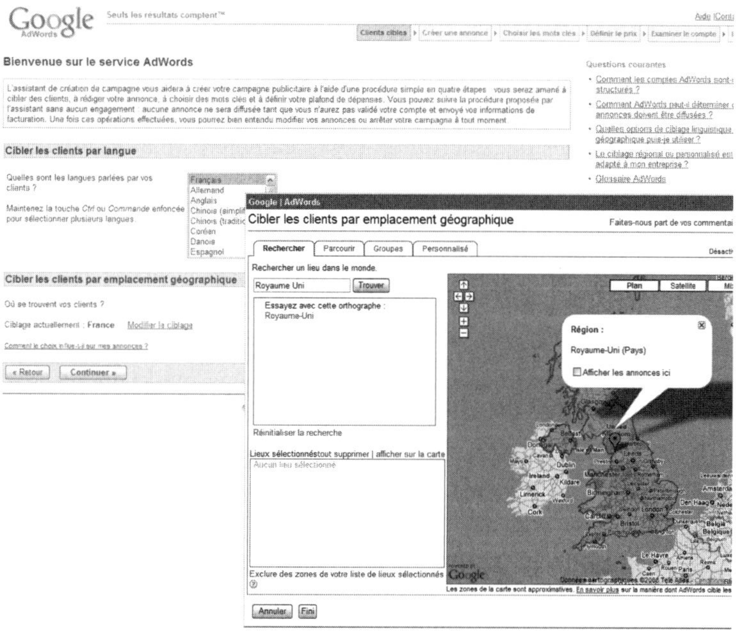

À ce stade, vous devez géolocaliser votre campagne par pays, en sélectionnez un ou plusieurs, tout dépend du rayonnement que vous souhaitez donner à votre activité. Si vous choisissez des pays étrangers, votre site doit comporter un mode de livraison et une tarification appropriés.

Figure 16.7

Rédigez votre annonce.

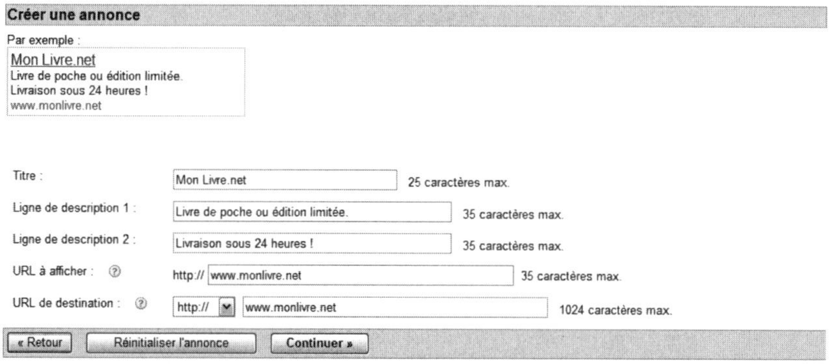

Il existe différents modèles d'annonces présentés ultérieurement dans la partie consacrée à la gestion de votre compte. Pour l'heure, utilisez le modèle le plus courant intitulé Annonce illustrée.

L'annonce illustrée consiste en :

- 1 titre de 25 caractères maximum, espaces inclus ;
- 2 lignes de description de 35 caractères maximum, espaces inclus ;
- 1 URL à afficher avec votre annonce. Il s'agit de l'adresse du site web vers lequel l'internaute accèdera. 35 caractères maximum sont autorisés. Il est à noter que dans le cadre d'un site de e-commerce, il est recommandé d'utiliser l'URL simple du site web en tant qu'URL à afficher. Ainsi l'internaute mémorise plus aisément le nom de votre site ;
- 1 URL de destination qui est la page réelle du site sur laquelle l'internaute va être dirigé. Cette URL ne sera pas visible dans l'annonce diffusée sur les pages de résultats de Google. Elle consiste en l'adresse précise du site où vous menez l'internaute afin qu'il trouve exactement le produit ou service mis en avant dans votre annonce.

Avant de passer à l'étape de sélection des mots clés, vérifiez l'état final de votre annonce en regardant en haut de la page l'aperçu d'annonce reprenant titre, description, URL de diffusion et de destination.

Figure 16.8

Le choix des mots clés.

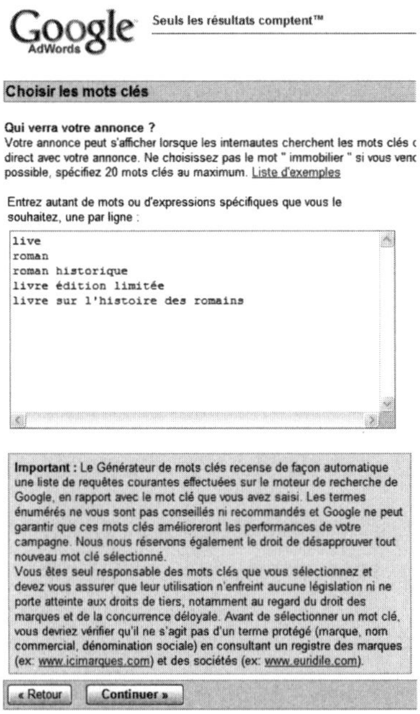

En vous appuyant sur la structure de votre site, listez les mots clés importants pour chaque page Assurez-vous, à l'aide d'un outil générateur de mots clés, que les termes sélectionnés ont été à l'origine de trafic les mois précédents sur le réseau Google.

En reprenant les conseils énoncés dans la partie introductive "Préparez votre future campagne", organisez vos mots clés par thématiques.

À ce stade de la création de votre compte AdWords, vous n'aurez à saisir que les mots clés de votre premier groupe d'annonces les uns en dessous des autres (se conférer à la Figure 16.8).

Il est conseillé de saisir 16 à 20 mots clés-expressions par groupe d'annonces. Au-delà, votre liste risque d'être trop étendue et de perdre en précision.

Sachez en outre qu'intégrer à sa campagne des mots clés exclusivement génériques est une erreur. Il est vrai que pour certains secteurs d'activité, les termes génériques apporteront le plus gros du trafic et des conversions. Pour autant, l'ajout d'expressions spécifiques (long tail) donnera l'opportunité de référencer votre site à partir de mots clés ciblés ne souffrant pas de la concurrence et s'accompagnant donc d'enchères au coût par clic (CPC) abordables.

De plus, entre un internaute qui réalise une recherche à partir de mots clés vagues et un internaute qui qualifie sa recherche par une expression spécifique, il y a plus de chances que ce dernier clique sur votre annonce (correspondant à sa recherche) et réalise l'acte d'achat attendu.

Vous l'aurez donc compris, n'hésitez pas à exploiter au maximum les longues expressions en les associant à des expressions génériques mais pertinentes, ciblées par rapport à votre secteur d'activité. Vous aurez beaucoup plus de chances de tendre vers un très bon ROI.

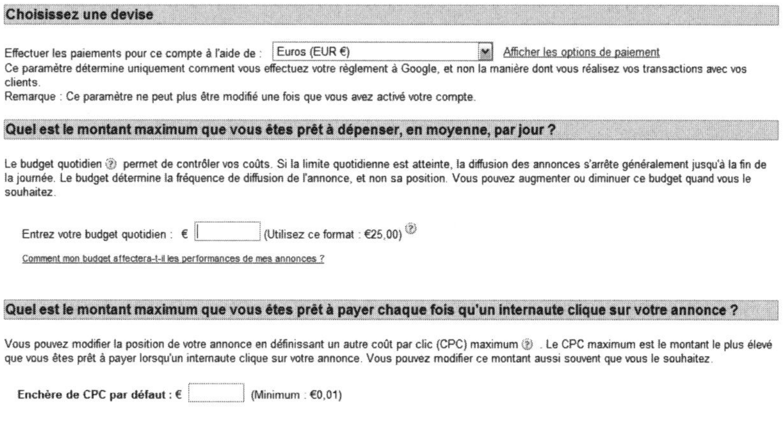

Figure 16.9

Déterminez devise, budget quotidien et coût par clic.

La sixième étape de création de votre compte AdWords correspond au choix de la devise dans laquelle vous prévoyez de régler les factures à Google. Le deuxième champ à remplir se rapporte au budget quotidien que vous êtes prêt à payer par jour. Le calcul est simple, vous savez exactement la somme que vous pouvez consacrer mensuellement à Google pour référencer votre site. Pour définir votre budget quotidien, il vous suffit de diviser cette somme par 30 (toute donnée saisie est comprise hors taxes).

Cette somme n'est pas définitive. Une fois votre compte lancé, vous pouvez toujours la faire évoluer à la baisse ou à la hausse en fonction des retombées de votre campagne.

La dernière donnée à préciser est celle du coût par clic maximum que vous êtes prêt à payer pour vos mots clés, chaque fois qu'un internaute cliquera sur une de vos annonces.

La création de votre compte est presque finalisée. En cliquant sur Continuer une page récapitulative des données saisies précédemment va apparaître. Veillez à ce qu'aucune erreur ne se soit insérée. Si tout est correct, cliquez sur Continuer vers l'inscription.

Google vous demande alors de choisir e-mail et mot de passe afin de pouvoir vous connecter ultérieurement à votre interface. Une fois le code de sécurité recopié, cliquez sur Créer un compte. Un e-mail de notification va vous être envoyé afin de contrôler une nouvelle fois toutes les informations que vous avez rentrées. En cliquant sur le lien inséré dans cet e-mail de validation, la création de votre compte Google AdWords est officialisée.

En utilisant vos codes d'accès, rendez-vous sur votre compte AdWords. Sur la première page Instantané du compte, vous apercevrez un message d'alerte : "Envoyez vos informations de paiement". Google AdWords est un service payant exigeant par conséquent la saisie de vos coordonnées bancaires pour procéder à la diffusion de vos annonces.

Pour réaliser cette opération :

1. Allez vers la page intitulée Mon Compte,
2. Cliquez sur Préférence de facturation.
3. Remplissez le champ Facturation et paiement, en précisant méthode et mode de paiement (postpaiement, carte de crédit).
4. Remplissez également le champ Détails de paiement relatif aux données de votre carte de crédit et à l'adresse de facturation.
5. le dernier champ concerne les informations sur la TVA.

Trois options de paiement vous sont proposées. Si vous optez pour le postpaiement, les frais de référencement devront être acquittés postérieurement aux clics des internautes.

Avec le mode de prépaiement, vous constituez une réserve sur laquelle seront déduits les clics. Une réserve est obligatoire. Vous devrez anticiper l'épuisement de cette réserve et compter facilement 7 jours ouvrés entre l'envoi de votre virement bancaire et son enregistrement. Vous vous exposez donc à de possibles mises hors ligne de votre campagne, à une potentielle perte d'historique et de chiffre d'affaires.

La troisième option de paiement est le débit direct.

Gérer son compte.

L'interface Google AdWords est régulièrement actualisée afin de proposer à ses utilisateurs une navigation plus intuitive, de nouvelles options pour mieux gérer les campagnes et en analyser les performances.

Globalement cette interface comporte quatre parties : une dédiée à la gestion des campagnes, une aux rapports, une à l'outil Google Analytics et la dernière englobant informations de facturation, de connexion à votre compte.

La partie Gestion de campagnes.

L'Instantané du compte est la première page de l'interface sur laquelle vous êtes dirigé lors de votre connexion. Elle consiste en une photo à un moment des données de votre campagne, de l'état budgétaire de votre compte. Seront rassemblées à ce niveau, les informations relatives à vos annonces (tournent-elles à leur maximum en fonction du budget mis en place ?), à l'état de vos campagne (actives, mises en veille, supprimées ?), à la proportion du budget dépensé…

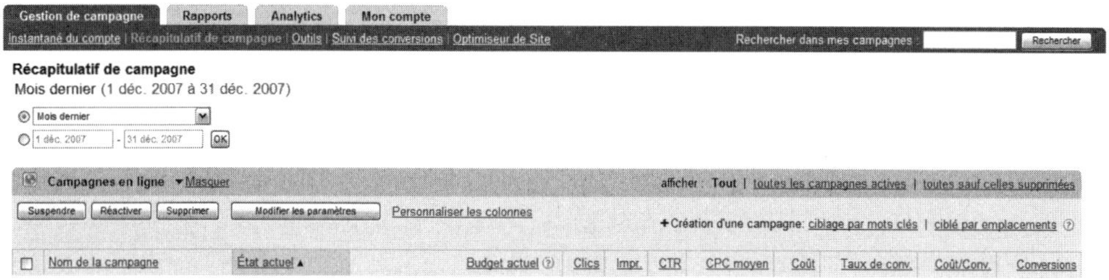

Figure 16.10

L'en-tête de la page "Récapitulatif de campagne".

Le deuxième lien de cette partie s'intitule Récapitulatif de campagne : c'est à ce niveau que la gestion de votre campagne s'opère. Dans un premier temps, vous avez un tableau avec les statistiques de votre campagne, à savoir le nombre de clics, le nombre d'impressions générées, le CTR de votre campagne, son CPC moyen et le coût global.

Info

Le CTR d'une campagne, ou "click through rate" est le ratio clics sur impressions exprimé en pourcentage. Il témoigne d'un bon trafic quand il est supérieur à 1 %. En deçà, il révèle que vos mots clés entraînent de nombreuses impressions (apparitions de votre annonce sur la page de résultat Google) mais une faible proportion de clics sur vos annonces. Dans une telle hypothèse, quelques modifications doivent être envisagées, elles sont énumérées à la fin du chapitre dans la partie relative à l'optimisation d'une campagne de liens sponsorisés.

Sur cette page, il vous est possible de créer de nouvelles campagnes ciblées soit par mots clés (configuration classique d'une campagne de liens commerciaux sur Google), soit par sites. Dans cette dernière hypothèse, vous allez créer une campagne en déterminant les sites du réseau de contenu Google sur lequel vous souhaitez voir apparaître vos annonces. Si vous ne savez pas quel site retenir, Google vous proposera de sélectionner un certain nombre de sites rassemblés par thématiques (shopping, photos et vidéos, sport…). Concernant la tarification, vous avez la possibilité d'être facturé par coût fixe pour 1 000 impressions (CPM), ou alors au CPC.

Info

Le réseau de contenu : votre annonce peut être diffusée sur un site d'informations tel que L'Expansion (voir Figure 16.11). Le moteur Google étudie la sémantique de vos mots clés, identifie la thématique de vos campagnes, et place vos annonces sur un site dont les articles sont en relation avec votre activité.

Figure 16.11

Le site L'Expansion, fait partie du réseau de contenu Google.

Si vous souhaitez accéder au détail de vos campagnes, cliquez sur le nom de votre campagne. Vous accédez à une première page nommée Campagne où vous êtes à même d'en créer de nouvelles, d'en mettre en veille, d'en supprimer ou d'en modifier les paramètres. C'est à ce niveau que vous trouvez deux liens déterminants pour affiner le trafic : Mots clés à exclure pour la campagne et Sites à exclure.

Pour aller plus loin dans la lecture des données de votre campagne, il vous suffit de cliquer sur un des noms des groupes d'annonces crées pour accéder au listing de mots clés, et annonces associées.

AFFINER SON TRAFIC EN EXPLOITANT LES OPTIONS DE CIBLAGE

Concernant vos mots clés, trois ciblages peuvent être appliqués. Ils peuvent être testés en même temps. Trafic, coût d'acquisition ou volume de vente peuvent différer d'un ciblage à l'autre.

- **Ciblage large (broad match).** Option de ciblage par laquelle la diffusion de vos annonces se fait la plus large possible. Quand la requête de l'internaute contient un des mots clés de l'expression achetée, la diffusion de votre annonce s'opère automatiquement. Si, par exemple, le mot clé acheté est "livre jeunesse" votre annonce sera diffusée si la requête de l'internaute est "acheter livre". L'aspect positif de ce ciblage est que vous captez le maximum de trafic et de requêtes des internautes. Son aspect négatif est que le trafic généré peut manquer de pertinence et se révéler onéreux. Ayez recours au mot clé exclu, afin d'encadrer au maximum votre trafic. Ainsi, si votre service ne couvre pas les livres d'occasion, vous pouvez exclure le terme "occasion" de votre campagne afin de bloquer l'affichagc dc vos annonces pour une requête de l'internaute du type "livres d'histoire occasion".
- **Ciblage expression (phrase match).** Si vous voulez cibler votre mot clé "livre d'occasion" en phrase match, il vous suffit d'encadrer cette expression par deux guillemets "livre d'occasion". Quand la requête de l'internaute contient tous les termes de l'expression achetée et en respecte l'ordre, même s'il intègre un terme supplémentaire dans sa requête, avant ou après l'expression, votre annonce sera diffusée. Si, par exemple, vous avez dans votre listing de mots clés, l'expression "livre d'occasion" et que la requête de l'internaute est "acheter livre d'occasion", votre annonce sera diffusée. Elle ne le sera pas si la requête est "acheter sans frais un livre d'occasion"parce que l'élément nouveau dans la requête de l'internaute, perturbe l'ordre des termes que comprend votre expression.

- **Ciblage exact (exact match).** La diffusion de votre annonce s'opère si et uniquement si l'internaute a pour requête votre mot clé ou expression. C'est le ciblage le plus restrictif car le plus ciblé. Il se matérialise par deux crochets encadrant votre expression : [livre d'occasion].

Un mot clé n'est rien s'il n'est pas relié à une annonce adaptée.

ACCROÎTRE SA VISIBILITÉ EN EXPLOITANT DIVERS MODÈLES D'ANNONCES

Google propose cinq modèles d'annonces :

- **L'annonce textuelle.** C'est la version classique avec titre de 25 caractères et description de 70 (voir Figure 16.12).

Figure 16.12

Une annonce textuelle.

- **L'annonce illustrée.** Elle est diffusée exclusivement sur le réseau de contenu sous la forme d'une bannière, d'un skyscraper… Les formats sont tous détailles sur l'interface.
- **L'annonce localisée.** Elle est diffusée sur Google Maps, sous forme d'un petit texte qui apparaît quand un internaute fait une recherche dans un rayon géographique précis. Une flèche indiquera où votre entreprise est située (voir Figure 16.13).

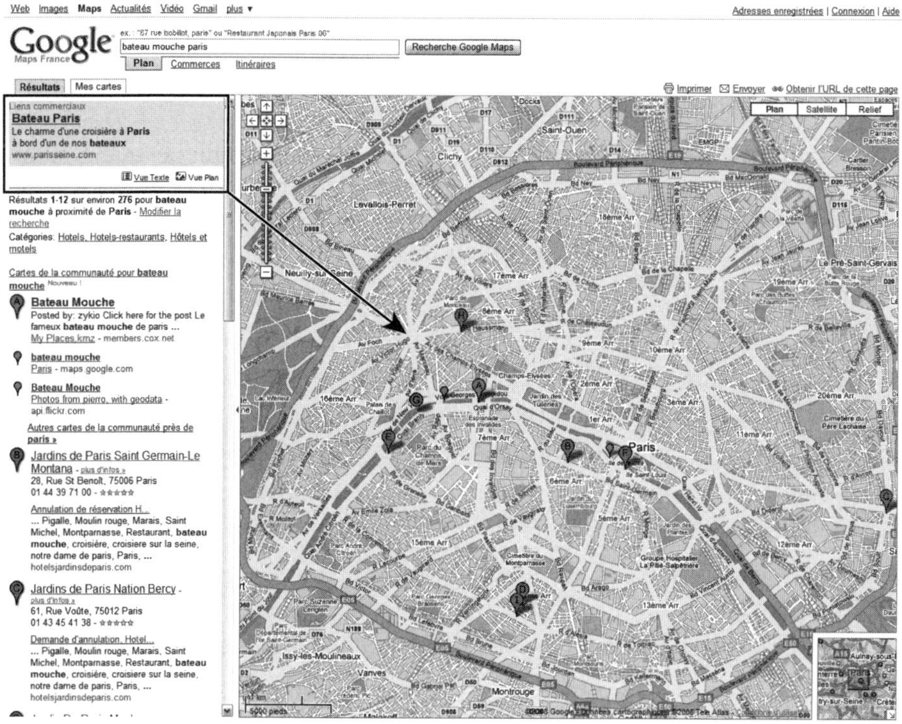

Figure 16.13

L'annonce localisée est diffusée sur Google Maps.

- **L'annonce textuelle pour mobile.** Elle consiste en une annonce textuelle très concise avec un titre et une description de 18 caractères maximum. Elle s'accompagne soit de votre numéro professionnel, soit d'un lien redirigeant vers votre page web adaptée au format mobile.
- **L'annonce vidéo.** Apparaît sur le réseau de contenus et consiste en une image statique sur laquelle l'internaute doit cliquer pour en visualiser le contenu.

Si vous souhaitez tester de nouvelles versions d'annonces suivez ces quelques conseils (s'appliquant autant aux régies publicitaires Google, Y!SM et MSN) :

- N'utilisez jamais de superlatifs, soyez concis, dynamique.

- Mettez en avant tous les avantages de votre offre, et utilisez des "call to action", c'est-à-dire des verbes d'action (achetez, découvrez, optez...) incitant les internautes à découvrir le produit, à l'acheter, donc à sélectionner votre annonce pour se rendre sur votre site.
- N'utilisez jamais le terme "clic" ou "ici". Il est implicite que l'internaute doit cliquer sur votre annonce pour poursuivre ou concrétiser sa recherche. Ce n'est donc pas une information pertinente. Ainsi les textes "Découvrez notre gamme de produits en cliquant ici" ou "Découvrez nos produits en un seul clic" ne seront pas validés.
- Intégrez votre mot clé à votre titre ou description et optez pour la fonction insertion keyword {Keyword : Texte par défaut}, plus amplement présentée dans le chapitre relatif à la gestion de campagne Y!SM.
- Vous avez le droit d'utiliser un point d'exclamation dans votre annonce. De même pour mettre en valeur un terme, vous pouvez changer son initiale par une majuscule.
- Redirigez votre trafic sur la page de votre site comportant l'élément recherché. Si les pages de votre site ne sont pas assez explicites, un page d'atterrissage peut être créée avec une redirection vers votre site afin que l'internaute concrétise son achat.

Info Assurez-vous que tout message publicitaire diffusé soit clair et précis quant aux biens vendus, services proposés. Vos textes ne doivent pas tromper l'internaute. Celui-ci peut en effet invoquer les dispositions du code de la consommation en cas de pratiques mensongères, par exemple l'article L121-1 rendant répréhensibles les fausses informations concernant les coordonnées, le prix....

Art. L.121-1 - Est interdite toute publicité comportant, sous quelque forme que ce soit, des allégations, indications ou présentations fausses ou de nature à induire en erreur, lorsque celles-ci portent sur un ou plusieurs des éléments ci-après ; existence, nature, composition, qualités substantielles, teneur en principes utiles, espèce, origine, quantité, mode et date de fabrication, propriétés, prix et conditions de vente de biens ou services qui font l'objet de la publicité, conditions de leur utilisation, résultats qui peuvent être attendus de leur utilisation, motifs ou procédés de la vente ou de la prestation de services, portée des engagements pris par l'annonceur, identité, qualités ou aptitudes du fabricant, des revendeurs, des promoteurs ou des prestataires.

Figure 16.14

Art.L 121-1 du code de la consommation.

Pour connaître l'influence de vos mots clés et annonces sur le trafic drainé vers votre site, la deuxième section de votre interface met à votre disposition différents rapports.

La partie Rapports

En cliquant sur l'onglet Rapports vous êtes redirigé vers le listing des quinze derniers rapports générés. Cette page comprend un lien pour configurer vos rapports selon le modèle souhaité.

Google met à votre disposition 9 types de rapport allant de l'analyse des mots clés, des annonces jusqu'à la performance des sites sélectionnés dans le cadre d'une campagne par site. Les rapports peuvent être consultés sous format Excel, CSV, TSCV, XML. Vous pouvez déterminer une fréquence de création de rapports et notifier leurs disponibilités par e-mail.

Le rapport nommé Performance de la requête de recherches est très utile pour affiner le trafic de vos campagnes. En fonction des mots clés achetés et des ciblages appliqués (ciblage large ou expression), vous savez exactement qu'elle a été la requête de l'internaute pour accéder à votre site.

Les trois colonnes à vérifier sur ce rapport sont la colonne groupe d'annonces, celle sur la requête de recherche, et celle sur le type de ciblage des requêtes de recherches.

Pour avoir une meilleure lecture de ce tableau, mettez en place un filtre automatique et dans la colonne relative au type de ciblage, éliminez toutes les lignes qui comportent la mention Exact parce que dans cette hypothèse, l'internaute a effectué sa recherche à partir d'une expression identique à celle présente dans votre campagne.

Vous devez vous concentrer uniquement sur les requêtes en ciblage large ou expression et en fonction des données qui apparaissent dans la colonne Requête de recherche. Vous décidez soit d'ajouter le mot clé ou l'expression mentionnée, soit de l'exclure. Un tel tableau vous permet d'acheter des expressions plus ciblées et d'affiner votre trafic en l'encadrant par des termes exclus.

La partie Google Analytics

Google vous propose d'implémenter gratuitement sur votre site Google Analytics. Il s'agit d'un support d'analyse utile identifiant les pistes à exploiter pour générer un trafic plus rentable.

Dés que votre code de tracking Google Analytics est intégré à chacune de vos pages de site, l'outil centralise l'ensemble des statistiques de vos campagnes publicitaires (campagne de référencement payant, e-mailing, bannières…).

Dans le cadre d'une campagne de liens sponsorisés, Google Analytics relèvera les pages les plus fréquentées de votre e-boutique. Assurez-vous que vous exploiter le maximum de mots clés ou d'expressions traduisant le contenu de telles pages. Si ce n'est pas le cas, ajoutez tous les termes nécessaires à votre compte Google AdWords en les reliant aux URL de redirection desdites pages. Vous devriez augmenter votre taux de fréquentation et surtout le retour sur investissement.

Vous trouverez sur cette plate-forme des rapports indiquant la valeur de votre panier moyen, le nombre de vos transactions et leur source (identification des visiteurs ayant passé une commande en fonction de leur langue, de leur localisation, du moteur utilisé se rendre sur votre site…). Reportez-vous à la première partie du Chapitre 13 pour connaître les statistiques présentes sur cet outil de suivi de trafic.

Google Analytics vous offre une vue d'ensemble du trafic de votre site en terme de pages vues, de temps moyen de fréquentation, de visiteurs uniques… (voir Figure 16.15).

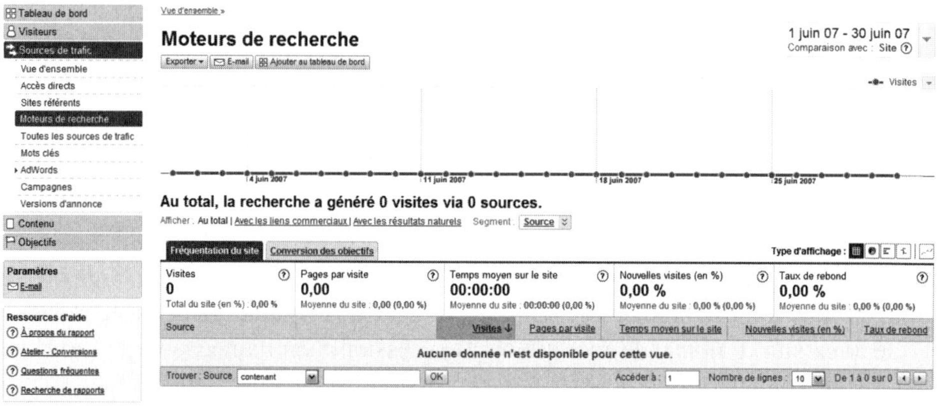

Figure 16.15

L'analyse de la fréquentation de votre site par moteur de recherche.

La partie Mon Compte

La quatrième section de l'interface Google AdWords est consacrée au récapitulatif de facturation (possibilité de télécharger et imprimer vos factures) et à vos Préférences de facturations qui reprend tous les paramètres de paiement. Le lien Accès vous permet de vérifier vos codes de connexion. Si vous souhaitez les modifier cliquez sur le lien Préférences de compte.

Pour attirer plus d'internautes sur votre site vous pouvez exploiter le réseau Yahoo! en ouvrant un compte auprès de cette régie publicitaire.

Yahoo! Search Marketing

En 2007, Y!SM a inauguré sa nouvelle interface PANAMA introduisant plus de réactivité dans la gestion de campagnes de liens sponsorisés.

Si jusqu'à la première moitié 2007, l'annonceur consacrant la plus haute enchère pour un mot clé, prenait automatiquement la première position des liens sponsorisés, ce modèle est désormais révolu.

Créer son compte

Où se rendre ?

Pour ouvrir un compte Yahoo! Search Marketing (Y!SM) rendez-vous à l'adresse : **http://searchmarketing.yahoo.com/fr_FR/arp/srch_choose.php?o=FR0094**.

Si on opte pour la campagne assistée, il est demandé de préciser le marché sur lequel on souhaite lancer la campagne, donner des informations sur la proposition éditoriale que l'on attend (budget, idées de mots clés, les points importants du site, les zones géographiques où l'on souhaite que soient diffusées les annonces) et les informations de facturation.

Si l'on opte pour la solution "self serve", en cliquant sur Démarrer maintenant on se lance dans l'élaboration de sa campagne.

Suivant la période de l'année à laquelle vous décidez de souscrire, un crédit de 50 € vous est offert.

Création pas à pas

La création d'un compte Y!SM est assez rapide puisqu'elle nécessite de suivre six étapes seulement.

1. Choisissez un marché et un fuseau horaire (voir Figure 16.16).
2. Précisez le ciblage géographique de votre clientèle : souhaitez-vous lancer votre campagne à une échelle nationale, régionale ou pour une ville donnée ?
3. Rentrez vos mots clés les uns en dessous des autres. L'outil Y!SM vous propose d'autres variantes que vous ajoutez à loisir à votre listing (voir Figure 16.17).

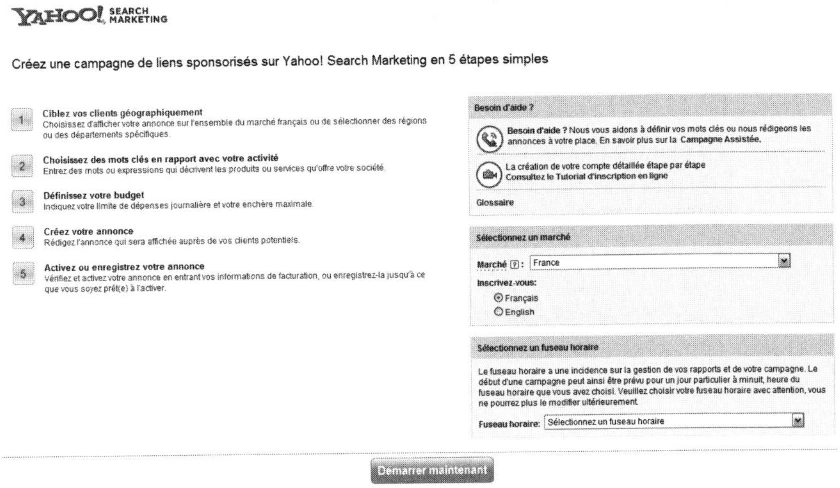

Figure 16.16

Débutez l'ouverture de votre compte Y!SM.

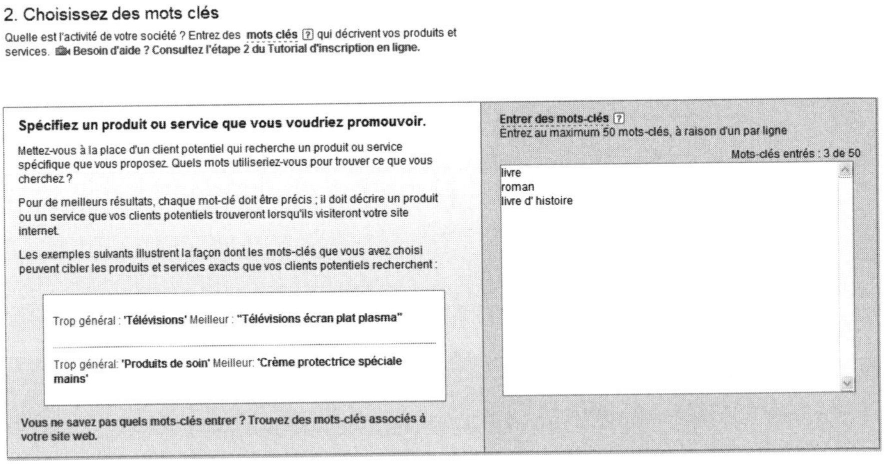

Figure 16.17

Votre liste de mots clés doit être saisie.

4. Définissez votre budget car comme son nom l'indique vous allez lancer une campagne de liens payants. Il s'agit ici de préciser votre limite de dépense journalière et l'enchère maximale que vous êtes prêt à payer par clic (Voir Figure 16.18).
5. Rédigez votre annonce en saisissant un titre de 60 caractères maximum, une description de 70 caractères maximum et l'URL de votre site (voir Figure 16.19).

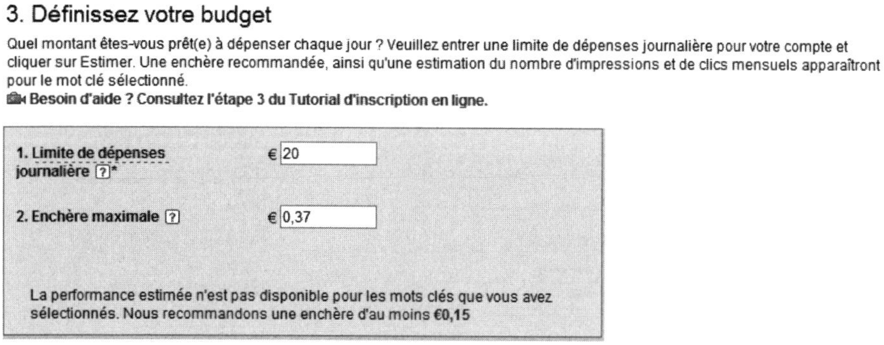

Figure 16.18

La définition de votre budget journalier et de votre CPC maximum.

Figure 16.19

Rédigez votre annonce en mettant en avant la spécificité de votre offre.

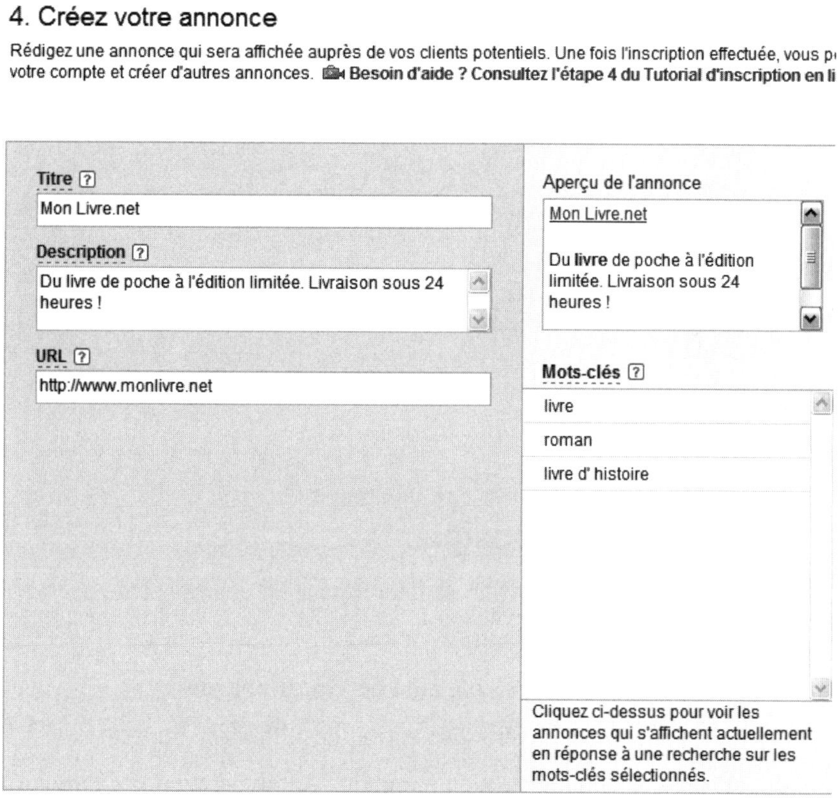

6. Vérifiez les données saisies et mentionnez les futurs codes de connexion à votre interface. Validez et le tour est joué ! (voir Figure 16.20).

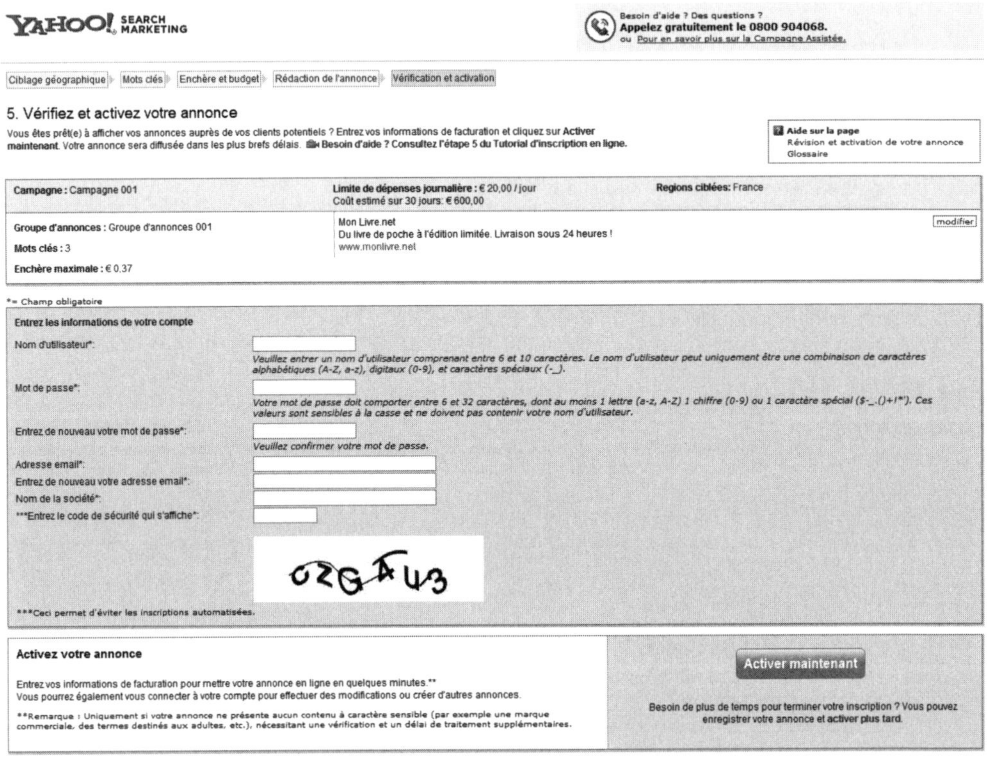

Figure 16.20

L'étape finale…

Gérer sa campagne

L'interface PANAMA se décompose en quatre sections :

- un tableau de bord ;
- les données et la gestion de vos campagnes ;
- une mise à votre disposition des différents rapports ;
- une dernière section nommée "Administration"qui reprend les informations générales de votre compte et de votre budget.

Section Tableau de bord

Dans sa partie gauche, il comprend toutes les alertes éditoriales et budgétaires. Si vous voulez en connaître la teneur, il vous suffit de cliquer sur le lien de l'alerte pour être redirigé vers la partie de votre campagne qui pose problème. À noter, le lien Préférences en haut de la page de votre interface (près du lien Connexion). Il vous alerte en temps réel des dysfonctionnements de votre compte (épuisement du solde, mots clés refusés, annonces en attente de validation…) par le biais d'un e-mail.

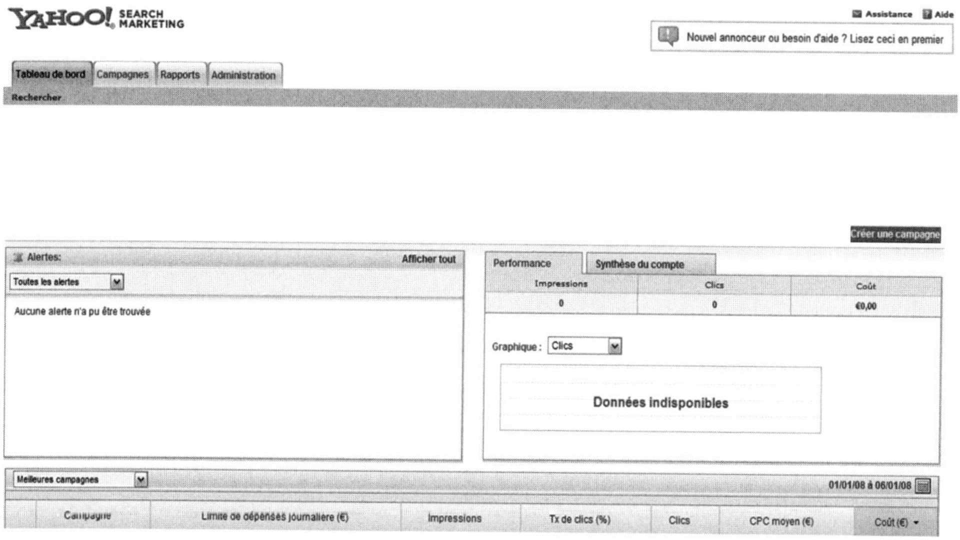

Figure 16.21

Le tableau de bord Y!SM.

Dans sa partie droite, vous avez un récapitulatif des données du trafic de vos campagnes et des conversions (si vous avez lancé l'outil de traking, Conversion counter). À cet emplacement, vous trouvez aussi une synthèse des données de votre compte (combien de mots clés vous exploitez, le budget journalier mis en place, le solde restant, et le nombre de jours avant épuisement de ce solde).

En bas de page, un tableau résume par campagne créée les données globales du trafic généré (voir Figure 16.21).

Section Campagnes

L'onglet Campagnes rassemble les données pour créer ou faire évoluer les campagnes existantes ; celles relatives au statut éditorial de toutes nouvelles soumissions de mots clés ou annonces (en attente de traitement/rejets avec explication donnée).

Au dernier trimestre 2008, le groupe Y!SM a lancé une nouvelle tarification pour son programme Search Marketing. Le système de détermination d'enchère repose sur le nombre d'annonceurs enchérissant sur le même mot clé, sur l'enchère minimale moyenne de ce mot clé et sur l'indice de qualité des annonces de votre campagne Y!SM. Ainsi, si l'enchère minimale du mot clé que vous achetez est en dessous de l'enchère minimale moyenne, votre mot clé risque de se retrouver inactif. Vous recevrez alors une alerte et aurez environs trois jours pour modifier si vous le souhaitez le coût par clic minimal. Pour connaître les mots clés tombés inactifs, vous pouvez faire une recherche avancée avec le tableau de l'interface se trouvant au niveau de l'onglet Campagne.

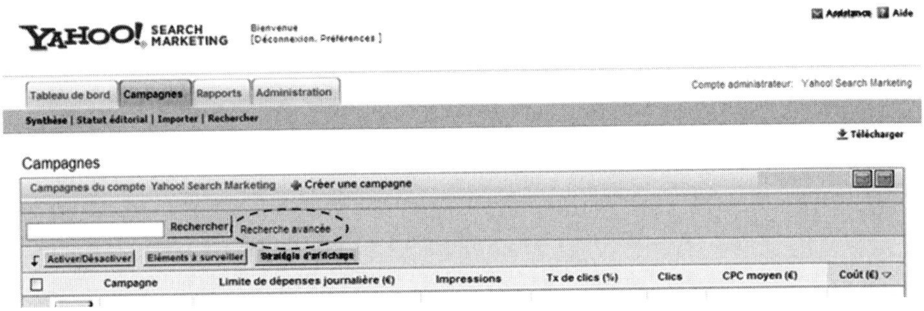

Figure 16.22

Y!SM Recherche Avancée Mots Clés Inactifs

Le lien Importer donne la possibilité de convertir les campagnes Google au format Y!SM. Une telle option permet de gérer le même contenu sur les deux réseaux sans avoir à procéder à une seconde saisie de l'ensemble des mots clés, annonces, URL, enchères. Un des avantages, au-delà du gain de temps, est de pouvoir établir plus facilement un comparatif sur les performances d'un mot clé sur Yahoo! ou Google.

Avec l'interface Panama et son option Day Parting il est désormais possible de lancer des campagnes, à la date souhaitée. Tout à fait appropriée pour un site de e-commerce, une telle option permet de diffuser le jour J des annonces se rapportant à une promotion ou au lancement d'un nouveau produit.

Comment activer cette option ?

1. Sélectionnez la campagne pour laquelle une date d'activation et de suspension précise doit être mise en place.
2. Cliquez sur le lien Paramètres de la campagne et dans l'encadré en bas à gauche, cliquez sur Modifie.
3. Rentrez les dates souhaitées et valider.

   Il faut bien préciser que la programmation de lancement et de fin de campagne se fait uniquement au niveau des dates. Il n'est pas possible de lancer ou arrêter une campagne en fonction des heures sur un jour donné.

Le ciblage géographique s'est élargi avec la nouvelle version de l'interface Y!SM. Sur le marché français, il peut se faire à l'échelle nationale, régionale ou départementale. Les annonces seront diffusées en fonction de la requête ou de l'adresse IP de l'internaute. Il est également possible d'exclure un continent, cela se fait au niveau de votre compte.

Pour spécifier votre ciblage géographique vous devez ouvrir votre campagne et cliquer sur l'onglet Paramètres de la campagne.

Info

Un compte Y!SM peut comporter jusqu'à 20 campagnes, lesquelles peuvent être segmentées en 1 000 groupes d'annonces renfermant eux-mêmes jusqu'à 1 000 mots clés. Chaque groupe d'annonces peut comporter 20 annonces.

Le format des annonces s'est rapproché de celui de Google. Toute nouvelle annonce insérée dans votre campagne doit comporter (sur le marché français) un titre de 60 caractères maximum, espaces inclus, et une description de 70 caractères espaces inclus.

Il est possible de recourir à la fonction Insertion Keyword qui se rédige comme suit : {Keyword: Texte par défaut}. Cette fonction permet d'insérer le mot clé ou l'expression de l'internaute dans le titre de votre annonce. Quand votre publicité est diffusée, le mot clé apparaît en gras dans le titre, ce qui accroche l'attention de l'internaute et augmente considérablement votre taux de clics.

Cette balise doit comporter un texte par défaut qui s'affichera, si le mot clé tapé par l'internaute venait à être trop long. En effet, même si vous avez recours à cette fonction, le nombre de caractères maximal des titres et descriptions de vos annonces doit être respecté (voir Figure 16.23).

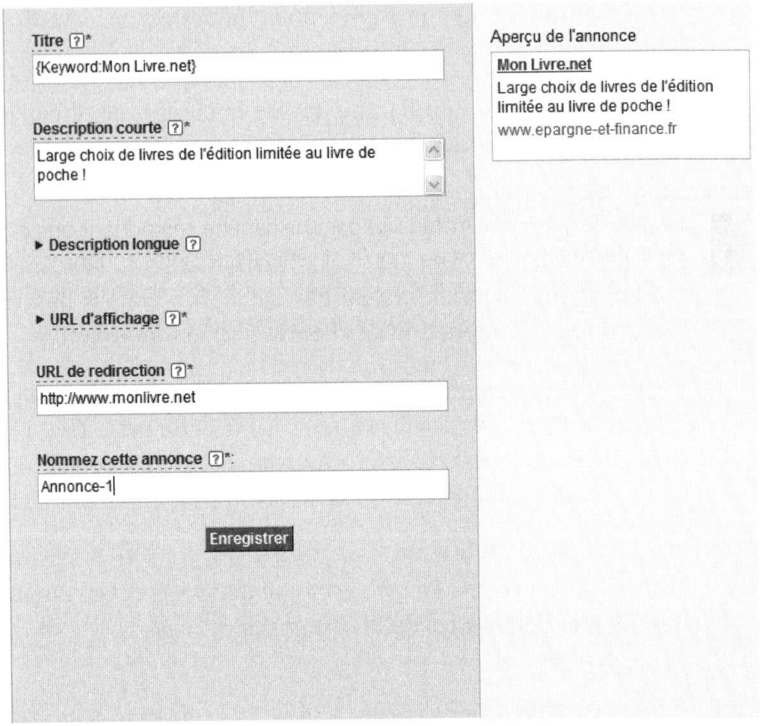

Figure 16.23
Une annonce en version "insertion Keyword".

Cette fonction Insertion Keyword peut également faire apparaître en titre les éventuelles fautes d'orthographe ou inversions de la requête d'un internaute. Par conséquent, si vous intégrez cette fonction dans votre titre ou votre description, pensez à activer l'option Texte secondaire. Cette option permet d'afficher en gras la requête de l'internaute dans votre annonce, correctement orthographiée. Pour activer cette option sur votre interface :

1. Cliquez sur l'onglet Campagne puis sur le groupe d'annonces qui comporte le mot clé.
2. Cliquez sur le mot clé auquel vous voulez associer une bonne orthographe.
3. Une page reprenant toutes les caractéristiques de ce mot clé, apparaît avec l'option Texte secondaire en dessous du graphe représentant le volume de trafic.

Le placement des annonces ne peut simplement dépendre de l'augmentation ou de la diminution d'un coût par clic. Cette politique met fin à la course aux surenchères entre annonceurs. L'attention doit se porter sur la qualité rédactionnelle du message commercial.

Plus vos annonces sont pertinentes, plus vous avez de chances d'acquérir un très bon positionnement avec une enchère basse. Il peut même vous arriver d'être positionné en première position et d'acquitter pour chaque clic une enchère plus basse que l'annonceur qui est en deuxième position, si l'outil PANAMA estime que la rédaction de la deuxième annonce est de moins bonne qualité.

Info

L'indice de qualité est matérialisé par une barrette comportant cinq cases foncées en bleu, en fonction de la pertinence de vos annonces. Il sera affecté si vos annonces sont désactivées plus de sept jours (hypothèse où pendant votre absence l'épuisement du solde de votre compte couperait la diffusion de vos annonces). Une telle coupure entraîne en effet la perte d'historique.

Section Rapports

L'onglet Rapport de l'interface PANAMA dirige vers une page regroupant deux familles de rapports : des rapports relatifs à la performance de votre campagne, d'autres financiers. C'est à ce niveau qu'il faut mensuellement extraire vos factures et les imprimer.

Les rapports Y!SM analysent les données sur le trafic, le rendement et l'efficacité de chaque campagne. Vous pouvez accéder également à des rapports plus qualitatifs renfermant des données sur les référents, sur les tactiques par canal, les jours avant la réalisation d'une conversion.

Il est possible de planifier, de personnaliser et rééditer vos rapports.

Section Administration

Cette section comporte un récapitulatif des caractéristiques du compte, avec possibilité de bloquer certains continents sur lesquels vous ne souhaitez pas être diffusés, possibilité de changer le montant de votre budget journalier, ainsi que la méthode de paiement et d'ajouter des fonds si le solde de votre compte est trop bas.

L'encadré Stratégie d'affichage permet d'activer ou non le réseau de recherches ou le réseau contextuel ainsi que de préciser le type de ciblages à exploiter.

Y !SM met à votre disposition des outils de traking. En cliquant sur le lien URL de traking vous accédez au code qui permet de récolter les données sur la source des clics et le mot clé utilisé pour accéder à votre site.

Si vous cliquez sur le lien Analyse vous accédez aux données pour implémenter un traking plus poussé : conversion réalisée sur votre site, cheminement emprunté par l'internaute avant de réaliser son achat et une demande d'informations.

Microsoft adCenter

L'interface Microsoft adCenter a été lancée en septembre 2005. Son contenu évolue peu à peu dans l'objectif de proposer à terme des fonctions proches des interfaces des régies publicitaires concurrentes.

Créer son compte

Où se rendre ?

Pour ouvrir un compte Microsoft adCenter, rendez-vous à l'adresse : **https://adcenter.microsoft.com/customer/SignupPreview.aspx?mkt=fr-fr**.

Cliquez sur le bouton Inscrivez-vous maintenant présent en haut à droite de la page (voir Figure 16.24).

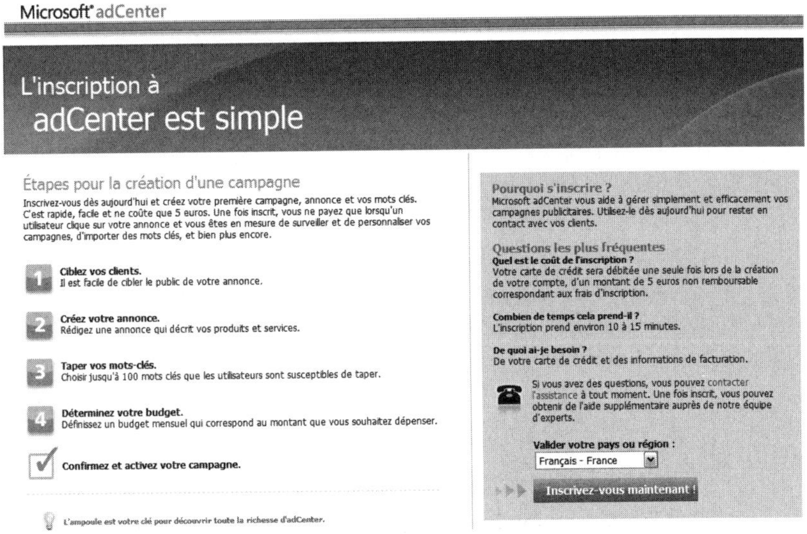

Figure 16.24
Votre inscription au service adCenter.

Création pas à pas

Pour lancer une campagne sur MSN, six étapes sont nécessaires :

1. Ciblez votre clientèle. Vous devez préciser la langue utilisée pour rédiger vos annonces et quelle est votre diffusion géographique. Trois options se présentent :
   – une diffusion sur tous les pays et régions disponibles sur le réseau Microsoft adCenter ;

– opter pour des pays ou régions spécifiques ;

– ne diffuser les annonces que dans des villes préalablement sélectionnées.

Pour passer à la deuxième étape, cliquez sur Continuer.

2. Créez l'annonce. Pour lancer votre campagne, il faut au moins rédiger une annonce, qui pourra évoluer ou être accompagnée d'autres versions ultérieurement (voir Figure 16.25). Il faut remplir quatre champs :

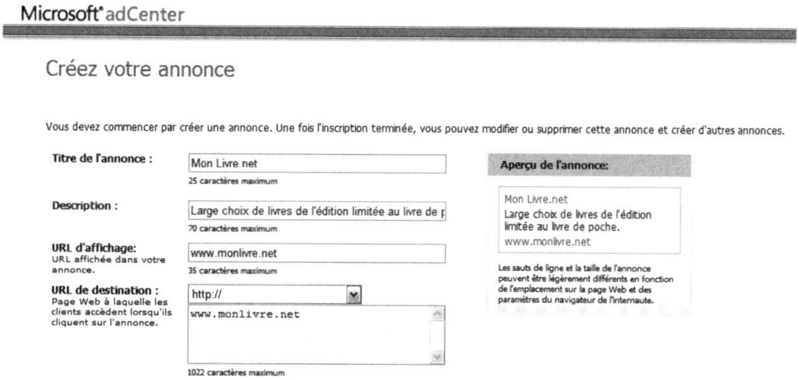

Figure 16.25

Quatre champs à remplir pour concevoir votre annonce adCenter.

– le titre ne doit pas excéder 25 caractères ;

– la description compte 70 caractères maximum ;

– URL d'affichage ne doit pas comporter plus de 35 caractères ;

– l'URL de destination qui n'apparaît pas lors de la diffusion de votre annonce permet de spécifier la page sur laquelle les internautes vont réellement arriver. Elle peut commencer par http ou https.

Cliquer sur Continuer, pour accéder à la troisième étape.

3. Choisissez les mots clés qui sont rentrés les uns en dessous des autres. Veillez à ce qu'ils correspondent à la thématique de l'annonce précédemment rédigée (voir Figure 16.26).

Cliquer sur Continuer pour accéder à la quatrième étape.

4. Définissez votre budget. Vous ne pouvez lancer une campagne de liens sponsorisés sans avoir mentionné le budget mensuel que vous consacrez et l'enchère maximale que vous êtes prêt à payer pour chaque mot clé.

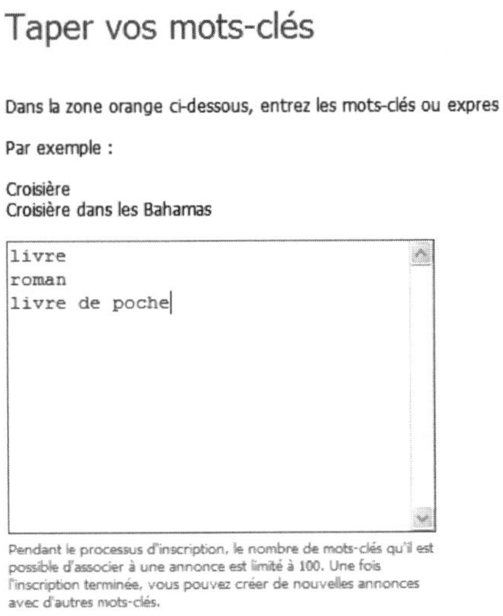

Figure 16.26
Insérez vos mots clés les uns en dessous des autres.

Concernant votre budget mensuel, il vous reviendra de déterminer s'il doit faire face à l'état du trafic réel du moteur MSN ou s'il doit assurer une diffusion homogène sur les 30 jours du mois en précisant un seuil journalier à ne pas dépasser.

Toutes ces données pourront être modifiées lorsque votre compte sera créé.

Cliquer sur Continuer pour accéder à la cinquième étape.

5. Confirmez les détails de votre campagne (voir Figure 16.27).

   En haut de la page, vous seront présentées les données saisies concernant le budget mensuel, le CPC maximum, la langue, le ciblage géographique, les mots clés et l'annonce.

   En dessous de ce récapitulatif, saisissez les informations pour vous connecter ultérieurement à votre compte. Il s'agit de mentionner nom, prénom, le nom d'utilisateur, et le mot de passe, de sélectionner une question secrète et sa réponse en cas d'oubli des codes, et d'intégrer finalement votre adresse e-mail.

   Cliquer sur Continuer pour accéder à la sixième étape.

6. Pour clôturer cette opération et pouvoir lancer la campagne, il est nécessaire d'identifier votre société et de saisir des données de facturation : paiement par carte de crédit... (voir Figure 16.28).

   Cochez la case relative aux conditions d'utilisation, et cliquez sur Valider : votre compte est créé !

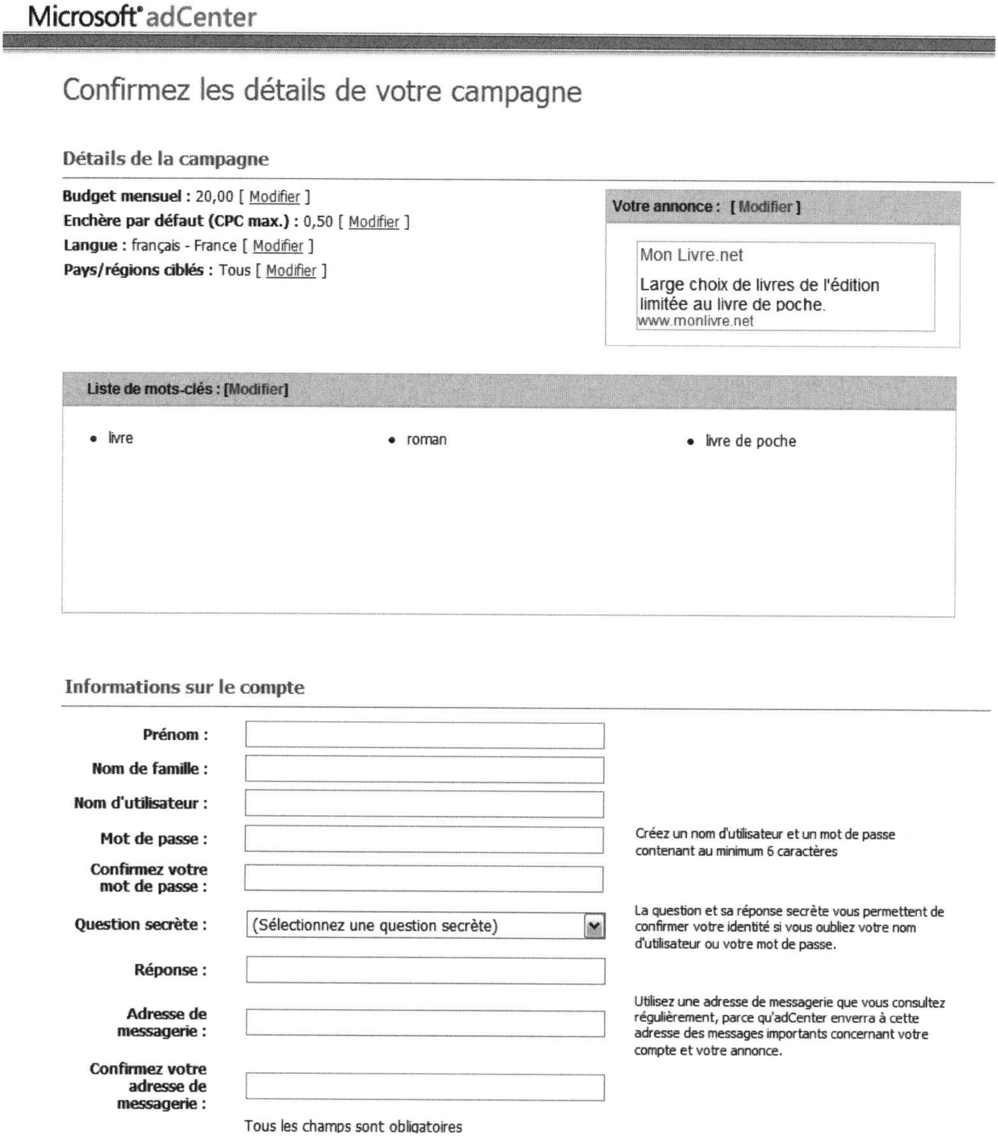

Figure 16.27

Confirmez les données de votre future campagne.

Figure 16.28

Activez votre campagne adCenter.

Gérer sa campagne

Depuis la page d'accueil, vous accédez aux campagnes, groupes d'annonces et centre d'aide.

Vous noterez la présence de quatre onglets dont nous allons tour à tour présenter les fonctions :

L'onglet Campagnes

Cette première page récapitule les campagnes existantes. Pour accéder aux données d'une campagne en particulier, il suffit de cliquer sur son nom.

Si vous souhaitez en créer une, le tableau présent en dessous du titre Sélectionner une campagne comporte dans sa partie extrême gauche le lien Nouvelle campagne. Cinq étapes doivent être suivies :

1. **Paramètres.** Regroupe le nom de la campagne, le fuseau horaire, le nom du groupe d'annonces qu'elle comportera et le type de ciblage (par langue et marché, par zone géographique, par jour de la semaine et par heure de la journée). À ce niveau, il est possible de déterminer la date de début et de fin de cette campagne.
2. **Annonces.** Consiste à la rédaction de différentes annonces, selon les caractéristiques présentées un peu plus haut. Lors de la rédaction de votre titre, un aperçu de votre titre avec rédaction dynamique (fonction permettant d'insérer le mot clé tapé par l'internaute) est disponible. À vous par la suite de créer une version d'annonce avec cette fonction. En bas de page, un tableau récapitule les annonces que vous avez enregistrées.

Info

La constitution d'une annonce dynamique repose sur l'exploitation de paramètres, au nombre de 3.

`{Param1}` se rapporte à l'URL de destination. Il vous permet de rediriger l'internaute vers la page de votre site web en corrélation avec sa requête. Pour le `{Param1}`, un maximum de 1 022 caractères est admis.

`{Param2}` et `{Param3}` peuvent être utilisés dans le corps de plusieurs annonces pour réaliser des modifications en masse.Vous pouvez par exemple insérer `{Param2}` dans vos titres et y associer une idée, un concept qualifiant l'ensemble de vos produits ("pas cher", ...). `{Param3}` peut quant à lui être utilisé pour les réductions que vous appliquez. Ainsi, si sur une période de l'année vous proposez une réduction de 50 % et à une autre une réduction de 25 %, il ne sera pas nécessaire de changer toutes vos annonces, une à une. Une simple modification des données du `{param3}` et la nouvelle information se retrouvera dans l'ensemble des annonces comprenant ce paramètre. Pour `{param2}` et `{param3}`, un maximum de 70 caractères est admis.

Le paramètre `{Keyword}` peut aussi être utilisé pour les campagnes adCenter. Il permet d'afficher la requête de l'internaute dans le titre ou la description de votre annonce au vu de son placement. Pensez à rédiger un texte par défaut, au cas où la requête de l'internaute serait trop longue pour permettre son insertion.

3. **Mots Clés.** Choisissez les mots clés et saisissez-les ligne par ligne dans l'encadré en haut à gauche de la page. Si vous hésitez sur les termes à choisir, un outil de recherche est disponible sur cette page. Le bas de la page comprend un récapitulatif

des termes retenus, avec la possibilité pour chacun de sélectionner des mots clés négatifs (le mot clé négatif est le mot clé à exclure).

Info

Votre compte Microsoft AdCenter peut comporter jusqu'à 10 000 campagnes, 10 000 groupes d'annonces par campagne, 10 000 mots clés par groupe d'annonces et 20 annonces par groupe d'annonces. Une telle "limitation" rend la gestion de votre compte des plus souples.

4. **Tarification.** Il s'agit de déterminer le budget de votre campagne. Faites bien attention d'opter pour une répartition sur le mois. À ce niveau, définissez l'enchère maximale s'appliquant au mot clé par défaut. L'interface vous donne la possibilité de cibler votre trafic en fonction de l'âge, du sexe (ciblage démographique) ou de la ville des internautes (ciblage géographique). Vous attribuez alors une enchère supplémentaire : principe du ciblage incrémental.

   Si après quelques mois de référencement, vous constatez des jours ou périodes de la journée plus favorables à votre activité, l'interface Microsoft AdCenter permet de cibler votre audience par tranches horaires. Il vous suffit de réaliser votre sélection dans les encarts Ciblez vos clients par jour de la semaine et/ou Ciblez vos clients par heure de la journée. De telles options reposent sur l'existence des profils Windows Live, Microsoft Passeport des internautes surfant sur le portail MSN. Les données sont issues du placement d'un cookie de 30 jours suite à la connection de l'internaute.

5. **Consulter.** Reprend toutes les données saisies. S'il n'y a aucune erreur, cliquer sur Valider pour concrétiser la validation de votre campagne.

Au-delà de la pure création, la page Campagne de votre interface vous permet d'importer la structure des campagnes créées sur Google pour les exploiter sur le réseau MSN. Il suffit de transférer le contenu de votre campagne sur un fichier CVS en suivant les instructions présentées au niveau de l'onglet Importer des Campagnes. Une telle option peut vous faire gagner un temps précieux.

Dans cette même optique, l'interface Microsoft adCenter vous offre la possibilité de copier le contenu d'un groupe d'annonces existant.

Quant à la gestion des mots clés, la fonction Modifier un ensemble de mots clés permet d'effectuer des changements en masse concernant les mots clés négatifs, le type de ciblage, la rédaction des textes dynamiques.

Info

La modification de la structure de votre campagne s'accompagne d'une révision éditoriale dont la conclusion est donnée au maximum sous 72 heures.

L'onglet Compte & facturation

L'onglet Compte & facturation se décompose comme suit :

- **Un listing.** Il reprend les comptes ouverts auprès du réseau Microsoft adCenter. Il mentionne le nom du compte, son solde, la devise, l'option de paiement et du statut.
- **Un résumé d'informations.** Il présente la société, et les moyens de paiement retenus. À ce niveau, il est possible d'ajouter une nouvelle carte de crédit, de modifier l'adresse de facturation ou les infos de facturation.
- **Un lien facturation.** Il permet de consulter vos relevés sur 30, 60, 90 jours ou plus.

L'onglet Simulation

Il correspond à l'outil de recherche de mots clés.

L'onglet Rapports

À ce niveau, vous pouvez générer un nouveau rapport, consulter les rapports précédemment créés, ou paramétrer le type de rapports que vous souhaitez consulter (voir Figure 16.29).

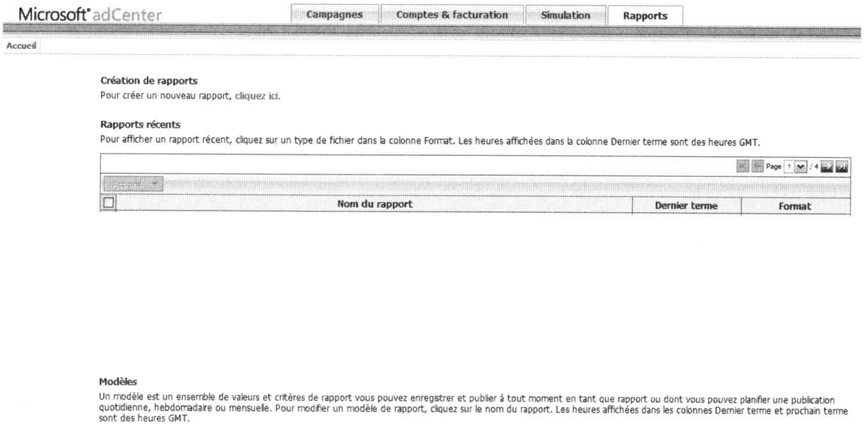

Figure 16.29
La section rapport de l'interface Microsoft adCenter.

Les rapports, qui peuvent être créés, concernent la performance de votre compte, des données budgétaires, ou des données démographiques (si vous avez actionné un ciblage par zone géographique ou par âge et sexe). Différentes options existent quant à l'affichage du rapport et à la période qu'il couvre.

Enfin, Microsoft adCenter vous donne la possibilité de créer un modèle de rapport que vous recevrez à date convenue par courrier électronique.

Info

Dans le même état d'esprit que Google Editor, vous pouvez désormais gérer vos campagnes avec Microsoft AdCenter Desktop. Le principal du travail peut se réaliser hors connection. La connection est nécessaire pour toute mise en ligne de vos nouvelles annonces, intégration de nouveaux mots clés, optimisations d'enchères…

Cet outil permet d'importer la structure de vos campagnes Google ou Yahoo!

Il est téléchargeable sur le site Microsoft Advertising à partir du lien: **http://advertising.microsoft.com/france/Microsoft_adCenter_Desktop**.

L'optimisation d'une campagne de liens sponsorisés

Une optimisation de campagne en référencement payant repose sur l'analyse de la performance d'annonces, et de mots clés. Celle-ci ne doit pas être occasionnelle mais continue.

Une fois par semaine, dressez un constat sur l'évolution de votre trafic, du positionnement de vos mots clés, du taux de clic et de conversion.

L'impact de chaque stratégie nouvellement testée doit être clairement identifié. L'objectif est d'avoir une campagne rentable au vu des dépenses engagées et du chiffre d'affaires généré.

Pour qu'une campagne de liens sponsorisés réponde aux objectifs fixés, l'optimisation de la structure de votre compte et de votre site doit être réalisée.

L'optimisation de votre campagne

Optimiser une campagne de liens sponsorisés n'est pas une opération complexe. L'identification des actions d'optimisation à mener doit reposer sur un bilan issu de l'analyse de votre trafic et de la rentabilité de chacune de vos campagnes. Les statistiques qui en découleront vont vous permettre d'établir clairement l'objectif à atteindre.

Votre optimisation peut tendre à l'établissement d'un trafic plus conséquent ou à l'amélioration du retour sur investissement. Si ces deux hypothèses se distinguent par les actions qu'elles demandent d'établir, elles s'appuient sur un dénominateur commun : la structure de votre compte. Vous devez vous assurer que vos campagnes et groupes d'annonces reposent sur une structure reflétant précisément les familles de produits de votre site.

La recherche d'un trafic plus conséquent

Si vous recherchez à accroître les visites de votre site, un tel objectif peut être atteint en exploitant un plus grand listing de mots clés génériques. Le recours à de tels termes doit s'accompagner de l'insertion de mots clés à exclure. Vous ne devez en aucun cas déclencher la diffusion de vos annonces pour n'importe quelle requête des internautes. Gagner en trafic ne doit pas s'accompagner d'une perte de pertinence.

UNE BAISSE DE CLICS ? QUE FAIRE ?

Si la recherche d'un trafic plus conséquent est consécutive au constat d'une baisse de clics, il vous est conseillé de revoir la dynamique de vos annonces. Il est préférable d'avoir des annonces spécifiques qui mettent en avant : les garanties pratiquées, la rapidité ou gratuité des livraisons, les promotions en cours, les possibilités de remboursement, particulièrement en cas d'insatisfaction.

Vous devez vous différencier de vos concurrents.

Essayez de tester en même temps plusieurs versions d'annonces afin de savoir à quel type de rédaction sont sensibles les internautes. Enfin, affinez la rédaction de vos annonces en insérant automatiquement le mot clé dans le titre ou la description.

DES IMPRESSIONS ACCOMPAGNÉES D'UN FAIBLE TAUX DE CLICS ? COMMENT RÉAGIR ?

Vos listings de mots clés doivent être révisés quand votre campagne génère de nombreuses impressions mais peu de clics. Les éléments à prendre en compte sont : votre taux de clics, qui se calcule par le ratio clic/impression × 100 ; les CPC maximum ; votre position pour chaque mot clé et le statut des mots clés.

Identifiez de nouvelles expressions en vous servant du générateur de mots clés présent sur chaque interface. Sur Google AdWords exploitez également le Rapport sur les requêtes des internautes. Il mentionne les expressions tapées par les internautes avant de cliquer sur une de vos annonces.

Assurez-vous que vos annonces concordent avec les mots clés présents dans vos groupes d'annonces.

LE CAS DE LA SAISONNALITÉ

Si votre activité est fortement soumise à la saisonnalité, il peut être bon d'augmenter les CPC maximum au début des mois clés afin d'acquérir une position stratégique et de rapidement gagner en clics. Une fois la saison passée, ne désactivez pas vos mots clés, optez plutôt pour une enchère minimale. En désactivant un mot clé vous lui feriez perdre tout son historique.

La nécessité d'augmenter son retour sur investissement

L'importance des mots clés spécifiques

Dans une telle hypothèse, vous devez vous assurer que votre campagne repose sur des mots clés ciblés : marques, nom de vos produits, expressions combinant vos produits avec un verbe d'action (acheter, réserver, louer…).

Garantir un bon positionnement

Les mots clés qui vous apportent les conversions doivent bénéficier d'un bon positionnement. En reconsidérant le CPC maximal de vos mots clés, gardez en tête qu'il est fondamental d'apparaître sur la première page car seul 20 % des internautes prennent connaissance des annonces de la seconde page de résultat d'un moteur de recherche.

L'importance des annonces très spécifiques

Établir une corrélation entre le mot clé et l'annonce est déterminant à deux égards. Une telle association augmente le taux de clics tout comme l'indice de qualité de vos campagnes.

Info

L'Indice de qualité est symbolisé sur l'interface Y!SM par une barrette avec des cases bleues repose sur la formule suivante : CPC × (Quality Score de l'annonce & CTR)

Votre retour sur investissement sera amplifié si vos annonces illustrent les dernières promotions, offres de votre site et permettent aux internautes cliquant dessus de voir leurs attentes satisfaites.

L'impact de la page de destination

Pour accroître votre retour sur investissement vous devez préférer les pages de destination à la page d'accueil de votre site. Rediriger un internaute sur la page décrivant le mieux les caractéristiques du produit recherché augmente vos chances de convertir cette visite en un achat.

L'optimisation de votre site web

La nécessité d'optimiser votre site apparaît quand malgré de bonnes statistiques (ratio clic sur impression supérieur à 1 %, annonces positionnées sur la première page de résultat des moteurs de recherche…) le trafic dirigé vers votre site ne s'accompagne pas des actes d'achats attendus. Il faut alors rapidement minimiser le taux de rebond des internautes.

Assurez-vous dans un premier temps qu'une étroite relation existe entre l'annonce que vous diffusez et le contenu de la page vers laquelle vous dirigez vos clients potentiels.

Dans un second temps, pensez à faire évoluer le contenu de votre site, à en changer quelque peu la dynamique. Travailler l'ergonomie et le contenu de vos pages contribue à augmenter le nombre de conversions. Vous pouvez consulter la première partie du Chapitre 12 traitant de l'importance d'une bonne ergonomie. Il détaille les actions à mettre en place pour avoir un site en phase avec les attentes de sa clientèle, rendre son usage et la navigation au sein des pages plus faciles.

Dans le cadre d'une campagne de liens sponsorisés, il est conseillé d'amener les internautes en moins de deux clics à la page souhaitée. Sur cette page, les informations fondamentales sont positionnées là où le regard de l'internaute se place automatiquement. Une fois que sa volonté d'achat est confortée par l'information et la présentation des produits sur votre site, le processus d'achat doit être le plus simple possible.

17 Utiliser les comparateurs de prix

Au sommaire de ce chapitre :

- Kelkoo, la plate-forme commerçante de Yahoo
- Le Guide.com
- Shopping.com
- Comparateur de prix gratuits : Twenga

Dans quels cas le recours à un comparateur de prix contribue-t-il à rehausser le chiffre d'affaires d'un Web marchand ? La présence sur Kelkoo, Le Guide.com ou Shopping.com peut tout d'abord compenser le manque de notoriété d'un nouvel entrant, à partir du moment où l'élément mis en valeur et sur lequel il pense être compétitif est le prix de vente de ses produits.

Être présent sur un comparateur de prix est un levier pour gagner une nouvelle clientèle à la recherche de la bonne affaire, de la meilleure offre-prix.

Pour les comparateurs où le placement des offres se fait en fonction d'une commission versée pour toute redirection, si vous êtes en mesure de payer le CPC (coût par clic) exigé pour être parmi les trois premiers annonceurs, vous vous assurez un bon taux de fréquentation, et par ricochet, vous boostez vos ventes. Cependant, pour vous assurer un chiffre d'affaires correct, la gestion de votre campagne devra être stratégique et reposer sur de nombreux tests. Identifiez les produits ayant une marge suffisante pour générer des bénéfices indépendamment de la commission versée, surveillez de près le coût d'acquisition des prospects générés par un comparateur de prix, déterminez votre seuil de rentabilité.

Certains commerçants pourront ne jamais ressentir le besoin de diffuser leurs produits sur un comparateur de prix. Ce sera le cas de l'e-commerçant dont l'activité est de nature artisanale. Si ses produits (dont il peut être le seul créateur) se réalisent à une petite échelle, et sont vendus soit en direct soit par le biais d'un site, il n'aura aucun intérêt à utiliser un comparateur de prix pour faire la promotion de son activité et vendre.

Parce que dans une telle hypothèse, une comparaison ne pouvant être établie avec d'autres produits, ce n'est pas le prix mais la qualité, la rareté du bien ou la réputation du commerçant qui amèneront des internautes à passer commande. Le même constat pourrait être fait pour un site proposant des produits de luxe.

Comme vous allez le constater, les comparateurs de prix fonctionnent essentiellement sur le classement d'offres en fonction de leur prix de vente. Pour un même article, l'annonceur avançant le prix le plus attractif aura de grande chance de générer un flux notable vers son site, même si son offre ne s'accompagne d'aucune garantie, d'aucun service.

Dans les développements à venir, les trois principaux comparateurs de prix fonctionnant sur un modèle payant et un comparateur de prix gratuit vont être présentés.

Kelkoo, la plate-forme commerçante de Yahoo

Présent dans dix pays de l'Union européenne, Kelkoo repose sur le principe du positionnement des annonces en fonction du CPC (voir Figure 17.1).

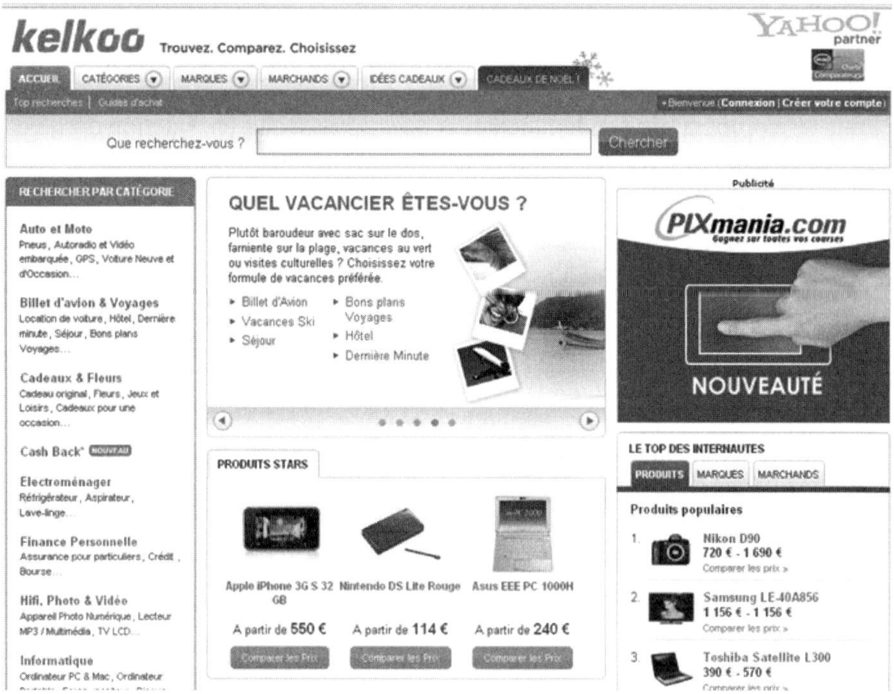

Figure 17.1

Donnez la chance aux internautes de trouver et choisir vos produits.

Info

Ce comparateur rassemble 6 millions de produits et référence 2 000 marchands. En décembre 2006, il a connu plus de 3 millions de visiteurs uniques.

Vous avez deux options pour effectuer votre recherche sur ce comparateur. La première revient à utiliser le moteur de recherche intégré en haut à gauche de la page Kelkoo. Les offres apparaissant sur la page de résultats peuvent être réorganisées en fonction d'une fourchette de prix ou par catégories de produits. Chaque offre comprend un résumé des caractéristiques du produit, un lien de redirection vers le site marchand présenté sous la forme d'un bouton intitulé Voir offres, et une notation donnée du produit réalisé par les précédents acheteurs.

La deuxième option consiste à rechercher votre produit en fonction des catégories présentes, elles sont au nombre de 15. Le classement des offres se fait alors selon leur prix.

Pour être référencé sur Kelkoo, vous pouvez opter dans un premier temps pour l'offre d'essai reposant sur un package de 1 500 clics gratuits (le CPC est de 0,17 €). Vos offres apparaîtront seulement quand un internaute utilisera le moteur de recherche Kelkoo pour trouver le produit désiré. Kelkoo met à votre disposition un Extranet pour gérer votre listing d'offres. Cette offre de référencement gratuit n'est pas disponible pour toutes les catégories de produits. (Veuillez vous connecter au site pour de plus amples informations). Cette offre d'essai peut vous permettre de connaître l'impact d'un tel programme sur le volume de ventes générées.

En fonction de votre retour sur investissement, une fois votre bonus de 1 500 clics utilisé, vous avez le choix de souscrire ou non à l'offre globale payante pour continuer à apparaître sur le comparateur Kelkoo.

Le référencement s'opère sur l'ensemble du site avec envoi par e-mail de rapports reprenant les données du trafic, accès à une solution de traking (Trade Doubler).

Pour communiquer votre listing de produits à Kelkoo, vous pouvez créer un fichier FTP/http qui reprend toutes les offres commerciales que vous souhaitez voir indexer. Ce fichier doit être régulièrement consulté afin que les dernières données concernant les produits de votre site soient actualisées sur le comparateur de prix.

Si vous n'utilisez pas un tel fichier, les pages de votre site web sont crawlées par l'agent "sniff" de Kelkoo.

Astuce

Pour connaître les spécificités et les petits plus de ce comparateur, rendez-vous sur **www.kelkooinsolite.com**.

De plus, pour une gestion efficace de votre campagne assurez-vous de bien gérer votre **flux de produits**, c'est-à-dire le fichier faisant le lien entre votre base de données et celle du comparateur. Ne proposez que les produits les plus rentables.

Le Guide.com

Présent dans douze pays européens, et disponible en 7 langues (français, anglais, allemand, espagnol, italien, néerlandais et polonais), le Guide.com propose un référencement gratuit avec apparition des fiches produits sur les sites webmarchand.com, Guide.com, le Guide.net et Gooster.com (voir Figure17.2).

Figure 17.2
Un guide largement diffusé en Europe.

Le référencement payant octroie un placement prioritaire sur les pages de résultats des moteurs de recherche et des annuaires. Dans cette seconde hypothèse, les offres commerciales seront accompagnées du logo de l'e-commerçant.

La commission à reverser dépend du volume de clics émis (voir Tableau 17.1).

Tableau 17.1 Une tarification déterminée en fonction des volumes de clics

Nombre de Clics	Tarif Unitaire Brut H.T.	Tarif Unitaire Net H.T.
De 3 000 à 5 400	0,20 €	0,170 €
De 6 000 à 30 000	0,18 €	0,153 €
De 30 000 à 90 000	0,16 €	0,136 €
Au-delà de **103 000**	0,14 €	0,120 €

Les recherches se font en fonction du prix et / ou de la popularité des produits auprès des précédents acheteurs.

Le Guide.com propose des services annexes, à savoir la possibilité d'avoir ses offres promotionnelles dans l'encadré Les bons plans ou dans les newsletters diffusées. Des programmes d'affiliation peuvent être également envisagés.

Info

Sur le marché français, en décembre 2006, le Guide.com comptait 3,8 millions de visiteurs uniques (données Mediametrie//Netratings), avec à l'échelle européenne 90 millions de produits et 25 000 marchands référencés.

Shopping.com

Le comparateur Shopping.com a été lancé sur le marché français en mars 2005 et est également présent en Grande Bretagne, en Allemagne, en Australie et aux États-Unis (voir Figure 17.3).

Shopping.com repose sur un référencement payant dont le positionnement des annonces dépend du montant de l'enchère au CPC consacré pour un produit. Sous réserve de nouvelles tarifications, l'enchère oscille entre 0,15 et 0,70 €.

Si vous visez les trois premières positions, vous devrez faire face aux surenchères de vos concurrents. Veillez donc à identifier le seuil au-delà duquel le coût du clic de redirection mettrait en danger le bénéfice retiré d'une telle campagne. Pour les autres annonces, le positionnement dépendra du prix pratiqué pour le produit recherché par l'internaute.

Les informations à fournir pour apparaître sur ce comparateur sont des plus classiques : le prix du produit devant être indexé, le délai et frais de livraison et enfin le stock disponible.

Quand votre campagne est lancée, vous avez la possibilité d'en traquer les résultats.

Figure 17.3
La configuration du site Shopping.com.

Info

Selon les données ComScore, ce comparateur compte 4,5 millions de visiteurs uniques, 2 millions de produits indexés sur le marché français et 250 marchands référencés sur l'année 2006.

Twenga

Voici un comparateur de prix gratuit ayant fait son entrée sur le Net en septembre 2006 afin d'apporter une réponse concrète au manque d'objectivité souligné par la DGCCRF lors de son enquête d'août 2006 contestant le principe de placement des annonces en fonction du CPC (voir Figure 17.4).

Si votre business plan ne vous permet pas de lancer une campagne sur un comparateur de prix dont le classement est payant, vous pouvez tenter sans risques de référencer vos produits sur Twenga.

Aucun frais déguisés ne surgiront, une fois votre campagne lancée, car ce comparateur maintient son principe de gratuité en monétisant son audience grâce à des liens commerciaux dispatchés sur ses différentes pages.

L'exhaustivité des informations accompagnant chaque article référencé est recherchée sur Twenga. Ainsi un internaute souhaitant comparer les offres en matière d'écran plasma pourra prendre connaissance des qualités intrinsèques des produits, des avis des consommateurs, du prix, de la notation donnée par le comparateur (voir Figure 17.5).

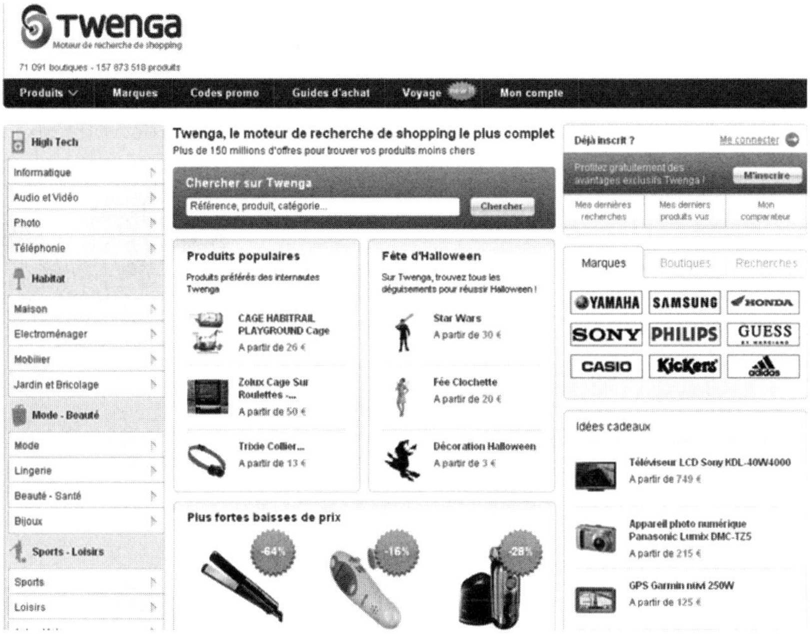

Figure 17.4

Twenga, un comparateur de prix gratuit.

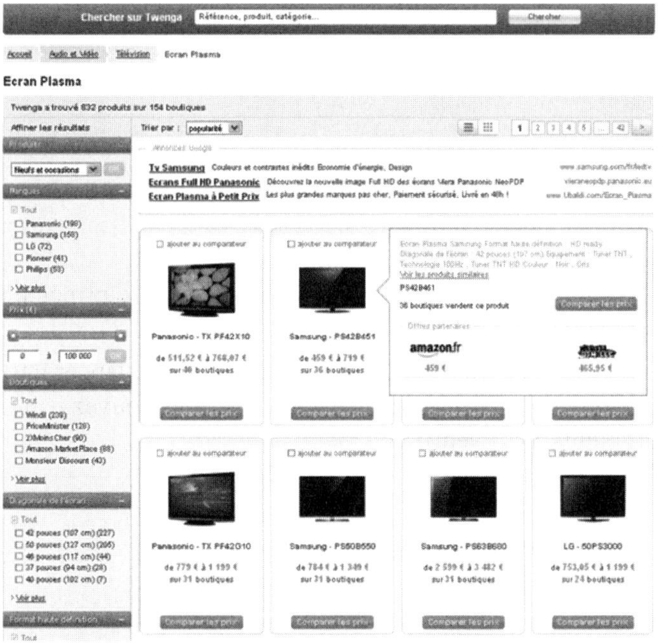

Figure 17.5

Twenga: une information fournie pour chaque article référencé.

Sur ce comparateur, l'indexation des articles se fait parmi 15 catégories. Le classement des produits repose sur le prix à défaut de la sélection d'un autre critère par l'internaute.

Il existe deux voies pour être présent sur ce comparateur : le laisser crawler les pages de votre site et procéder à l'intégration des articles de votre site ou s'inscrire directement sur Twenga à **www.twenga.fr/register.php** en envoyant çonsécutivement vos listings de produits.

18 Faire appel aux services d'affiliation

Au sommaire de ce chapitre :

- Le principe
- Les objectifs
- La mise en place d'un programme d'affiliation

Dans le *Livre Blanc sur l'affiliation (de nouvelle génération)*, le groupe Public-Idées rappelle que l'affiliation "consiste à engager une **stratégie de partenariat entre un site marchand** (l'annonceur ou le site affilieur) **et un autre site Internet** (l'affilié ou le site éditeur). L'annonceur choisit son partenaire en fonction de son trafic (le nombre de visiteurs uniques et le nombre de pages vues) ; et/ou de la pertinence de son contenu (la nature de l'information mise en ligne)."

Concrètement, "l'affilié accorde de l'espace publicitaire à l'annonceur en mettant des bannières ou des liens publicitaires." En contrepartie, l'annonceur s'engage à rémunérer "l'affilié au prorata de son apport d'affaires".

L'affiliation est un outil de recrutement pouvant renforcer la visibilité de votre site en bénéficiant du trafic des sites web que vous choisirez comme partenaires.

Un tel vecteur contribue également à accroître la notoriété de votre marque tout en développant vos ventes.

Avant de vous lancer dans une telle aventure, prenez le temps de consulter les développements à venir afin de construire, selon vos besoins, une campagne rentable. Identifiez clairement votre besoin (catégorie socioprofessionnelle de votre cible, âge, localisation, nombre de prospects à recruter…).

Soyez également prêt à traiter le volume de nouveaux contacts consécutifs à un tel programme. L'affiliation est en effet un vecteur promotionnel se concevant rarement à une petite échelle ; pour ce qui est tout au moins de l'envoi d'e-mails.

Le principe de l'affiliation

Une relation affilieur, affilié et plate-forme d'affiliation

Le principe de l'affiliation est d'établir une relation entre un site bénéficiant d'un bon taux de fréquentation, souhaitant monétiser son audience (l'affilié) et un site en quête de visibilité pour mieux vendre ses biens et services (l'affilieur). Pour lancer un programme d'affiliation, il est donc nécessaire de constituer un partenariat avec des affiliés (voir Figure 18.1).

Vous pouvez mettre en place votre campagne d'affiliation vous-même si vous bénéficiez en interne d'une personne dédiée à un tel programme ou bien décider de recourir à une plate-forme d'affiliation.

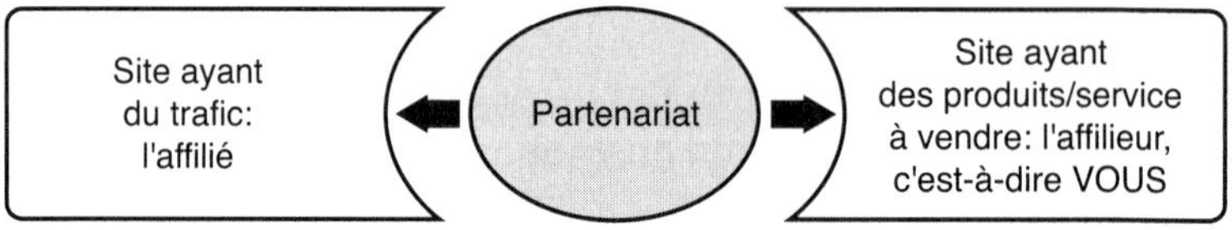

Figure 18.1
Le cœur d'un programme d'affiliation : le partenariat affilié-affilieur.

Une offre commerciale performante

Le fondement de l'affiliation est la performance réalisée sur une offre commerciale.

Pour que votre campagne d'e-mailing ou de bannières vous apporte le nombre de contacts, conversions souhaités, elle doit comporter une véritable offre, la perspective d'un gain pour l'internaute contacté.

En effet, si elle s'apparente trop à une "lettre d'information", celui-ci peut ne pas prendre le temps de lire le contenu de votre e-mail.

L'affiliation vous place vraiment dans le cadre de la pure performance car vous ne vous engagez à payer que pour une action à réaliser. Ce peut être un clic, un formulaire rempli, un achat, une commande ou une inscription opt-in. L'opt-in consiste, d'après le Dico du Net, en une "politique de collecte des données personnelles basée sur le consentement préalable de l'internaute."

Les différents modes de fonctionnement/de facturation

L'affiliation peut prendre la forme d'une **campagne d'affichage** de supports publicitaires. Pour diffuser votre offre, communiquer sur la valeur ajoutée de votre site, plusieurs supports peuvent être exploités. Le plus courant est la **bannière** qui selon le Dico du

Net se présente comme "un rectangle cliquable, statique ou animé, contenant un message publicitaire et dirigeant le plus souvent l'internaute vers un site à vocation commerciale".

Ce support prendra bien souvent les dimensions 468 × 60 pixels. Pour connaître tous les standards d'une campagne d'affichage (skyscraper, carré, fenêtre pop-up,...) rendez-vous sur le site IAB (Interactive Advertising Bureau) dont l'adresse est : **www.iab-france.com**.

Figure 18.2

IAB présente les différents modèles d'affichage en affiliation.

Vous pouvez également décider de matérialiser votre campagne sous la forme d'un lien contextuel surligné avec une couleur différente de celle du reste du texte du site de l'affilié. Les sites affiliés décident d'intégrer un tel lien plus qu'une bannière quand ils ne disposent pas assez de place sur leurs pages. Ce format permet au site éditeur d'accepter plus d'affilieurs et donc de monétiser à grande échelle l'audience du site.

Le lien contextuel peut être préféré aux autres formats si le contenu de votre site est en relation directe avec le message de l'affilié, avec son secteur d'activité.

Une campagne d'affichage peut aussi prendre la forme d'un interstitiel. Ce n'est pas aujourd'hui le modèle le plus utilisé en raison de son coût. Il est cependant bon d'en connaître les caractéristiques. En naviguant sur le net, vous avez certainement du en visualiser. Par exemple en recherchant les dernières sorties cinématographiques ou les horaires d'un film, si vous avez tenté d'accéder au site Allocine.com une publicité prenant tout l'écran vous a certainement été présentée (voir Figure 18.3) avant même d'accéder au contenu du site.

Figure 18.3
Avec l'interstitiel, votre publicité est la première page visualisée par un internaute.

Une campagne d'affichage se facture selon le modèle du CPM (coût pour 1 000 impressions), celui du CPC ou du CPA (coût par acquisition).

L'autre facette de l'affiliation est **l'e-mailing**, technique selon laquelle un courrier électronique est envoyé "à un plus ou moins grand nombre d'internautes". Une campagne d'e-mailing a généralement pour but de promouvoir un produit pour un service, ou à informer les lecteurs abonnés sur une actualité choisie" (définition extraite du Dico du Net.). Dans cette hypothèse, la facturation se réalisera au CPM, CPL (coût par lead, c'est-à-dire par formulaire rempli), CPO (coût par ordre) ou CPS (coût fixe par vente – "sale") ou pourcentage pris sur les ventes réalisées.

Si vous décidez de prendre en charge l'élaboration et la gestion d'une campagne d'e-mailing, quelques préalables s'imposent. Ils sont répertoriés sous forme de tableau, extrait du *Guide de survie de l'e-mailing*, conçu par Diane Revillard de l'Agence Di&Mark (voir Tableau 18.1).

Tableau 18.1 Les axes à suivre pour créer et gérer une campagne d'e-mailing

Étapes	Réalisées	
	Oui	Non
1 - Répertoriez l'ensemble de vos adresses e-mails et données connexes disponibles	☐	☐
2 - Définissez les objectifs à long terme de la campagne	☐	☐
3 - Définissez les différentes offres et/ou les incentives de la campagne	☐	☐
4 - Segmentez et construisez vos listes de diffusion selon l'offre et la rédaction du message	☐	☐
5 - Rédigez votre courrier électronique	☐	☐
6 - Pré-testez votre courrier électronique	☐	☐
7 - Envoyez votre courrier électronique	☐	☐
8 - Traitez et analysez les demandes de désabonnements	☐	☐
9 - Traitez les retours d'e-mails	☐	☐
10 - Assurez le suivi de campagne, faites l'analyse complète du reporting	☐	☐

Une campagne d'e-mailing peut être pensée en dix étapes.

1. Réfléchissez aux caractéristiques de votre cible. Votre site étant référencé depuis quelque temps, la nature du trafic qu'il génère doit vous permettre désormais de connaître – grosso modo – les attentes et comportements du public que vous touchez. De telles données seront précieuses pour choisir le ton, le contenu de votre message commercial.

2. Répertoriez l'ensemble de vos adresses e-mails. Cette liste peut être étoffée avec les bases de données d'agences spécialisées ou plates-formes d'affiliation. Des sites, tel que Rentabilisez.com, vous donnent accès aux programmes de plates-formes.

3. Déterminez vos objectifs à long terme. Que souhaitez-vous retirer d'une telle campagne ? Cherchez-vous exclusivement à fidéliser votre clientèle actuelle ? Avez-vous besoin de gagner une nouvelle clientèle ?

   Les offres de votre campagne doivent être identifiées. Toute campagne doit être en mesure de répondre concrètement aux besoins de votre cible.

4. Segmentez et construisez vos listes de diffusion, ce au regard de l'offre et de la rédaction de votre message. Plus votre action sera ciblée, plus votre taux de conversion sera important.

Figure 18.4

Rentabilisez.com : Programmes et plates-formes d'affiliation en détail.

5. Rédigez votre courrier électronique. Votre message peut se lire au travers d'un court texte et/ou d'une image représentative.

Dans son développement sur *L'essentiel du marketing direct* du *Guide des Professionnels du marketing Direct*, Xavier Lucron énumère les règles à suivre pour rédiger un message "performant". À cette fin, il propose une liste de mots à utiliser : "testé, bénéficié, rapidité, sécurité, progrès, qualité, économique, performant, nécessaire, profiter, information, conseil, résistant, efficace, nouveau, esthétique, proposer, promotion…". Ce sont des termes "factuels, positifs et crédibles". Le contenu de votre e-mailing doit être un mix de dynamisme, d'appels à l'action, de phrases simples et positives. Le dynamisme peut se traduire à travers l'usage de l'impératif: "Testez notre nouvelle version…", "Abonnement gratuit de…".

Votre message doit être exempt de termes ou expressions négatifs. Bannissez les accroches de type : "Ne cherchez plus…", "N'ayez plus peur, l'entreprise beta est là pour…" ou les phrases comportant "sans…".

Enfin, n'oubliez pas de proposer un lien pour amener les destinataires de cette campagne à souscrire à votre offre ou à remplir le formulaire de contact vers lequel votre e-mail redirigera.

6. Réalisez toujours un test avant de penser à l'envoi global et final de votre campagne d'e-mailing.
7. Quand les vérifications nécessaires sont opérées, envoyez votre courrier électronique.
8. Traitez les demandes de désabonnement. Les destinataires de votre courrier électronique ne doivent pas se sentir pris au piège d'un tel envoi. Il faut donc leur donner la possibilité de cliquer sur un lien pour se désinscrire de votre programme.
9. Vient alors la phase de traitements des retours d'e-mails.
10. L'étape clôturant une campagne d'e-mailing est celle du reporting, de l'analyse complète des résultats de votre programme.

Votre programme d'affiliation

Le choix d'un réseau d'affiliation

Les objectifs de l'affiliation sont simples. Il s'agit de recruter de nouveaux clients, membres, prospects en exploitant un réseau performant, approprié à son secteur d'activité.

Les considérations de retour sur investissement s'appliquent également à l'affiliation de sites Internet. Aussi, prenez garde de ne pas vous affilier à toutes sortes de sites. Optez pour ceux qui correspondent à votre cible de clientèle.

Votre choix peut se porter dans un premier temps sur un petit panel de sites.

Pour sélectionner les sites de votre programme d'affiliation, rassemblez toutes les informations collectées à partir de votre site concernant les attentes, centres d'intérêts de votre cible. Par la suite, utilisez les réseaux d'annuaires professionnels en ligne, contactez les réseaux d'affiliés énumérés sur des sites spécialisés tels que Rentabilisez.com (**www.rentabilisez.com/**) ou Web-affiliations.com (**www.Web-affiliations.com/affiliation-affilie.html**).

La mise en place d'un programme d'affiliation

En fonction de la structure de votre activité, du budget et de votre temps, deux hypothèses apparaissent pour construire votre programme d'affiliation. La première hypothèse revient à élaborer vous-même vos campagnes d'affiliation, dans la seconde vous la confiez à une agence spécialisée.

- **Gérez vous-même vos campagnes.** Contactez un à un les sites sur lesquels vous aimeriez placer une bannière ou un lien. Il est recommandé qu'une personne se consacre à temps plein à un tel programme. L'affiliation nécessite un relationnel important pour constituer votre réseau d'affiliés. Une fois qu'il est constitué, il faut le faire vivre et l'animer. Mettez en avant sur votre site vos partenaires, en établissant un barème des commissions reversées aux affiliés au regard de l'audience de leur site, ainsi que les résultats des campagnes lancées avec eux.

  Si vous souhaitez rentabiliser l'audience de votre site, il est toujours possible de vous placer en tant que site affilié et d'accepter les publicités de sites évoluant dans le même univers que vous. Dans ce cas, les sites Rentabilisez.com et Webaffiliations.com disposent d'une rubrique dédiées aux affiliations directes (voir Figure 18.5).

- **Une agence, une plate-forme gère votre campagne.** Votre programme d'affiliation sera relayé moyennant le paiement d'une commission sur le prix du prospect généré.

  Pour mieux vous représenter la relation qui se met en place, imaginez une place de marché. D'un côté vous, en quête de clients, de l'autre un propriétaire de site dont la nature du trafic et le taux de fréquentation peuvent répondre à votre besoin. Le propriétaire est prêt à monétiser l'audience de ses sites, c'est-à-dire à rédiger une partie de son trafic vers votre site afin de générer des ventes ou le remplissage de formulaires

  Comme ces deux acteurs ne sont pas en mesure de se rencontrer, l'agence d'affiliation établit la relation nécessaire, moyennant une commission. Concrètement, votre programme d'affiliation va être déposé sur une plate-forme où les futures campagnes sont classées par thématiques. Si le choix d'un propriétaire de site se porte sur votre offre, cela enclenchera la diffusion de votre campagne d'affiliation.

  En passant par une plate-forme vous bénéficiez de sa force de frappe et vous dégagez un temps précieux pour renforcer votre catalogue produits et le service apporté à votre clientèle.

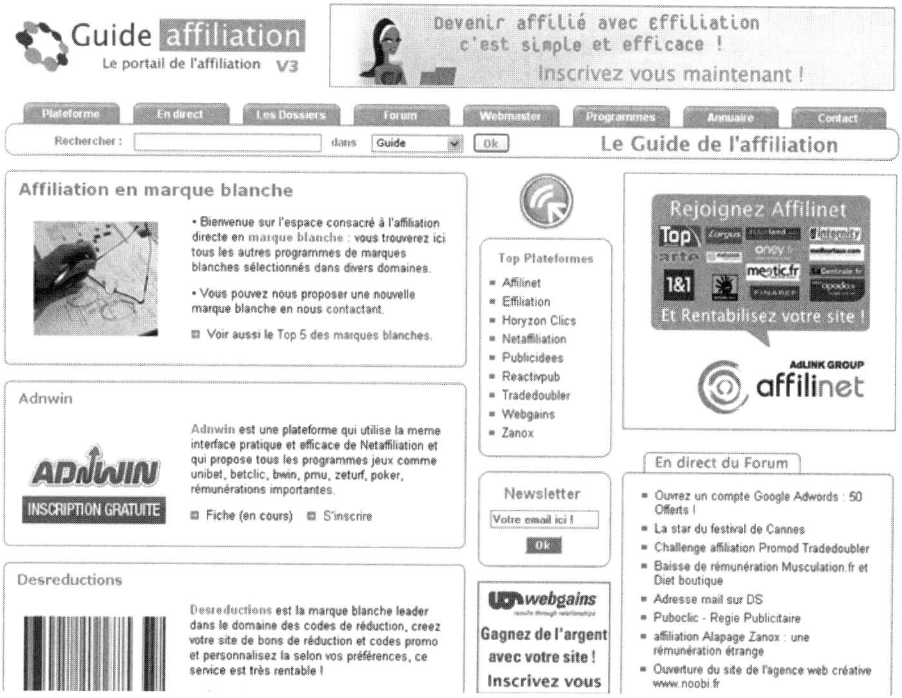

Figure 18.5

Programmes d'affiliations directes du site Web-affiliations.com.

S'assurer de la performance de la campagne

Le lancement d'une campagne d'affiliation ne doit pas se faire à n'importe quel prix. Maîtriser le coût d'acquisition de vos nouveaux clients est fondamental.

Une politique de ROI doit se mettre en place. Il s'agit d'optimiser votre investissement en connaissant le taux de clic et de transformation de vos bannières. Pour vous aider vous pouvez recourir à un outil de tracking. Si vous passez par une plate-forme ou régie pour lancer votre programme d'affiliation vous bénéficiez de toutes les statistiques nécessaires pour identifier les programmes performants et gains retirés.

19 L'exploitation de votre base e-mail

Au sommaire de ce chapitre :

- La conception de votre newsletter
- La gestion de vos mailings lists

Comment exploiter la richesse de votre base e-mail afin de fidéliser votre clientèle ?

Vous pouvez recourir à l'up-selling. Une technique qui consiste, selon le Dico du Net, à "présenter sur une page produit des produits de gammes complémentaires, susceptibles d'être ajoutés au panier." Vous pouvez également élaborer une newsletter. Mais avant tout, assurez-vous que votre démarche ne soit pas interprétée par vos contacts comme une pratique de spamming. En reprenant la définition de C. Alvergnat dans son rapport sur *Le publipostage électronique et la protection des données personnelles*, le spamming apparaît comme la technique d'"envoi massif de courriers électroniques non sollicités, le plus souvent à caractère commercial, à des personnes avec lesquelles l'expéditeur n'a jamais eu de contact et dont il a capté l'adresse électronique dans les espaces publics d'Internet : forums de discussion, liste de diffusion, annuaires, sites web…"

Pour que votre base e-mail soit optimale et vous apporte le retour escompté, pensez à la rafraîchir régulièrement. Une telle opération passe par la suppression des adresses e-mails invalides et celles des internautes qui ne souhaitent plus recevoir vos e-mails et vous en ont fait la demande expresse.

Sollicitez votre base e-mail interne deux fois par mois. Au-delà, vous pouvez lasser votre clientèle avec le risque qu'elle traite vos mailings ou newsletters comme des spams.

Enfin, veillez à ne pas être agressif dans votre prospection commerciale.

La conception de votre newsletter

Une newsletter est une "lettre d'information (...) composée d'informations rédigées sous forme de nouvelles brèves." Pouvant toucher tout public, elle est diffusée "quotidiennement ou sous forme d'une lettre hebdomadaire." (définition extraite du glossaire du site **www.e-marketing.fr**).

Lors de son élaboration, il faut absolument prendre en compte que votre clientèle en reçoit chaque jour un nombre important. Quelles sont alors les clés pour que la vôtre se détache du lot ? Comment faire pour qu'elle soit parcourue et amène à visiter votre site ?

La newsletter trouve sa légitimité dans la petite information en plus, la mise en avant de bons plans, de conseils.

Voici quelques principes à prendre en considération. Les données majeures (prix exclusifs, promotions, bons plans...) doivent être très rapidement repérables, car peu de temps sera consacré à la lecture de votre newsletter. L'intérêt de l'ouvrir doit frapper votre cible. Assurez-vous quelle lui est adaptée et qu'elle n'est pas trop généraliste. Travaillez son titre, son objet. Son graphisme doit être propre, son contenu concis et percutant. En toute hypothèse, optez pour une information claire.

Pour l'inscription à votre newsletter, rapidité et facilité s'imposent. Prospects et clientèle doivent pouvoir trouver facilement le lien d'inscription. Concernant les champs à remplir, limitez-vous au strict nécessaire tout en donnant – à la fin du formulaire – la possibilité de faire part de ses préférences. Recevoir une newsletter en adéquation avec ses besoins augmentera la satisfaction de vos clients. L'opération doit se conclure par une confirmation de l'inscription.

Pour donner envie d'ouvrir votre courriel et de découvrir votre newsletter, rassurez en mentionnant dans le titre le nom de votre entreprise. Pas de place au doute, le client ne pensera pas recevoir un spam !

L'objet de votre e-mail doit aussi contenir une donnée propre à votre cible (son nom, un élément géographique...). N'hésitez pas à préciser la période pendant laquelle votre offre est effective... cela renforce le désir, l'envie d'en profiter !

Toute information avancée dans le titre de votre e-mailing doit se retrouver dans la première partie de votre newsletter, voire le premier sujet traité. C'est une règle de bon sens. Orientez la lecture.

Faites attention à la ligne de flottaison démarquant la zone directement visible quand votre newsletter s'affiche (zone au-dessus de la ligne de flottaison ou "above the fold") et celle qui nécessitera un scroll. Placez au-dessus votre offre de la semaine, les produits bénéficiant d'une promotion ou d'une actualité... Dans cette première partie de la newsletter doivent apparaître les éléments à même de capter l'attention de l'internaute et de lui donner envie d'en poursuivre la lecture.

L'internaute prend connaissance du contenu de votre newsletter : c'est un bon point ! Mais l'objectif reste de l'amener à cliquer sur les éléments présentés pour le rediriger vers votre site.

Le plus souvent ce sont les visuels qui seront cliqués. Ils ne doivent pas être en surnombre. La clarté de présentation des images et textes incitera au clic. La mise en avant de votre offre appuyée par un texte incitatif sera également déterminante.

Étape finale : la redirection vers le site. Pour assurer la satisfaction de vos clients et les amener à acheter, une corrélation entre le contenu de votre newsletter et celui de votre page d'accueil doit exister. Il est inutile de créer une newsletter, si l'internaute ne peut retrouver sur votre site la bonne affaire suggérée ou l'offre promotionnelle mise en avant.

L'information en termes de prix, de durée de l'offre, de conditions d'application… doit être captée facilement sur votre site tout comme sur votre newsletter.

Info

L'intérêt d'une newsletter est de maintenir un lien avec l'ensemble de vos contacts, de vous rappeler à eux s'ils venaient à consulter irrégulièrement votre site. La newsletter apparaît donc comme l'outil idéal de rappel d'existence.

Cet outil marketing permet de communiquer aisément sur les dernières actualités et nouveautés de votre site. Il est également un support promotionnel qui grâce à un lien redirigeant vers votre site, vous donne l'opportunité de gagner en visites.

D'un point de vue plus technique, pour concevoir votre newsletter, il est possible de se reporter à de nombreux sites répertoriant les étapes à suivre, ou de se tourner vers des agences spécialisées.

En vous rendant sur le **http://www.conseilsmarketing.fr/emailing/comment-creer-une-newsletter-en-10-etapes-2**, vous accéderez à un guide décrivant en 10 étapes comment élaborer votre newsletter (voir Figure 19.1).

Vous y apprendrez les formats à privilégier, le poids des images à ne pas dépasser, les erreurs à ne pas commettre comme utiliser trop de polices (maximum 3), rédiger le contenu dans Word et le copier-coller sur l'éditeur html, etc.

Des conseils vous seront donnés pour que votre newsletter ne soit pas classée parmi les spams. À ce titre, il peut être intéressant de permettre à l'internaute d'enregistrer votre adresse d'expédition dans ses contacts (voir Figure 19.2).

Figure 19.1

Des conseils techniques pour créer votre newsletter.

Figure 19.2

Pour garantir les bonnes réception et lecture de votre newsletter.

L'élaboration d'une newsletter doit satisfaire à certaines obligations légales, comme la possibilité de se désinscrire, d'accéder et de pouvoir modifier ses données personnelles, l'existence d'un message de confirmation d'inscription… (voir Figure 19.3).

Figure 19.3

Le lien de désabonnement.

La gestion de vos listes d'e-mails doit également reposer sur l'accord de leurs propriétaires. Les concepts d'opt-in et double opt-in sont présentés dans la section à suivre.

La gestion de vos mailings lists

Quelques précautions doivent être prises pour établir une liste de qualité.

Vous devez vous assurer d'avoir l'accord des internautes auxquels vous comptez envoyer votre newsletter. À défaut, votre envoi sera considéré comme du spam. Il faut dans ce cas recourir au procédé du double opt-in selon lequel un e-mail est envoyé à tout internaute demandant d'intégrer votre base de données afin de recevoir votre newsletter. Pour vous protéger des malveillances ou erreurs des internautes, votre e-mail doit comporter un lien par lequel vous demandez de confirmer le souhait d'inscription. Ce n'est qu'à cette seconde étape que l'internaute fera partie de votre réseau d'abonnés.

Pour que votre base soit continuellement à jour, il vous faut permettre à l'internaute d'actualiser ses données de contact ou préférences dans les mailings que vous lui envoyez. Un simple lien redirigeant vers son compte suffit.

Un autre lien doit être présent : celui qui permet de se désinscrire. À aucun moment vos contacts ne doivent se sentir prisonniers des envois que vous réalisez. L'image de votre site en dépend.

Pour que votre base e-mail soit optimale et vous apporte le retour escompté, pensez à la rafraîchir régulièrement en extrayant les adresses e-mails invalides, et celles des internautes qui ne souhaitent plus recevoir votre newsletter. Normalement, une personne souhaitant se désabonner de votre newsletter doit voir sa demande satisfaite sous 24 heures…

Vous pouvez bénéficier d'une aide à la gestion de vos listes d'abonnés. Le site eMill Optin (**http://optin.emill.net/service/**) est un service gratuit. Il permet d'automatiser la gestion de vos listes de contacts dans l'hypothèse où vous décidez de lancer une newsletter.

Ce site vous propose de concevoir un formulaire afin que vos visiteurs puissent s'abonner à votre newsletter. Vous choisissez les questions auxquelles doivent répondre vos futurs abonnés en mentionnant le caractère obligatoire ou non des questions, puis mentionner l'adresse de votre site qui apparaîtra dans l'e-mail de confirmation d'abonnement, envoyé à l'internaute. Une fois ces opérations réalisées il vous suffit d'intégrer le code html sur la page de votre site, et le service de gestion est lancé.

Index

Symboles

A

B

D

E

F

G

H

I

J

K

L

M

N

O

P

R

S

T

U

V

W

X

Y

Dépôt légal : décembre 2009
IMPRIMÉ EN FRANCE

Achevé d'imprimer le 26 novembre 2009
sur les presses de l'imprimerie « La Source d'Or »
63039 Clermont-Ferrand
Imprimeur n° 10522

Dans le cadre de sa politique de développement durable,
La Source d'Or a été référencée IMPRIM'VERT® par son organisme consulaire de tutelle.
Cet ouvrage est imprimé - pour l'intérieur - sur papier offset "Tauro" 90 g
provenant de la gestion durable des forêts, des papeteries Sappi Fine Paper Europe,
dont les usines ont obtenu les certifications environnementales ISO 9001, ISO 14001 et OHSAS 18001.